新编
第二次
世界大战史

中国社会科学院世界历史研究所 主编

中国社会科学出版社

审图号：GS（2025）1950号

图书在版编目（CIP）数据

新编第二次世界大战史 / 中国社会科学院世界历史研究所主编. -- 北京：中国社会科学出版社，2025.7（2025.9重印）.
ISBN 978-7-5227-4977-8

Ⅰ. K152

中国国家版本馆CIP数据核字第202547X2D3号

出 版 人	季为民
责任编辑	钟　社
责任校对	冯英爽
责任印制	李寡寡

出　　版	中国社会科学出版社
社　　址	北京鼓楼西大街甲 158 号
邮　　编	100720
网　　址	http://www.csspw.cn
发 行 部	010-84083685
门 市 部	010-84029450
经　　销	新华书店及其他书店

印刷装订	北京明恒达印务有限公司
版　　次	2025年7月第1版
印　　次	2025年9月第3次印刷

开　　本	710×1000　1/16
印　　张	27.5
字　　数	412千字
定　　价	98.00元

凡购买中国社会科学出版社图书，如有质量问题请与本社营销中心联系调换
电话：010-84083683
版权所有　侵权必究

纪念中国人民抗日战争暨世界反法西斯战争胜利80周年

目　　录

绪　论 ·· 1

第一编
人类命运面临重大挑战
——第二次世界大战的起源

第一章　帝国主义统治秩序的危机 ···································· 13
　　第一节　凡尔赛—华盛顿体系 ·· 13
　　第二节　资本主义世界经济大危机 ·································· 20

第二章　法西斯主义的泛起 ·· 30
　　第一节　意大利法西斯的上台 ·· 30
　　第二节　德国纳粹党的执政 ··· 37
　　第三节　日本法西斯主义的兴起 ····································· 44

第二编
凡尔赛—华盛顿体系崩溃
——第二次世界大战的爆发及东方主战场的形成

第三章　九一八事变揭开世界反法西斯战争的序幕 ············· 55
　　第一节　九一八事变 ·· 55
　　第二节　中国人民抗日战争的起点 ·································· 57
　　第三节　世界反法西斯战争的序幕 ·································· 60

第四章　法西斯侵略不断升级 …… **64**
  第一节　意大利和德国在非洲、欧洲的侵略扩张 …… **64**
  第二节　日本发动全面侵华战争 …… **72**
  第三节　德意日轴心国集团的形成 …… **78**

第五章　各国遏制法西斯的努力 …… **84**
  第一节　西方大国绥靖政策的表现及其恶果 …… **84**
  第二节　苏联寻求建立集体安全机制的努力及其挫折 …… **89**
  第三节　战争恐慌蔓延与早期反法西斯反战运动 …… **96**

第六章　中国共产党与全民族抗战 …… **103**
  第一节　中国抗日民族统一战线的形成 …… **103**
  第二节　中国共产党领导敌后抗战 …… **111**
  第三节　中国共产党是全民族抗战的中流砥柱 …… **120**

第七章　中国开辟世界反法西斯战争东方主战场 …… **131**
  第一节　中国正面战场的抗战 …… **131**
  第二节　敌后战场发展成为抗日主战场 …… **139**
  第三节　世界反法西斯战争东方主战场形成 …… **147**

第三编
法西斯妄图建立"新秩序"
——第二次世界大战进入全面战争阶段

第八章　法西斯发动全面战争 …… **159**
  第一节　德国进攻波兰 …… **159**
  第二节　德国入侵苏联 …… **168**
  第三节　德意扩大对非洲的侵略 …… **181**
  第四节　日本发动太平洋战争 …… **189**

第九章　法西斯的"新秩序"迷梦及其滔天罪行 …… 200
第一节　德国法西斯的欧洲"新秩序" …… 200
第二节　日本法西斯的"大东亚共荣圈" …… 210
第三节　德意日法西斯犯下的滔天罪行 …… 219

第四编
全世界人民联合起来
——反法西斯同盟的建立与第二次世界大战攻守易势

第十章　世界反法西斯同盟的形成 …… 233
第一节　中国倡导建立中、法、英军事同盟 …… 233
第二节　《租借法案》与美英军事同盟的形成 …… 240
第三节　《联合国家宣言》的签署 …… 247

第十一章　从扭转战局到大反攻 …… 257
第一节　北非地中海战场 …… 257
第二节　欧洲战场 …… 264
第三节　太平洋战场 …… 274
第四节　东方主战场 …… 281

第五编
正义战胜邪恶
——反法西斯同盟走向胜利

第十二章　世界各国人民的抵抗运动与相互支援 …… 293
第一节　亚洲人民的抵抗运动 …… 293
第二节　欧洲人民的抵抗运动 …… 300
第三节　法西斯各国内部的抵抗运动 …… 309
第四节　非洲、美洲、大洋洲人民的支援行动 …… 317
第五节　中国对世界各国人民反法西斯运动的支援 …… 326

第十三章　反法西斯盟国的外交互动 ……………………… **333**
- 第一节　莫斯科三国外长会议与《四强宣言》………… **333**
- 第二节　开罗会议与《开罗宣言》…………………………… **335**
- 第三节　雅尔塔会议与《雅尔塔协定》…………………… **340**
- 第四节　波茨坦会议与《波茨坦公告》…………………… **344**

第十四章　世界反法西斯战争取得伟大胜利 ……………… **347**
- 第一节　德国无条件投降 ………………………………………… **347**
- 第二节　日本无条件投降 ………………………………………… **356**
- 第三节　罪行审判与战后改造 ………………………………… **365**

第六编
人类命运迎来转折
——第二次世界大战的结束及其影响

第十五章　战后全球秩序的重塑 …………………………………… **379**
- 第一节　构筑世界政治秩序 …………………………………… **379**
- 第二节　构筑世界经济秩序 …………………………………… **388**

第十六章　中华民族迎来伟大复兴的历史转折点 ……… **395**
- 第一节　抗战胜利洗刷近代以来中华民族的耻辱 …… **395**
- 第二节　抗战胜利开辟中华民族伟大复兴的光明前景 …… **401**

大事记 …………………………………………………………………………… **406**

后　记 …………………………………………………………………………… **429**

绪　　论

　　历史是一面镜子，鉴古知今，学史明智。重视历史、研究历史、借鉴历史是中华民族5000多年文明史的一个优良传统。中华文明在与世界其他文明的交流互鉴过程中，通过汲取历史经验，对于战争、和平、发展等关乎人类前途命运的重大问题，形成了富有洞见的智慧，促进了人类文明的进步。2025年是中国人民抗日战争暨世界反法西斯战争胜利80周年。在那场正义与邪恶、光明与黑暗、自由与奴役的殊死战斗中，世界上所有爱好和平的人民并肩作战，最终战胜法西斯，赢得了世界和平。我们要以史为鉴，从第二次世界大战的深刻教训和反法西斯战争的伟大胜利中汲取智慧和力量，坚决反对一切形式的霸权主义和强权政治，共同创造人类更加美好的未来。①在当前种种否定二战成果、歪曲二战历史真相的错误思潮泛起的背景下，坚持正确二战史观，捍卫二战胜利成果，对于避免战争悲剧重演尤为重要。

一

　　长期以来，有些欧美学者撰写的二战史，即便是那些自称从全球史观出发进行历史书写的著述，也大多采用西方中心主义视角。在这种视角之下，一些历史叙事刻意扭曲历史真相，否认东方主战场、苏德战场、抵抗运动的重要性和贡献，淡化甚至美化侵略战争，导致历史虚无主义、历史修正主义乃至新法西斯主义史观滋生蔓延。例如，一些日本政治组织、政

------

① 《习近平在俄罗斯媒体发表署名文章　以史为鉴　共创未来》，《人民日报》2025年5月8日第1版。

治人物、历史研究者至今仍矢口否认日军侵略期间犯下的野蛮罪行，执意参拜双手沾满鲜血的战犯亡灵，发表美化侵略战争和殖民统治的言论，藐视历史事实和国际正义，挑战人类良知。错误的二战史观，不论是推崇本国贡献、贬低他国作用的主张，还是否认侵略历史甚至美化侵略战争的言论，都背离了历史真相，无法呈现出第二次世界大战的全貌。

正确二战史观是在捍卫反法西斯战争胜利成果基础上的历史认知与历史记忆在精神与价值观层面的体现，是尊重历史事实，坚持人类和平发展、公平正义的完整展现。

坚持正确二战史观，就是要认识到，中国、苏联分别作为第二次世界大战的亚洲和欧洲主战场，是抗击日本军国主义和德国纳粹主义的中流砥柱。中苏两国与美国、英国、法国及其他同盟国一起为世界反法西斯战争的胜利作出了决定性贡献。

中国人民抗日战争开始时间最早，持续时间最长，条件最艰苦，付出的牺牲也最大。1931年九一八事变后，中国人民就在白山黑水间奋起抵抗，成为中国人民抗日战争的起点，同时揭开了世界反法西斯战争的序幕。从那时到1941年太平洋战争爆发，中国在长达十年的时间里独立坚持抗击日本侵略军，是东方唯一的大规模反法西斯战场。太平洋战争爆发后，中国战场仍然抗击着日本陆军主力和部分海空军事力量，继续发挥着世界反法西斯战争东方主战场的作用。在抗日战争期间，中国付出了巨大的民族牺牲，中国军民伤亡多达3500万人。日本法西斯造成的破坏及其对中国资源和财富的大肆掠夺，按照1937年的比价，给中国造成直接经济损失1000亿美元，间接经济损失5000亿美元。

在中华民族处于生死存亡的危急关头，中国共产党率先举起了武装抗日的旗帜，不仅直接领导了东北人民的抗日武装斗争，而且积极参加和推动各地的抗日救亡运动。中国共产党先后提出一系列重大思想理论和方针政策，创造性地回答了决定抗日战争成败的根本性、战略性问题。中国共产党坚持全面抗战路线，制定正确战略策略，开辟广大敌后战场，成为坚持抗战的中坚力量。中国共产党坚持动员人民、依靠人民，提出和实施持久战的战略总方针和一整套人民战争的战略战术，广泛开展伏击战、破袭战、地雷战、地道战、麻雀战、水上游击战等战术战法，使日本侵略者陷入人民战争的汪洋大海之中。中国共产党领导开辟的敌后战场和国民党指挥的正面战场协力合作，形成了共同抗击日本侵略者的战略局面。中国共产党人勇敢战斗在抗日战争最前线，支撑起中华民族救亡图存的希望，成为全民族抗战的中流砥柱！

在中国共产党倡导建立的抗日民族统一战线旗帜下，中华儿女前赴后继、勠力同心，打败了穷凶极恶的日本军国主义，谱写了抗日战争胜利的伟大诗篇。在中国人民抗日战争中，中国军队共毙伤俘日军150余万人，占日军在第二次世界大战中伤亡总人数的70%以上；日本战败后，向中国投降的日军共128万余人，超过在东南亚及太平洋各岛的日军总和，占当时日军海外投降总兵力的50%以上。① 从战略全局来看，中国人民抗日战争在战略上策应和支持了盟国作战，配合了欧洲战场和太平洋战场的战略行动，粉碎了日本法西斯和德意法西斯战略配合的企图。中国还派出远征军开赴缅甸，与盟军共同对日作战。作为亚太地区盟军对日作战的重要战略基地，中国为盟国提供了大量战略物资和军事情报，在人力、物力、财力上支援了盟国的反法西斯斗争。中国人民为世界反法西斯战争作出重大贡献，获得了世界反法西斯同盟国的高度评价。苏联元帅崔可夫说："甚至在我们最艰苦的战争年代里日本也没有进攻苏联，却把中国淹没在血泊中，稍微尊重客观事实的人都不能不考虑到这一明显而无可争辩的事实。"② 中国抗战对世界反法西斯战争的贡献也获得了当时盟国领袖的认可。美国总统罗斯福曾说，"假如没有中国，假如中国被打坍了，你想一想有多少师团的日本兵可以因此调到其他方面来作战？他们可以马上打下澳洲，打下印度——他们可以毫不费力地把这些地方打下来，他们并且可以一直冲向中东"。"日本可以和德国配合起来，举行一个大规模的夹攻，在近东会师，把俄国完全

---

① 《中国抗日战争史简明读本》编写组：《中国抗日战争史简明读本》，人民出版社2015年版，第291页。

② ［苏］瓦·伊·崔可夫：《在华使命：一个军事顾问的笔记》，万成才译，新华出版社1980年版，第38页。

隔离起来，割吞埃及，斩断通过地中海的一切交通线。"[1]

苏德战场是第二次世界大战欧洲主战场。苏联红军以坚韧意志锻造钢铁洪流，碾碎了纳粹侵略者的野心，解放了被德国法西斯奴役的人民，书写了苏联伟大卫国战争胜利的壮丽史诗。苏联人民为赢得卫国战争胜利，付出了2700万人伤亡的惨重代价，几乎每个家庭都有人员伤亡。根据俄罗斯公布的材料，在1941年到1945年卫国战争期间，苏联红军牺牲866.84万人。苏联红军的英勇作战使纳粹德国的军队损失了70%的有生力量和75%的武器装备。苏军在1943年赢得斯大林格勒战役和库尔斯克战役胜利，为1944年诺曼底登陆的成功实施奠定了基础；1945年出兵中国东北加速了日本法西斯的崩溃。苏联为世界反法西斯战争的胜利作出了不可磨灭的贡献。对此，罗斯福曾表示："我们忘不了莫斯科、列宁格勒和斯大林格勒的英雄保卫战，也忘不了1943年和1944年惊人强大的俄国反攻，这些反攻消灭了许多令人生畏的德国集团军。"[2]

英国和美国是世界反法西斯同盟的核心成员。英国在不列颠之战中粉碎了纳粹德国征服的企图。美国在参战之前通过《租借法案》向英、苏、中等国提供了大量贷款和物资援助。以戴高乐为首的"自由法国"同样举起了反法西斯大旗。美英等国是太平洋战场和北非地中海战场打击德意日法西斯的重要力量，是成功实施诺曼底登陆、将西欧各国人民从法西斯统治下解放出来的关键力量。据统计，美国战时动员兵力为1635.4万人，占全国人口总数的12.5%，伤亡111.1万人；英国战时动员总兵力为589.6万人，占全国人口总数的12.3%，伤亡130.7万人。[3]

世界各国人民的抵抗运动，也为世界反法西斯战争的胜利作出了重要贡献。从亚洲到欧洲，从非洲到大洋洲，世界各地都举起了武装抵抗的大旗，

---

[1] [美]伊利奥·罗斯福：《罗斯福见闻秘录》，李嘉译，新群出版社1951年版，第49页。

[2] [美]富兰克林·德·罗斯福：《罗斯福选集》，关在汉编译，商务印书馆2018年版，第480页。

[3] 张海麟、韩高润、吴广权：《第二次世界大战经验与教训》，世界知识出版社1987年版，第108—112页。

开辟了反法西斯战争的新战线。

坚持正确二战史观,还要认识到,纽伦堡国际军事法庭和远东国际军事法庭把战犯永远钉在了历史的耻辱柱上,这两场大审判的正义性质、历史价值、时代意义不可撼动。纽伦堡审判系统地揭露了纳粹德国的战争罪行,实现了对德国历史问题较为彻底的清算,推动了战后德国的去纳粹化进程。东京审判认定了日本法西斯发动的对中国、东南亚诸国和美英等国战争的侵略性和非正义性,审理了日本法西斯在战争中违反国际法犯下的大屠杀等严重罪行,惩罚了战争罪犯。两场大审判是文明对野蛮的审判,伸张了正义和公理,捍卫了人类文明的尊严,对维护世界和平,防止历史悲剧重演具有重大意义。

二

历史告诉我们,要赢得反法西斯战争的胜利,必须汇聚全世界的正义力量。1942年1月1日,包括中国在内的26个国家的代表在华盛顿签署《联合国家宣言》,标志着世界反法西斯统一战线正式形成,极大地增强了国际反法西斯斗争的力量,改变了战争双方的力量对比,加速了世界反法西斯战争的进程,为夺取反法西斯战争的最后胜利奠定了坚实基础。在反法西斯战争中,各国在政治、军事、经济等方面团结协作。在政治方面,各国求同存异,决心将反法西斯战争进行到底,争取和维护世界和平;在军事方面,各国都确认了全力对付德意日法西斯的最终战略,在亚洲、欧洲和非洲地中海等战场互相配合,相互支援,并肩作战;在经济方面,各国相互援助,保证了战时经济的可持续发展。

我们应牢记,世界反法西斯战争是各国人民共同进行的正义事业,是一场声势浩大的人民战争。在战争期间,非洲、拉丁美洲、大洋洲各国,在为盟国提供人力、物力资源,以及军需保障方面,发挥了重要作用。那些国际主义战士排除艰险,奔赴异国他乡,为遭受侵略和压迫的民族的解放事业抛洒热血、救治伤员,通过报纸和书刊向国际社会积极宣传和弘扬伟大反法西斯精神,他们对世界反法西斯战争胜利的贡献应当被永远铭记。

在世界反法西斯战争中，中国人民采取多种方式支援他国前线作战行动、提供人道主义救援和后勤保障、支持周边国家的民族独立运动。在中国人民抗日战争中，世界上爱好和平与正义的国家和人民、国际组织等各种反法西斯力量同样给予了宝贵援助和支持。朝鲜、越南、加拿大、印度、新西兰、波兰、丹麦，以及德国、奥地利、罗马尼亚、保加利亚、日本等国都有一大批反法西斯战士直接投身中国抗战。例如，加拿大医生白求恩、印度医生柯棣华不畏艰险来华救死扶伤，法国医生贝熙叶开辟运输药品的自行车"驼峰航线"，德国的拉贝、法国的饶家驹、丹麦的辛德贝格、美国的魏特琳在南京大屠杀中千方百计保护中国难民，英国的林迈可、国际主义战士汉斯·希伯等记者积极报道和宣传中国抗战壮举，等等。

在反抗法西斯的战斗中，中苏两国人民用鲜血和生命凝成了战斗友谊。在苏联卫国战争期间，毛岸英、唐铎等中华民族热血儿女毅然投身到抗击法西斯德军的行列中。中国女记者胡济邦的战地报道，鼓舞了中苏两国军民抗战到底的决心。在苏联卫国战争的最危急关头，"东方佐尔格"——中国共产党的优秀地下工作者阎宝航向苏方提供了第一手情报。在抗日战争期间，2000多名苏联飞行员参加了援华志愿飞行队，有200多人牺牲在中国战场。苏联红军开赴中国东北战场对日作战，为中国人民赢得抗日战争的最终胜利提供了重要支援。烽火岁月，苏联向中国提供大批武器装备，中国也向苏联输送急需战略物资，两国携手在大漠戈壁开辟出一条国际"生命线"，为支援彼此的反法西斯战争发挥了重要作用。

二战期间，中美两国人民也共同为和平与正义而战。美国陈纳德将军率领的"飞虎队"不仅直接对日本侵略者作战，还开辟了向中国运送急需物资的"驼峰航线"，先后有1000多名中美机组人员牺牲在这条航线上。1942年，美军16架B-25轰炸机奔袭日本，杜立特中校等飞行员完成轰炸任务后在中国弃机跳伞，中国军民奋不顾身、英勇救助。这些都是世界各国人民相互支援、共同反抗法西斯的生动案例。

二战结束前后，国际社会最重要的决定是成立联合国。1945年4月，中国同美国、英国、苏联共同发起旧金山会议，共商建立联合国。中国和苏联率先在《联合国宪章》上签字，两国在联合国安理会的常任理事国地位是历史形成的，是用鲜血和生命换来的。随着《联合国宪章》出台，世界和平与发展掀开新篇章。联合国倡导以和平方式解决国际争端，是奠定战后国际和平与安全秩序的基石。由此，局部冲突和摩擦升级的可能性大大降低。联合国改革名人小组报告指出："倘若没有联合国，1945年之后的世界很可能更为血腥。"20世纪下半叶，国家的数目增长了近三倍，人们预料国家之间的战争会有显著增长。然而事实并非这样，国家之间的战争少于上半叶。对此，联合国功不可没。[1]联合国确立的"各会员国主权平等之原则"，成为公认的国际关系准则。当今世界发生的各种对抗和不公，不是因为联合国宪章的宗旨和原则过时了，而恰恰是由于这些宗旨和原则未能得到有效履行。国际形势越是变乱交织，我们越要坚持和维护联合国权威，坚定维护以联合国为核心的国际体系、以国际法为基础的国际秩序、以联合国宪章宗旨和原则为基础的国际关系基本准则，持续推进平等有序的世界多极化、普惠包容的经济全球化。

二战结束之后，民族解放运动蓬勃发展，殖民体系崩溃，国际力量对比发生了最具革命性的变化。当前，全球南方国家群体性崛起，已经成为世界百年未有之大变局的鲜明标志。追求和平、发展、合作、共赢，构建更加公正合理的全球治理体系的呼声日益高涨。共同捍卫二战胜利成果，尤其是以联合国为核心的国际体系，推进构建人类命运共同体，由此成为时代潮流。

三

世界反法西斯战争的历史经验告诉我们，和平是需要争取和维护的。当今世界，和平赤字、发展赤字、安全赤字、治理赤字有增无减。推动构建人类命运共同体，正是破解上述赤字，以公平正义为理念积极引领全球治理体系变革的重要途径。坚持正确的二战史观，避免战争悲剧重演，就

---

[1] 中国联合国协会编：《联合国70年：成就与挑战》，世界知识出版社2015年版，第4页。

是要努力推动构建人类命运共同体。

构建人类命运共同体，应吸收近代以来人们追求公平公正国际秩序所取得的重要成果。习近平总书记在2017年就深刻指出："纵观近代以来的历史，建立公正合理的国际秩序是人类孜孜以求的目标。从360多年前《威斯特伐利亚和约》确立的平等和主权原则，到150多年前日内瓦公约确立的国际人道主义精神；从70多年前联合国宪章明确的四大宗旨和七项原则，到60多年前万隆会议倡导的和平共处五项原则，国际关系演变积累了一系列公认的原则。这些原则应该成为构建人类命运共同体的基本遵循。"[1]

构建人类命运共同体，应践行真正的、有效的多边主义，走和平发展道路。当今世界正处在大发展大变革大调整时期，挑战层出不穷，风险日益增多。恐怖主义、难民危机、重大传染性疾病、气候变化等非传统安全威胁持续蔓延。多边主义应体现平等、互利、开放原则，这对于维护全球发展稳定具有重大意义，代表了人类历史发展的正确方向。国际社会应吸取世界反法西斯战争的经验教训，时刻保持对法西斯主义复活的警惕，将多边主义作为应对共同挑战的基石和维护国际秩序的基本原则，以公平正义为理念推进全球治理体系变革，共同开创美好未来。

构建人类命运共同体，应深入了解和把握各种文明的悠久起源和丰富内容，推动文明交流互鉴。当今世界有200多个国家和地区，2500多个民族。不同历史和国情，不同民族和习俗，孕育了不同文明。文明因交流而多彩，文明因互鉴而丰富。文明交流互鉴，是推动人类文明进步和世界和平发展的重要动力。文明差异绝不应成为冲突的根源。我们要深入落实全球发展倡议、全球安全倡议、全球文明倡议，共同倡导尊重世界文明多样性，坚持文明平等、互鉴、对话、包容，以文明交流超越文明隔阂、文明互鉴超越文明冲突、文明包容超越文明优越，不断创造新的文明成果，繁荣世界文明的百花园。

---

[1]《习近平谈治国理政》第二卷，外文出版社2017年版，第539页。

世界反法西斯战争孕育了伟大的反法西斯精神。这种精神是对抗邪恶、黑暗、奴役，追求正义、光明、自由的精神，是团结协作、命运与共、不屈不挠、英勇抗争的精神。时至今日，它早已升华为关乎人类文明存续的重要遗产。让我们坚持正确的二战史观，践行伟大的反法西斯精神，弘扬和平、发展、公平、正义、民主、自由的全人类共同价值，谱写和平发展、合作共赢的新篇章！

第一编

人类命运面临重大挑战
——第二次世界大战的起源

第一次世界大战结束后，以英、法、美为代表的帝国主义战胜国主导建立了凡尔赛—华盛顿体系的世界秩序。由于战争的非正义性，凡尔赛—华盛顿体系有其内在矛盾，是建立在对战败国的掠夺和对弱小国家的压迫基础之上的，即使是战胜国内部也存在着对该体系正义性与合理性的质疑。凡尔赛会议结束后，英国经济学家凯恩斯曾直言他对欧洲未来的悲观看法，认为条约没有包含任何复兴欧洲的条款，一旦实施，有造成欧洲各国进出口贸易和货币体系崩溃的风险。

凡尔赛—华盛顿体系非但未能起到维持和平的作用，反而激化了帝国主义战胜国与战败国之间乃至战胜国之间的矛盾，使得一战后的和平表现出高度的脆弱性。1929—1933年资本主义世界经济大危机彻底暴露了资本主义的尖锐矛盾，资本主义基本矛盾日趋尖锐化和帝国主义政治经济发展的不平衡加剧了种种危机。在这些复杂历史因素的叠加影响下，德意日法西斯粉墨登场，最终将世界推入了战争的深渊，人类的命运再次面临严峻的挑战。

第一章
帝国主义统治秩序的危机

19世纪末20世纪初,资本主义从自由竞争阶段发展到垄断阶段,即帝国主义阶段。资本主义基本矛盾进一步发展,帝国主义国家之间围绕资源、市场和土地的竞争空前激化,并引发激烈的军备竞赛,形成两大对立的军事集团,导致了惨绝人寰的第一次世界大战。由于帝国主义固有的掠夺性,凡尔赛—华盛顿体系沦为帝国主义国家间分赃的工具,埋下了未来世界走向新的大战的种子。

20世纪二三十年代资本主义各国垄断组织继续膨胀,资本主义的基本矛盾持续激化,再加上一战给资本主义世界经济、金融秩序造成的冲击,最终酿成了1929—1933年的资本主义世界经济大危机。大危机严重冲击了资本主义的政治经济秩序。在国内极端民族主义思潮和政治运动的推动下,为应对乃至转嫁危机,主要资本主义国家间展开了新一轮的殖民掠夺和军备竞赛。这一情形与一战前夕的世界极其相似,用列宁的话说:"一个垄断地占有殖民地、因而使瓜分世界和重新瓜分世界的斗争特别尖锐起来的时代就不可避免地到来了。"[①]

第一节
凡尔赛—华盛顿体系

第一次世界大战给参战各国带来了惨重的人员伤亡和财产损失,英、

---

① 列宁:《帝国主义是资本主义的最高阶段》,人民出版社2014年版,第122页。

法、美等战胜国为了重新瓜分世界、解决战后重建问题，先后召开巴黎和会与华盛顿会议，构建了凡尔赛—华盛顿体系。不过，该体系的帝国主义本质决定了其既埋下仇恨种子，又无力应对国际冲突与危机，致使危机一步步升级为威胁人类命运的第二次世界大战。

一　凡尔赛—华盛顿体系的建立

历时四年多的第一次世界大战，以协约国战胜同盟国而告终。这场战争涉及多个国家和地区，给世界带来了巨大的破坏和伤害。仅在欧洲直接死于战争的军人就达900万人，受伤者2000多万人，终身残疾者达350万人。[①]一战结束后，国际社会面临着恢复经济、重建社会和建立持久和平的任务。

第一次世界大战改变了帝国主义国家之间的力量对比，战胜国希望重新瓜分世界。英国虽然受到战争冲击，但依然拥有世界上最强大的海军，战后追求的战略目标仍然是维护其世界霸主地位，并觊觎德国等战败国的殖民地和奥斯曼土耳其帝国的领地。法国的主要外交目标是最大限度地削弱德国，获取巨额战争赔款，重建欧洲大陆霸权，并尽可能攫取更多殖民地。美国在第一次世界大战后力量急剧膨胀，提出了"十四点原则"，表现出要建立本国领导下的世界秩序的野心。这些战胜国都希望在和会中实现自身利益的最大化。此外，一战后世界范围内民族解放运动及无产阶级革命的兴起，也使得战胜国希望通过召开会议协调各方矛盾，建立新的国际秩序，以稳定局势、巩固自身利益，于是便有了1919年凡尔赛会议的召开。

然而，凡尔赛会议几乎没有触及列强之间在亚非地区长期存在的矛盾。日本一战期间在亚太地区疯狂扩张，实力不断增强，从而加剧与欧美各国在政治、经济、军事领域的竞争，表现出独霸中国的企图。同时，中国、埃及等亚非国家的民族主义情绪因巴黎和会对自身权益的损害而不断高涨，民族解放运动蓬勃发展，冲击了列强在亚非地区的殖民统治。

[①]《世界现代史》编写组：《世界现代史》（上册），高等教育出版社、人民出版社2020年版，第49页。

此外，为了争夺海上霸权和保护自身的海外利益，美、英、日等国展开了激烈的海军军备竞赛。美国大力扩充海军舰艇数量，计划建造大量战列舰和巡洋舰；英国为了维护传统的海上优势，也投入巨额资金进行海军建设；日本同样不甘落后，不断增加海军军费预算，扩充舰队规模。这种无节制的军备竞赛不仅给这些大国带来了沉重的经济负担，还加剧了各国之间的不信任，恶化了它们之间的关系。因此，美、英、日等国及其他相关国家都希望通过召开国际会议，确立协调列强在亚太地区矛盾的国际机制，营造一个相对稳定的国际环境，以促进各国经济的恢复和发展。1921年11月12日，在美国的倡议下，美、英、日、中、法、意、比、荷、葡九国代表召开了华盛顿会议。

二 凡尔赛—华盛顿体系的主要内容

1919年1月18日，巴黎和会在法国凡尔赛宫正式开幕。共32个国家出席了会议，苏俄和战败国德国、土耳其和保加利亚等被排除在外。和会的组织机构是强权政治的产物，其决策机构为最高委员会，最初由英、法、美、日、意五大国的政府首脑和外长组成，因而也叫"十人会议"，后又缩小为由英、法、美、意四国首脑组成的四人会议，而实际起操纵作用的是由英国首相劳合·乔治、法国总理克里孟梭和美国总统威尔逊组成的"三巨头会议"。经过几个月激烈的讨价还价，协约国与德国于6月28日在凡尔赛宫镜厅签订了《协约和参战各国对德和约》（即《凡尔赛条约》）。

《凡尔赛条约》规定，德国及其盟国应承担战争罪责；重划德国疆界，德国除将阿尔萨斯—洛林归还法国外，还向丹麦、波兰及捷克斯洛伐克割让领土；瓜分德国殖民地，其中大部分以国际联盟委任统治的形式被英、法、日所瓜分；限制德国军备；要求德国支付赔款，德国关税不得高于他国等。《凡尔赛条约》的签订使得英法基本实现了会前制定的战略目标。

《凡尔赛条约》签订后，协约国又与其他战败国签订了一系列条约，如1919年9月10日与奥地利签订的《圣日耳曼条约》；1919年11月27日与保加利亚签订的《纳伊条约》；1920年6月4日与匈牙利签订的《特里亚农条

图1-1　巴黎和平会议上的"四巨头"
左起：维托里奥·奥兰多、劳合·乔治、乔治·克里孟梭、伍德罗·威尔逊

约》；1920年8月10日与土耳其苏丹政府签订的《色佛尔条约》和1923年7月24日与凯末尔政府签订的《洛桑条约》。这些条约的签订基本上重绘了中欧和东欧等地区的政治版图。

1919年4月28日，巴黎和会通过了《国际联盟盟约》。该盟约于1920年1月10日生效，国际联盟正式成立。成立之初会员国为44个，后来逐渐发展到63个。国际联盟的主要机构有会员国全体大会、行政院和常设秘书处。国际联盟行动范围内的所有决议均需全体一致表决通过。

《凡尔赛条约》和随后签订的各项条约构成了凡尔赛体系。然而，该体系未能解决列强在远东及太平洋地区的利益纷争。1921年底至1922年初召开的华盛顿会议主要讨论限制海军军备问题和远东及太平洋问题。在经过激烈争吵之后，美、英、日、法签订《关于太平洋区域岛屿属地和领地的条约》(即《四国条约》)，美、英、日、法、意签订《五国关于限制海军军备条约》(即《五国海军条约》)，中日签订《中日解决山东悬案条约》(即

《山东条约》)及《附约》,美、英、日、中、法、意、比、荷、葡签订《九国关于中国事件应适用各原则及政策之条约》(即《九国公约》)等一系列条约。

《四国条约》规定,缔约各国同意相互尊重它们在太平洋区域内岛屿属地和岛屿领地的权利;如上述权益遭到外来侵略的威胁时,各缔约国应进行协商并就最有效措施达成协议;英日同盟应在本条约生效后终止。《五国海军条约》的主要内容是:美、英、法、日、意五国的主力舰总吨位分别为,美、英各52.5万吨,日本31.5万吨,法、意各17.5万吨;美、英、日三国在太平洋岛屿和领地的要塞保持不变;美国不得在菲律宾、关岛、萨摩亚和阿留申群岛,以及英国不得在中国香港及太平洋东经110度以东的岛屿修建海军基地和新的要塞,日本承诺不在中国台湾设防。《山东条约》规定:日本应将胶州湾德国旧租借地交还中国;日本撤退驻青岛等地的军队,中国"赎买"胶济铁路资产;德国此前享有开采权的煤、铁矿山由中日合资经营等。《山东条约》的《附约》中规定了日本和外国侨民在华的许多特殊权利,从而使日本在山东仍保留不少权益。

1922年2月6日,与会九国签订《九国公约》。全文共九条,中心内容是第一条的"四项原则":"(一)尊重中国之主权与独立及领土与行政之完整;(二)给予中国完全无碍之机会,以发展并维持一有力巩固之政府;(三)施用各种之权势,以期切实设立并维持各国在中国全境之商务实业机会均等之原则;(四)不得因中国状况,乘机营谋特别权利,而减少友邦人民之权利,并不得奖许有害友邦安全之举动。"《九国公约》的签订使美国长期追求的"门户开放"政策终于成为现实。公约所标榜的尊重中国主权、独立,不过是表面文章,它只是打破了日本对中国的独占,"又使中国回复到几个帝国主义国家共同支配的局面"。[①]

就一战后世界秩序的构建而言,华盛顿会议是巴黎和会的继续,建立起帝国主义列强在远东及太平洋地区的国际关系结构——华盛顿体系。该

[①]《毛泽东选集》第一卷,人民出版社1991年版,第143页。

体系的建立，削弱了英国在远东的势力，暂时遏制了日本的扩张野心，标志着战胜国在全球范围内基本完成了战后列强关系的调整和对世界秩序的重新安排。该体系与凡尔赛体系共同构成了一战后国际关系新格局，史称"凡尔赛—华盛顿体系"。

三　凡尔赛—华盛顿体系的本质

凡尔赛—华盛顿体系是第一次世界大战后帝国主义竞争加剧与秩序重建的必然结果。它既是一战后国际格局变动的体现，又反映了帝国主义国家间的多重博弈。尽管该体系在短期内为国际社会提供了相对稳定的框架，暂时缓和了列强间的矛盾，但未根本消除帝国主义内部的分歧，加上本身存在一些内在矛盾，使其难以起到有效的协调作用。

凡尔赛—华盛顿体系的构建过程和结果都充斥着帝国主义列强争霸的野心。英国维护了自身的霸主地位，实现了让战败国支付战争赔款和严格限制德国海军的目标。同时，英国从传统均势政策出发，利用其他列强的相互牵制，有效地巩固了它在欧洲的霸权，攫取了战败国的诸多殖民地和势力范围。美国虽在凡尔赛会议上谋求霸权遭遇挫折，但凭借强大的经济实力，加强了对欧洲经济事务的干预。另外，美国通过华盛顿会议取得了与英国同等的海军强国地位，再次确认了"门户开放"原则，成功拆散了英日同盟，暂时遏制住了日本在西太平洋地区的扩张势头。法国收回了阿尔萨斯—洛林地区，占领萨尔地区，将德国东部部分领土割让给了波兰、捷克斯洛伐克等国，并获取了德国在非洲的部分殖民地和原奥斯曼土耳其帝国在中东的一些领地。法国还向德国索取了赔偿，对其军备作出了严格限制，从而成功地削弱了德国。日本攫取的德国在华权益获得了列强的承认，规避了条约对日本本土海军基地的限制。

英、法、美、日等帝国主义国家以牺牲战败国和弱小民族的利益为代价，建立具有民族利己主义色彩的凡尔赛—华盛顿体系，引发了后者的不满，进而削弱了该体系的稳定性。

凡尔赛—华盛顿体系表现出浓厚的强权政治特征。在巴黎和会上掌握话语权的最初是英、法、美、日、意五国，后来发展到只由英、法、美操纵会议议程。苏俄被排除在凡尔赛会议、华盛顿会议和国际联盟之外，弱小民族的诉求在会上和国际联盟中也没有得到充分反映。此外，美国因参议院拒不批准《凡尔赛条约》而未能参加国际联盟，导致该体系参与主体的代表性严重不足。

在构建该体系的过程中，战胜国的关注点都集中在维护自身强权地位与实际利益方面，比如严惩德国、分割殖民地势力范围、抵制苏俄、限制军备竞赛等。列强更多关注的是政治和军事议题，对协调国际经济议题关注不够，尤其是缺少有效的国际经济协调机制。国际联盟虽然也成立了由不同国家的专家组成的财政经济委员会，但成效不大。

国际联盟在表决时实行一票否决。这种机制严重降低了工作效率，催生了推诿责任或"搭便车"的问题，削弱了会员国表决时的独立性。当国际联盟就侵略行为向全体会员国大会提交制裁方案时，当事国可行使否决权以免除制裁和惩罚，甚至可以直接退出国际联盟。日本和德国就是利用这一点，通过退出国际联盟，摆脱了《国际联盟盟约》对它们的束缚。

此外，国际联盟在要求会员国履行义务时，只是泛泛强调人道、博爱、国际道义、法律条约等道德式宣教，严重缺乏强有力的执行机制。九一八事变爆发后，国际联盟派出的"李顿调查团"（Lytton Commission）认定日本的军事行动违反了《国际联盟盟约》《九国公约》和《非战公约》，但国际联盟缺乏军队作为后盾，其执行机制难以对日本加以制裁，使得调查结果成为一纸空文，对日本没有产生有效的约束力。

毫无疑问，20世纪上半叶的两场世界大战之间存在着密切的联系。第二次世界大战的爆发在一定程度上缘于一战后世界和平秩序建设的失败。一战结束后，世界各国本应站在建设持久和平与繁荣的角度设计国际体系。然而令人遗憾的是，一战后处于主导地位的帝国主义战胜国仅仅把凡尔赛—华盛顿体系当作谋取帝国主义利益的工具，这不仅导致凡尔赛—华盛顿体系未能有效预防和阻止战争的再次发生，在资本主义世界经济大危机下，还加速了第二次世界大战的到来。

第二节
资本主义世界经济大危机

19世纪末20世纪初，垄断取代了自由竞争成为资本主义全部经济生活的基础，资本主义进入帝国主义阶段。垄断资本主义的发展不仅将生产社会化推到了一个新高度，更为帝国主义国家间的霸权争夺注入了新的动力和内容。与此同时，垄断非但没有消除资本主义制度的基本矛盾，反而使经济危机的广度、深度与后果都远超过去。1929—1933年，资本主义世界爆发了空前严重的经济大危机，并引发严重的社会危机。为渡过危机，各国采取了不同的应对方式，深刻地影响了世界政治格局。

一 资本主义世界经济大危机爆发的背景

20世纪20年代，资本主义世界出现了周期性的经济繁荣。1926年，各主要资本主义国家经济都已恢复到一战前水平。在美国，1919—1929年，工业生产率提高40%，农业生产率提高26%。这个时期，德国的经济增长速度远超英国、美国，到20年代末，其经济总量已经赶超英国，重回资本主义世界第二大工业强国地位。1923—1925年，意大利制造业的生产指数从100增至141；整个20世纪20年代，钢锭产量在世界范围内的比重增长了近2倍。[①]对于日本而言，在一战期间，通过向协约国提供物资、贷款及掠夺中国、朝鲜等，攫取了巨额财富，其工业总产值增长了4倍，进出口贸易增加了3倍以上，从债务国转变为债权国。自1924年起，日本经济开始快速发展，至30年代异军突起，工业生产年均增速达9.9%，工业发展水平到1937年时已接近法国，其中钢产量增长最快，1938年时已超过法国。[②]

[①] [意] 瓦莱里奥·卡斯特罗诺沃：《意大利经济史：从统一到今天》，沈珩译，商务印书馆2000年版，第282、304页。

[②] 樊亢、宋则行：《主要资本主义国家经济简史》增订本，人民出版社1997年版，第484、487页。

然而，受制于资本主义生产社会化和生产资料私人占有这一基本矛盾，资本主义各国经济的恢复和发展加剧了贫富差距。在美国，到1929年，占人口5%的富人的收入几乎占了国民全部收入的三分之一，而全年收入在2000美元以下的贫困户占家庭总数的60%。即使在繁荣时期，各国工业部门的开工也严重不足。1921—1929年，美国失业者每年都在220万人以上。这必然降低社会购买力，导致市场低迷。与此同时，伴随着20世纪20年代经济繁荣出现的地产和股票的投机狂热，特别是后一种投机活动，使股票市场价格狂涨，增加了金融市场的不稳定性。而证券市场长期缺乏有效监管，进一步加剧了股票市场的投机行为。1928年8月底，美国股票市场的平均价格已经相当于5年前的4倍。这种空前猖獗的金融投机活动已然危及了货币和信贷系统的稳定。

更为严重的是，一战破坏了原有的经济秩序，战后重建的资本主义世界经济秩序深陷发展失衡的困境。美国成为资本主义世界最大的债权国，其黄金储备占世界总储备的一半，纽约开始取代伦敦成为世界金融中心。作为世界金融霸主，美国还在海外（特别是在欧洲）大量投资，使欧洲经济严重依赖美国金融。英、法、意、比等欧洲战胜国主张把战债与赔款结合起来解决，即力图让德国交出巨额赔款，它们则在接受赔款的条件下偿还战债。从1924年开始实施的"道威斯计划"在解决了战债和贷款难题的同时，却又让债权转移代替了国际贸易中的商品交换，从而加剧了国际资本循环的脆弱性。这形成了英、法、美、德等主要资本主义国家间的赔偿债务连锁关系。一旦发生经济危机，美国要求偿还其短期贷款，德国就要面临破产的危险。如果欧洲国家无力偿还战债，就得不到美国的大额借款，从而影响本国生产的恢复，导致出口减少、外汇匮乏，不得不减少从美国进口商品，特别是农产品。这又会使得美国的海外市场急剧缩小，出现生产过剩危机。因此，表面上似乎牢固的信贷关系只是一种假象，掩盖了国际金融体系中潜伏的危机，为经济大危机在资本主义世界的快速蔓延埋下了隐患。

一战爆发后，为筹集军费，主要资本主义国家禁止黄金自由流通与出口，事实上放弃了19世纪末资本主义世界形成的金本位制。1922年，为重建世界货币体系，英国主持召开了世界货币会议，决定重回金本位制，此后有60多个国家相继加入。但由于战争带来的巨额财政赤字与国际收支的极度不平衡，金本位制已很难恢复其原貌，从而演变为金汇兑本位制，即各国使用可兑换的外汇储备（主要是美元与英镑）和黄金共同支持国内货币供给的平衡。尽管该体制旨在稳定汇率，但各国经济状况和政策差异导致汇率频繁波动，增加了国际贸易和投资的风险。国际货币体系的稳定性也大不如前。为应对黄金外流和货币紧缩，各国相继采取贸易保护措施，进一步阻碍了国际贸易，成为世界经济恶化的重要因素。

二　资本主义世界经济大危机及其后果

1929年10月24日，美国纽约证券交易市场上股票的道琼斯指数狂跌，股市崩盘，并很快波及经济生活的各个方面，经济危机由此爆发。不久，危机就扩大到加拿大、德国、日本、英国、法国等国，迅速席卷整个资本主义世界，以及许多殖民地和半殖民地。这次危机持续到1933年，影响遍及工、农、商、金融等各行各业，导致农业危机、工业危机、金融危机相互交织。整体来看，资本主义世界工业生产下降了40%以上，各国的失业率高达30%—50%，失业工人达3000多万人，几百万小农破产。在危机期间，世界贸易额急剧缩减。以危机前的最高点和危机中的最低点相比，英国出口额下降50%，美国下降70%，德国下降69.1%。1933年，整个资本主义世界贸易总额比1929年萎缩了三分之二，回到1919年的水平。

资本主义各国还先后爆发了货币信贷危机。大批银行倒闭，整个信贷制度濒于崩溃。1929—1933年，美国有超过1万家银行破产。德国的黄金储备在危机期间减少了五分之四。1931年，英国在对外贸易额急剧下降和货币信贷危机的双重打击之下，黄金大量外流，历史上第一次出现1.04亿英镑的国际收支赤字。

整体来看，这次危机导致的生产下降幅度之大，影响范围之广，失业率之高，持续时间之长，使它成为世界资本主义发展史上最严重的一次经济危机。

经济大危机激化了资本主义社会的各种矛盾。资本家千方百计地把危机后果转嫁到工人阶级和劳动人民身上，如削减工资、提高捐税等，大大激化了阶级矛盾。1930年3月6日，在美国共产党和左派组织的领导下，125万失业工人举行声势浩大的抗议示威。1931年，美国的失业者举行了向华盛顿的"饥饿进军"（Hunger March）示威。英国工人阶级不断掀起示威游行和罢工，甚至发生了水兵暴动事件。法国在1930年爆发了1700多次罢工，德国在1930—1932年每年都有几十万工人举行的数百次罢工。另外，在经济大危机期间，英、法、美都出现了一些极端组织，对资产阶级民主制度造成一定程度的冲击。

图1-2　1929年股市崩盘后，一群人聚集在纽约证券交易所外

经济大危机还进一步激化了帝国主义之间的矛盾。为了尽快摆脱经济危机，帝国主义国家纷纷采取以邻为壑的贸易保护主义政策。1930年5月，美国国会通过法案，提高了850多种商品的关税。此举立刻引起了其他国家

的恐惧情绪和连锁反应，有33个国家提出抗议，1931年有25个国家采取报复性措施，至1932年底采取类似行动的国家增加到76个。不仅如此，帝国主义国家还试图依靠垄断其殖民地的资源和市场来缓解危机。1932年7月21日至8月20日，英国与各自治领和印度在加拿大渥太华召开帝国共同体经济会议，与会各方声明承担不得妨碍相互提供特惠的条约义务。会议通过的《渥太华协议》决定建立帝国特惠制，对帝国范围内各邦的货物实行优先互惠原则，以降低内部的进口税率，从而形成排他性贸易集团。帝国主义把它们的殖民地和势力范围结成一体，组成经济集团的做法，使得国家之间的经济战进一步升级。法国则采取限额输入的办法，保护本国的商品市场。资本主义国家之间的关税战、市场战、货币战愈演愈烈。

经济大危机爆发后，国际贸易的崩溃引发了金本位制度的崩塌。1931年9月21日，英国放弃了金本位，同年11月，还组织了主要由英联邦成员构成的英镑集团。同英国财政经济上有密切联系的瑞典、丹麦、葡萄牙、伊拉克、暹罗（泰国）、阿根廷、巴西等也都参加了英镑集团。英镑集团成员国之间的贸易用英镑结算，其货币同英镑保持固定汇率，并把大部分外汇储存在伦敦。

接下来，日本（1931年）、美国（1933年）、意大利（1934年）、法国（1936年）等20多个国家也先后宣布放弃金本位。为防止货币贬值，法国、荷兰、意大利、比利时、瑞士、波兰等国组成维持金本位的集团。经济实力雄厚的美国于1933年4月正式放弃金本位，宣布禁止黄金出口。同年12月，美国主持召开第七届"美洲国家会议"，为形成囊括拉丁美洲国家的"美元集团"奠定了基础。1934年，美国政府宣布美元贬值40%，并联合一些国家组成"美元集团"（1939年改称"美元区"）。到1935年，世界大部分地区主要被分成英镑区、美元区、金本位区、日元区及德国统治下的外汇控制区五个货币集团，资本主义世界的信贷货币制度一片混乱，进一步恶化了国际经济形势。

资本主义世界经济大危机打破了一战后建立起来的赔款制度和债务关系。德国为防止金融体系崩溃，要求取消赔款。希特勒上台后，拒绝继续支付赔款，赔款不了了之。各国借机拒绝偿还债务。法国宣布停止向美国偿还战债，英国等美国的其他债务国也效仿法国，这更加剧了帝国主义国家之间的矛盾及国际金融的不稳定性。

此外，美、英等国还千方百计地控制资源，缔结限额生产的国家间协定，对橡胶、锡等重要原料进行控制。这些做法引发了严重的国际政治后果。国际社会中缺少资源的国家（德、日、意）积极地追求建立自己的帝国，以实现本国经济的"绝对安全"，世界范围的战争由此不可避免。

三 经济大危机影响下的世界各国

1929—1933年资本主义世界经济大危机对各国均产生了不同程度的影响。在应对危机的过程中，各国走上了不同的道路。

美国遭受危机的打击最为严重，工业生产持续下降达三年之久。1932年，全国工业生产比危机前的1929年下降46.3%，经济倒退到1913年的水平。危机遍及各工业部门，重工业部门生产下降的幅度尤为惊人。钢铁工业下降近80%，汽车工业下降95%。危机期间，超过13万家企业倒闭，失业人数在1933年将近1300万人，约为劳动人口的四分之一。胡佛政府奉行自由放任经济政策，使经济危机的后果更为严重。在这种情况下，美国开始寻求政府对经济的干预，采用扩张性的经济政策来刺激经济增长。

罗斯福当选总统之后实施"新政"，重在救济、恢复和改革，核心举措是通过政府强力干预社会经济生活。罗斯福"新政"首先稳定金融体系，1933年9月通过《紧急银行法案》整顿银行业，并放弃金本位制以刺激出口。在工业领域，1933年6月颁布《全国工业复兴法》尝试改善劳资关系，1935年6月颁布《全国劳工关系法》（即《华格纳法》）最终确立了工会集体谈判权。在农业方面，1933年5月颁布《农业调整法》，通过减产提价来救助农民。在社会救济方面，"新政"还推行"以工代赈"，投入巨资实施多项公共工程计划，创造了数百万个就业岗位，并改善了国家基础设施。1935年通过的《社会保障法》建立了养老金和失业保险制度，奠定了美国现代福利体系的基础。

这些措施虽然未能完全结束大萧条，但显著缓解了危机影响。到1938年，美国工业生产比1932年增加了30%，1939年增加了60%。按1958年美元计算，国民生产总值从1933年的1415亿美元，到1939年增为2094亿美元。人均可自由支配的收入从1933年的893美元，增加到1940年的1259美元。[①]"新政"通过资产阶级民主范围内的国家干预，在一定程度上恢复了人们对美国国家制度的信心。"新政"的实行，使得当时的美国稳定了资本主义民主制度，维持了国内政治、经济的稳定，为美国在世界反法西斯战争中作出重要贡献打下了物质基础。

相较于美国罗斯福"新政"，英法应对经济危机的举措较为被动，主要依赖传统经济调整手段，如放弃金本位、实施贸易保护等，缺乏大规模刺激计划，导致两国经济复苏缓慢。英国的高失业率和工业衰退持续多年，而法国短暂执政的人民阵线政府虽然在调节劳资关系、改善社会福利等方面取得一些成果，但经济干预政策引发了资本外逃和通胀。英法经济状况导致两国对德国早期扩张采取绥靖政策。

在后起的帝国主义国家，经济危机使民众质疑现政府应对危机的能力，对传统政治体制和政党失去信心，极端民族主义、种族主义等思想吸引了大量支持者。在这场空前的经济危机中，德国工业生产指数下降了46%，生产潜力利用率下降到35.7%，农业利润由102亿马克下降至65亿马克。中产阶级破产达数十万家。1931—1932年冬季失业人数超过600万人，占总劳动人数的43.8%。德国政府通过削减工人工资、救济金和养老金，提高纳税额度向人民转嫁危机，与此同时却向资本家提供巨额补助金和贷款，引起人民的强烈不满。国内社会动荡，共产党的力量和威望急速增长，引起德国垄断资产阶级的焦虑。他们认为，只有对内实行法西斯统治，对外实行扩张，才能摆脱危机，实现德国称霸世界的目的。魏玛共和国由此走向终结。1930年，德国建立"总统内阁"体制，严重削弱了议会民主。

希特勒上台之后，推行以国家统制经济和扩军实现充分就业的政策。

[①] 刘绪贻、杨生茂总主编，刘绪贻、李存训著：《美国通史》第五卷《富兰克林·D·罗斯福时代，1929—1945》，人民出版社2008年版，第194页。

例如，通过大规模基建、增加军工订单和强制就业刺激经济，通过秘密扩大货币供给、外汇管制和冻结物价抑制通胀。到1938年，德国基本上摆脱了经济危机的影响，失业率大幅下降，工业产量翻了一番，GDP年均增速达9%。然而，表面的经济奇迹无法掩盖畸形经济结构、全面经济统制的本质，德国最终在战争经济的不归路上渐行渐远。

世界经济大危机也使日本受到了严重打击。1931年，经济危机在日本达到顶峰。这一年日本的外贸出口比1929年几乎减少了一半。国际收支出现巨额亏空，赤字超过1929年的4倍。黄金源源外流。由于对国外市场有强烈依赖性，对外贸易的萎缩造成生产减退。1931年，日本采矿业和重工业中有40%—50%的企业不能开工，大批企业相继倒闭。垄断资本家为了转嫁经济危机的后果，大量裁员，致使大批工人失业，1931年日本失业人数达到历史上前所未有的300万人。工业危机伴随着严重的农业危机。1931年日本农业生产总值比1929年减少了40%。在经济危机的冲击下，日本帝国主义又深深陷入了严重的政治危机之中。

为了摆脱危机，日本统治者加强推行国民经济军事化。一是通过推行卡特尔和托拉斯化，加紧对国民经济各部门的控制，强化政府与垄断资本的结合，使国民经济适应其战争政策。二是加强政府对与军事工业有关的工业资源的管制。在这种体制之下，日本政府不断扩大军事支出和军事订货，以保证垄断资产阶级的利润。于是，通货膨胀与军需相结合，形成"军需通货膨胀"，财阀与军阀进一步结合，称作"军财抱合"。从1931年到1936年，日本政府每年财政支出总额扩大约50%，军事支出则扩大1.4倍。1936年，全国国民收入约146亿日元，军费约占7.4%，平均每人每年负担军费超过10日元。与此同时，日本工业结构相应发生重大变化。1918年，纺织、食品两大工业约占全部工业产值的61.8%，重工业（金属、机械、电力、煤气）和化学工业仅占28.9%；至1937年，这两个数字分别变为33.1%和57.2%。三是采取脱离金本位制和低汇率政策、低利率政策等，推动经济恢复增长。

20世纪30年代，日本贸易结构在量和质两方面都发生了巨大变化，出口扩张成为主导日本经济增长的重要因素。据统计，日本的出口额从1931年的11.47亿日元陡增到1936年的26.93亿日元。其中，面向亚洲（主要是其占领区）的出口增长最为显著。这是日本通过对外侵略、扩大并强化自己的殖民地经济圈来实现的。

在世界经济大危机冲击下，1932年意大利工业总产值比1929年减少了33.2%，5.5万多个中小企业倒闭，广大农民失去土地，全国失业人口达100万以上，人民普遍不满，社会矛盾尖锐。经济危机成为意大利对社会经济生活进行全面干预的转折点。以墨索里尼为首的法西斯独裁政府将经济领域完全置于国家集中控制之下，并使国家干预制度化、体系化。到20世纪30年代后期，国家控制了意大利四分之三的工业。这些举措虽然在短期内稳定了经济，但长期来看导致技术落后、效率低下，人民生活水平持续恶化。法西斯政权通过强化国家控制和军事扩张掩盖危机的做法，也为二战前的经济困境埋下隐患。

形成对比的是，当资本主义世界陷入萧条时，苏联先后实施了第一、第二个五年计划，以政府行政计划代替市场调节分配社会资源，集中国家所有力量发展工业，尤其是重工业，并用工业品对农产品的价格剪刀差来满足高速工业化的资金需要，取得了显著建设成就。到1937年，苏联工业总产值在国民经济总产值中所占比例已达77.4%。在世界工业总产值中约占10.5%，超过德国、英国、法国，跃居欧洲第一，仅次于美国，居世界第二位。这为后来打败法西斯、取得苏联卫国战争的胜利提供了坚实的物质保障。但工农业发展不协调，忽视人民的现实利益，也为苏联经济社会发展留下了严重隐患。对于广大殖民地半殖民地国家而言，世界经济大危机造成了灾难性的影响，尤其是以中国为代表的农业国，经济受到冲击，直到抗战爆发前夕都未能真正复苏。

综上所述，第一次世界大战改变了帝国主义国家之间的力量对比，世界政治格局发生重大变化。战胜国为重新瓜分世界构建了凡尔赛—华盛顿体系，确立了战后帝国主义的国际秩序。然而，该体系非但没有从根本上解决帝国主义国家之间的矛盾，反而加剧了它们之间的失衡和对立。作为该体系运行的核心机制，国际联盟集体安全制度存在诸多不足，缺乏对世界经济协调机制建设的关注，导致它无力应对后来的经济与安全危机。

1929—1933年的世界经济大危机是资本主义基本矛盾尖锐化的必然结果。大危机冲击了国际政治经济秩序，导致资本主义国家发生分化，国际组织的影响力变弱。不仅如此，大危机也动摇了各国内部的政治、经济和社会秩序。为摆脱危机，各国采取了不同的方式。德、意、日等封建主义、军国主义色彩浓厚的帝国主义国家，走上了法西斯道路，进而悍然挑起了第二次世界大战。

本章图片来源

图1-1　https://encyclopedia.1914-1918-online.net/article/the-paris-peace-conference-and-its-consequences-1-1/Source: National Archives, Washington DC。

图1-2　美联储历史网站，https://www.federalreservehistory.org/essays/stock-market-crash-of-1929。

第二章
法西斯主义的泛起

"法西斯"一词来源于拉丁文"Fasces",原义是中间插着一把战斧的一束棍棒,是古罗马帝国高级长官的一种权力标志,在他们出巡时其扈从每人肩负一束,寓意人民必须服从至高无上的国家权威,否则立即被绳以斧钺。但在今天,它已演变为独裁、暴政、恶行和侵略战争的代名词。实际上,法西斯主义只是20世纪的一种特殊历史现象,是在帝国主义陷入全面危机期间,主要出现在一些封建主义和军国主义传统浓厚的帝国主义国家,以克服危机、对抗革命、实行扩张为目标的反动社会思潮的政治运动和政权形式。[①]法西斯势力先在意大利执掌政权,随后在德国上台,1936年二二六事件后,日本政权也开始法西斯化。德意日法西斯借助极端民族主义情绪推动国民经济的军事化,以武力挑战一战后形成的国际秩序,进行侵略扩张,使人类命运再次陷入前所未有的战争浩劫。

第一节
意大利法西斯的上台

意大利作为第一次世界大战的战胜国,没有达到自己参战的预期目的,全国上下对《凡尔赛条约》充满愤懑的情绪,再加上战后经济、社会形势日益严峻,导致国内极端民族主义兴起。在此背景下,墨索里尼在意大利建立了法西斯政权。随后,意大利走上了对外侵略扩张的道路。

[①] 朱庭光主编:《法西斯新论》,重庆出版社1991年版,序论第10页。

一　意大利对《凡尔赛条约》的不满

第一次世界大战爆发后，意大利权衡利弊后决定暂不参战。1914年10月，由于战争形势胶着，协约国决定争取意大利参战以缓解战场压力。1915年4月26日，英、法、俄与意大利签订了《法国、俄国、英国和意大利协定》（即《伦敦条约》）。协定第二条规定，意大利全力与英、法、俄联合作战。三国则对意大利做出了关于阜姆等领土的若干承诺，甚至允诺意大利可以在对外关系中代表阿尔巴尼亚。条约签署后，意大利于1915年5月24日对奥匈帝国宣战。

巴黎和会上，威尔逊提倡公开外交，他以《伦敦条约》是秘密外交的产物为由，反对英法履行条约对意大利的领土承诺。英法两国本就不愿加强意大利在地中海与巴尔干地区的势力，再考虑到意大利在战场上的糟糕表现，从而拒绝履行《伦敦条约》。最终，意大利仅获得亚平宁半岛东北部的前奥匈帝国领土，由此产生了"残缺的胜利"的说法。巴黎和会无视意大利获得领土补偿的要求，严重刺激了意大利的民族主义情绪。

当巴黎和会上的分赃情况传来后，意大利国内便出现了一股"爱国热"。极端民族主义分子主张向外扩张，获得"生存空间"，尤其是夺取《伦敦条约》对意大利承诺的领土。1919年9月，意大利著名诗人和冒险家加布里埃尔·邓南遮（Gabriele D'Annunzio）率领极端民族主义分子攻占了阜姆，迫使英法等国占领军撤出。这一事件标志着极端民族主义运动在意大利的兴起。

一战中意大利不仅未达到预期的参战目标，反而因战争遭受了巨大的损失。意大利在战争中动员了约500万人，其中战死60万人，伤残100万人，被俘60万人。当时意大利一年的国民总收入仅200亿里拉，而三年的参战费用就高达650亿里拉，其中200亿里拉是外债。战争结束后，意大利陷入了严重的经济危机。意大利的工业，特别是与战争有关的中小企业，50%以上停业或破产。化工、冶金、机械、汽车和飞机制造等行业也都陷入严重的困境。为了遏制破产与倒闭浪潮，政府拨出巨额资金进行干预，致使国家的财政赤字从1914—1915年财政年度的29.07亿里拉上升到1918—

1919年财政年度的233.45亿里拉。国债从1914年6月30日的157.05亿里拉增至1919年6月30日的692亿里拉。①

战后的经济危机引发了社会政治动荡。从1919年到1920年，意大利频繁出现工人罢工、农民夺取土地的事件。面对工农运动不断高涨的趋势，统治阶级惊恐不安，他们竭力寻求一个强有力的政府和铁腕人物来维持统治，这就为法西斯主义在意大利的兴起、泛滥和掌权创造了条件，也为该国对外扩张侵略铺平了道路。

二　意大利法西斯思想中的扩张主义

1870年意大利实现国家统一之时，正值帝国主义列强掀起瓜分世界的狂潮。作为新兴国家，意大利试图通过领土扩张与殖民战争提升国际地位。19世纪末20世纪初，意大利民族主义者利用民众中存在的"大罗马主义"情绪，提出意大利人应该重温古罗马和罗马帝国的光荣伟大，以此制造向外扩张的舆论。他们把意大利的落后和贫穷归结于领土狭小与贫瘠，缺少工业化所需要的各种原料，而解决这一问题的唯一办法就是效仿英法等国以武力去侵略和占领自然资源丰富的国家和地区。这种试图建立"大意大利帝国"的意识，为后来的法西斯主义分子所继承。

墨索里尼是"大意大利帝国"的拥趸。1919年3月23日，墨索里尼主持了"战斗的意大利法西斯"的成立仪式，逐步走向意大利法西斯运动的权力中心。墨索里尼对"罗马帝国"观念推崇备至，自始至终都以恢复古罗马帝国的霸业，确立意大利在红海、地中海和巴尔干的霸权地位为目标。为此，墨索里尼鼓吹通过军事征服和殖民政策恢复古罗马的"荣耀"，力图建立一个包括地中海、红海、巴尔干、多瑙河乃至整个东非和北非的法西斯大帝国，并控制从直布罗陀到苏伊士运河的战略要地，将北非、巴尔干和东非纳入其势力范围，把地中海变为意大利的"内湖"。

一战期间与战后，意大利国内主张对外扩张的民族主义情绪极度膨胀，墨索里尼利用这种情绪与意大利国内对凡尔赛和会的不满，大肆鼓吹修改

---

① 陈祥超：《墨索里尼与意大利法西斯》，中国华侨出版社2004年版，第44—46页。

《凡尔赛条约》，并在报纸上接连撰文或发表演说，为意大利极端民族主义分子武装占领阜姆城的行为"歌功颂德"。

1921年11月7日，"战斗的意大利法西斯"第三次全国代表大会在罗马召开，墨索里尼将其名称改为"国家法西斯党"，并通过了第一个纲领。该纲领充斥着扩张主义的论调，明目张胆地提出要重视地中海和意大利的海外殖民地，恢复罗马帝国的版图，行使地中海拉丁文明之堡垒的职能。为此，意大利要建立和加强亚平宁半岛同周边岛屿、亚得里亚海东岸及其在地中海殖民地的海上交通联系。纲领强调，意大利的所有对外活动都应以在全世界传播意大利的民族意识为宗旨，以扩大意大利的政治影响为目的。有鉴于此，纲领提出，所有的国际条约应予以重新审查和修改。该纲领是当时意大利极端民族主义的一种表现，也是反映意大利扩张野心的重要文件。

对于意大利的扩张，墨索里尼在1934年3月18日的演说中指出："意大利的目标是亚洲和非洲，这是有地理和历史依据的。因为在欧洲所有大国中，意大利是离非洲和亚洲最近的，这不是一个领土征服的问题，而是一个自然的扩张。我们的目标是开发和利用这两个大陆，特别是非洲的无数资源，并使这些地区更紧密地融入世界文明的轨道。意大利有能力完成这项任务。我们正在重建连接东西方的历史纽带，这不仅赋予意大利相应的权利，也使其肩负起特殊责任。我们无意谋求垄断地位或特权，但必须申明，那些先于我们抵达的国家、那些既得利益集团与保守势力，不应在精神、政治与经济等各个层面阻挠法西斯意大利的正当扩张。"[①]墨索里尼的这番言论暴露了他的真实野心。

三 "向罗马进军"与意大利法西斯政党夺取政权

一战结束以后，意大利政治动荡导致了几近无政府的局面，为法西斯势力的壮大与最终夺权创造了条件。

在战后危机的背景下，墨索里尼夺取全国政权的手段是依靠其领导的准军事组织控制地方政权，通过拉拢精英阶层赢得上层支持，最终迫使中

---

① Richard Overy, *The Origins of the Second World War*, London: Routledge, 2017, pp.115–116.

央政府妥协。法西斯分子组建准军事组织"黑衫军",以暴力手段袭击左翼工会、罢工工人和社会主义者的基地。1920年焚烧社会党总部《前进报》报社,1921年破坏各地农村合作社,镇压农民运动。政治上,墨索里尼调整策略,淡化反资本主义口号,转而强调"恢复秩序"和"民族复兴",吸引中产阶级和保守派。在墨索里尼及其党羽的推动下,法西斯的影响迅速扩大。1921年5月,"战斗的意大利法西斯"成员已达到十余万人。在1921年议会选举中,墨索里尼的党派获得35个席位,正式进入权力中心。此外,"黑衫军"通过暴力驱逐地方政府官员,在意大利北部和中部(如博洛尼亚、佛罗伦萨)建立了法西斯控制的"平行政府"。

随着法西斯力量的壮大,墨索里尼要求政府解散国会,并重新组阁,但这些要求均遭拒绝。为了实现夺取全国政权这一目标,墨索里尼开始策划"向罗马进军"。1922年9月,墨索里尼组建了最高司令部,来统一协调法西斯力量的指挥工作。为了减少阻碍,法西斯党徒劝告军警不要和他们作战,并扬言"国家法西斯党"会效忠国王,意在拉拢意大利的君主派,以减少夺权的阻力。进军罗马前,墨索里尼特地召集法西斯头目举行会议,指出如果进军队伍遇到军队抵抗和革命群众阻击就彻底予以消灭。1922年10月27日夜,墨索里尼下令全国总动员,宣布进军罗马。当天晚上,法西斯党徒攻克了克雷莫纳、亚历山大里亚和博洛尼亚,沿途政府军队和警察采取了中立观望的态度,只有少数共产党领导的革命群众进行阻击和反抗,但由于双方力量过于悬殊,这些抵抗都归于失败。1922年10月30日,国王埃马努埃莱三世任命墨索里尼为总理。

墨索里尼之所以能够进军罗马并夺取政权,有其复杂的原因。

首先,意大利政局非常混乱。一战结束以后,意大利换了六届政府。1922年2月,路易吉·法克塔(Luigi Facta)接任总理,成为墨索里尼夺权以前的最后一任自由党总理,但由于法克塔在政界缺乏威望,而且自由党内部相互倾轧,因此难以组成联合阵线抵抗法西斯。墨索里尼"向罗马进军"时,唯一能够阻止法西斯的是政界元老乔瓦尼·焦利蒂(Giovanni Giolitti),但他不愿南下罗马主持大局,即使法克塔再三邀请,他依然观望,直到丧失最佳时机。

其次，意大利军队持中立态度。一战以后，意大利军队中存在一种挫折感，并且对当时的工农运动感到恐惧。墨索里尼在军队中做了大量工作，在现役军官与退役军官中争取支持。墨索里尼对军官们夸大法西斯的力量，强调法西斯可以"拯救国家"，并且美化军队的作用。同时，他还积极与关键将领建立私人联系，并暗示夺权后会有政治回报。在墨索里尼的运作下，多数军官选择了观望，从而降低了法西斯夺权的阻力。

再次，意大利国王表示支持。对埃马努埃莱三世而言，谁能控制局势，谁赞成帝国扩张，谁能维护意大利的利益，他就支持谁。但埃马努埃莱三世低估了法西斯的极端性，再加上对自由派政府的不满，甚至企图通过吸收墨索里尼加入政府来驯服法西斯，他拒绝批准镇压法西斯的行动，而是倾向于让墨索里尼组阁，并威胁说如果为此发生内战他就退位。可以说，国王的支持是墨索里尼成功的最大政治资本。

最后，意大利保守势力大力配合。1922年，在自由党知识分子和报界人士、工业家和农民中形成了一种观念，法西斯必须参政。墨索里尼还同大垄断集团达成秘密协议，做出了夺权后镇压工人运动、保障私有财产、建立有利于垄断资产阶级的经济秩序等承诺，换取了这些人的支持。

"向罗马进军"是意大利历史上的重要事件，其本质是一场军事政变。墨索里尼通过两面派手法成功夺取了政权，他也因此成为希特勒心目中的英雄。意大利的法西斯政权是现代历史上第一个真正意义上的法西斯政权，助长了法西斯运动在世界范围的扩散。

四　意大利法西斯专政的强化

"向罗马进军"仅仅是让国王授权墨索里尼组建新政府，法西斯政权在当时并不稳固。因此，墨索里尼上台后，采取各种措施进一步强化法西斯政权，从而让意大利在20世纪20年代中期实现了法西斯专政。

首先，政治体制上实行极权主义。1922年10月墨索里尼出任总理之初，"国家法西斯党"在内阁，尤其在议会中尚未完全确立优势地位。1922年，墨索里尼受命组成的新内阁中，一共有14人，法西斯分子仅占4人。墨索里尼为了实现自己的目标，着力拉拢统治阶级的上层，制定一系列迎合封建王室和统治阶级权势集团的内外政策。1922年11月1日，在内阁第一次会议上，墨索里尼围绕统治阶级所关心的殖民地问题与经济政策问题展开了讨论，从而赢得权势集团的进一步支持。紧接着，墨索里尼通过议会获得了"紧急情况处置权"。墨索里尼为巩固统治，还积极改善与王室及追随他的军队高级将领的关系。1929年墨索里尼通过《拉特兰条约》，进一步争取罗马教廷的支持。此外，墨索里尼还通过建设新城镇等措施，争取地方对"国家法西斯党"的选举支持。

在采取上述举措的同时，墨索里尼还依靠暴力恐怖手段，清除反对派，镇压革命力量和其他异己势力。1924年6月，法西斯分子秘密绑架并杀害了社会党议员贾科莫·马泰奥蒂（Giacomo Matteotti）。1925年，自由派反法西斯领袖乔瓦尼·阿门多拉（Giovanni Amendola）被"黑衫军"打成重伤。墨索里尼还逐步取缔了"国家法西斯党"以外的所有政党与团体，废除资产阶级议会民主制。1926年，意大利通过新的立法，将所有反对法西斯主义的企图定为犯罪。通过这一系列措施，逐步确立了法西斯党的一党专政。

其次，在经济领域确立国家干预体制。20世纪20年代意大利的经济经历了从战后危机、短暂复苏到法西斯统制经济的转变。1922年到1925年，意大利经济恰好处于复苏阶段，因此，墨索里尼执政后的最初三年，实行自由放任的经济政策。1925年后，墨索里尼出于集中权力、应对当时的"里拉危机"、实行自给自足的政策、为军事扩张做准备等考虑，开始鼓吹国家应对经济采取大规模干预行动。1925年到1929年，墨索里尼政府开始施行统制经济，开展"小麦战役"与"垦荒计划"，同时还推行经济军事化计划，缓解因失业等问题而产生的社会紧张。法西斯的国家干预政策短期内缓解了失业和社会冲突，但导致经济僵化。1929年资本主义世界经济大危机爆发，意大利无力应对，经济雪上加霜，为了摆脱困境，便铤而走险，走上了对外侵略的道路。

最后，建立法西斯职团制。职团制鼓吹"阶级合作"和"国家至上"，试图将社会各阶层纳入国家控制的"职团"。1926年，意大利颁布《职团法》，将经济部门划分为数个职团，每个职团由雇主、雇员和国家代表组成。翌年，意大利颁布《劳动宪章》，宣布职团制为国家经济组织的基本原则，建立"劳动法庭"，调解劳资纠纷，禁止罢工和工会活动。1934年，墨索里尼将全国经济划分为22个职团，涵盖农业、工业、服务业等领域，由国家统一管理。墨索里尼在社会生活领域也推行职团制，以形成严密的统治网络，来克服经济危机和解决失业问题。同时，他在思想文化领域推行法西斯教育，驱使民众从事扩军备战。这样，一个覆盖政治、经济、社会、文化的法西斯制度在意大利完备地建立起来。

在巩固法西斯政权的过程中，墨索里尼就已经开始将扩张政策付诸实施。1923年8月，意大利轰炸了希腊领土科孚岛，并派遣军队意图吞并该岛。1927年11月，意大利把阿尔巴尼亚变成其保护国。1935年10月，意大利入侵埃塞俄比亚（时称阿比西尼亚），逐渐加快侵略步伐。

第二节
德国纳粹党的执政

1929年10月资本主义世界经济大危机爆发后，德国受到了严重的冲击。以希特勒为首的纳粹党借助混乱的局势迅速扩大影响，夺取政权并建立了法西斯专政。

一 《凡尔赛条约》与战后德国的极端民族主义

《凡尔赛条约》引起了德国民众的极度不满。魏玛共和国总统弗里德里希·艾伯特指出，条约是不能实现和无法负担的，但政府别无选择。如果拒绝签署条约，驻扎在莱茵河岸的英法军队将会对德国采取军事行动。1919年6月28日，德国外交部长赫尔曼·穆勒（Hermann Müller）被迫在条约上签字。

《凡尔赛条约》并没有消除德国发动战争的社会根源，反而激起了德国强烈的民族主义情绪。德国民众对《凡尔赛条约》的不满主要集中在以下几个方面。

首先,《凡尔赛条约》使德国丧失了大片领土。根据条约,德国失去了约八分之一的领土和十分之一的人口;阿尔萨斯—洛林归还法国;在莱茵河以东50千米内德国不得驻军设防;萨尔煤矿转交国际联盟管辖15年;德国承认恢复波兰的独立,并且割让上西里西亚属于古代波兰的部分土地;格但斯克(但泽)及其毗连区变为国际联盟保护的自由区。条约还规定,德国承认捷克斯洛伐克的独立,而且德奥不得合并。割让领土是德国极端民族主义兴起的重要原因。

德国民众认为他们也是战争的受害者而不是加害者,从而将民族主义情绪的针对目标指向了那些制定《凡尔赛条约》的战胜国。战胜国不仅要解除德国的武装,还要减少德国的领土,并接管德国的海外殖民地。这与当时德国社会上盛行的"生存空间"理论发生了直接冲突。曾任魏玛共和国总理和外交部长的施特雷泽曼指出,1919年之后德国的仇恨主要来源于这样一种观点,即强大、进步而且文明的德国人民没有足够的土地来养育逐渐增长的人口。德国的民族主义者认为,领土扩张在某种程度上代表了现代国家的一个特征。20世纪20年代,"生存空间"这一观念在德国广为流传,其原因就是《凡尔赛条约》对德国领土的剥夺。《凡尔赛条约》签订以后,以"生存空间"为题材的作品在德国广受欢迎。前殖民地官员汉斯·格林撰写的小说《没有空间的民族》(*Volk ohne Raum*)在1926年出版后便售出了31.5万册,其畅销得益于小说标题反映了德国人长期的诉求。

其次,《凡尔赛条约》对德国军备做出了严苛的限制。"其陆军实力之总数不应超过10万人,军官及补充部队在内,并应专为维持领土内秩序及边界巡查之用。其军官之实力总数包括各参谋处人员在内,无论如何组织不应超过四千人。"[①]这一规定引发了军队保守势力的抵制。

再次,《凡尔赛条约》使德国承受了巨额赔款。条约明确规定,德国

[①]《国际条约集(1917—1923)》,世界知识出版社1961年版,第138页。

及其盟国要对其发动的侵略战争及其后果负责。巨额赔款（约1320亿金马克）和经济危机引发了德国的通货膨胀，德国民众深受其苦，普通民众的生活日益艰难。1919年买一块面包只需要80芬尼，1921年需要3.90马克，1923年8月需要支付6.9万马克，到1923年12月，一块面包已经卖到3990亿马克的高价。[①] 1929年以后，受经济危机与战争赔款的叠加影响，德国经济状况更加糟糕，到1933年希特勒上台以前，德国失业人口达到了600万人。对于这些问题，魏玛共和国束手无策，无法应对经济危机带来的动乱和国内严重的社会矛盾。在这种情况下，一些狂热的民族主义者开始鼓吹"社会公正"与"民族救赎"，引起了德国民众的共鸣。

最后，《凡尔赛条约》使德国背负了战争罪责。条约第231条明确规定，德国及其盟国对第一次世界大战的爆发负有完全责任。这一条款不仅具有道德审判性质，还成为协约国要求德国支付巨额战争赔款的法律依据。这引起了德国民众普遍的愤怒与屈辱感。

对《凡尔赛条约》的极度不满扭曲了德国民众的战争记忆，使其无法进行正确的战争反思。因此，在20世纪20年代欧洲和平主义运动风起云涌的时期，德国的民族复仇思潮不仅没有消退，反而不断扩散与壮大，这为德国法西斯主义的兴起创造了条件。在混乱的局面中，以希特勒为首的纳粹党登上了历史舞台。

二　希特勒的"生存空间"理论

1889年4月20日，希特勒出生于奥匈帝国因河畔的布劳瑙。他在1914年8月参加了第一次世界大战，在德国军队中担任下士。1921年7月，希特勒成为纳粹党党魁，实行党内独裁。1923年11月8日，希特勒发动啤酒馆暴动失败，被捕入狱。在狱中，希特勒口授了《我的奋斗》，集中阐述他的思想，其核心是种族主义、反犹主义、"生存空间"理论、极权统治等。

"生存空间"理论是希特勒思想的核心内容之一，也是其扩张政策的主

---

① ［德］托尔斯滕·克尔讷：《纳粹德国的兴亡》，李工真译，湖南人民出版社2005年版，第20页。

要理论依据。"生存空间"理论原本是地缘政治学说的一部分。20世纪20年代在德国大行其道的"地缘政治学"对极端民族主义的兴起起到了推波助澜的作用。该理论主要代表弗里德里希·拉采尔（Friedrich Ratzel）主张，"高等文明"需要扩大领土来为越来越多的人口提供粮食和原材料，这只能通过牺牲"低等文明"来实现。卡尔·豪斯霍费尔（Karl Haushofer）进一步发展了地缘政治学，强调"生存空间"对大国的重要性。这一理论在20世纪20年代受到希特勒和他的朋友鲁道夫·赫斯（Rudolf Hess)的追捧。希特勒的"生存空间"理论也受当时欧洲流行的社会达尔文主义的影响。社会达尔文主义强调"优等种族"通过斗争淘汰"劣等种族"，认为斯拉夫人、犹太人等应被驱逐或消灭。

希特勒的"生存空间"理论集中体现在《我的奋斗》和《第二本书》中，他将该理论包装为"民族复兴"的必要条件，煽动民众支持侵略扩张。希特勒在《我的奋斗》中宣称，德意志人是"高等雅利安人"的代表，雅利安人是"优等民族"，需要更多的土地和资源来维持其"优越性"，因此对外扩张，夺取德意志人所需的"生存空间"，是责无旁贷和天经地义的。同时，他还宣称德国人口增长与领土狭小之间的矛盾是国家的根本问题，只有通过扩张才能解决资源短缺和生存压力。在希特勒眼中，东欧和苏联的广袤土地是"天然的目标"，因为这些地区由"劣等民族"占据，德意志人有义务征服"劣等民族"的土地，通过战争将其变为德国的农业殖民地和资源供应地。希特勒力主扩大德意志人的"生存空间"，试图在欧洲大陆建立以纳粹德国为首的"新秩序"。

被希特勒改造过的"生存空间"理论经过疯狂宣传成为欧洲"新秩序"理论的一个组成部分。希特勒宣称，欧洲应该建立一种"新秩序"，言下之意就是要建立一个他在《我的奋斗》和《第二本书》中鼓吹的、由德意志民族或雅利安"优等民族"占统治地位的欧洲。

在政治动荡和经济混乱叠加的魏玛共和国时期，希特勒的这种带有浓厚种族主义色彩的"生存空间"理论更容易引起普通民众的共鸣，一度迷惑了很多人。希特勒的蛊惑为纳粹党吸引了众多信徒，从而使纳粹党的力量迅速增长。

三　魏玛共和国的危机与希特勒上台

魏玛共和国是德国历史上第一个资产阶级民主政权，但是由于政治缺陷和国内外的压力，它从诞生伊始就极不稳定。《凡尔赛条约》的"战争罪责条款"与巨额赔款要求，使新生的政权难以巩固，并背上沉重的经济负担，成为魏玛共和国不稳定的重要根源。

《魏玛宪法》在选举制度上实行比例代表制。全国划分为多个选区，选民投票给政党而不是个人，各政党按照得票比例分配国会席位。由于未设置最低门槛，小党林立，议会难以形成稳定多数，联合内阁异常脆弱，因此政府更迭频繁。《魏玛宪法》第48条赋予总统在紧急状态下颁布法令的权力，为独裁统治埋下隐患。总统冯·兴登堡在1930年后频繁使用第48条，绕过议会施政。此外，德国也缺乏民主传统，民众对议会制信任不足，而且保守派别中的精英（如军队、容克地主）对民主制度持敌视态度。

在经济上，魏玛共和国背负赔款和贷款的双重压力。由于德国无法按时支付《凡尔赛条约》规定的巨额赔款，1923年1月11日，法国与比利时以此为由，出兵占领了鲁尔区。德国政府鼓励企业主、工人及公务员以消极怠工的方式还击，印制了更多钞票来资助这些人，造成恶性通货膨胀，马克崩溃，中产阶级储蓄归零，民众对共和国失去信任。"道威斯计划"的实施使德国经济发展严重依赖外国资本。1929年资本主义世界经济大危机爆发后，美国资本撤离加速德国经济崩溃。社会民主党领导的联合政府无力应对危机。

政治经济压力使魏玛共和国面临严重的社会危机，同时受到来自左右两方面的挑战。1919年1月，柏林工人发动一月起义，遭到由志愿军人组成的右翼准军事组织"自由兵团"（Freikorps）的镇压，德国共产党的两位领袖罗莎·卢森堡与卡尔·李卜克内西在1月15日遇害。事后政府审理了此案，但没有严惩凶手。1919年4月7日，独立社会民主党人和无政府主义者等宣布建立巴伐利亚工兵代表会共和国。4月中旬，右翼势力发动暴乱，推翻了独立社会民主党政府。4月13日，共产党人领导慕尼黑工人发动武装起义进行反击，击败了暴乱分子。5月1日，政府军攻入慕尼黑，并屠杀了数百名共产党人和群众。5月5日，巴伐利亚工兵代表会共和国覆灭。1920年3月13日，"自由兵团"发动卡普政变，但4天后宣布失败。政治上的动荡导致魏玛共和国软弱无力，政局极不稳定，仅仅14年多的时间，共和国就有过13位总理和21届不同的政府。[①]频繁更迭使政府在面对国内激烈的政治斗争时无法稳定局势，大资产阶级与容克地主迫切需要一个强有力的政府来维持他们的统治，这一形势给纳粹党的成长和上台创造了条件。

在魏玛共和国的政治动荡与经济衰退中，以希特勒为首的纳粹党势力逐步壮大。1929年资本主义世界经济大危机爆发后，大量失业人口不仅推动了德国街头运动的高涨，也给纳粹党吸收成员并壮大队伍提供了机会。许多失业的年轻人加入了纳粹党的外围组织"冲锋队"。"冲锋队"是在1921年8月作为纳粹党的战斗队与卫队创建的，大多数成员是退役士兵。它的主要任务是保护纳粹党的集会、会议，破坏其他势力的反对行动，以及在街头进行暴力活动，为纳粹党提供武力支持。1933年，"冲锋队"的成员号称达到300万人，其暴力性质也不断增强。经济危机加上宣传与党徒的不断壮大，使纳粹党的声势越来越大。

纳粹党利用德国民众对现状的不满与对《凡尔赛条约》的敌视，给予他们种种动听的许诺，最终在德国大选中异军突起。1928年，纳粹党在国会中的得票率只有2.6%。在1930年的国会选举中，纳粹党的得票率上升至18.3%。1932年7月，纳粹党在选举中取得了重大突破，得票率跃升到37.3%，成为德国第一大党。1933年1月，希特勒被任命为德国总理。1934年8月，总统兴登堡病逝后，他又兼任德国总统，成为德国元首。纳粹党上台后，通过打击共产党的"国会纵火案"、清除纳粹党党内异己的"长刀之夜"（Nacht der langen Messer）、迫害犹太人的"碎玻璃之夜"（Kristallnacht）等事件，确立了法西斯专政。1933年3月，国会通过的《授权法》赋予希特

---

① [美]本杰明·卡特·赫特：《长刀之夜：从魏玛共和国到第三帝国》，舒云亮译，生活·读书·新知三联书店2022年版，第87页。

勒政府为期四年的独裁权力，可不经国会与总统同意直接颁布法律；同年4月政府颁布《各州与国家一体化法令》，削弱各邦的自治权；7月颁布《关于政党及国家之保障的法令》，宣布纳粹党为唯一合法政党。随着这些法令的实施，德国进一步巩固了纳粹党的法西斯独裁统治。

四　纳粹德国的重新武装

重新武装是希特勒打破《凡尔赛条约》限制的重要一步。希特勒的战略目标是突破《凡尔赛条约》的束缚，重建德国军事强国地位，实现领土扩张和扩展"生存空间"的野心。同时，德国也力图通过军备生产来解决失业问题，以达到缓和国内矛盾的目的。

根据《凡尔赛条约》，德国陆军被限制在10万人以内，希特勒计划通过提高质量来弥补数量上的不足。当时的陆军总司令冯·塞克特（Johannes von Seeckt）提出，每一个军队成员都应拥有胜任更高职位、肩负更大职责的能力。根据这种思想，德军非常注重训练的现代化。1934年，希特勒的党卫队开始招募军官，并建立了新型的军官学校。士官生们主要学习指挥官必须掌握的高级军事技能，包括战地通信、步炮协同，以及在敌方海岸登陆攻击技术等。

在武器装备方面，纳粹德国政府大力发展装甲部队和空军力量，非常重视新技术在新武器中的应用。1933年，德国设立由赫尔曼·戈林领导的"航空部"，秘密组建空军。德国40%的扩军备战经费都被用于空军，使其在德国三军中发展速度最快。到1939年，德国拥有了近4000架战斗机。与之相应，德军的战略战术思想也在进行现代化的转变，突出表现就是"闪电战"（Blitzkrieg）理论的成熟。

1933年，德国宣布退出国际裁军会议和国际联盟。1935年，希特勒恢复普遍义务兵役制，公开突破《凡尔赛条约》的限制，计划将陆军扩充至36个师（约55万人）。同年，德国与英国签署《英德海军协定》，德国海军规模扩大至英国的35%。1936年，希特勒公布了"四年计划"，目的就是让德军在1936—1939年做好战争准备。为了完成四年计划，德国的军事工业加快了设计、生产新装备的步伐。

德国还在经济与社会方面推行军事化政策。纳粹德国为了重新武装，军工经济全速运转，军费占国民生产总值的比例在1933年至1938年不断飙升。同时，德国发行了"梅福券"，这是一种由政府担保的军工企业债券，以便绕过政府预算限制进行融资。另外，德国还强行征收民间金属制品（如铁栅栏、铜器）用于武器生产。在劳动力控制方面，纳粹德国在1935年颁布《国家劳动服役法》，强制青年参与军事化劳动，并通过青年组织"希特勒青年团"进行军事训练，以培养战争后备力量。在意识形态动员方面，纳粹德国通过广播、电影宣扬法西斯主义，塑造"强大德国"形象。

1939年9月，德军动员了约450万人，拥有3000余辆坦克和4000余架战斗机，成为欧洲最强军事力量。纳粹德国的重新武装为其挑战当时的国际秩序提供了军备基础，并为发动侵略战争创造了条件。

第三节 日本法西斯主义的兴起

20世纪20年代末30年代初，日本面临着一系列的政治、经济和社会危机，尤其是脆弱的政党政治遭遇重大挑战。社会上及军队内部涌现出形形色色的新兴右翼法西斯团体，以对内厉行专制统治、对外侵略扩张为根本性政策主张的法西斯思想在社会上甚嚣尘上；以军部为支柱的法西斯势力开始尝试构建法西斯国家体制理论，推动日本加速坠入法西斯军国主义的深渊。

一 日本法西斯兴起的内外条件

日本法西斯主义在20世纪二三十年代的兴起，与日本的近代军国主义、畸形的政治体制、一战后接连不断的国内经济危机有着密切的关系。同时，日本对华盛顿体系的"受害者"自我认知，以及1929—1933年的世界经济大危机的冲击，在日本法西斯上台过程中也起了重要作用。

近代军国主义是日本发动侵华战争的根本祸根。明治维新是一次不彻底的资产阶级变革，在政治、经济和社会各个方面都保留了较多的封建因素。资本主义的掠夺性和封建主义的专制性相结合，近代军国主义便逐渐滋生和蔓延开来，使日本成为世界上最典型的军国主义国家。

明治维新后建立的明治宪法体制也存在明显缺陷。在天皇统揽大权之下，内阁、军部和议会之间形成了复杂而脆弱的权力制衡关系。统帅权独立、军部拥有独特的"帷幄上奏权"、陆海军大臣现役军官制，使得内阁和议会等难以对军部形成有效制约。

20世纪20年代日本政党政治的不成熟，也使日本法西斯能够相对顺利地发展。日本的主要政党立宪政友会、民政党内部派系林立，各派系之间为了争夺权力和利益，相互倾轧，使得政党在面对重大政治问题时难以形成统一的立场和行动。由于政党难以有效地制衡军部和法西斯势力，这些势力能够肆意妄为，推动日本走向法西斯道路。

最后，一战后日本接连遭遇的经济危机也是法西斯主义兴起的重要原因之一。1920年3月，日本爆发了金融恐慌，股票市场暴跌，许多银行面临挤兑风险，大量企业倒闭，物价大幅下跌。此后，经济危机不断蔓延和深化，持续影响着日本经济的各个领域，使其陷入了长期的衰退和不稳定状态。1923年，日本又发生了关东大地震，地震造成10.5万人死亡或失踪，受灾人口达340多万人，经济损失惨重。更糟糕的是，1929年资本主义世界经济大危机的爆发及日本政府错误的货币政策，导致出口急剧下滑，造成大量失业和社会骚乱，日本经济濒临崩溃。经济危机引发了严重的社会矛盾。失业工人和贫困农民对政府的不满情绪日益高涨，他们纷纷举行罢工、示威等活动，要求政府采取措施解决经济问题和改善民生。在资本主义世界经济大危机中，财阀和垄断资本面临着巨大的生存压力，为了摆脱经济困境，他们积极寻求出路。这些社会矛盾的激化，为法西斯势力的崛起提供了土壤。

二 日本民间法西斯团体的涌现

北一辉和大川周明等民间法西斯主义者是日本法西斯运动的鼻祖，他们所兜售的法西斯思想是日本法西斯理论的渊薮。

1919年8月1日，大川周明等民间法西斯分子在东京组织犹存社并出版其机关报《雄吼》，公开宣扬披着"日本主义"外衣的军国主义侵略思想。其后，日本法西斯理论家北一辉加入犹存社并成为该团体的主要头目。

犹存社是日本近代历史上第一个系统提出完整的政治纲领与侵略理论的民间法西斯主义团体。犹存社的政治纲领是主张对日本社会进行法西斯改造，并打着"民族解放"的旗号在亚洲进行侵略扩张，充分展示出该法西斯团伙的狂妄野心。犹存社成立之后通过《雄吼》在社会上大肆从事法西斯宣传，向国民灌输法西斯军国主义侵略扩张理论，严重毒化了全体国民尤其是青年学生的思想。犹存社在日本社会法西斯化的过程中起到了孵化器的作用，在日本军队及民间直接或间接地催生出诸如二叶会、血盟团、赤化防止团、日本革新党等一大批比传统右翼团体更为激进和疯狂的"革新右翼"团体。

日本军政界许多重要人物也纷纷创立或加入法西斯团体。枢密院顾问平沼骐一郎于1925年5月在东京创建的国本社，是当时日本国内规模和影响力最大的法西斯组织之一。该组织以司法官员为骨干，成员包括军部头目、政府高层及垄断财阀等日本统治阶级的诸多头面人物。该社先后延聘东乡平八郎、斋藤实、大角岑生、荒木贞夫等日本陆海军中的要员出任顾问。由于国本社的领导核心与中坚力量都是手握军事、政治与经济大权的军阀、高级官僚与垄断财阀，在国家的政治、经济、社会领域具有巨大的影响，因此在日本法西斯团体的初期活动中发挥了领导与指引的作用，是日本法西斯主义最重要的奉行者。

在20世纪二三十年代，尤其是在资本主义世界经济大危机期间，日本民间法西斯团体大量涌现。日本司法省的调查数据显示，截至1933年底，日本社会共出现了501个法西斯主义、半法西斯主义的团体组织，其中半数以上是在1932—1933年出现的。[①] 而社会教育协会于1935年10月的调查表

[①] 内务省警保局编：『社会運動の状況5（昭和8年）本篇』，三一书房1972年，第698页。

明，截至当时日本国内的法西斯主义团体总数多达600—700个。[1]这些极端反动的右翼团体以"国粹主义""皇道主义""日本国家主义"和"农本主义"为旗号标榜法西斯主义，宣扬"皇国至上"观念，疯狂鼓吹对外侵略扩张，气焰甚嚣尘上且流毒甚广。

三 日本军部法西斯主义的兴起

20世纪20年代，在风云变幻的国内外政治形势刺激下，日本陆海军中一大批中下级法西斯少壮派军官密谋以暴力恐怖手段推翻政党内阁，建立完全服务于侵略战争政策的法西斯军事独裁统治。为此，他们或单独行动，或勾结北一辉、大川周明等民间法西斯分子，陆续组织起二叶会、木曜会、一夕会、王师会、樱会等一大批具有明确政治目标的秘密政治团体，制定政治纲领，策划军事政变。以军部法西斯少壮派军官为骨干，纠集民间法西斯分子屡屡制造的军事政变与政治暗杀等恐怖事件，推动了整个日本社会在法西斯化的道路上发足狂奔。

"巴登巴登密约"是日本军部法西斯运动的起点。1921年10月27日，日本驻瑞士武官永田铁山、驻俄武官小畑敏四郎、巡回武官冈村宁次在德国南部莱茵河畔小镇巴登巴登一家温泉旅馆中聚首，商讨当时日本国内外政治军事形势。三人最终决定结成"三羽乌同盟"（即所谓的"三杰盟约"），致力于改革陆军中的人事腐败等时弊。他们根据一战的经验教训，以及德国鲁登道夫的总体战理论，提出了在日本构建总体战体制的战略构想。他们约定回国后将以"消除派阀、刷新人事、改革军制、建立总动员体制"为核心纲领采取行动，打倒当时掌控陆军实权的长州派阀，改变日本当时不利于从事全面侵略战争的政治军事格局，进而建立国家总动员的体制。[2]次日，驻柏林武官东条英机也从柏林专程赶

---

[1] 社会教育协会编:『我が国に於ける国家主义団体：国粋·皇道·日本国家·農本主义を標榜する主要団体の名称及び綱領一般』（社会教育パンフレット第231輯附録），社会教育协会1935年，第15页。

[2] 高橋正衛:『昭和の軍閥』（中公新書），中央公論社1969年，第54页。

来，与永田铁山等人商讨在日本构建总体战体制等问题。四人经过密谋后，一致主张对内革新国政、整军备战，对外肆行侵略扩张以吞并整个东亚大陆，并约定为实现上述目标而共同奋斗。"巴登巴登密约"最终形成。

永田铁山等人在订立"巴登巴登密约"之后迅速四处活动，陆续拉拢驻瑞士武官梅津美治郎、驻伯尔尼武官山下奉文、驻哥本哈根武官中村孝太郎、驻北平武官矶谷廉介、驻哈尔滨武官松井石根等11名陆军少壮派法西斯军官组成"巴登巴登集团"，这些人成为此后日本发动全面侵华战争和太平洋战争的核心力量。

1923年，永田铁山、小畑敏四郎和冈村宁次返回日本后，为落实"巴登巴登密约"，推行扩充军队、扩大侵略战争的方针，逐渐联络陆军士官学校第15期至第18期的少壮派军官19人，形成了一个以联谊为幌子的小团体，该团体经常在东京一家法式餐厅"二叶亭"集会，被命名为二叶会。其正式成员包括永田铁山、小畑敏四郎、冈村宁次、东条英机、河本大作、板垣征四郎、土肥原贤二等日后侵华战争中的重要人物。他们以"革新陆军"为口号，宣扬法西斯主义思想，主张打破长州派阀对陆军的控制，建立以天皇为核心的绝对统治体系，对外则鼓吹以武力征服亚洲邻国，攫取"生存空间"和资源。

1927年11月，在二叶会的影响下，陆军士官学校第22期学员、时任参谋本部作战课课员的铃木贞一，伙同东京警务司令部参谋深山龟三郎结成"国策研究会"，即木曜会。该组织招纳陆军士官学校第21期至第25期毕业并在陆军省、参谋本部等陆军中央任职的军官入伙，其主要成员包括铃木贞一、石原莞尔、根本博等人。其后，陆军士官学校第16期的永田铁山、冈村宁次及第17期的东条英机陆续加入该会。该会成员在所谓研究军事装备和国防方针的宗旨下，就通过攻势作战方针实施侵略中国东北及全境、对苏作战、对美防御等关键性战略问题进行了系统讨论，第1期目标以在"满蒙"地区确立完整的政治权力为宗旨。此外，他们还认为需要考虑美国可能会在中途参战，所以必须做好防备美国参战的工作，而入侵中国则无须多少顾虑，应以获取资源为目的。①

1929年5月19日，二叶会和木曜会合并为一夕会，冈村宁次任该组织的头目，其成员一度扩充到42人，其中包括河本大作、板垣征四郎、土肥原贤二、东条英机、山下奉文、石原莞尔、铃木贞一、武藤章等日后侵略战争的要犯。一夕会打出"人事革新"的旗号，主张陆军人事安排要以陆军士官学校出身者为主，努力谋取陆军省与参谋本部的要职；大肆鼓吹以武力解决"满蒙"问题，谋求扩大在中国东北的权益并制订出详细的实施计划。由于该组织的核心成员均盘踞于陆军省和参谋本部等要害机关，掌握了极大的军政与军令权力，因而在军部法西斯化的过程中发挥了重要作用。

在法西斯少壮派军官组成的团体中，最具代表性的是樱会。1930年9月下旬，皇道派成员桥本欣五郎组织发起樱会，该组织核心成员主要是军部中的皇道派青年军官，成立不到一年即迅速发展到150余人。皇道派是军部中的重要派系之一，他们主张通过武装政变推翻现有体制、"改造国家"。在他们的影响下，樱会以"确立起以天皇为中心的充满活力且透明的国政"为宗旨，公然叫嚣"欲解决满蒙问题必须以国家改造为前提条件"，不惜使用武力推进国家改造和建立军部政权。②桥本欣五郎等樱会头目在对外政策中极力兜售"战争乃创造之父、文化之母"的侵略理论，疯狂鼓吹通过武力解决所谓"决定日本命运"的"满蒙"问题。为此，樱会在1931年1月制定了推进"国家改造"的具体方案，并开始策划通过激进的手段实现夺权。樱会的军部法西斯青年军官勾结大川周明等人，先后秘密策划了"三月事件"和"十月事件"，密谋发动军事政变，但皆因泄密而导致政变阴谋破产，樱会也被迫解散。

军部的法西斯势力还与民间的法西斯势力沆瀣一气。在北一辉、大川周明的法西斯思想影响及军部首脑的扶持下，日本陆海军中以少壮派军官为核心的法西斯团体大量涌现，军部发展为法西斯势力的重要支柱。

---

① 堀茂：『昭和初期政治史の諸相：官僚と軍人と党人』，展転社2017年，第17—20頁。

② 堀幸雄：『右翼辞典』，三嶺書房1991年，第256—257頁。

四　日本政党政治的崩溃与政权的法西斯化

20世纪二三十年代法西斯分子在暴力夺权道路上越走越远，策划并实施了一系列疯狂的恐怖暗杀行动和军事政变。在这些暴力活动的接连冲击下，日本的政党政治走向终结，军部法西斯势力开始主导国家政治。

1930年11月14日，首相滨口雄幸遭到民间法西斯团体"爱国社"成员佐乡屋留雄的枪击，后因伤重不治身亡。滨口是继原敬之后第二位在任期间遇刺身亡的首相。滨口遇刺说明政党内阁在法西斯势力的冲击下，已经无法掌控局势并明显呈现出崩溃的苗头，同时也预示着法西斯势力进行的"国家改造"运动已经开始具有政治恐怖主义性质。

1932年5月15日，陆海军中部分青年军官与玄洋社等民间法西斯团体相互勾结，发动五一五军事政变，计划建立以陆军大臣荒木贞夫为首的法西斯军事独裁政权。叛乱分子同时袭击了首相犬养毅官邸、内大臣牧野伸显的官邸、执政党立宪政友会的总部、元老西园寺公望的住处与办公室、首都警视厅等处。首相犬养毅被当场射杀，牧野伸显侥幸逃过一劫。袭击者们冲进立宪政友会本部，四处打砸抢烧，导致政友会本部陷入混乱。发动政变的法西斯势力还发表《告日本国民书》，声称目前拯救国家唯一正确的道路就是采取直接的行动诛除天皇近侧的奸佞之徒。由于政变分子原本就是乌合之众，力量薄弱，而且缺乏明确具体的计划，政变失败。

1932年10月，日本政府将大川周明、三上卓等政变的策划者与组织者移送司法机构进行公开审判。在法院庭审期间，受到法西斯煽动的民众发起请愿活动，给审判带来巨大压力，影响了正常审判。最终，法庭判处三上卓、古贺清志、中村义雄3人无期徒刑，其他8人分别被判处3—15年的有期徒刑。日本政府对法西斯分子犯下如此重案却给予轻判就是对法西斯势力的变相支持，从而使法西斯势力更加恣意妄为，横行无忌，进而对日本原有的政治体制造成了严重侵蚀，影响了国家统治秩序的正常运行。

五一五事件意味着恐怖和政变活动发展到了一个新阶段，造成了严重的政治后果，日本近代的政党政治就此结束。1935年5月，以海军大将斋藤实为首的所谓"举国一致"内阁成立，政党内阁黯然谢幕，军部进一步扩大了政治话语权。在军部势力发展过程中，其内部皇道派与统制派之间的对立开始激化。

1936年2月26日，在民间法西斯头目北一辉、西田税等人的支持下，香田清贞等20余名皇道派青年军官率领1400余名士兵，分兵数路袭击了首相、内大臣、藏相、教育总监等军政要员的官邸，占领并封锁陆军省与参谋本部，并包围陆军大臣官邸、警视厅和朝日新闻社。内大臣斋藤实、藏相高桥是清、教育总监渡边锭太郎被叛军枪杀，侍从长铃木贯太郎身负重伤，首相冈田启介和前内大臣牧野伸显侥幸逃脱。叛军通过广播宣布了政变所要达成的基本目的，如要求实行"昭和维新"，天皇下诏解散内阁，任命荒木贞夫为关东军司令官，罢免、逮捕或处决统制派高级军官，提高皇道派军官的政治地位等。①此即日本近代史上著名的二二六事件。

在二二六事件爆发后，陆军上层对事态采取了拖延和观望的态度，没有立即下达镇压叛乱的命令，而是先发布了戒严令，并试图通过与叛军进行谈判来解决危机，甚至一度打算接受叛军的要求。然而，天皇裕仁考虑到叛变行径将从根本上动摇天皇制的基础，于是下令出兵镇压，兵变在2月29日被平定。

镇压兵变后，政府对叛军军官进行了严厉的审判，对其背后的皇道派势力进行了彻底的清洗。香田清贞、栗原安秀等17名青年军官作为主谋被判处死刑，40名参与者被判处监禁，其中5人被判处无期徒刑，6人被判处有期徒刑15年。参与此事的北一辉和西田税也被判处死刑。陆军中与皇道派对立、主张通过合法途径夺取政权的统制派，借机清洗了真崎甚三郎、荒木贞夫等大批皇道派高级军官。统制派最终确立了其在军部中的主导地位。

二二六事件导致冈田启介内阁倒台，之后组成了广田弘毅内阁。广田内阁在军部的强烈要求下打出"广义国防""庶政一新"的旗号，采取一系列加速推进法西斯化的政策措施，不仅恢复了"军部大臣现役武官制"，还

---

① 今井清一、高橋正衛编：『現代史資料<4>国家主義運動（1）』，みすず書房1963年，第164—178頁；島田俊彦、稲葉正夫编：『現代史資料8日中戦争.1』，みすず書房1964年，第361頁。

将"五相会议"（首相、陆相、海相、藏相、外相）制度化，用以处理一切大政方针。如此一来，军部可以在所谓的"高度国防、外交一元化"的名义下，名正言顺地把持国防大权，堂而皇之地插手外交及其他政治领域的各项事务。此后，军部法西斯势力掌握了对政府的主导权。1937年11月，广田内阁按照军部的要求，通过了《思想犯保护观察法》等一系列法西斯法令，加强对社会上一切进步思想的监控和压制。

二二六事件后，日本军部实际上左右了政权。日本法西斯在夺取政权、走向法西斯国家总体战体制的过程中，不仅扼杀日本的政党政治，压制资产阶级民主自由思想，而且残酷镇压社会主义者和工农运动，以期彻底铲除社会上一切有碍于其发动侵略战争的因素。

对外侵略扩张是日本法西斯一贯的核心主张，在其未全面夺权之前，就已迫不及待地挑起了侵略战争。1931年，日本关东军无视中国国家主权与领土完整，悍然发动九一八事变，公然打破第一次世界大战之后国际社会建立的凡尔赛—华盛顿体系。

第二编

凡尔赛—华盛顿体系崩溃

——第二次世界大战的爆发及东方主战场的形成

1931年日本发动九一八事变并迅速占领中国东北，中国人民奋起抵抗。九一八事变成为中国人民抗日战争的起点，并由此揭开了世界反法西斯战争的序幕。西安事变和平解决后，抗日民族统一战线初步形成。七七事变后，中国战场成为世界反法西斯战争的东方主战场，在由正面战场与敌后战场共同组成的全民族抗战中，中国共产党成为中流砥柱。在欧洲，德意法西斯也大肆对外侵略扩张。意大利入侵埃塞俄比亚，并与德国共同武装干涉西班牙内战；德国则先后吞并奥地利和捷克斯洛伐克。德意日法西斯为满足侵略野心，缔结军事同盟条约，由此形成轴心国集团。

　　面对德意日法西斯这些行为，英、法、美等西方大国采取了姑息纵容的态度，甚至不惜牺牲小国利益，实施绥靖政策。与此同时，遭受法西斯势力威胁的各国人民则掀起了反法西斯运动，苏联呼吁并尝试建立针对纳粹德国的欧洲集体安全体系。然而，西方大国的绥靖政策不仅没有建立有效的安全机制以阻止战争，反而加速了战争升级的趋势。德意日法西斯的侵略彻底打破了凡尔赛—华盛顿体系，给人类带来了另一场更大规模的战争灾难。

第三章
九一八事变揭开世界反法西斯战争的序幕

九一八事变后，中国国民政府最初决定通过国际联盟、《非战公约》和《九国公约》等既有国际机制阻止日本侵略，并采取了"不抵抗"的方针。与此同时，中国共产党最早举起武装抗日的旗帜，持续团结和动员广大民众抗日救国。日本侵占中国东北，直接打破了凡尔赛—华盛顿体系确立的远东国际秩序。由于国际联盟未能有效制裁日本，日本逐步扩大侵略，与英美的矛盾冲突加剧。

第一节
九一八事变

九一八事变是日本近代以来侵华政策的必然结果。自日俄战争后，日本在中国东北通过经济掠夺和殖民统治，攫取了巨大的经济利益。东三省成为日本重要的原料供应地、商品销售市场和资本输出地。日本不仅设立了"南满洲铁道株式会社"（简称"满铁"）这种大型殖民机构，还驻扎有推行殖民政策的军事力量——"关东军"。截至1931年初，日资朝鲜银行在东北发行的"金票"总额达到1.24亿日元；驻扎在中国东北的日军总兵力为2.77万人，加上当地的日军"在乡军人"，总数约达4万人。如果计入驻朝日军及日本可以随时调动的航空队与海军，日军在东北的实际可用总兵力更为庞大。

1927年，日本田中义一内阁上台后召开了东方会议，开始变本加厉地对华实施侵略扩张政策，并将重点放在中国"满蒙"地区。日本原本希望通过操控奉系军阀来分裂中国并控制东北，但张学良于1928年12月29日宣布"东北易帜"，服从中央政府，使南京政府名义上统一了全国，形成了一个形式上统一的中央政府。摆脱日本控制后，张学良致力于发展东北的交通和工业建设，包括修建铁路和发展葫芦岛港等项目。日本认为这些行动威胁到了其在华的"特殊利益"。在此背景下，日本关东军加紧策划武力夺取东北，并唆使成立了"满铁"和日人法西斯组织"满洲青年联盟"，制造舆论，渲染"满蒙"危机。

1929年秋，日本受到资本主义世界经济大危机的沉重打击，急于通过对外扩张来摆脱危机，决定在合适的时机武力强占中国东北，大肆叫嚣通过战争解决争端。政治上的野心、经济上的衰退及军事上的冒险三者叠加，使得日本成为国际法西斯势力挑起战争的亚洲策源地。

1931年9月18日晚10时30分，日本关东军参谋板垣征四郎和作战课长石原莞尔指使南满铁道守备队炸毁了柳条湖段铁路，并反诬中国军队破坏。随后，日军进攻中国军队驻地北大营和沈阳城，九一八事变由此爆发。

9月19日，国民政府外交部建议向国际联盟揭露日本暴行，并指示中国驻日内瓦代表施肇基根据《国际联盟盟约》第十六条，要求国际联盟大会迅速采取措施制止日本的侵略。当日凌晨2时，张学良指示其顾问端纳（William Donald）将事变消息第一时间通报给美国驻华公使詹森（Nelson Johnson）和英国驻华公使蓝普森（Miles Lampson）。随后，张学良委派顾维钧前往拜访两位公使。顾维钧询问二人，针对日本突然发起的军事侵略，各国依据《国际联盟盟约》、《非战公约》及《九国公约》采取行动的可能性，并建议由美国出面召集利益相关国家讨论日本侵略一事。蓝普森和詹森均表示，在得到更为准确的消息之前，两国政府不会持任何立场。9月20日，蒋介石召集会议，商讨对策。会议决定，在外交上首先将日本侵略中国东北一事向"国际联盟与非战公约国"申诉，以求"公理之战胜"。对内则强调"团结国内，共赴国难"，并在适当范围内采取自卫行动，抽调部队北上。①面对日军的进攻，蒋介石政府实际上采取了"不抵抗"的方针。国际联盟行政院接到中国的申诉后，考虑同意对日本侵华一事进行国际仲裁。美国驻华公使詹森经过对最初情况的了解，判定九一八事变是日本长期策划的侵略行为，没有证据表明该事件属于偶然。基于这种判断，詹森建议将日本的侵略定义为战争，并由《非战公约》各签字国就日本的侵略行为表态。

第二节
中国人民抗日战争的起点

九一八事变后，中国人民就在白山黑水间奋起抵抗，成为中国人民抗日战争的起点。

九一八事变后第二天，日军侵占沈阳。面对日本的武装侵略，中共中央于9月20日发表宣言，谴责日本军国主义对中国人民的压迫和屠杀，指出其企图"实行第二次世界大战特别是太平洋帝国主义战争"。宣言还批评了国民党的"无抵抗主义与和平镇静的忍耐外交"，并呼吁全民行动起来，打倒一切帝国主义。中共中央随后派出干部奔赴东北，领导和组织东北的抗日武装力量。②

9月21日，日军占领吉林市，22日侵占辽源和四洮铁路。9月22日，美国国务卿史汀生（Henry Stimson）向日本驻美大使出渊胜次递交备忘录，希望中国东北恢复原状，中日军队停止敌对行为，不再使用武力。日军无视国际社会，继续扩大侵略，不到一周的时间内，辽西以外的辽宁、吉林两省大部分领土已经沦陷，超过30座城市落入敌手。随后，日本军队继续北侵黑龙

---

① 《决定团结内部、共赴国难，注重外交》（1931年9月21日），吕芳上主编《蒋中正先生年谱长编》第3册，中国台北"国史馆"、中正纪念堂管理处、财团法人中正文教基金会2014年版，第512页。

② 《中国共产党为日本帝国主义强暴占领东三省事件宣言》（1931年9月20日），中共中央文献研究室、中央档案馆编《建党以来重要文献选编（1921—1949）》第8册，中央文献出版社2011年版，第547—549、567页。

江，南侵辽西。

自九一八事变起，中国共产党就意识到联合一切可联合的力量共同抗击日本侵略者的重要性，并号召全民族抗战。9月20日，中共中央联合日本共产党发表宣言，呼吁日本工农劳苦群众联合起来，反对日本帝国主义侵略中国东北。9月22日，中共中央发布《关于日本帝国主义强占满洲事变的决议》，明确指出面对日本的侵略，党的中心任务是"加紧组织领导发展群众的反帝国主义运动"。在东北地区，党发动群众斗争，反抗日本帝国主义的侵略，并组织北满地区展开游击战争，直接打击日本帝国主义。9月30日，中共中央再次发表针对日本帝国主义侵占东三省的宣言，呼吁发动群众，坚决打倒日本帝国主义。在此期间，日本共产党在国内多次公开反对本国的侵略行为。中国共产党呼吁的反日统一战线初现曙光。

在中国共产党的呼吁下，全国各界民众迅速组织起来，掀起抗日声浪，形成了全民族抗战的舆论先声。9月22日，国民党各省市党部及海外支部纷纷致电国民党中央，促请立即进行全国动员，对日决战。东三省旅京同乡及东三省籍军政两校学生共1000余人赴国民党中央党部请愿，要求抗日。上海800多个团体的代表5万人集会，决议将上海反日援侨委员会更名为抗日救国委员会，组织抗日义勇军，并要求国民政府下达总动员令，将日本侵略者驱逐出中国。广州召开反日大会，组织抗日救国会，街道贴满了抗日标语。9月23日，南京各界（包括党、政、军、学、农、工、商、妇）10万余人举行反日救国大会，通电呼吁团结一致，平息内争，抗日救国，并决定组织救国义勇队，作为政府抗日的后盾。同一天，南昌、宁波都举行了10万人参加的抗日救国会议。9月25日，上海800多个团体的20万群众举行抗日救国大会，决议电请中央限令日军撤退，否则对日宣战。

进入10月后，各地民众的抗日活动和声浪仍在持续高涨。10月1日，上海妇女团体组织妇女救国大同盟会。10月18日，北平工界抗日救国会成立，决议组织义勇军，对日不合作。10月31日，上海各大学抗日救国联合会通电宁粤双方，督促其速开和平统一会议。11月1日，全国各地学生抗日救国代表60余人聚集南京，决议以省市为单位组织全国学生抗日救国联合会。上海各大学学生抗日救国联合会通电全国,呼吁全国同胞敦促宁粤双方即日开会,停止破坏和谈行为,否则"咸为国家之罪人,民族之公敌"。

在中国共产党的宣传影响下,部分东北军爱国将士及各界爱国人士在北平成立了东北民众抗日救国会。救国会倡议组织义勇军对日作战,此举得到了张学良的支持及国民政府的默许。东北军民依托白山黑水,纷纷组织抗日救国军、抗日义勇军、自卫军,以及大刀会、红枪会等民众抗日武装力量。中共满洲省委根据中央指示,深入发动群众,组建抗日武装,开展游击战争。尽管有国民政府不抵抗命令的牵制,但在日军侵占沈阳并扩大侵略时,驻守安奉路、南满铁路沿线及沈阳、长春等地的部分东北军仍进行了局部的反击和抵抗。当日军沿北宁路西侵时,辽西的部分民团武装也举起了抗日义旗。黑龙江省代主席兼军事总指挥马占山带领东北军保卫齐齐哈尔,以嫩江为屏障,毁桥防御、沿桥设阵。从11月4日战至19日,血战半月,取得歼敌数千的战果,史称"江桥抗战"。

1932年1月30日,中共满洲省委发表了《告士兵书》,号召广大军民"反对日本帝国主义进攻哈尔滨","工农民众一致联合起来,打倒日本帝国主义"。[①] 由杨靖宇组织和指挥的磐石游击队,多次对日作战,成为南满抗日武装的骨干。更多的抗日游击队在中共的组织下相继建立起来。

1932年1月28日,日本进攻上海,挑起一·二八事变。驻守上海的第19路军在正副总指挥蒋光鼐、蔡廷锴的指挥下奋起抵抗。后国民政府命张治中率领新成立的第5军增援上海。上海的工人阶级及各界民众在中共领导下,组织了抗日义勇军,积极支援第19路军抗战。上海军民并肩战斗,多次击退日军的进攻,毙伤日军万余人,迫使其四次更换指挥官。日军数次增兵,兵力从最初的6000人增加至9万人,但仍未能达到速战速决的目的。从九一八事变到一·二八淞沪抗战,在日本逐步扩大的侵略威胁下,中国人民开启了伟大的抗日战争。

[①]《中共满洲省委告士兵群众书》(1932年1月30日),中央档案馆、辽宁省档案馆、吉林省档案馆、黑龙江省档案馆编《东北地区革命历史文件汇集》(甲)9,1988年版,第201—203页。

第三节
世界反法西斯战争的序幕

日本发动侵略中国东北的九一八事变，点燃了世界法西斯对外侵略战争的第一把战火，掀起了又一场世界大战。当西方主要国家对日本的侵略行动采取妥协纵容政策时，中国人民高举反法西斯侵略的旗帜，奋起抵抗。与此同时，九一八事变是日本图谋征服中国、称霸亚洲和太平洋地区的重要步骤，挑战了一战后西方大国主导形成的远东政治经济格局。自九一八事变起，英、美、法等国逐渐卷入东北亚的冲突。

早在九一八事变之前，美国国务院远东司司长亨贝克（Stanley Hornbeck）与卡内基国际和平基金会主席萧特维尔（James Shotwell）就对日本所谓的"满蒙特殊利益论"不以为意。他们认为，日本所提要求充满了"幼稚的逻辑"，并且完全不顾其脆弱的论据。[①]

1931年9月21日，中国民众代表向政府建议，会同外国公使及国际联盟代表到东北进行实地调查。面对中方向国际联盟的申诉及英美等国的关切，日本于9月24日发表了关于九一八事变的第一次声明，诬称中国军队破坏南满铁路并袭击日本守备队，还谎称日军大部分已经撤回南满铁路附属地，并保证对中国东北无领土要求。9月30日，国际联盟行政院就日本侵略中国东北作出第一次决议。然而，第一次决议仅陈述了事态现状，并未对日本形成约束力。

对于美国而言，此时最需要了解的是事变现场的真实情况，以便为下一步外交决策提供基本信息。为此，美国于1931年9月29日通知日本，将派遣驻哈尔滨总领事乔治·汉森（George Hanson）及美国驻日大使馆二等秘书劳伦斯·索尔兹伯里（Laurence Salisbury）前往沈阳及日军占领区考察。最

[①] "From Shotwell to Hornbeck", May 23, 1931, S. K. Hornbeck Papers, Box 45, Hoover Institution Archives.

第三章 九一八事变揭开世界反法西斯战争的序幕

终,美国赴中国东北调查组成行。在美国表明将派出调查员后,英国也有意派遣调查人员赴中国东北,并敦促法国也参与。美国也不愿独自在远东面对日本,争取与国际联盟合作解决问题是其外交目的所在。自10月16日起,美国开始列席国际联盟行政院会议。此举标志着美国与国际联盟在解决九一八事变问题上正式展开合作,也标志着英美态度渐趋一致。

美国派出的现场调查人员于1931年10月20日完成了调查。驻华公使詹森在听取了小组的汇报后,向美国国务院总结了九一八事变以来的东北局势。[1]基于对九一八事变后的调查结果,美国国务院起草了致日本备忘录,指出美国不同意日本将撤军问题与开启中日铁路条约谈判挂钩。如果日本执意如此,则不仅违反《非战公约》,也将违背《九国公约》。[2]

经过与中方和日方的反复交涉,国际联盟行政院于1931年10月24日再次就日本侵略中国东北作出决议。该决议重申了9月30日中日两国所做的承诺,即在日本得到保护日侨生命财产的保证后,撤军至铁路区域之内,而中国负责保障铁路区域之外日侨的生命财产安全。决议再次确认了日方声明中的"在满洲并无领土野心",并指出这一声明符合《国际联盟盟约》及《九国公约》的规定。为了敦促日本尽快履行上述承诺,决议要求日本立即开始有序撤军,并在国际联盟行政院下次会议(11月16日)之前撤退至铁路区域以内。[3]日本拒绝接受国际联盟决议。随后,日本政府于10月26日发表了关于九一八事变的第二次声明。声明诬称国民政府挑起事端,并无端指责中国破坏了日本在华侨民的生存权益。日本的做法损害了国际联盟的威望,也让主持国际联盟的英法两国不得不寻找解决途径。英法两国均希望美国能在此时出面,对日本施加压力,以挽回国际联盟的声望。

---

[1] "The Minister in China to the Secretary of State", Peiping, October 22, 1931, *Foreign Relations of the United States (Hereinafter as FRUS), 1931*, Vol.3, Washington D. C.: U.S. Government Printing Office, 1946, pp.288-291.

[2] "Aide-Mémoire Handed to the French Ambassador", November 4, 1931, *FRUS, 1931*, Vol.3, p.370.

[3] 《国际联盟行政院10月24日决议》(1931年10月24日), V. K. Wellington Koo Papers, Koo-0008-002-0028-001-002。

1931年12月10日，国际联盟行政院通过关于九一八事变的第三次决议，决定组建国际联盟调查团。1932年1月14日，国际联盟东北调查团正式组建，共有5名委员：意大利人马柯迪（Luigi Aldrovandi-Marescotti）、法国人克劳德（Henri Claudel）、英国人李顿（Victor Bulwer-Lytton）、美国人麦考益（Frank McCoy）及德国人希尼（Heinrich von Schnee），李顿为团长，故该调查团又被称为"李顿调查团"。调查团预定从法国出发，经美国、日本抵达中国。

1932年3月14日，"李顿调查团"抵达上海，开启调查之旅；5月4日，发布初步报告书；6月5日，结束调查，返回北平。在李顿调查报告的基础上，1933年2月24日，国际联盟大会正式通过十九国委员会所提交的《国际特别大会关于中日争议报告书》，就日本发动九一八事变以来的中日问题形成大会决议。国际联盟大会正式建议：东三省的主权属于中国，并在适当时期内，建立一个隶属中国主权之下、与中国行政不相违背的组织。中国政府应以宣言方式确定中央政府与该地方组织之间的权限划定，并将其作为一项国际承诺。大会还建议，鉴于承认伪满洲国及东北现状与国际义务基本原则及远东和平不符，"无论在法律上或事实上，各该国均将继续不承认该项制度"，即不承认伪满洲国及日本侵占东北的事实。[①]

在国际联盟历经三次决议并最终决定组建调查团的过程中，日本政府与国际社会虚与委蛇，实际上加速了对中国东北的侵略。1931年11月19日，日军侵占齐齐哈尔。12月17日，日本关东军命令独立守备队、混成第39旅团、骑兵第2联队及关东军汽车队入侵昌图及法库；同时命令第2师团派遣一部到辽中、牛庄一带，为进入辽西做好准备。1932年1月3日，在未遭到抵抗的情况下，日本第20师团侵占锦州。这一行动对一直认为日本可以通过内部力量阻止军部扩张的美国而言，是一个严重的提醒。

日本继侵占锦州后，又制造了一·二八事变，将战火烧到上海。史汀生认为，从长远来看，基于世界各国共同利益，不能压制中国的"抵抗运

[①]《国联特别大会关于中日争议报告书》（1933年2月24日），王建朗主编《中华民国时期外交文献汇编（1911—1949）》第6卷（上），中华书局2015年版，第278—279页。

第三章 九一八事变揭开世界反法西斯战争的序幕

动"。史汀生向英国建议,首先需要做的事情就是警告日本注意上海公共租界的特殊地位,英美将支持租界当局抵抗日本海军陆战队进入租界的行动。日本当局以所谓的国际主义借口,批评中国不能保护日本侨民,因而需要派遣部队。日本在中国东北到处宣讲的这套说辞用于上海租界完全是"信口雌黄",因为上海建立了白人警官领导下的警察系统,主要警员由西方人担任。[①]

与此同时,日本积极扶植伪满政权。1931年11月,清逊帝溥仪被日本秘密带到东北。1932年2月,关东军司令本庄繁于沈阳主持召开所谓的"东北政务会议",密谋建立伪政权。1932年3月1日,在日本策划下,伪满洲国正式成立,溥仪为"执政"。日本有意在国际联盟调查团抵达东北之前通过扶植傀儡政权,造成所谓的"既定事实"。对此,国民政府向世界宣布决不承认伪满,并向日本提出强烈抗议。

在1933年2月24日的国际联盟特别大会上,表决结果是42票赞成、1票反对、1票弃权。日本宣布退出国际联盟。此后,日本继续扩大侵略,向长城沿线进逼。

九一八事变及随后日本的一系列侵略行径,是日本法西斯全球扩张野心的初次表现,它充分表明了日本军国主义的目标,不仅是占领中国东北,还要以此为跳板实现称霸亚洲乃至全球的野心。日本军国主义的这一疯狂的侵略国策,给中国人民和广大亚洲国家人民带来了前所未有的灾难,在人类文明史上留下了极其黑暗的一页。日本退出国际联盟,不仅是对国际法的践踏,也预示了西方国家绥靖企图的失败。中国在日本的侵略面前坚守国家领土主权完整的底线,成为此后十四年中国对日斗争的原则。因此,九一八事变揭开了世界反法西斯战争的序幕,成为第二次世界大战的起点。

[①] "Memorandum by the Secretary of State of a Conversation with the British Ambassador at Woodley", January 25, 1932, *FRUS, 1932*, Vol.3, Washington D.C.: U.S. Government Printing Office, 1948, pp.61-63.

第四章

法西斯侵略不断升级

九一八事变之后，亚欧局势继续恶化，凡尔赛—华盛顿体系走向瓦解。意大利法西斯悍然入侵埃塞俄比亚；日本在远东不断扩大战事，侵占中国领土；德国纳粹党上台执政后，大肆扩军备战，吞并奥地利和捷克斯洛伐克。面对德、意、日三个法西斯国家的战争行为，英、法、美等西方大国幻想通过绥靖政策平息事态，维持和平。然而事实证明，这只是它们的一厢情愿。绥靖政策不仅未能保住和平，反而助长了德、意、日侵略者的嚣张气焰。德、意、日法西斯侵略行动不断升级。

第一节
意大利和德国在非洲、欧洲的侵略扩张

20世纪30年代，意大利和德国在非洲和欧洲的侵略扩张，实质上是法西斯全面侵略战争的预演。在这一历史进程中，英法两国奉行的绥靖政策起到了极大的纵容作用。它们企图通过牺牲小国利益来换取一时的和平，这种短视的做法不仅没有遏制法西斯的扩张野心，反而助长了侵略者的气焰，最终导致了更大的灾难。尽管苏联一直渴望和平，并寻求与英法联合遏制德国的扩张企图，却屡次遭到拒绝。英法执意要把苏联排斥和孤立在欧洲事务之外的做法大大加深了苏联的危机感。

一　意大利侵略埃塞俄比亚

埃塞俄比亚地处东非，其南北分别为意属索马里兰和厄立特里亚，一

旦征服了埃塞俄比亚，意大利就能把它的东非殖民地连成一片，牢牢控制红海的交通要道。该国面积100多万平方千米，矿产资源丰富，能够满足意大利获得原料及对外移民的迫切需求。此外，埃塞俄比亚是"非洲最后一块没有欧洲主人的土地"，意大利认为入侵它不会引起其他列强的强烈反应，所以一直觊觎并多次入侵。

1934年12月5日，意大利制造了"瓦尔—瓦尔事件"。当日，意军向驻扎在瓦尔—瓦尔的埃塞俄比亚军队发动突然袭击，造成当地军民140多人死伤，随后占领该地。埃塞俄比亚提请国际联盟调查和仲裁。意大利却在国际联盟反诬埃塞俄比亚挑起冲突，要求埃方赔款道歉。1935年8月，国际联盟为此成立了仲裁组。9月3日，国际联盟行政院根据仲裁组报告做出一个偏袒侵略者的裁决。墨索里尼由此认为他的侵略计划能顺利推进。

10月3日凌晨，意大利军队未经宣战越过马雷布河，直指阿杜瓦。按作战计划，意大利军队从南和北两面进攻，4日至6日先后攻占阿迪格拉特和阿杜瓦。10月15日，意军占领埃塞俄比亚古都阿克苏姆。在向提格雷地区进攻时，埃塞俄比亚国防大臣指挥着从首都开来的10万军队，给意大利侵略者以迎头痛击，粉碎了墨索里尼速战速决的美梦。

1936年1月中旬，战争进入第二阶段。意大利动用空军进行狂轰滥炸，同时地面陆军依靠坦克推进，还使用了大量毒气弹，埃军损失惨重。曾亲上前线指挥军队作战的埃塞俄比亚皇帝塞拉西一世（Haile Selassie I）登上一艘英国军舰，流亡伦敦。5月5日，意军占领埃塞俄比亚首都。9日，意军占领德雷达瓦，法西斯党最高权力机构法西斯大委员会在罗马宣布，意大利王国对原属于埃塞俄比亚帝国的领土和居民实行全面统治，意大利国王及其继承人成为埃塞俄比亚皇帝，同时意大利颁布《帝国法》，宣告建立"东非帝国"。墨索里尼被称为"帝国缔造者"，随后又被意大利国王埃马努埃莱三世授予亲王爵位。墨索里尼的野心因此极度膨胀，进一步提出要以埃塞俄比亚为基地，侵占苏丹、肯尼亚、吉布提等，把各个殖民地连在一起，建立"非洲大帝国"。在此基础上，再回头剑指地中海和巴尔干。

在遭受意大利入侵之后，埃塞俄比亚提请国际联盟仲裁。当时，中国在国际上坚定地主张对意大利实施制裁，同时在国际联盟内部推动了制裁决议案的通过。

二　德意法西斯武装干涉西班牙内战

1931年4月，西班牙的君主制被推翻，第二共和国建立。1931年至1933年，左翼政府统治期间，推行了土地改革、政教分离、保障言论出版自由等一系列政策。由于西班牙社会严重的阶级对立和政治分裂，在强大的右翼保守势力的反对下，改革效果并不理想。1933年，右翼政党联盟上台后，宣布取消前任政府的改革政策，武装镇压反对者。

1936年1月，以左翼共和党、工人社会党和共产党等为代表的民主力量组成人民阵线（Frente Popular），呼吁大赦政治犯、恢复民主权利、改善工农生活。在2月的议会选举中，人民阵线获得压倒性胜利，组成了以曼努埃尔·阿萨尼亚（Manuel Azaña）为首的新政府。新政府继续恢复民主和推进改革，从1936年2月至7月共分配给农民71.2万公顷土地，并通过了男女平等法令。

人民阵线的胜利引起右翼势力的不满，以军队上层为代表的反动势力并不甘心失败。早在1934年3月，西班牙君主主义者就曾派代表去罗马寻求墨索里尼的支持。1936年2月，反动将领桑胡尔霍访问柏林，商谈军事援助事宜。7月17日，以佛朗哥为首的叛军在西属摩洛哥发动武装叛乱，次日蔓延至西班牙本土，西班牙内战爆发。

德意法西斯的武装干涉彻底改变了战局。事实上，德意对西班牙的干涉早有预谋。1934年3月，墨索里尼与西班牙保皇党签订协定，承诺协助颠覆共和国。1936年西班牙内战爆发后，德意立即采取行动。7月28日，德国紧急调派30架容克运输机，将叛军从摩洛哥空运至西班牙本土。同时，德国成立了专门负责援助叛军的"W司令部"，意大利也设立了"赴西班牙作战委员会"。德意武装干涉的规模之大，使这场内战实质上演变为一场法西斯的侵略扩张战争。1936年10月，德国开始向西班牙派遣"秃鹰军团"（Legion Condor），总计约6000人，并提供大量武器弹药。意大利的干预更为直接，派出了约5万人的正规军队。西班牙内战期间，支持佛朗哥的外籍军队超过30万人。1937年4月26日，德国空军轰炸巴斯克地区格尔尼卡镇，造成1654名平民死亡、889人受伤的惨案。①

面对德意的公然武装干涉，英法等国却采取了所谓的"不干涉"政策。例如，1936年7月，面对西班牙共和国的求援，法国人民阵线政府总理莱昂·布鲁姆（Léon Blum）最初同意援助，但在右派势力的压力下很快改变立场。8月，法国率先宣布对西班牙实行武器禁运，提议缔结一项"不干涉"西班牙协议。9月9日，包括27个国家代表的"不干涉西班牙委员会"在伦敦成立。这一政策实际上剥夺了西班牙共和国政府购买武器的权利，而德意公然违反协议，继续向叛军提供大量军事援助。

与英、法、美的消极态度形成鲜明对比的是苏联的援助和国际志愿者的支持。1936年10月起，苏联开始向西班牙共和国提供军事援助，包括军事顾问、志愿人员和大量武器装备。武器装备包括648架飞机、347辆坦克、1183门火炮等。约3000名苏联军事顾问、飞行员和坦克手参加了战斗。来自50多个国家的约4万名志愿者组成了国际纵队，其中包括工人、农民、军人和知识分子等。国际纵队用鲜血和生命筑起了一道抵抗法西斯的钢铁长城，在保卫马德里等重要战役中发挥了关键作用。从1936年9月到1937年3月，西班牙共和国军民和国际纵队一起击退了叛军的四次大规模进攻。这些国际志愿者的无私援助，体现了国际反法西斯力量的团结。

然而，在德意的强大军事支援下，叛军逐步扩大优势。1938年12月，叛军在加泰罗尼亚战役中投入40万兵力，是共和军人数的两倍以上。1939年1月26日，巴塞罗那陷落。3月28日，叛军占领马德里，西班牙第二共和国被颠覆，西班牙人民的反法西斯抗争最终失败。

这场战争的失败，不仅意味着一个民主政权的覆灭，更预示着欧洲形势的恶化。德意在西班牙的胜利，加深了它们之间的合作，促成了轴心国联盟的形成。同时，英法的"不干涉"政策严重动摇了其他欧洲国家对英

---

① Heinrich A. Winkler, *Geschichte des Westens: Die Zeit der Weltkriege 1914–1945*, München: C. H. Beck Verlag, 2016, S.804.

法的信任。比利时废除与法国的军事同盟，波兰转向亲德政策，南斯拉夫与意大利签订互不侵犯条约，这些都为第二次世界大战在欧洲的爆发创造了条件。这场战争清楚地表明，在面对法西斯威胁时，英法所谓的"不干涉"政策实际上就是对侵略的纵容。

三　德国占领莱茵兰非军事区和吞并奥地利

1935年，纳粹德国在军事重建方面取得了显著进展。陆军、空军和海军的实力不断增强，据纳粹德国官方统计，到1935年底德军已拥有24个步兵师、3个装甲师，以及数个空军大队。此外，由冲锋队改编的特种部队人数达32万人，其训练水平与正规部队相当。其军事力量的建设，完全突破了《凡尔赛条约》的限制。美国驻德大使威廉·多德（William Dodd）在给美国政府的报告中指出，德国各地都在建造巨大的兵营和训练场，机场上的巨型轰炸机日夜演习，这些迹象表明德国的直接目标就是准备战争。

随着军事实力的增长，希特勒开始谋划具体的扩张计划，其中首要目标是重占莱茵兰非军事区。根据《凡尔赛条约》规定，德军不能在莱茵河两岸集结军队。1925年签订的《洛迦诺公约》也明确规定，英、法、意、比、德五国相互保障莱茵兰非军事区现状，以及德比、德法边界不受侵犯。希特勒要通过武力扩张建立"大德意志国"，就必须首先消除西线隐患。1935年5月，德国国防部长冯·布隆贝格（Werner von Blomberg）向三军发出代号为"训练"的占领莱茵兰计划，要求德军以"闪电般的速度"完成这一作战行动。

1936年2月，希特勒以法国议会批准《法苏互助协定》为借口，宣称这是法国单方面违反将永不与德国作战的协议，德国"被迫"宣布对莱茵兰拥有完全主权。德国外交部为这次行动做了周密准备，并向其驻英、法、意、比各国大使发出指示，如果西方国家提出异议，就称是法国违反了《洛迦诺公约》，德国被迫采取自卫措施。3月7日，3万德军快速进入莱茵兰非军事区。为了避免刺激西方国家，德军只向前沿地区推进了三个营的兵力，分别部署在特里尔、萨尔布吕肯和亚琛。

第四章　法西斯侵略不断升级

面对德国的违约行为，英法等国仅进行了一般性谴责。占领莱茵兰非军事区的成功，让希特勒的注意力进一步转向了奥地利。希特勒以保护德意志民族为借口，声称奥地利这个德意志民族的支脉应该回到"大德意志国"的版图上，强调这不是经济关系而是血统关系。到1937年，墨索里尼已公开表示对"为奥地利独立'站岗'感到厌倦"，实际上放弃了对奥地利的保护。意大利态度的转变，为希特勒吞并奥地利扫清了重要障碍。

英国为了把法西斯势力引向苏联，采取了绥靖政策。1937年11月，英国枢密院大臣哈利法克斯伯爵（Edward Wood, 1st Earl of Halifax）访问德国时，称赞德国是"西方反布尔什维克主义的屏障"，明确表示《凡尔赛条约》的错误必须纠正，英国只关心欧洲秩序的变更要通过和平方式实现。[①]法国因实力相对衰落，为避免单独对德作战，不得不追随英国的政策。法国总理卡米耶·肖当（Camille Chautemps）表示，并不反对德国"通过演变手段明显地扩大它在奥地利的势力"。

1938年2月，希特勒在贝希特斯加登（Berchtesgaden）迫使奥地利总理冯·许士尼格（Kurt von Schuschnigg）接受德国一系列要求，包括奥地利正式与德国实行统一的外交政策，并与德国开展军事和经济合作计划等。当许士尼格试图通过公民投票来决定国家前途时，希特勒于3月11日下达军事行动命令，并向奥地利发出最后通牒，要求推迟公投、许士尼格辞职，并任命纳粹分子阿图尔·赛斯－英夸特（Arthur Seyss-Inquart）为总理。最终，公投被取消，赛斯－英夸特组建亲德政府。3月12日，德军占领奥地利全境。希特勒在维也纳公开发表了自诩为"一生中最伟大的声明"："作为德意志民族和帝国的元首和总理，我现在向历史宣布，我的祖国加入德意志帝国。"[②]

莱茵兰再军事化和对奥地利的吞并，标志着希特勒建立"大德意志国"计划取得重要进展。这两次军事行动的成功，不仅强化了德国的军事实力和战略地位，也让希特勒看清了英法绥靖政策的本质。通过吞并奥地利，

[①] Manfred Rauh, *Geschichte des Zweiten Weltkriegs, Erster Teil: Die Voraussetzungen*, Berlin: Duncker und Humblot Verlag, 1991, S.339.

[②] Heinrich A. Winkler, *Geschichte des Westens*, S.846.

德国不仅增加了700多万人口，而且获得大量原材料和劳动力，奥地利在1938年拥有的黄金和外汇几乎是德国的两倍。①英法的妥协退让，助长了纳粹德国的扩张野心。此后，希特勒将目标转向捷克斯洛伐克，欧洲逐步滑向战争的深渊。

四　德国吞并捷克斯洛伐克

纳粹德国吞并奥地利后，从北、西、南三面包围了捷克斯洛伐克。捷克斯洛伐克地处欧洲中心要地，拥有发达的工业和丰富的人力、物力资源。德国如能占领捷克斯洛伐克，不仅可获得重要的战略基地，还能掌控其先进的军工生产能力。随着希特勒的野心进一步膨胀，他将侵略矛头指向了捷克斯洛伐克。

在捷克斯洛伐克西北部的苏台德地区，居住有约350万德意志人。1933年10月，康拉德·亨莱因（Konrad Henlein）等人组建了"苏台德德意志祖国阵线"。1935年，该组织改名为"苏台德德意志人党"，在捷克斯洛伐克境内从事分裂活动。1937年6月24日，冯·布隆贝格制定了对捷克斯洛伐克发动突然进攻的"绿色方案"。11月，希特勒又向高级将领表示，要在不久之后进攻奥地利和捷克斯洛伐克。1938年3月28日，希特勒召见亨莱因，命令他向捷克斯洛伐克政府提出无法接受的要求。亨莱因于4月提出了包括建立德意志自治区在内的"卡尔斯巴德纲领"。5月20日，英、法、捷可能通过情报机构得知了德军新计划，对形势感到十分不安，捷克斯洛伐克立即开始动员。这一系列事件后来被称为"五月危机"。在法国表态将履行法捷同盟条约义务、英国声明可能介入，以及苏联表示愿意提供援助的情况下，希特勒被迫暂时收敛，命令外交部于5月23日告诉捷克斯洛伐克公使，德国对捷克斯洛伐克没有任何侵略企图。但是，5月30日，他却指示军方为"在可预见的将来用军事行动粉碎捷克斯洛伐克"做好准备。②

---

① Gerhard Schreiber, *Der Zweite Weltkrieg*, München：C. H. Beck Verlag, 2013, S.14.
② Heinrich A. Winkler, *Geschichte des Westens*, S.849.

为了迫使捷克斯洛伐克就范，英国首相张伯伦在7月派遣沃尔特·伦西曼（Walter Runciman）前往布拉格"调解"。这次所谓的"调解"实际上是英国为直接插手捷克斯洛伐克问题而强加给捷方的。德国驻布拉格领事安多尔·亨克（Andor Hencke）在战后回忆道："伦西曼的所作所为完全符合我们的期望，他完全站在德国和亨莱因分子一方，最后公然建议将苏台德地区割让给德国。"在德国和英法的压力下，捷克斯洛伐克总统爱德华·贝奈斯（Edvard Beneš）被迫于9月5日几乎全部接受了"卡尔斯巴德纲领"。9月7日，亨莱因在德国指示下中断与捷方的谈判。9月12日，希特勒在纽伦堡纳粹党代表大会上发表演讲，猛烈抨击捷克斯洛伐克。[1]同时，英法媒体也在渲染战争恐怖，强调不能为捷克斯洛伐克的边界而冒发生世界大战的风险。

9月15日，张伯伦飞赴希特勒在贝希特斯加登的别墅进行会谈。在会谈中，希特勒态度强硬，声称将不惜发动战争也要"解放"苏台德地区的德意志人。张伯伦则表示认同苏台德地区分离的原则。会后，英法两国政府向捷方施压，要求其将德意志族人口超过50%的地区立即让给德国。英法公使甚至以极其强硬的措辞警告捷方，如果拒绝这一要求就要为战争爆发负责。在巨大压力下，捷克斯洛伐克政府被迫于9月21日接受了英法的建议。

然而在9月22日的巴特戈德斯贝格（Bad Godesberg）会谈中，希特勒又提出了新的要求，包括德军立即占领苏台德地区，以及满足匈牙利和波兰对捷克斯洛伐克的领土要求等。9月29日，英、法、德、意四国领导人在慕尼黑举行会议。但是，作为当事国的捷克斯洛伐克代表被排除在会议之外，直到会议结束才被告知结果。9月30日签署的《关于捷克斯洛伐克割让苏台德领土给德国的协定》（简称《慕尼黑协定》），不仅要求捷克斯洛伐克在10天内将南部与奥地利接壤的地区，以及苏台德地区割让给德国，而且规定该地区的所有设施都要无偿交给德国。[2]

---

[1] ［英］理查德·埃文斯：《当权的第三帝国》，哲理庐译，九州出版社2020年版，第679—681页。

[2] Heinrich A. Winkler, *Geschichte des Westens*, S.857.

吞并苏台德地区后，希特勒立即着手吞并整个捷克斯洛伐克。在德国的操纵下，1939年3月14日，斯洛伐克在约瑟夫·蒂索（Jozef Tiso）的领导下宣布"独立"，成为德国的傀儡。同日深夜，希特勒威胁捷克斯洛伐克总统埃米尔·哈查（Emil Hácha），如果不签字接受德国"保护"，就要轰炸布拉格。3月15日，德军进驻波希米亚和摩拉维亚，次日，这些地区被宣布为德国的"保护国"。通过吞并捷克斯洛伐克，德国获得了大量精良装备和兵工厂，极大地增强了军事实力。[①]

事实证明，英法的软弱姑息只会助长希特勒侵略扩张的嚣张气焰。作为英法绥靖政策的产物，《慕尼黑协定》不仅没有维护欧洲和平，反而加速了第二次世界大战在欧洲的爆发。

第二节
日本发动全面侵华战争

日本宣布退出国际联盟后，继续沿长城一线扩大侵略范围，为发动全面侵华战争寻找借口。为驱逐日本侵略者，中国在进行局部抗战的同时，也在各方面做大规模抗战的准备。随着平津相继沦陷，日军越发嚣张。战争规模持续扩大，南口战役、八一三淞沪会战相继爆发，中国军民在华北、华中同时展开了顽强的抵抗。

一　七七事变

1931年九一八事变以来，国民政府在寄希望于国际干涉的同时，亦尝试调整对日政策，向"一边交涉，一边抵抗"转变。日本则扶植伪满洲国，进而跨过长城，染指华北。中国军队在长城沿线进行了抗战。日本将国际上的对华援助及合作视为其独霸中国的障碍，为此于1934年4月17日发表了所谓"天羽声明"，宣称要"维持东亚的和平和秩序"，反对中国援引他

[①] [英]理查德·埃文斯：《当权的第三帝国》，哲理庐译，第689—695页。

国排斥日本，反对他国给予中国财政或技术上的援助。

1933年初攻占热河及长城之战是日本帝国主义从东北到华北、从关外到关内侵略的过渡。按照1933年5月签订的《塘沽协定》，中国军队撤退到延庆、昌平、高丽营等一线；日本军队确认中国军队遵守协议后，即退守长城一线；中国警察负责长城一线至中国军队防线之间区域的治安。《塘沽协定》的签订是九一八事变后国民党对日政策由有限抵抗到妥协的一个重要事件，日本对华侵略进入新阶段。

《塘沽协定》签订后，日本并未放弃吞并中国的计划。1935年，日本挑起"河北事件"，意在将国民党中央军逐出华北，策划所谓"华北自治"。日军在华北制造的一系列侵略事件统称华北事变，加深了中华民族的危机。

1937年7月7日，北平西南卢沟桥正在演习的日军声称士兵失踪，要求进入宛平城搜查，遭到中国守军拒绝。日本随即向宛平城驻军发动进攻，七七事变爆发。中国军民对日本军国主义侵略进行了顽强抵抗。

日本陆军参谋本部7月8日拟定了对七七事变的应对方案，一方面要求将事变限定于平津地区，根据"不扩大方针"行事。但另一方面指示，中国方面若对日军采取"挑衅"态度，则应向中国驻屯军增派必要兵力，将中国军队"逐出"平津一带。9日，日本内阁召开临时会议，考虑由日本国内派出3个师团到华北。到了10日，参谋本部依据情势，决定再从日本国内向华北派遣3个师团和航空兵团。

七七事变爆发后的第二天，蒋介石致电时任冀察政务委员会委员长的宋哲元，称"宛平城应固守勿退，并须全体动员，以备事态之扩大，此间已准备随时增援矣"①。在发出此电文的同时，要求军事委员会办公厅主任徐永昌、参谋总长程潜做好防止事态扩大的准备，命令豫皖绥靖公署主任刘峙先行派遣1个师开赴黄河以北，并做好另外两个师出发的准备。7月9日，

---

① 《电宋哲元固守宛平城，并全体动员，以备事态之扩大》（1937年7月8日），吕芳上主编《蒋中正先生年谱长编》第5册，第335页。

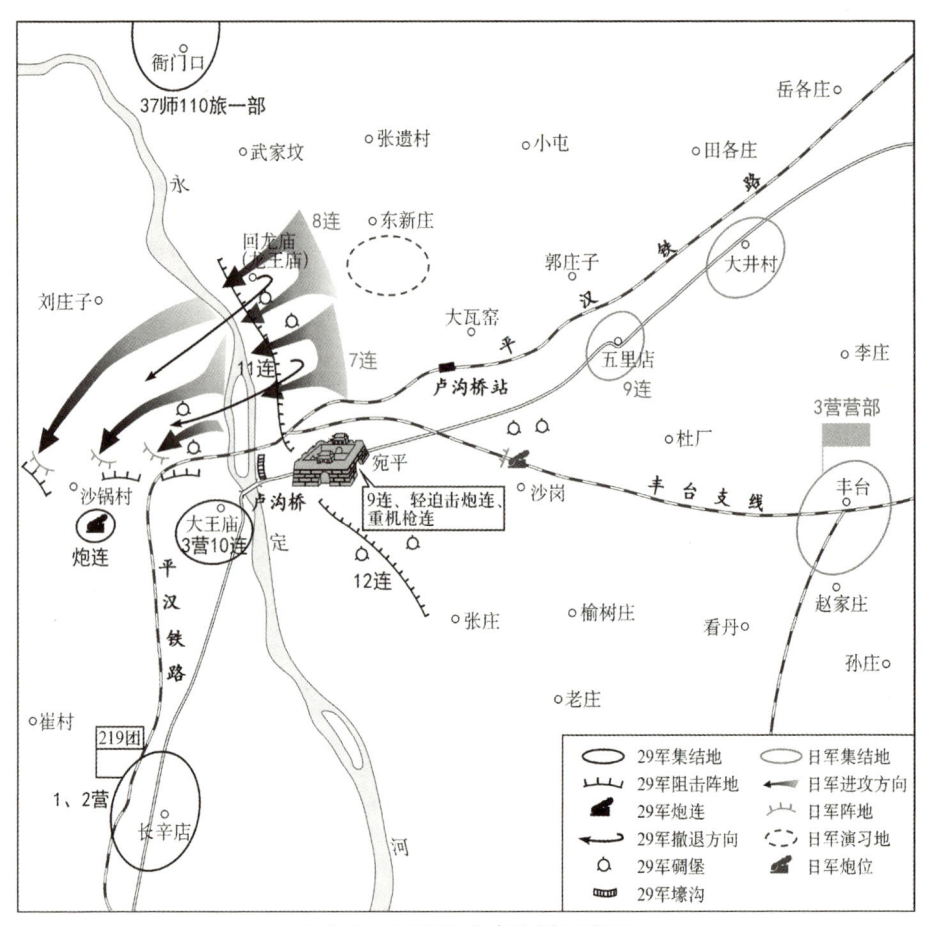

图 4-1 日军进攻卢沟桥示意图

令驻防平汉路孙连仲两个师向石家庄或保定集中，令庞炳勋部与高桂滋部向石家庄集中，并命令上述部队皆归宋哲元指挥。在军事上，蒋介石将华北周边的部队向北平附近集中。

国民政府在军事上准备全面动员的同时，亦开始考虑外交上的宣战问题。蒋介石继续增兵华北，抽调炮兵及高射机枪兵开赴前线。同时，电令全国应切实准备，勿稍松懈，以防万一。自7月11日开始，在军政部长何应钦主持下，国民政府军政机关主要长官就七七事变举行会议，研讨抗日问题。同日，中国外交部就七七事变发表声明。一方面陈述日方故意挑衅，并有意扩大侵略之事实；另一方面表明中国愿与日本谈判，解决中日间一切悬而未决的问题,"以外交方式,谋和平之解决"①。

事变发生后,蒋介石一方面在做全面战争的准备,另一方面亦请英美等国予以调停。王世杰曾建议外交部非正式地向英美等国试探意向。美国国务卿赫尔在7月12日表示,希望日本政府采取和平手段解决争端。7月15日,英法会谈之后,向中方提出了处理七七事变的法方建议,法国"主张英美法三国联合向中日劝告",并愿意居中斡旋。②

二 平津陷落

1937年7月17日,蒋介石在庐山就七七事变发表应战谈话,强调"最后关头"到来,不准中途妥协,唯有抗战到底。蒋介石在谈话中强调了"最后关头"的意义,又称"我们的态度只是应战,而不是求战"。蒋介石在谈话最后提出了解决七七事变的四点立场,并称这是"弱国外交的最低限度"。③此谈话于7月20日正式对外界发表,史称"庐山谈话"。

7月19日,日本驻华大使馆武官喜多诚一往访军政部长何应钦、参谋总长程潜等,传达日方态度,威胁中国撤退新进入河北的军队,否则将导致中日全面军事冲突。同日,日本拒绝了英国调停中日冲突的建议,英国驻华大使许阁森(Hughe Knatchbull-Hugessen)向国民政府外交部表示不能进行调解。庐山谈话发表当日,日本华北驻屯军在天津发表通告,称将自7月20日中午起采取军事行动。日本同时通知英国,诬称因中国军队在卢沟桥附近向日军射击,"因此日军将采取必要之自卫措施直至中国军队不再进行敌对行动"④。大规模战事一触即发。

在七七事变发生后的两个星期内,虽然不能判断日方真正意图,但国

---

① 《中国外交部声明》(1937年7月11日),王建朗主编《中华民国时期外交文献汇编(1911—1949)》第7卷(上),中华书局2015年版,第6—7页。
② 《顾维钧致外交部电》(1937年7月15日),V. K. Wellington Koo Papers, Koo-0019-044-0056。
③ 《蒋介石为卢沟桥事变发表谈话》(1937年7月17日),王建朗主编《中华民国时期外交文献汇编(1911—1949)》第7卷(上),第19—20页。
④ "From Sato to Adams", 20 July, 1937, FO371/20951, p.5.

民政府仍按照准备全面大战的预案进行部署。从各个方面的情况来判断，蒋介石庐山谈话并非宣战布告，而是应战声明，把是否发动战争的主导权推给了日本方面。因为谈话的内容除表示中国绝不能接受华北沦入敌手外，另一个重点就是公开提出了中国希望解决七七事变的条件。谈话以被侵略者、弱者的姿态，提出了自身的要求，并指出如果日本仍一意孤行，则战争必不可免，而责任全在日本。

华北战事已经在所难免，但全面战争是否开打，仍存变数。在军事作战计划上，国民政府统帅部军政长官会议拟定了两种方案：一是"将沧保线部队推进至永定河岸，以便增援北平，而将主力之集中，推进于沧保线"；二是"我中央军仍在沧保及德石线上集中，而指导廿九军退出北平，以保实力，免被各个击破"。蒋介石决定采纳第二种方案。7月28日，蒋介石电令宋哲元速离北平。当日，北平沦陷。同月30日，天津失陷。

1937年8月7日，何应钦在国防会议上向国民党中央汇报七七事变以来的军事准备，军事作战的主要重心在平津附近。根据新拟定的战斗序列草案，将全国军队编为第一线100个师，预备军约80个师。[①]蒋介石在日记中写道："倭寇果强占平津，则其政略与战略皆已陷入绝境，此诚最后之时机，若其不至于此，则余乃无机可乘也。"[②]这里所谓"绝境"，当指日本已经在对华方针上无法回旋，中日全面战争已经开始。

三　日军扩大侵略及淞沪会战

日军侵占平津后，决定按既定计划大规模入侵中国，在中国南北同时展开军事进攻。一方面，沿平绥路、平汉路、津浦路向山西、河南、山东方向发起大规模进攻；另一方面，再次向上海发起大规模进攻。虽然日本已开始在其国内实行战时动员，但为了欺骗世界舆论，日本政府仍然声称

---

①《何应钦关于中央军军事准备报告稿》(1937年8月7日)，中国第二历史档案馆编《抗日战争正面战场》(上)，江苏古籍出版社2005年版，第261页。

②《蒋介石日记》(手稿)，1937年7月31日"本月反省录"，美国斯坦福大学胡佛档案馆藏。

采取"不扩大方针"。

平绥路是连接华北、西北的交通动脉，位于平绥路东段的南口是北平通往西北地区的门户，战略地位极其重要，为兵家必争之地。日军如从平津北上进攻张家口及察哈尔、绥远、山西北部，必须首先占领南口。在进攻南口之前，日军已经做了充分准备。日军华北驻屯军司令香月清司命令华北驻屯军第11旅团北上进攻南口，夺取八达岭，并配合从日本国内增援的第5师团，经北平西翼沿平绥线进攻，占领晋察绥三省。从1937年8月2日起，日军开始空袭南口、张家口及平绥路各交通据点。

8月11日，日军在飞机、坦克支援下猛攻南口中国守军阵地，南口战役正式开始。日军进攻南口的总兵力为两个半师团，总数达7万人，火炮300门以上，并配备飞机和战车。中国军队统帅部令参加南口战役的第13军汤恩伯部、第89师王仲廉部、第84师高桂滋部等坚守阵地，同时命令卫立煌所部第14集团军、傅作义所属部队增援南口。中国军队顽强作战，但南口镇仍然于13日失守。之后，中国军队利用居庸关山地地形顽强阻击，日军攻势受阻。日军在得到第5师团的增援后，于17日夺取了长城沿线的制高点，然后沿长城一线向中国守军发动进攻。为避免居庸关中国守军被切断退路，长城防线的战斗异常激烈。北上增援的卫立煌部被日军阻击，未能按时进入预定阵地。26日，蒋介石下令固守南口，但在被包围的情形下，汤恩伯被迫下令突围。在南口战役中，中国军队与日军激战半个月，伤亡达2.5万人。中国守军顽强作战，给日军以沉重打击。中共中央机关报《解放》发表评论指出："不管南口阵地事实上的失却，然而这一光荣的战史，将永久与长城各口抗战、淞沪两次战役鼎足而立，长久活在每一个中华儿女的心中。"[①]

七七事变爆发后，日本在上海附近增派军舰，经常在夜间演习巷战，为随时侵占上海做军事准备。8月9日，两名日本海军陆战队士兵驾驶军用卡车冲击虹桥中国军用机场，被机场卫兵击毙。日本即以此为借口，发起军事进攻。8月12日夜，日本政府决定紧急增派两个师团到上海。8月13

---

① 铁：《南口的失守》(1937年8月31日)，《解放》第1卷第15期，1937年9月6日。

日，日军进攻上海闸北，八一三淞沪会战爆发，日本叫嚣要"1个月内占领上海"，"3个月灭亡中国"，准备速战速决。8月14日，中国发布《自卫抗战声明书》，声明决不放弃领土主权，以天赋自卫权抵抗日本的侵略。紧急驻防上海的第87师、第88师奋起抵抗。8月15日，日本内阁决定放弃"不扩大方针"，正式对华发动全面战争。

日军陆续向上海增派兵力。9月底，上海的日本侵略军已达10万人，11月初又扩大至28万人。国民政府陆续派军增援上海，调动了70万兵力参加淞沪会战。11月5日，日军在杭州湾金山卫地区登陆，威胁上海后方，直接影响了战局。为避免主力部队被围困在上海，11月8日晚，中国第三战区司令部下令全军撤退。中国军队的顽强作战激发了中国人民的抗战精神，也坚定了国际上支援中国抗战的信心。

9月17日，日本华北方面军下达攻击命令，第1军沿平汉路进攻，第2军沿津浦路进攻。在日军强大攻势下，保定失守，日军随即向正定、石家庄进攻。第2军沿津浦路方向，宋哲元的第1集团军苦战不支，先后丢失沧县和德县。此后，日军为支援山西和上海战役，从华北方面军抽调3个师团，余下两个师团继续南侵。韩复榘所部第3集团军不战而退，12月26日，日军侵占济南。

日本从九一八事变，经由华北事变，迅速走向全面侵华战争，妄图速战速决，3个月内灭亡中国。但是，中国军民在日军的优势装备面前不畏牺牲，在战略防御阶段粉碎了这一计划，向世界展示了中国人民不屈不挠的抗战精神。

第三节
德意日轴心国集团的形成

德意日法西斯为了实现各自的扩张野心，经过反复讨价还价，在1940年缔结军事同盟条约，轴心国集团形成。这三个国家虽然本质上都是法西斯国家，但由于利益诉求不同，不可能真正地协同作战。

一 德意日法西斯结盟的基础

德意日法西斯结盟，主要基于以下几点共同之处：首先，这三个国家拥有相似的法西斯意识形态和社会制度，并且都坚决反共；其次，它们均采取了侵略性的外交政策，穷兵黩武，通过对外扩张、侵占他国领土谋求所谓的"生存空间"；再次，这些国家都反对当时的国际体系——德国和意大利反对凡尔赛体系，日本则挑战华盛顿体系——因此它们之间存在相互支持的需求；最后，它们因侵略行为在不同程度上被国际社会孤立，三国间产生了"相互同情"和"相互支持"的需求。

在意大利法西斯上台之前，希特勒就曾派遣自己的亲信前往意大利与墨索里尼接触。希特勒虽然否认他发动的运动是仿效意大利法西斯主义，但他承认，意大利法西斯成功夺取政权在很大程度上促进了纳粹主义在德国的崛起。在1933年希特勒上台之前，意大利就已经在资助纳粹主义了。希特勒上台执政后，立即致电墨索里尼表达"敬意"。墨索里尼则发文称，希特勒的胜利就是意大利的胜利。

意大利入侵埃塞俄比亚之后，英法主导的国际联盟决定对意大利实行经济制裁，德国不仅公开宣布不参加对意大利的任何制裁，甚至还对意大幅增加煤炭等战略物资供应。面对德国的"示好"，墨索里尼对外宣称，法西斯的意识形态构成了德意两国之间一条特殊的纽带。1936年6月，墨索里尼任用其女婿、鼓吹德意结盟的加莱亚佐·齐亚诺（Galeazzo Ciano）为意大利外交部长。齐亚诺不仅劝说墨索里尼以牺牲奥地利为代价换取德意结盟，还公开支持德国的军事扩张。1936年7月，德国正式通知意大利，决定将德国驻埃塞俄比亚首都亚的斯亚贝巴公使馆改为总领事馆，以此表示德国在事实上承认意大利占领埃塞俄比亚的合法性。德意结盟的基础进一步夯实。

在墨索里尼领导的"国家法西斯党"上台前，意大利政府内部就存在一些"亲日派"官员。他们认可日本反对西方介入亚洲事务的主张。意大利驻日外交官称赞日本是一个"伟大的民族",还积极地利用一切机会在日本宣传意大利,扩大意大利的影响。九一八事变之后,意大利法西斯政府表面同情中国,实际支持日本,赞同日本反对国际联盟的干预。意大利外交部认为,中日之间的战争可以转移西方国家的注意力,有助于意大利在欧洲的扩张。1934年1月18日,墨索里尼在《意大利人民报》(*Il Popolo d'Italia*)上发表了一篇题为《远东》的文章,称强大、好战的日本已经全副武装,而苏联和美国不愿也不可能有效约束日本在中国的扩张,但意大利有意愿也有能力在其中调解斡旋,有望再次扮演沟通东西方的重要角色,成为影响世界的"大国"[①]。而日本亦宣称,虽然两国相隔甚远,但两国都需要大量向外殖民,应该建立友好的伙伴关系。

二 德日《反共产国际协定》

早在1933年,共同的反苏方针和领土扩张计划就已经使德国和日本密切关注对方。希特勒执政后逐渐认为,德日之间并无根本利益冲突:德国的殖民要求在欧洲和非洲,日本的扩张目标在亚洲和大洋洲。1933年10月,他向德国驻日本大使冯·迪克森下达指示,要求巩固和发展德日关系。

1934年春,希特勒开始与他的外交顾问里宾特洛甫商讨如何实现与日本的接近。1935年,里宾特洛甫与日本驻柏林武官大岛浩开始就"反共产国际协定"进行非正式谈判。德日两国的扩张政策使它们在法西斯主义意识形态和反共方面的共同点进一步放大。1936年3月,希特勒以法国议会批准《法苏互助协定》为借口,出兵占领莱茵兰。这一行动及随后的西班牙内战,使希特勒对苏联与法国的两面夹击感到担忧。在这种情况下,里宾特洛甫的亲日政策得到了更多支持。1936年11月25日,里宾特洛甫与日本驻德大使武者小路公共在柏林签署了《反共产国际协定》(*Antikominternpakt*)。最终达成的协议包含公开和秘密两部分:公开部分是反共产国际协定,规定双方交换情报并采取措施对抗共产国际;秘密附加

[①] Benito Mussolini, *Scritti e Discorsi*, Vol. IX, dal gennaio 1934 al 4 novembre 1935 (XII – XIV E.F.), Milano: U. Hoepli, 1935, pp.24–27.

第四章 法西斯侵略不断升级

议定书则规定，如果一方受到苏联攻击，另一方需保持"善意中立"，且未经对方同意不得与苏联签订违背协定精神的政治条约。[①]这个秘密协定实际上建立了一个针对苏联的同盟，但通过各种保留条款和退出机制有意削弱了其约束力。这种安排使两国既可以共同推行反苏政策，也可以根据形势需要独立行动。

《反共产国际协定》标志着德日法西斯轴心国的初步形成，但是，该协定并没有给德日联盟制定一个统一的行动战略。两国虽然在反苏立场上一致，但各自的战略目标和地缘政治利益存在较大差异。这种差异最终导致双方后来在关键时刻互无支援。1939年日本在诺门坎与苏军交战时，德国与苏联签订互不侵犯条约。1941年德国进攻苏联时，日本则与苏联缔结中立条约。在德国入侵苏联和日本偷袭珍珠港之前，它们都没有把自己的意图告知盟友。日本直到战争结束都没有顺从希特勒关于进攻苏联的强烈要求。因此，《反共产国际协定》是一种意识形态结盟，而非实质性的军事政治承诺。它反映了两个急于扩张的法西斯国家在反共的旗号下结成松散联盟。不仅如此，这个联盟还在一定程度上损害了德国的经济利益。德国与中国的贸易因日本的行动而遭受重创，日本对东南亚的占领又迫使德国不得不与日本展开长期谈判以获取橡胶等战略物资。两国在政治、经济和军事上都无法有效地相互支持。最终，联盟在各自的民族利己主义的基石上轰然倒塌。[②]

意德武装干涉西班牙内战促成了罗马—柏林轴心的形成。为进一步巩固同德国的关系，意大利外交部长齐亚诺先是派出亲信前往柏林面见希特勒，之后又亲自访问德国，德意就武装干涉西班牙问题达成协议。齐亚诺的柏林之行标志着德意同盟关系形成。1936年11月，墨索里尼在一次讲话中称罗马—柏林关系为"轴心"。

德意两国最高统帅部的参谋人员从1939年4月开始展开谈判。1939年

[①] Gerhard L. Weinberg, „Die geheimen Abkommen zum Antikominternpakt", *Vierteljahrshefte für Zeitgeschichte*, 1954(2), S.194.

[②] Theo Sommer, *Deutschland und Japan zwischen den Mächten, 1935–1940: Vom antikominternpakt zum Dreimächtepakt, eine Studie zur diplomatischen Vorgeschichte des Zweiten Weltkriegs*, Tübingen: Mohr Verlag, 1962, S.12–15.

5月6日，德意两国外交部长在米兰会面。墨索里尼指示齐亚诺，寻求与德国签订双边条约，甚至结成三国同盟。会谈期间，墨索里尼电话指示齐亚诺，向报界发表一项公报，宣布德意已经决定缔结军事同盟。希特勒得知消息后，指示里宾特洛甫同意墨索里尼的建议，还亲自参与起草公报。5月22日，德意正式签署了有效期为十年的《德国和意大利友好同盟条约》。条约规定，若德意有一方卷入与其他国家的战争，则另一方应立即以全部的军事力量，包括海陆空军，给予前者以支援。同时，德意双方还要在军事和战时经济上进一步加强合作；在共同进行战争时，只有在双方完全同意的情况下，才能缔结停战与和平协议。此外，双方还签署了一份秘密议定书，确定了占领欧洲各国领土的"时间表"。

条约缔结后，两国的新闻媒体大肆宣传，称赞其为"钢铁盟约"（Stahlpakt）。后来，"钢铁盟约"就开始频繁出现在两国领导人的演讲中，有时官方文件也用它来称呼德意的军事同盟条约。"钢铁盟约"的签订标志着欧洲即将进入战争状态。

三　德、意、日签订《三国同盟条约》

1939年德国闪击波兰后，意大利虽然没有直接参战，但仍然保持了与德国的同盟关系。1940年3月9日，希特勒派外交部长里宾特洛甫率领德国代表团访问意大利，此行主要目的就是商谈意大利参战问题。3月18日，希特勒和墨索里尼在奥地利和意大利边境隘口布伦纳山口会面，墨索里尼向希特勒做出"携手作战"的保证，但参战时间要视情况而定。[1] 3月31日，墨索里尼起草了一份名为《我们为什么要参战》的备忘录，呈交国王、外交部长及几位高级将领。在备忘录中，他断言，意大利唯一的出路就是同德国结盟。[2]

1939年1月，日本平沼骐一郎内阁成立，纳粹德国向其提出三国缔结

---

[1] Renzo De Felice (a cura di), *L'Italia fra tedeschi e Alleati. La politica estera fascista e la seconda guerra mondiale*, Bologna: Società editrice il Mulino, 1973, pp.116–117.

[2] 陈祥超：《墨索里尼与意大利法西斯》，第283页。

军事同盟的方案。3月，日本召开"五相会议"，商讨日本与德意结盟问题。以陆相板垣征四郎为首的陆军派积极鼓吹三国军事同盟；而外相有田八郎和海军派认为，苏联才是日本的主要敌人，主张避免同英美直接冲突。日本发动全面侵华战争后，美国虽有支援中国，但同时也没有切断给日本的货源，日本进口的废钢铁、航空设备、军事器材等战略物资超过三分之一都来自美国。所以，平沼骐一郎提出一个模棱两可的方案，表示暂不结盟。然而，日本驻德意的外交使节受东条英机等人怂恿，私自许诺德意，若苏联以外的国家攻击德意，则日本有参战义务。同年8月，日本内阁再次召开"五相会议"，海相对结盟态度冷淡，而板垣征四郎仍坚持结盟，还宣布辞去陆相职务，平沼骐一郎内阁岌岌可危。

1940年4月开始，德国闪击北欧和西欧六国接连得手，促使日本下定决心，一改其对欧战的"不介入"立场，积极与德国磋商军事联盟条约的订立事宜。9月，应日本政府邀请，德国政府派出全权代表访问东京，与日本外相会谈。随后，德日就缔结军事同盟条约达成一致。9月27日，德国外交部长里宾特洛甫、意大利外交部长齐亚诺、日本驻德大使来栖三郎作为三国政府代表，在柏林签署了有效期为十年的《德意日三国同盟条约》。之后，德国软硬兼施，通过种种手段陆续将匈牙利、罗马尼亚、保加利亚等国拉进阵营，建立起以德、意、日为核心的法西斯侵略集团。

本章图片来源

图4-1　武月星主编：《中国抗日战争史地图集（精装本）》，中国地图出版社1995年版，第54页。

第五章
各国遏制法西斯的努力

面对德意日法西斯的疯狂扩军备战甚至军事行动,遭受威胁的相关国家及法西斯国家内部的进步力量尝试抵制。苏联在欧洲倡导建立针对纳粹德国的集体安全合作机制,并通过共产国际号召各国共产党和左翼政党在本国建立反法西斯统一阵线。然而,西方大国沉迷于绥靖主义,幻想以此平息战争,因此,消极应付苏联的集体安全合作倡议。这不仅导致苏联最终放弃这一政策,而且使弱小国家对大国维护世界和平的意愿与能力失去信心,从而削弱了遏制法西斯发动战争的力量。尽管如此,在战争初期,包括法西斯国家在内的各国人民依然开展了反法西斯反战运动。

第一节
西方大国绥靖政策的表现及其恶果

第二次世界大战的爆发过程是德意日法西斯国家不断挑战凡尔赛—华盛顿体系的过程。以英法为代表的西方国家在一定程度上愿意接受法西斯国家得寸进尺的诉求,甚至不惜与之共谋,妄想以绥靖维护自身核心利益,避免大战,结果却是既有秩序遭到颠覆,法西斯国家侵略行动不断升级。

一 绥靖政策的表现

1936年3月7日,3万名德军进入莱茵兰非军事区。上午10时,德国外交部长向英、法、意提交了废除《洛迦诺公约》的照会和德军进驻莱茵兰非军事区的通知。对此，英国最初没有采取任何行动，法国的反应稍微强硬，捷克斯洛伐克、罗马尼亚和南斯拉夫则对法国表示支持。之后英国又同意向德国发出强硬照会，但主要国家对德国只有口头谴责，没有进行军事干预。西班牙内战再次加剧了苏联对英法的不信任，苏联最终选择绕开英法，自行应对不利局面。

在不断突破英法底线的同时，德国也将矛头对准了中欧和东欧国家。德国的主要目标是捷克斯洛伐克和奥地利。同一时期，德国支持苏台德地区德意志人党，并通过各种手段向捷克斯洛伐克政府施压。英国则不断催促捷克斯洛伐克在苏台德问题上对德国让步，以避免冲突升级。1936年4月7日和8月31日，德国与波兰签订协议，解决了铁路运费的外汇支付及过境交通费问题，德波关系似乎得到了缓和。此外，德国希望从苏联购买军用工业原材料，而苏联需要海军装备，但由于苏德双方互有忌惮，谈判收效甚微。

由于法国对德国的软弱反应，比利时不再信任法国。在德国不断施压下，1936年10月，比利时国王向内阁表示，本国将保持中立。这进一步削弱了洛迦诺体系。德国不仅确保了西线的安全，还在东南方向的罗马尼亚取得了进展：该国国内反苏势力强大，因此多半会倒向德国一方。

在确保东西两线安全后，德国开始对捷克斯洛伐克露出獠牙。1936年底，德国多次向捷克斯洛伐克方面表示，德国可以与其签订互不侵犯条约，但前提是捷克斯洛伐克退出各种联盟，诱使捷克斯洛伐克放弃与苏联的协议。1938年2月，德国开始吞并中欧和东欧国家。在德国即将吞并奥地利时，奥地利总理许士尼格四处求援，但没有国家愿意伸出援手。英国建议奥地利举行公民投票。3月9日，许士尼格宣布将于13日进行公投。但德国直接指示奥地利纳粹党推翻政府，3月12日，德军占领了奥地利。

吞并奥地利之后，德国的下一个目标就是捷克斯洛伐克。然而，在3月24日的下院演说中，张伯伦称英国对捷没有任何义务。与此形成对比的是，3月18日，苏联召集英、法、捷、美大使，建议召开会议遏制德国侵略东欧。但是，苏联的建议遭英国拒绝。在英国的姑息政策下，希特勒陆续制造了"五月危机"和"九月危机"。在"五月危机"中，苏联表示准备对捷进行军事援助，英法也向德国发出警告。德国的反应印证了丘吉尔的判断：当英、法、苏一致时，德国法西斯就会退缩。然而，"五月危机"之后，西方大国之间的步调就开始不一致了。有的建议排除苏联，召开欧洲四国会议来解决捷克斯洛伐克问题，有的建议苏台德地区实行自治。在这种情况下，希特勒又抓住机会，制造了"九月危机"。9月30日，英、法、德、意四国首脑在慕尼黑会议上签订了条约，即著名的《慕尼黑协定》，绥靖主义达到顶峰。

二 助长了法西斯国家发动侵略战争的野心

九一八事变发生后，由英国和法国主导的国际联盟，以及派员出席国际联盟会议的《九国公约》发起者美国，最初并未明确区分是非，而是要求中日双方停止一切冲突，也未将日本谴责为侵略方，并拒绝制裁日本，甚至不愿意根据盟约任何条款采取强制措施，以避免同日本作战的风险。1932年1月7日，美国国务卿史汀生发表"不承认主义"声明，宣称不承认使用战争手段在中国造成的任何情势、条约或协定，其真实目的在于维护美国在华"门户开放"原则。英国政府在各种场合袒护日本，这在对待一·二八事变及国际联盟"李顿调查团"提交的报告中再次得到体现。西方国家的纵容使日本侵略野心肆无忌惮地膨胀，严重削弱了国际联盟的威望。1932年5月，首相犬养毅遭刺杀，结束了第一次世界大战后日本脆弱的政党政治。之后，日本于1935年在中国制造华北事变，1937年7月发动七七事变全面侵华，直至最终挑起太平洋战争。

面对希特勒的步步进逼，英、法、美等西方大国将绥靖主义发挥到了极致。例如，当德国进入莱茵兰非军事区时，法国在边境上有100个师，而德军只有3万人。根据《洛迦诺公约》，法国有权对德军采取军事行动，但在英国的反对下，法国只是通过国际联盟提出抗议。法国驻德国大使安德烈·弗朗索瓦-庞赛（André François-Poncet）在后来的回忆中指出，如果当时采取果断行动，希特勒的扩张野心就会受到遏制。国际联盟也仅仅承认德国破坏公约的事实，并未采取制裁行动。这次军事冒险的成功，使希特勒更加肆无忌惮。再如，对于德国侵占捷克斯洛伐克问题，英国政府内部普遍认为，不值得为捷克斯洛伐克付出哪怕一名英国士兵的性命。这种态度最终导致希特勒认定西方大国不会真正动用武力阻止他的冒险行为，并使得曾质疑过他的德国高级军事将领在希特勒屡次冒险得手后不敢再发声。1933年1月，希特勒上台，并采取公然挑衅的方式，加速了德国通过武力摆脱《凡尔赛条约》束缚的进程。1939年3月，德国占领整个捷克斯洛伐克和立陶宛的默麦尔（Memel）；同年9月，进攻波兰，挑起欧洲战事。

在日本挑起远东战争和希特勒上台的激励之下，墨索里尼很快推行了一系列冒进政策。为了拉拢意大利，防止其倒向纳粹德国，法国竟事前表示同意，英国则默许意大利入侵埃塞俄比亚。在舆论压力之下，国际联盟虽然最终对意大利实施了武器禁运、贸易制裁，禁止进口意大利货物及某些货物出口意大利等措施，但所限物资未涵盖石油、钢铁、煤、铜等战略物资，也未禁止苏伊士运河为意大利所用。1935年8月，美国国会通过《中立法》，禁止向任何交战国出售武器、弹药或战争工具，而不区分侵略者和被侵略者。这显然有利于意大利，而非落后的埃塞俄比亚。针对意大利武力干涉1936—1939年的西班牙内战，以及1939年4月吞并阿尔巴尼亚的行为，英、法、美采取了"不干涉"或"中立"政策，默认意大利在地中海的侵略行径。1939年5月，意大利与德国签订"钢铁盟约"，两个欧洲法西斯国家正式相互勾结。

三　西方大国沉迷于和平幻想

西方大国希望通过在一定程度上满足德、意、日的扩张主义诉求，来换取这些国家放弃武力挑战既有国际秩序。然而，这种绥靖能否换来和平取决于法西斯国家是否愿意限制使用武力追求其国家利益，以及法西斯国家的诉求是否危及西方大国的核心利益。显然，德、意、日选择以恣意动武的方式去满足不断膨胀的扩张欲望，最终颠覆了西方大国主导的凡尔赛—华盛顿体系。当矛盾发展至无法调和时，西方大国为维护自身核心利益最终放弃了绥靖政策，仓促应战。

除在一些公开场合发表虚假和平声明欺骗国际舆论外，希特勒对一些来访的英国人士往往许下虚假的和平承诺，令他们信以为真，即便是历史学家阿诺德·汤因比在1936年与希特勒会面后，也确信他是"真诚地"渴望和平。法西斯意大利一度在纳粹德国与英法之间首鼠两端，旨在化解欧洲大国对其军事冒险行动的反对和制裁。当德军开进莱茵兰非军事区后，墨索里尼一边向德国保证意大利不会参与对德国的制裁，一边向英法表示意德之间既无任何秘密协定，也无签署此类协定的打算，并声称意大利将站在英法一方，而不会站在德国一边。他还称，意大利是《非战公约》签字国，且未从国际联盟裁军会议撤回其代表，意大利从物质和精神上武装自己的目的是防卫而不是侵略，意大利永远不会发动战争。就日本军国主义而言，和平谎言与欺骗贯穿其侵略扩张的始终，最臭名昭著的就是日本以外交谈判掩饰偷袭珍珠港军事行动直到最后一刻，以致美国国务卿赫尔怒斥日本是这个星球上最恬不知耻、最谎话连篇的国家。显然，法西斯国家的和平谎言在一定程度上麻痹了西方国家。

面对1933年之后纳粹德国的冒险，英国社会流行的是对《凡尔赛条约》的内疚自责及对德国的同情。尽管大多数人厌恶纳粹主义的暴行，但他们将其视为对《凡尔赛条约》不满的自然反应，相信只有消除该条约针对德国的种种"不公正"才能使德国安定下来，并相信和平是能够得到维持的。例如，绥靖政策代表人物张伯伦认为希特勒的德国是欧洲的恶霸，但他并不绝望，甚至在德军入侵波兰次日，他还心存如果德国撤军则与希特勒举行谈判的想法。法国执意拉拢意大利，并与苏联签署互助条约，加深了英国对法国的不信任；1935年英国与德国签署海军协定则触怒了法国。虽然法国相比英国更主张对德国采取强硬手段，但缺乏单独行动的勇气与信心，没有英国牵头，法国宁愿蜷缩在马奇诺防线后，采取静坐防御。美国企图通过《中立法》置身于战争之外，不愿意牵头联合他国在远东向日本展示武力，而是力图通过谈判甚至牺牲中国利益阻止日本的军事扩张殃及自身。结果证明，这也只是一种幻想。

对于英法而言，奉行绥靖政策的首要原因在于国家实力因第一次世界大战遭受重创，其次在于大战伤痛记忆使和平主义乃至失败主义成为社会思想的潮流。两者相结合，使得英法两国政府在面对法西斯国家的战争威胁时，无力或无心重整军备。对美国而言，孤立主义依然在其社会占主导地位，《中立法》正是这种民意的集中体现。另外，西方国家总体低估了法西斯国家利用战争手段颠覆既有国际体系及挑战西方大国核心利益的意志。因此，绥靖政策并非维护和平之举，而是纵容法西斯国家扩大侵略的错误政策。

第二节
苏联寻求建立集体安全机制的努力及其挫折

为了应对德意法西斯的不断挑衅，苏联试图与英法共同建立一种集体安全体系。然而，由于苏联在成立初期被排斥在国际体系之外，法国政府摇摆不定，英国存在根深蒂固的反共思维，加上希特勒集团的挑拨离间，苏联与英法之间的信任遭到削弱，建立集体安全机制的努力最终归于失败。

一　苏法合作与集体安全政策的形成

苏联外交的主要任务，除了阻止西方成立反苏联盟，还要防止德国发动侵略战争，至少避免处于同德国冲突的前线。

20世纪30年代初，为了改变地缘环境、打破外交孤立、遏制德国东扩，苏联开始与法国接触。1931年7月苏法在巴黎谈判，于1932年11月签订了互不侵犯条约。在此前后，苏联与芬兰、拉脱维亚、爱沙尼亚和波兰也分别签署了互不侵犯条约。1933年的8—9月，法国前总理爱德华·赫里欧（Édouard Herriot）和法国航空部长皮埃尔·科特（Pierre Cot）访苏受到热烈欢迎。10月，法国进一步提出，《苏法互不侵犯条约》可以发展为互助条约。

欧洲共产党内部也逐渐达成共识。1933年11月28日，在莫斯科召开的共产国际执行委员会第十三次全会明确提出:"德国的法西斯政府是欧洲主要的战争贩子,在但泽、奥地利萨尔、波罗的海沿岸地区、斯堪的纳维亚制造混乱,妄图打着反对《凡尔赛条约》的旗帜,为了德国帝国主义的利益拼凑集团来重新血腥改画欧洲地图。由法国或意大利或是由在它们背后耍阴谋的英国领导的帝国主义集团围绕帝国主义矛盾关键目标狂热地重新改组。欧洲成了随时可能爆炸的火药库。"[1]联共(布)中央于12月通过决议,主张集体安全,反对法西斯国家的侵略活动,防止战争爆发。19日,苏联回应法国倡议,同意在一定条件下加入国际联盟。20日,苏联政府将以上决定正式通知法方。

1934年4月16日内阁会议后,法国政府确定了"安全第一"的外交原则,并明确对德示强,此方针的主要执行者是外交部长巴尔都(Louis Barthou)。28日,法国向苏联提交了"东方公约"初步草案。5月18日,巴尔都和苏联外交人民委员李维诺夫(Maksim Litvinov)展开会谈,6月2日再次讨论。方案由两部分组成,一部分是苏联和东欧邻国集体保证东欧国家的安全,另一部分是法苏互助条约,也就是苏联参与《洛迦诺公约》及法国保证"东方公约"。为推进方案实现,巴尔都为苏联加入国际联盟而积极活动。

1934年9月18日,苏联加入国际联盟,从而打破了长期的外交封锁和孤立局面。然而,不到1个月,巴尔都被刺杀,导致集体安全政策失去了关键推动力量。由于波兰已单独与德国签订了条约,因此对新的"东方公约"态度消极,这影响了其他东欧国家的态度。唯有捷克斯洛伐克对新的国际安全保障方案作出积极回应。新任法国外交部长皮埃尔·赖伐尔(Pierre Laval)有一定的亲德倾向,认为与德国接近才能保证和平,苏法关系前景也变得模糊起来。

---

[1]《法西斯主义、战争危险和各共产党的任务(共产国际执行委员会第十三次全会就库西宁同志报告通过的提纲)》,王学东总主编,戴隆斌、鲁慎主编《国际共产主义运动历史文献》第55卷《共产国际执委会第十三次全会文献(2)》,中央编译出版社2012年版,第647页。

二 建立集体安全机制的尝试受挫

1935年之后，希特勒的外交策略和冒险行为不断得手，德国法西斯更加有恃无恐，肆意横行。3月16日，希特勒颁布《国防法》，公开撕毁了《凡尔赛条约》中关于德国的军事条款。3月25日，英国外交大臣西蒙和掌玺大臣艾登访问德国，苏联通过秘密渠道获悉伦敦方面准备牺牲奥地利和捷克斯洛伐克。

1935年4月11日，法国外交部长赖伐尔、英国首相麦克唐纳和墨索里尼在意大利斯特莱沙举行会议，并于4月14日达成了协议，成立了"斯特莱沙阵线"（Stresa Front）。会议达成以下协议：重申《洛迦诺公约》的条款，维护奥地利独立，抵制任何可能违反《凡尔赛条约》的行为。协议并未明确英、法、意在维护条款时能采取何种行动。这意味着《斯特莱沙协议》只是临时拼凑出来、没有实际约束力的文件，但是英国和法国的行为却影响到了波兰和苏联。波兰政府一边在国际场合谴责德国的提案，一边坚持同德国单独协商解决问题，这表明波兰并不相信英法真的能约束德国。1935年5月2日，苏联在巴黎同法国签订了互助条约。5月16日，苏联在布拉格同捷克斯洛伐克签订苏捷条约。

德国改变了之前四面出击的外交策略，先是致力于改善与苏联及周边国家的关系，并伺机对特定目标（如立陶宛）采取行动。立陶宛政府曾在1934年不顾英国的劝阻，逮捕了默麦尔地区的纳粹分子，其中大部分是德意志人。希特勒认为对这些人的判刑过重。在5月21日的一次演讲中，希特勒表示，可以同除立陶宛之外所有邻国签订互不侵犯条约。6月，希特勒的经济特使亚马尔·沙赫特（Hjalmar Schacht）向苏联表示，德国愿意扩大两国贸易计划，并向苏联提供大额贷款。同月，英国在没有知会意大利或法国的情况下，与德国单独签署海军协议，允许德国海军增加到英国海军的35%，《斯特莱沙协议》已形同虚设。德国与英国的谈判，扩大了法国和英国在对意大利政策上的分歧，引发连锁反应，加剧了苏联对英法的不信任，刺激了意大利和日本的冒进倾向，也加深了美国的孤立主义倾向。

在1935年7月25日开幕的共产国际第七次代表大会上,季米特洛夫发表了《法西斯的进攻与共产国际为工人阶级反法西斯团结而斗争的任务》的报告,指出世界大战迫在眉睫。在共产国际七大的号召下,尽管条件有限,各国共产党都应积极开展斗争。法共八大通过了扩大人民阵线的纲领,得到了法国社会党等党派的积极响应。英共也在1937年5月通过了团结无产阶级队伍的方针,但遭到了张伯伦政府的阻挠。

意大利入侵埃塞俄比亚并没有使各国共产党感到惊慌,但给英法两国带来了外交难题。对于英法来说,如果不能制止意大利的行为,那么国际联盟将失去作用。事实上,当国际联盟开始实施制裁时,意大利就退出了国际联盟,也退出了"斯特莱沙阵线"。法国外交更深层的困境是:在欧洲事务上,意大利变成了需要团结的大国,因为苏联对法国的信任度下降,英国对法国来说变得更不可靠。

与英法面临的困境不同,此时局势对德国非常有利。首先,各类公约已变成一堆废纸,对德国没有丝毫约束力;其次,英法影响力的破产导致欧洲小国为了自保,争相向德国靠近;最后,意大利入侵埃塞俄比亚吸引了国际注意力,为德国扩展了外交空间。此后,德国继续使用其屡试不爽的套路,先安抚苏联,再不断突破英法的底线,继而开始新的冒险。苏联一直期待法苏条约的签订,但法国赖伐尔政府对此一直拖延,德国由此看到了机会。1935年10月底,德国与苏联重开经济谈判,但一直没有结果,直到翌年2月法国批准了法苏条约,苏德经济谈判才草草收场。

在同苏联进行经济谈判的同时,德国与英国和法国进行了新的安全谈判。这也是德国的主要目标,即让莱茵兰再军事化。在这轮谈判中,英法实际上缺乏谈判筹码。更为讽刺的是,意大利在1935年12月28日废除了其与法国达成的协定。这意味着法国向意大利做的一系列外交让步徒劳无益。此后,随着绥靖政策成为英法政策的主流,集体安全努力受到重大挫折。英法不愿意与苏联进行安全合作,对苏联怀有敌意的波兰宁愿追随德国。即使与苏联缔结了互助条约的法国也未同苏联签订军事协定,甚至没有进行正式的军事对话。这不仅造成苏联在欧洲建立针对纳粹德国的集体安全体系计划流于失败，还唤起了苏联对协约国武装干涉苏维埃革命的愤懑记忆，质疑西方国家借绥靖之名行反苏反共之实。

尽管不能将反苏反共或"祸水东引"视为西方大国推行绥靖政策的唯一动机，但说其包藏祸心绝非杜撰。由于此时苏联是世界上唯一的社会主义国家，秉持共产主义意识形态，共产国际肩负世界革命和保卫苏联的使命，这使得西方国家视苏联为洪水猛兽。英国"克莱夫登集团"是典型的绥靖主义和反苏反共的政治团体，其成员皆为达官显贵，他们视苏联为不共戴天的敌人，将纳粹德国视为抵御共产主义的先锋堡垒，主张绝不束缚希特勒的手脚。英国首相鲍德温（Stanley Baldwin）曾表示，如果欧洲真要打起什么仗来，希望看到布尔什维克和纳粹打起来。即便反对绥靖主义的丘吉尔，也是一贯的反共反苏人士，十月革命爆发后他将布尔什维克党人丑化为"在城市废墟和他们受害者尸体中乱蹦乱跳的凶猛狒狒"。而法国的一些人士虽认清了希特勒"对法兰西无法消解的仇恨"，但坚信纳粹党正通过镇压"令人生厌的布尔什维克主义实践"，为"人类文明进程"作出伟大贡献。这种对共产主义的恐惧心理使得西方国家即使明白法西斯国家的危险，也更倾向于将共产主义视为更紧迫和更危险的威胁，并相信持极端反共立场的法西斯国家可以作为抵御苏联影响力的屏障。

三　苏联放弃集体安全政策

慕尼黑会议绕开苏联，出卖了捷克斯洛伐克的利益，破坏了集体安全原则。在英法不断采取绥靖政策的情况下，法西斯国家逐渐占据主动，苏联不愿独自承担与这些国家对抗的风险。因此，英法政府的行为促使苏联扩大与德国的接触，以尽量为本国争取有利形势。从1938年之后的一系列外交行动可以看出，苏联放弃了集体安全构想，调整了外交策略。

1939年3月10日，斯大林在联共（布）第十八次代表大会上批评了西方大国放弃集体安全政策的做法，强调要利用资本主义国家之间的矛盾，保证苏联国家安全。这次讲话仅仅过了五天，德国就侵占了捷克斯洛伐克全境，导致英德关系陷入僵局。3月17日，张伯伦在伯明翰发表演说，谴责希特勒破坏了《慕尼黑协定》。

实际上，英国政府在国内面临巨大压力。1939年4月13日，张伯伦在议院宣布将保障罗马尼亚和希腊安全时，议员们纷纷询问其中为何不包括苏联。4月14日，英法同时致电苏联。英国建议苏联发表单方面承诺援助其欧洲邻国的声明，法国则建议继续完善法苏互助条约，即一旦德国与波兰、罗马尼亚两国开战，苏联将承担援助波罗两国的义务，而法国则援助苏联。

英国的态度使苏联生疑。4月17日和18日，苏联先后向英法提出八点建议，主要内容是建立英、法、苏三国同盟，在欧洲安全问题上共进退。但与此同时，苏联驻德大使也在与德方进行政治经济会谈。

对于苏联的建议，张伯伦政府采取了拖延的态度。在英苏猜忌加深之时，德国又一次对波兰提出领土要求，占领默麦尔。希特勒开始主动迎合苏联的需求，从5月开始，德国主动同英国和苏联展开外交接触。在国内外压力下，张伯伦政府于5月8日向苏联提交备忘录，建议苏联单方面承担援助义务。在这一阶段，英、苏、德互不信任，只要英苏嫌隙扩大，德国就取得了成功。

5月9日，法国驻德国大使向国内报告称，传言德国向苏联建议瓜分波兰。5月14日，苏联回复英国5月8日提交的备忘录，反对英国的提议，并重申了苏联的八点建议。同一天，张伯伦政府的密使霍拉斯·威尔逊（Horace Wilson）等人陆续前往柏林，商洽新的英德谈判事宜。翌日，法国方面向苏联声明，同意苏联的第一、三点建议。同月，苏联副外交人民委员波将金访问华沙，声明苏联会保证波兰安全。

7月9日，苏联建议在政治协定达成一致前，先进行军事谈判。直到7月下旬，法国已原则上同意了苏联关于"间接侵略"问题的方案，但英国仍持反对态度。英方随后向德国建议，两国媒体应停止互相指责。18日至21日，德国代表秘密前往英国，与英方密谈。直到7月21日，英国在得知德国将于8月底进攻波兰的消息后，于7月25日通知苏联，同意重新开始军事谈判。但奇怪的是，英法军事代表团十天后才起程，抵达莫斯科时已是8月11日。法国代表团团长在法国军界的地位不高，英国代表团团长是名退役的海军上将，甚至连签约的授权都没有。

与此同时，德国迅速行动起来。7月26日，德国方面通知苏联，希望加强与苏联的关系。7月29日，德国驻苏联大使舒伦堡收到指令，要求他向苏联外交人民委员莫洛托夫表示德国愿意尊重苏联在波罗的海的权益。8月2日，德国外交部长里宾特洛甫与苏联驻德国大使馆代办阿斯塔霍夫进行会谈，再次强调德国在黑海到波罗的海之间漫长的边界上都与苏联没有矛盾。翌日，舒伦堡再次会见莫洛托夫，并重申德国立场。8月10日，德国又一次保证，其在波兰的利益有限，无意与苏联发生冲突。

8月11日，英法军事代表团抵达莫斯科，苏联有意拖延同德国的谈判。斯大林建议从9月1日开始进行苏德谈判，但德国不断催促苏联做出决定。8月14日晚，里宾特洛甫急电舒伦堡，指示他立即会见莫洛托夫。次日，莫洛托夫提出了三点建议：苏德签订互不侵犯条约、德国对日施加影响、苏德对波罗的海国家作出共同保障。8月16日，里宾特洛甫指示舒伦堡再次约见莫洛托夫，转告德国同意与苏联签订互不侵犯条约。而此时，英法军事代表团与苏联的谈判毫无进展，且英国再次与德国进行秘密谈判。

鉴于英、法、苏谈判久拖不决，斯大林最终做出决断。8月17日，苏联回复德国，同意先签订贸易与贷款协定，然后再签订互不侵犯条约。8月23日，苏德双方签署了《苏德互不侵犯条约》。两国还签署了秘密协定，对双方在波罗的海沿岸地区的势力范围及波兰领土进行划分。从现实角度来说，苏联与德国签订互不侵犯条约发生在英法不断反复的背景之下。在英、法、苏谈判中，法国政府软弱且缺乏主见，张伯伦政府对德国心存幻想，与其不断暗通款曲，导致英、法、苏谈判难以达成结果。苏联的选择虽然使其摆脱了受东西夹击的危险，断绝了英法对德媾和的可能，赢得了宝贵的备战时间，但条约违背了社会主义国家的外交原则，在客观上助长了法西斯集团的嚣张气焰，苏联为此付出了沉重的道义代价。

第三节
战争恐慌蔓延与早期反法西斯反战运动

西方大国未能有效制止日本军国主义在远东最先挑起的战争,这不仅助长了日本、意大利和德国肆意侵略的嚣张气焰,导致战火继续蔓延,也使遭受法西斯威胁的小国对西方大国维护和平的决心和能力日益失去信心,战争恐慌不断加剧。与此同时,包括法西斯国家在内的各国人民,在共产党或进步力量的领导下掀起了反法西斯反战运动。

一 小国对西方大国失去信心

一战后,缔造凡尔赛—华盛顿体系的英、法、美等西方大国,非但未能有效承担国际责任,反而在面对德意日法西斯国家的侵略扩张时采取绥靖政策,导致当时诸多小国对西方大国维护世界和平及保障小国安全利益的意愿和能力产生怀疑,更担心自己会沦为大国绥靖政策的牺牲品。随着国际形势的恶化,小国为自身安全考虑而选择自保,不再轻易信任或追随西方大国,抵抗法西斯的意志因此遭到削弱,维护世界和平的力量进一步涣散。

1920年、1921年和1924年法国先后与比利时、波兰和捷克斯洛伐克结成军事同盟,同时支持捷克斯洛伐克、南斯拉夫和罗马尼亚组建所谓的"小协约国",并与之订立政治军事协定,从东部加强对德国的围堵,以维护法国在欧洲大陆的安全。法国也希望南斯拉夫、希腊、罗马尼亚和保加利亚等巴尔干半岛诸小国能够发挥类似的作用。然而,法国为拉拢法西斯意大利而采取姑息政策,同时炮制出卖埃塞俄比亚给意大利的《霍尔—赖伐尔协定》,并未认真执行对意大利的制裁以及不干涉西班牙内战等承诺。这些行为最终致使与其结盟的欧洲小国逐渐对法国失去信心和信任,一战后法国精心构建的围堵德国的安全同盟体系形同虚设,未能发挥预期的作用。

第五章　各国遏制法西斯的努力

九一八事变后，国际联盟严重背离了它所倡导的维护世界和平与集体安全的理念，国际联盟体系由此开始走向崩溃。由于目睹中国主权利益遭受践踏却未得到公正对待，日本军国主义貌视国际联盟的举动也未受到有效制止和应有制裁，小国开始质疑西方大国维护和平的意愿，对国际联盟正在召开的世界裁军会议失去信心。此后，小国又见证了纳粹德国无视《凡尔赛条约》条款，公然宣布重新武装，将军队开进莱茵兰非军事区，兼并奥地利。但作为欧洲大国的英国和法国未采取任何实质性反制举措。美国基本也持观望态度。例如，美国人认为德军开进莱茵兰不在1921年美国与德国单独签署的和平条约所限定的范围之内；美国虽口头支持国际联盟对意大利的制裁，但对意大利的石油和其他商品的出口并没有显著减少。与美国相比，由于法国自普法战争以来一直持反德立场，视其为宿敌，因此其追随英国绥靖政策的做法对欧洲小国造成的消极影响尤为严重。

1938年9月，法国与英国联手将捷克斯洛伐克苏台德地区出卖给希特勒，致使捷克斯洛伐克不到半年即被瓜分占领。"小协约国"就此宣告解体，这标志着第一次世界大战后法国针对德国精心构建的安全同盟体系最终瓦解。

在这种情况下，为预防国际危机和战争而创建的国际联盟集体安全机制被英法两国破坏，而美国对国际联盟也保持着一种若即若离的姿态，小国对国际联盟能够保护它们不受侵略的信念逐渐消失。一些欧洲小国选择向德意靠拢或直接加入轴心国阵营。波兰和匈牙利参与了1939年3月对捷克斯洛伐克的瓜分占领，但波兰也未能摆脱被瓜分的命运。匈牙利、罗马尼亚、保加利亚、南斯拉夫[①]等加入了轴心国阵营，成为德意法西斯的仆从国。

二　战争恐慌在欧洲蔓延

1938—1939年，德意法西斯的一系列扩张举动引起了英、法、苏等国的警觉，欧洲逐渐笼罩在战争恐慌之下。《慕尼黑协定》签订后，希特勒更

[①] 1941年3月25日，南斯拉夫加入轴心国阵营，但两天后因政变实际退出。4月6日，南斯拉夫被德军占领，德国法西斯在克罗地亚扶植了"乌斯塔沙"傀儡政权。

无所顾忌地向东扩张。1938年10月21日，希特勒密电军方，准备吞并捷克斯洛伐克残存部分，并策划占领一战后德国被迫割让给立陶宛的默麦尔。德国人不仅暗中组织默麦尔的德意志人闹事，还制订了一份代号为"斯德丁运输演习"的海军作战计划。1939年3月21日，德国政府通知立陶宛政府立即派全权代表前往柏林签字，将默麦尔地区交给德国。3月22日，希特勒等人登上"德意志"号袖珍战列舰前往默麦尔，展示德国海军的威力。在德国的持续施压下，3月23日，立陶宛最终屈服。①

1939年3月15日，德军大举入侵捷克斯洛伐克，占领布拉格。3月16日，希特勒宣布成立"波希米亚—摩拉维亚保护国"。在德国允许下，3月14日，匈牙利部队越过匈捷边界，进入了喀尔巴阡—鲁塞尼亚，于16日晚占领了整个地区。匈牙利人的行动引发了罗马尼亚人的警觉。3月14日，罗马尼亚派出军队到罗匈边界，以防匈牙利入侵两国交界的争议地区特兰西瓦尼亚。匈牙利则在整个东部边界部署军队。匈罗两国之间局势一度紧张，甚至双双实施总动员。面对来自德国的压力，罗马尼亚驻英大使甚至使用了"最后通牒"一词，向英方描述德国入侵罗马尼亚的可能性。欧洲开战趋势越来越明显。

占领布拉格表明希特勒的扩张野心已超越德意志人居住区，这让奉行绥靖政策的英法两国感到恐慌。英国政府逐渐意识到，一旦德国再次对另一个国家采取行动，其目标就是支配整个欧洲。②他们担心德国可能会以最后通牒方式向英国提出重新瓜分殖民地的要求，甚至毫无预警地对英国进行空袭或者突袭其舰队，更害怕德国会入侵荷兰，通过控制荷兰海岸迫使英国屈服。法国也因德国吞并捷克斯洛伐克而坐立不安，担心德国会在意大利协助下，以其全部力量一举击溃法国以巩固后方，为向东推进做准备。

波兰人同样感受到了形势的严峻。在吞并捷克斯洛伐克之后，德国对

---

① [美]威廉·夏伊勒：《第三帝国的兴亡》第2卷，董乐山译，译林出版社2020年版，第552、594页。

② [英]P. M. H. 贝尔：《第二次世界大战的起源·欧洲战场》，杨光海、丁山译，商务印书馆2024年版，第400—404页。

第五章 各国遏制法西斯的努力

波兰形成了北、西、南三面包围之势。默麦尔被占领，加剧了波兰人对但泽的担忧。慕尼黑会议后，德国曾多次要求波兰把《凡尔赛条约》中划给波兰的波兰走廊与由国际共管的但泽自由市"归还德国"，并打算穿过波兰走廊修建一条享有治外法权的复线铁路和超级公路，将德国与但泽、东普鲁士连接起来。① 1939年3月26日，德国收到正式答复，波兰表示愿意进一步讨论便利德国在波兰走廊的铁路与公路交通运输的办法，但是拒绝考虑赋予其治外法权，波兰也愿意考虑以波德联合担保来代替国际联盟的担保，但不希望但泽成为德国的一部分。

与此同时，波兰在军事与外交方面也进行了相应准备。对此，希特勒于4月11日下令制定进攻波兰的"白色方案"指令，要求军队为拟于1939年9月1日发起的行动做准备。4月28日，德国借口英国执行包围德国的政策，宣布废除1935年的《英德海军协定》，又指责波兰与英国缔约是要在德英冲突时参与对德侵略，并以此为借口废除了1934年的《德波互不侵犯条约》。

德国侵占捷克斯洛伐克后，意大利决定乘机入侵阿尔巴尼亚，以阻止德国进一步向巴尔干扩张势力范围，同时获取阿尔巴尼亚作为逼近南斯拉夫、威胁希腊的基地，使亚得里亚海成为意大利的"内湖"。1939年3月25日，意大利向阿尔巴尼亚提交了一份条约草案，企图剥夺其独立地位，遭到阿国王的拒绝。4月4日，阿政府拒绝意大利的最后通牒，向英法通报意方意图，并表示必要时将武装抵抗。4月7日，意大利出动4万人的军队和400架飞机入侵阿尔巴尼亚。4月8日，意军占领了阿首都地拉那，随后又占领了所有重要城市。4月12日，阿尔巴尼亚被并入意大利帝国版图，意大利国王兼摄阿尔巴尼亚王位，改称"意大利和阿尔巴尼亚国王兼埃塞俄比亚皇帝"。

面对德意的军事扩张，英法等国采取一系列应对措施，深刻影响了欧洲局势。1939年2月1日，英国内阁达成共识，认为一旦德国入侵荷兰或瑞士，英国就必须参战。2月6日，张伯伦在下议院宣布，德国对法国重要利益的威胁必将促使英法立即合作。而法军统帅部也认为，与德国开战已成

---

① 军事科学院军事历史研究部：《第二次世界大战史》第一卷，军事科学出版社2015年版，第594—595页。

必然。法国对意大利的态度也越来越强硬。1938年11月30日,意大利国会议员和"黑衫军"成员当着法国大使的面,喊出了"突尼斯、萨伏伊、科西嘉、尼斯、吉布提"的口号,赤裸裸地表达了对法国领土和殖民地的野心。对此,法国声明坚决维护本国领土完整。

在德国占领布拉格和默麦尔、意大利入侵阿尔巴尼亚后,欧洲形势越发紧张。1939年3月,英法两国互换照会,承诺在对方遭受侵略时予以援助。英法还宣称,愿意为比利时和荷兰提供安全保证。4月13日,英法两国发表公开声明,向希腊和罗马尼亚提供保证。5月19日,法波正式签订军事协定,宣布如果德国进攻波兰,法国将在全国总动员15天之后向德国发动进攻。5月12日和23日,英国和法国先后与土耳其签订双边互助协定。①

从1939年春天起,英法开始采取备战措施。1939年4月,英国在年度财政预算中增加了军事拨款,并将"履行欧陆义务"置于陆军防务次序之首,甚至修改了陆军扩充计划,改志愿兵制为征兵制。4月20日,设立军需部。5月,通过"义务军训法"。同年,法国政府也增加军费开支,并延长军事工业的工作时间。3月,法国议会通过法案,授权政府随时征召预备役入伍。4月9日,法国国防委员会决定将大西洋舰队主力调往地中海,加强在突尼斯和法属索马里的布防。

三 世界各国人民早期的反法西斯反战斗争

面对法西斯政权的独裁统治与侵略压迫,包括法西斯国家在内的世界各国人民积极开展反法西斯反战斗争,各国共产党在其中发挥了重要作用。尽管遭受迫害与镇压,共产党人始终不屈不挠地开展各种形式的反法西斯宣传,建立反法西斯人民阵线,为二战全面爆发后建立反法西斯统一战线、发动人民武装与开展游击战争奠定了重要基础。

1926年,墨索里尼强制解散了意大利共产党、社会党等所有反法西斯性质的政治团体、政党和组织,并设立特别法院,对葛兰西等广大共产党

---

① 朱贵生、王振德、张椿年等:《第二次世界大战史》,人民出版社2005年版,第137页。

人和在意大利活动的反法西斯领导人进行监管和迫害。但这并未动摇意大利共产党人反法西斯的决心。他们采取了一系列措施，如部署联络网、技术据点和临时住所等，保证党的中级组织完整存在。他们还开展了一系列的宣传运动，散发《团结报》和各类地下刊物，甚至还发行了一份地下儿童报纸《无产阶级少年》。此外，他们还号召工人罢工和示威游行。

早在1933年1月前，德国共产党为了阻止希特勒上台，与纳粹展开了坚决的斗争。共产党人对纳粹进行了无情批判，痛斥纳粹是大金融资产阶级的恐怖统治工具，揭露纳粹极端种族主义的欺骗性和虚伪性，动摇了纳粹篡权行动的意识形态基础。在魏玛民主选举中，德国共产党对纳粹发起了强有力的挑战。针对纳粹"夺取街道"的暴力活动，共产党人展开了反抗斗争。纳粹上台后，德国共产党人依托庞大的地下网络与共青团组织，通过发放传单、破坏机器和向苏联提供秘密情报等方式，揭露纳粹黑暗统治，破坏其军备生产与军事企图。德国共产党人为此付出了惨痛牺牲。通过炮制"国会纵火案"，希特勒下令镇压德国共产党。3月3日，德国共产党主席恩斯特·台尔曼被捕（后牺牲于纳粹集中营）；3月14日，德国共产党遭取缔。纳粹统治期间，约15万德国共产党人被逮捕，约2万德国共产党员被杀害。

除法西斯国家之外，其他受法西斯势力威胁或者受法西斯军队侵占的国家也开展了反法西斯反战斗争。

奥地利工人也积极进行了反抗法西斯独裁、抵制德奥合并、争取国家独立的斗争。1934年2月12日，维也纳工人走上街头，要求打倒法西斯主义，却遭到了军队无情镇压。1938年，面对希特勒的无理要求，工人们再次挺身而出，为奥地利独立而战斗。然而，由于势单力薄，他们未能阻止德奥合并进程。尽管规模很小，奥地利始终存在反对纳粹的力量，其中大部分是奥地利共产党人。另一部分则是有天主教背景的左翼人士，他们在德奥合并后反对希特勒的独裁统治。①

---

① Donny Gluckstein, *A People's History of the Second World War*, New York: Pluto Press, 2012, pp.136–140.

1932年，法国共产党在全国大选中旗帜鲜明地提出了"反抗法西斯主义"的口号。在反法西斯斗争的过程中，各国共产党都意识到了联合不同团体共同行动的必要性，逐渐改变了此前对其他左、右翼政党的批判态度。1934年7月，法国共产党和社会党签署统一行动的公约。1935年5月，两党又同其他左翼组织建立了人民阵线。1934年8月，意大利共产党和社会党签订了关于在反对法西斯专政的斗争中统一行动的公约。

在战争阴云笼罩下，各国知识分子、和平主义组织、文化团体与宗教团体也参与到反法西斯反战的运动中。1932年春，法国作家罗曼·罗兰等人发起成立国际反战委员会。1932年8月27日至29日，国际反战委员会在阿姆斯特丹筹备了一场世界反战大会，大会代表不分党派和职业，一致赞成建立反战统一战线，批判各国统治阶级的军备竞赛与战争政策，并选出了由120名知名科学家、文学家、社会活动家与和平战士组成的常设的世界反战委员会。大会结束后，中、英、法、荷、保、捷、澳、丹和瑞士等国都举行了反战大会。1936年9月3日至5日，世界和平大会在布鲁塞尔召开，提出了反对战争、争取和平的具体建议，并选出了职能机构，负责协调各国的和平运动。

针对法西斯国家势力猖獗的严峻事实，在共产国际支持下，法、西、意、捷、英、比等国家的共产党积极建立反法西斯人民阵线，英勇抗击法西斯，在国际共产主义运动史上写下了可歌可泣的篇章。1935年7月25日至8月25日，共产国际在莫斯科召开第七次代表大会，呼吁全世界人民一致行动起来，反对法西斯、制止战争。

这些反法西斯反战斗争虽然没有阻止战争的全面爆发，但为此后世界反法西斯战争的胜利奠定了人民战争的基础，也为战后社会主义运动奠定了社会基础。

第六章
中国共产党与全民族抗战

自1931年九一八事变起,面对民族危亡,中国共产党率先举起武装抗日的旗帜。在艰苦的国内外政治环境下,中国共产党团结国内抗日力量,反对妥协与投降,最终推动建立起抗日民族统一战线。局部抗战时期,中国共产党领导东北抗日军民开展游击战争,打击日本侵略者。抗日战争全面爆发后,中国共产党领导八路军、新四军建立并不断扩大抗日根据地,开辟了敌后战场。中国共产党从中国战场的实际情况出发,坚持持久抗战战略,推行全面抗战路线,成为中国人民抗日战争的中流砥柱。

第一节
中国抗日民族统一战线的形成

从1931年九一八事变到1935年华北事变,日本侵略者的连续进犯使中华民族陷入了空前的民族危机。如何团结尽可能多的力量进行民族革命战争,挽救民族危亡,成为摆在中国共产党和中国人民面前最紧迫的任务。面对日益严峻的局势,中国共产党顺应时代要求,提出了建立抗日民族统一战线的主张。

一 抗日民族统一战线政策的提出

在民族危机的严重关头,中国共产党率先举起武装抗日的旗帜。中共中央和中华苏维埃共和国临时中央政府发表宣言,号召工农红军和被压迫民众以民族革命战争将日本帝国主义驱逐出中国。

1933年1月17日，中华苏维埃共和国临时中央政府和中国工农红军革命军事委员会发表宣言，提出中国工农红军准备同任何武装部队订立共同对日作战协定的三个条件：一是立即停止进攻苏维埃区域；二是立即保证民众的民主权利；三是立即武装民众，创立武装的义勇军，以保卫中国及争取中国的独立、统一与领土完整。1月26日，中共中央给满洲各级党组织发出指示信，强调：日本侵占东北后，不仅工人、农民、苦力、小资产阶级（小手工业者、学生、城市贫民）对日本侵略者及其走狗表示极端敌视，而且有一部分有产阶级现在也对侵略者抱有敌视态度。因此，要"尽可能地造成全民族的（计算到特殊的环境）反帝统一战线来聚集和联合一切可能的，虽然是不可靠的动摇的力量，共同与共同敌人——日本帝国主义及其走狗斗争"。指示信除继续强调建立下层统一战线外，也提出了"在某种程度和范围内，或能实行上层的统一战线"，"与民族资产阶级的某一部分实行统一战线"。

20世纪30年代中期，国际形势动荡，为应对法西斯的进攻，共产国际开始调整其政策。1935年7—8月，共产国际第七次代表大会在莫斯科召开。会议指出，在殖民地和半殖民地国家，共产党和工人阶级的首要任务是建立广泛的反帝民族统一战线，为驱逐帝国主义和争取国家独立而斗争。

根据华北事变以来民族危机加深的形势和共产国际七大精神，1935年8月1日，中共驻共产国际代表团草拟了《中国苏维埃政府、中国共产党中央为抗日救国告全体同胞书》（即《八一宣言》）。10月1日，该宣言在法国巴黎出版的《救国报》上发表。《八一宣言》揭露了日本侵吞华北和国民党政府对日妥协的事实，提出："抗日则生，不抗日则死，抗日救国，已成为每个同胞的神圣天职！"强调建立包括上层在内的统一战线，扩大抗日民族统一战线的范围。《八一宣言》呼吁全国各党派、各军队、各界同胞，不论过去和现在有任何政见和利害的不同，有任何敌对行动，都应当停止内战，集中一切国力去为抗日而奋斗。宣言再次宣告：只要国民党军队停止进攻苏区，实行对日作战，红军愿立刻与之携手，共同救国。

1935年11月13日，刚刚到达陕北不久的中共中央发布了《为日本帝国主义并吞华北及蒋介石出卖华北出卖中国宣言》。该宣言指出："在亡国灭种的紧急关头，我们的出路，只有坚决武装起来，开展反对日本帝国主义侵略的民族革命战争，以及打倒卖国贼首蒋介石国民党的革命战争。"11月中旬，中共驻共产国际代表团成员张浩到达陕北瓦窑堡，向中共中央传达了共产国际关于建立广泛的反法西斯统一战线的精神和《八一宣言》的内容。中共中央根据国内外形势的变化，制定了抗日民族统一战线策略。

1935年12月17日至25日，中共中央在陕西安定县（今子长市）瓦窑堡召开了政治局扩大会议（即瓦窑堡会议）。会议指出，日本帝国主义正准备吞并全中国，把中国从各帝国主义列强的半殖民地变为日本的殖民地。在这种形势下，一切不愿当亡国奴、不愿当汉奸的中国人的唯一出路，就是"向着日本帝国主义及其走狗汉奸卖国贼展开神圣的民族战争"。会议认为，民族革命的新高潮改变了国内各阶级的态度，民族革命战线得到了显著扩大。党应当采取各种适当的方法与方式，争取各阶级加入反日战线。最广泛的民族统一战线不仅要动员工农群众，还要争取民族资产阶级、小资产阶级等各个阶层的支持。党的策略是发动、团结与组织全中国全民族一切革命力量去反对当前最主要的敌人——日本帝国主义与蒋介石。

1935年12月27日，毛泽东根据瓦窑堡会议精神作了《论反对日本帝国主义的策略》的报告。在报告中，毛泽东对民族资产阶级的两面性，以及利用地主买办营垒内部矛盾的可能性进行了精辟分析。他根据九一八事变以来民族资产阶级代表人物政治态度的变化，论证了工人阶级与民族资产阶级联合的可能性和必要性。毛泽东在报告中批判了狭隘的关门主义，同时提醒全党吸取历史上实行统一战线政策时右倾错误的教训。共产党必须以自己彻底的反日、反汉奸卖国贼的言论和行动去争取统一战线的领导权。

二　抗日民族统一战线策略的初步实施与调整

瓦窑堡会议后，中共中央加强了对统一战线工作的领导，尽可能向国民党上层人士和军队将领宣传党的抗日主张，积极开展争取同盟者的工作。

通过认真分析西北"剿共"前线的国民党各地方实力派的处境和现状，中共中央认为张学良、杨虎城及其所部是能够争取的对象。在瓦窑堡会议前后，毛泽东、周恩来等通过信件方式与张学良建立了联系。1936年1月19日，中共中央派联络局局长李克农赴洛川，同东北军第67军军长王以哲和张学良会谈。2月下旬，李克农与王以哲达成了红军与第67军互不侵犯的口头协定。3月初，张学良飞抵洛川，与李克农就双方联合抗日问题交换了意见。4月9日，周恩来在肤施（即延安）同张学良举行了秘密会谈。张学良接受了中国共产党关于停止内战、共同抗日的政治主张，并提出争取蒋介石抗日的意见。双方还商定了互不侵犯、互派代表等事项。

中国共产党在争取张学良抗日的同时，加强了对杨虎城的说服工作。为了尽快争取同杨虎城合作抗日，从1935年12月到1936年夏，中共中央先后派汪锋、张文彬，中共中央北方局派王世英，中共驻共产国际代表团派王炳南等人到杨虎城处商谈联合抗日问题。经过多次谈判，杨虎城表示赞成互不侵犯、取消经济封锁、建立军事联络、联合抗日等主张。

为了实现西北联合抗日，中国共产党还注意开展对其他地方实力派的工作。1936年6月，中共中央派邓发赴新疆联络新疆督办盛世才，与其进行了初步沟通。中共中央还开展了对驻守陕北的国民党军第84师师长高桂滋的工作，高桂滋表示赞成中共关于建立国防政府与抗日联军的提议。9月22日，中共中央派彭雪枫为特使，赴兰州联络甘肃省政府主席、东北军第51军军长于学忠，向其表达了双方立即停战、联合抗日救国的愿望。

从1936年上半年开始，红军同东北军、第17路军之间实际上停止了敌对状态。到1936年底，西北抗日民族统一战线进一步扩大，西北大联合的局面初步形成。中国共产党还与晋、绥、察、冀、滇、桂、川、新、甘、陕等省的地方实力派建立联系，抗日民族统一战线策略初见成效。

1935年华北事变后，面对日本的步步进逼，以蒋介石为首的国民党当局决定：一方面打算利用苏联牵制日本，改善与苏联的关系；另一方面，在以军事力量消灭共产党为主的方针下，也打算利用抗日的旗帜，以极其苛刻的条件同共产党谈判，达到"溶共"的目的。从1935年冬开始，国共两党在莫斯科、上海、南京等地进行了秘密接触。

1935年12月，蒋介石命令驻苏联武官邓文仪与中共驻共产国际代表团接触。1936年1月，双方进行了三次会谈。中共驻共产国际代表团派潘汉年回国，担任国共两党秘密谈判的联络代表。1936年春，在中共中央的统一部署下，刘少奇通过华北联络局系统，派周小舟、吕振羽赴南京同国民党代表曾养甫、谌小岑进行初步谈判，争取国民党最高当局联合抗日。

1936年2月，受宋庆龄的派遣，董健吾带着南京方面表示同中国共产党合作抗日的密信，与赴陕北向中共中央汇报同南京方面谈判情况的张子华一起，到达陕北瓦窑堡向中共中央汇报情况。中共中央对此十分重视。3月4日，毛泽东、张闻天、彭德怀在致博古并转董健吾的电报中，提出了同国民党谈判的五条意见，并同意董健吾"即返南京，以便迅速磋商大计"。

3月8日至27日，中共中央在晋西会议上讨论了同南京政府谈判的问题。4月9日，毛泽东、彭德怀致电张闻天，提出目前不应发布讨蒋令，我们的旗帜是讨日令，在停止内战的旗帜下一致抗日。4月25日，中共中央发表了《为创立全国各党各派的抗日人民阵线宣言》，首次公开把国民党列为抗日民族统一战线的对象。5月5日，毛泽东、朱德发表《停战议和一致抗日通电》，不再称蒋介石为卖国贼，而改称"蒋介石氏"。这实际上公开宣布了中国共产党的抗日反蒋政策开始向逼蒋抗日转变。

尽管国共两党谈判并不顺利，但国民政府抵抗日本侵略的态度逐渐坚定。国民党五届二中全会后，国民政府提出了国共谈判的四个条件：军队统一编制、统一指挥，取消工农红军名义；政权统一，取消苏维埃政府名义；容纳各派，集中全国人才；共产党停止没收地主土地的政策。

1936年8月初，从苏联回国的潘汉年到达中共中央当时的所在地陕北保安，向中共中央汇报了共产国际执委会书记处不同意将"反蒋"与"抗日"

并列的意见。8月10日,中共中央政治局召开会议,毛泽东在会上指出,"抗日必须反蒋"的口号现在已不合适,要在统一战线之下反对卖国贼。会议一致同意毛泽东的报告和结论。

8月15日,共产国际执委会书记处致电中共中央书记处,指出:"在现阶段,一切都应服从于对日本帝国主义的斗争。……要真正武装抗日,还必须有蒋介石或他的绝大部分军队参加。"电报建议采取的方针是:"中国共产党和红军领导人必须正式向国民党和蒋介石提出立即开始停战谈判和签订共同对日作战协定的建议。"①

8月25日,中共中央发出致中国国民党中央委员会并转全体国民党员的信,倡议在抗日的大目标下,国共两党实现第二次合作。9月1日,中共中央向党内发出《关于逼蒋抗日问题的指示》,明确提出,目前中国的主要敌人是日本帝国主义,因此把日本帝国主义与蒋介石同等看待是错误的,"抗日反蒋"的口号也是不适当的。文件进一步强调,我们的总方针应是"逼蒋抗日"。

三 从西安事变的和平解决到抗日民族统一战线的形成

正当中共中央采取逼蒋抗日的方针时,1936年12月发生了震惊中外的西安事变。

自从在西北地区实行联共抗日之后,张学良多次劝谏蒋介石停止内战、联共抗日,但都遭到拒绝。12月4日,蒋介石亲赴西安,迫令张学良、杨虎城立即将其军队全部开赴陕北"剿共"前线,并由"中央军"在后接应督战。12月9日,蒋介石宣布任命蒋鼎文为西北"剿匪"军前敌总司令,卫立煌为晋陕绥宁四省边区总指挥,陈诚以军政部次长名义指挥绥东"中央军"各部。张学良在12月10日和11日两次向蒋介石进谏,竟被蒋介石斥为"犯上作乱"。这使得张学良和杨虎城感到,除了发动"兵谏",已别

---

① 《共产国际执行委员会书记处给中国共产党中央委员会书记处的电报》(1936年8月15日),中国社会科学院近代史研究所编译室编译《共产国际有关中国革命的文献资料》第3辑,中国社会科学出版社1990年版,第9页。

无出路。

12月12日凌晨，按照张学良和杨虎城的计划，东北军一部包围了华清池，扣留了蒋介石；第17路军同时控制了西安全城，囚禁了从南京来的几十名国民党军政要员。当天，张学良、杨虎城等人发表通电，提出了八项抗日主张：（一）改组南京政府，容纳各党各派共同负责救国；（二）停止一切内战；（三）立即释放上海被捕之爱国领袖；（四）释放一切政治犯；（五）开放民众爱国运动；（六）保障人民集会结社之政治自由；（七）确实遵行孙总理遗嘱；（八）立即召开救国会议。

发动西安事变完全由张学良和杨虎城商定，并没有告知中国共产党。事变爆发后，张学良当夜电告中共中央。12月13日，中共中央召开政治局常委扩大会议，讨论西安事变问题。会上，毛泽东指出，我们对这次事变应明确表示拥护。但他同时也表示，现在处在一个历史事变的新阶段，前面摆着很多道路，也面临许多困难。为了争取群众的支持，我们对西安事变不轻易发表公开声明。我们不是正面反蒋，而是具体指出蒋介石个人的错误，不把反蒋与抗日并列。我们应该突出"抗日援绥"的旗帜。

12月14日，毛泽东、朱德、周恩来等致电张学良和杨虎城，提议立即宣布组成西北抗日援绥联军，张学良任总司令。12月15日，红军将领联名发表《关于西安事变致国民党国民政府电》，重申了中国共产党关于国共合作、化敌为友、共赴国仇的政策，并要求接受张杨二氏主张，"罢免蒋氏，交付国人裁判"，联合各党、各派、各界、各军，组织统一战线政府。

12月17日，周恩来等作为中共中央代表抵达西安。12月18日，中共中央致电国民党，进一步提出和平解决西安事变的五项条件。中共中央根据对事变后形势的观察，为促成西安事变的和平解决，改变了12月15日红军将领联名通电中提出的对蒋介石的处理意见，在18日电报中表示，如国民党能实现上述全国人民的迫切要求，不但国家民族从此得救，即蒋介石的安全自由当亦不成问题。中共中央的态度和主张，得到了各界爱国人士和许多国民党上层人士的赞同。

12月19日，中共中央召开政治局扩大会议，确定了和平解决西安事变的基本方针。中共中央明确肯定西安事变"是为了要抗日救国而产生的"，同时也指出西安事变的发动，采取扣留蒋介石及其一部分主要将领的方式，将南京置于西安的敌对地位，有可能造成对中华民族极端危险的新的大规模内战。这是日本和亲日派最乐意看到的。因此，中共中央坚决主张用和平方式解决西安事变引起的问题，反对新的内战；同时主张用一切方法联合南京的左派，争取中间派，反对亲日派，以推动南京政府走向抗日。这是1936年5月中共中央公开放弃反蒋口号以来实行逼蒋抗日方针的继续和发展。

南京方面了解到张学良、杨虎城和共产党不想加害蒋介石，而是希望和平解决西安事变的态度后，于12月22日正式派出谈判代表宋子文和宋美龄前往西安进行谈判。12月23日，张学良、杨虎城同宋子文、宋美龄进行谈判，周恩来作为中共中央全权代表也参加了谈判。12月24日晚，周恩来会见蒋介石，当面向蒋介石说明了中国共产党抗日救国的政策。蒋介石表示同意谈判议定的六项条件，但他要求不采取签字形式，而是以他的人格担保履行这些条件。

1937年2月10日，国民党"五届三中全会"召开在即，为进一步促进国共两党的合作，中国共产党发表了《中共中央给中国国民党三中全会电》，向国民党提出五项要求：停止内战，集中国力，一致对外；保障言论、集会、结社之自由，释放一切政治犯；召开各党各派各界各军的代表会议，集中全国人才，共同救国；迅速完成对日作战之一切准备工作；改善人民的生活。电文指出，如果国民党将上述五项要求定为国策，中国共产党愿意作出四项保证：实行停止武力推翻国民党政府的方针；苏维埃政府改名为中华民国特区政府，红军改名为国民革命军；特区实行彻底的民主制度；停止没收地主土地的政策，坚决执行抗日民族统一战线的共同纲领。

2月15日，国民党"五届三中全会"在南京召开。2月21日，会议提出了处理与共产党关系的"最低限度办法"：第一，取消"红军"；第二，取消"苏维埃政府";第三,停止赤化宣传;第四,停止阶级斗争。2月22日,五届三中全会通过的宣言称,"吾人始终如一之目的,厥为对内求自立,对外求共存",如果蒙受损害,"超过忍耐之限度",则"决然出于抗战"。这是国民党中央正式公开文件中第一次提出抗战的方针。[①]

全民族抗战爆发后,全国人民热切期盼国共双方达成合作。1937年9月22日,国民党中央通讯社发表《中共中央为公布国共合作宣言》,宣言称:"当此国难极端严重民族生命存亡绝续之时,我们为着挽救祖国的危亡,在和平统一团结御侮的基础上,已经与中国国民党获得了谅解,而共赴国难了。"中共中央郑重宣布取消红军名义及番号,改编为国民革命军,受国民政府军事委员会之统辖,并待命出动,担任抗日前线之职责。9月23日,蒋介石发表谈话,表示赞同宣言。这标志着国共合作和中国抗日民族统一战线的形成。

从九一八事变到抗日民族统一战线的形成,中华民族用了六年时间。抗日民族统一战线的最终形成,根本上有赖于中国共产党在政治、思想和策略上的引领作用,同时有赖于国民政府对日作战准备和政策的转变,以及地方实力派、中间力量和全体人民的努力和推动。中华民族的抗战有了坚实的政治基础,东方主战场的开辟也有了坚实的政治保障。从此,在抗日民族统一战线旗帜下,地不分南北,人不分老幼,全国人民义无反顾地投身到抗击日本侵略者的洪流之中。

第二节
中国共产党领导敌后抗战

中国人民抗日战争经历了由局部抗战到全民族抗战的过程。从1931年九一八事变开始,中国军民对日本的侵略进行了英勇顽强的抵抗。中国共

[①]《中国国民党第五届中央执行委员会第三次全体会议宣言》,中央统战部、中央档案馆编《中共中央抗日民族统一战线文件选编》中,档案出版社1984年版,第607—608页。

产党率先高举全民族抗战旗帜，始终站在全国抗日救亡运动最前列。中共满洲省委强化与抗日义勇军的联系，并组织领导东北各地的抗日武装，开展游击战争，抗击日本侵略者。太原沦陷后，共产党领导的八路军奔赴敌后，广泛发动民众开展游击战争，建立并不断扩大抗日根据地，利用巧妙战术牵制、打击日军。在抗日民族统一战线的旗帜下，中国形成了正面战场和敌后战场遥相呼应、共同抗敌的格局。

一 中国共产党领导东北人民的武装抗日斗争

九一八事变激起了中华民族反抗日本帝国主义侵略的愤怒，抵抗日本侵略的抗战也由此展开。其中，中国共产党领导的抗日武装是东北人民抗日斗争的中坚力量。1931年9月，中共中央就指示满洲省委，"组织东北游击战争，直接给日本帝国主义以打击"，并派出罗登贤、杨靖宇、赵尚志、周保中、李兆麟、魏拯民、冯仲云等优秀干部赴东北组织抗日游击战争，在日本占领区坚持抵抗。

1933年1月26日，中共中央发出《中央给满洲各级党部及全体党员的信》（即"一·二六指示信"），首次提出在东北组织全民族的抗日统一战线策略，对指导东北地区的党组织转变斗争策略起到了重要作用。[1]中共满洲省委总结经验教训，决定扩大党独立领导的抗日游击队。党组织主动地争取和团结各种抗日力量，收编和改造各种义勇军。中国共产党直接领导的各地游击队逐渐发展成为东北抗日游击战争的主力。同年，日本关东军调集重兵对中共抗日游击武装及其他抗日武装实施"讨伐"作战，但未能扑灭抗日烈火。日本承认，关东军为了与中共领导的抗日力量作战，"确保地区安定，（与占领东北时相比）如果按兵力和时间计算，可谓付出了10倍的努力，但仍未完全达到目的"[2]。

---

[1] 中共中央党史研究室：《中国共产党历史》（第一卷）上册，中共党史出版社2011年版，第429页。

[2] 防衛庁防衛研修所戦史室：『戦史叢書8：大本営陸軍部1』，朝雲新聞社1974年，第345页。

1934年11月，东北人民革命军第1军正式成立，由杨靖宇任军长兼政治委员。此后，又陆续成立了第2军、第3军、第4军、第5军、第6军，总人数达6000余人。这些游击队依托山区，化整为零，顽强地开展游击战争，不断袭击日方铁路交通线，使敌人坐立不安。

1936年初，中共满洲省委遵照中共中央关于建立抗日联军的指示，联合东北各抗日武装成立了东北抗日联军。同年2月，由杨靖宇任总司令，赵尚志为副总司令，李红光为参谋长，下辖六军，后又相继成立第7军至第11军。7月，为加强对东满、南满地区抗日游击战争的领导，东满、南满特委组成中共南满省委，由魏拯民任书记，同时将抗日联军第1军、第2军合编为抗日联军第1路军，由杨靖宇任总司令，王德泰任副总司令。此后，杨靖宇率部分兵力在通化、辑安（今集安）伏击日伪军，消灭伪满骑兵200余人，后在本溪附近消灭伪东边道"剿匪"司令邵本良主力约1000人，沉重打击了敌人。①

抗日联军第3军、第4军、第6军在松花江两岸的顽强抵抗，严重威胁着日伪对北满的统治。1936年秋，根据日军的命令，日伪军开始以宾县、木兰、通河、汤原、依兰为中心，发动"讨伐"。9月末，中共北满临时省委决定让第3军、第6军主力坚持老游击区的斗争，另让第3军、第4军和在吉东的第5军各一部组成远征队进行西征，陆续开辟小兴安岭西麓铁力、庆城、海伦等新游击区。1937年春，为了粉碎日伪军自南向北压迫各抗日联军于三江平原以聚歼的计划，中共北满临时省委决定第3军、第6军主力开始战略转移，进军黑龙江、嫩江平原开辟新区。抗日联军部队艰苦奋战，注意吸收发展抗日力量，到1937年，总兵力发展到3万多人。

七七事变爆发后，中国进入全民族抗战时期。为牵制日本关东军入关，配合、支援全国抗战，杨靖宇率抗日联军第1路军多次与日伪军激战，有力地牵制了日寇。对此，日本关东军不得不承认："抗日联军第1军杨靖宇等中共领导的军队坚持抵抗，导致满洲国的行政无法渗透到县公署所

---

① 中共中央党史研究室：《中国共产党历史》（第一卷）上册，第431页。

在地以外的地区，治安完全陷入混乱状况。"① 为此，1938年起，日本关东军司令部调动日伪军警数万人，对杨靖宇及抗联1路军展开残酷的"大讨伐"。杨靖宇被杀害。至此，东北抗日武装斗争进入了异常艰难的时期。1940年，东北抗联一部进入苏联，一部留在国内，坚持抗战。

在中国共产党的领导下，东北抗日联军指战员驰骋于林海雪原，战斗在白山黑水间，神出鬼没地打击日军。但由于敌人数量众多，抗联作战频繁，缺衣少食、无法补充，很多人献出了宝贵的生命，杨靖宇、赵尚志、赵一曼等是其中代表。中国东北人民的武装抗日斗争，不仅直接打击了日军，而且为全民族抗战开始后，中国共产党在敌后开展游击战争提供了宝贵的经验。

二 敌后游击战的开展与华北抗日根据地的创建

1937年八一三抗战打响后，8月18日，蒋介石同意红军改编。22日，国民政府同意将陕北红军主力改编为"国民革命军第八路军"（简称"八路军"），派往华北抗战。9月11日，国民政府军事委员会按新的全国统一的战斗序列，将八路军改称"国民革命军第十八集团军"（习惯上仍称"八路军"）。朱德为总司令，彭德怀为副总司令。八路军下设第115师，师长林彪；第120师，师长贺龙；第129师，师长刘伯承。1937年11月太原失陷后，华北抗战进入以八路军为主体的游击战争时期。中共中央根据八路军的特点，确立了"独立自主的山地游击战争"作战方针。毛泽东指示八路军深入敌后，建立抗日根据地，发动群众坚持华北各地的游击战争。

当华北正面战场作战结束后，共产党已在华北日军占领区建立了一批抗日根据地，成为日军后方的重大威胁。1937年12月，日本华北方面军在分析占领区治安情况时提出："中国军队正面抵抗失败后，便全面进入游击

---

① 「第1要旨」、アジア歴史資料センター：C13071217900、吉林、間島、通化三省治安肃正の大要，1939年10月—1941年3月（防衛省防衛研究所）。

战。尤其是共军的游击战术巧妙,其势力与日俱增。"①华北日军在建立傀儡政权及组织伪军过程中,受到八路军针锋相对的"阻挠"。在华北出现权力真空之际,八路军带动各种武装坚持抗日,迅速进入敌后并扎根。共产党群众路线与统一战线策略的贯彻执行,导致日军后方难以稳定,如芒刺在背。到1938年武汉沦陷时,八路军在华北初步建立了晋察冀、晋绥、晋冀鲁豫、山东区等抗日根据地。

晋察冀边区由北岳、冀中、平西、冀东等根据地组成。1937年10月下旬,八路军第115师副师长兼政治委员聂荣臻率领3000兵力在以五台山为中心的区域开展游击战争。11月至12月,他们粉碎了2万余名日军的围剿。

1938年1月,通过民主选举成立了晋察冀边区临时行政委员会,宣告了晋察冀抗日根据地的诞生。1937年8月,中共中央派孟庆山到冀中开展游击战争。1938年4月,冀中政治主任公署成立,冀中各抗日武装被改编为八路军第3纵队,标志着冀中抗日根据地的形成。在平西、平津失陷后,中共平西组织建立国民抗日军。1938年3月,晋察冀军区派出邓华支队到达平西,开辟了平西抗日根据地。6月,晋察冀军区派出以宋时轮为司令员、邓华为政委的第4纵队挺进冀东。7月4日,中共冀东组织在李运昌等人领导下,发动20余万群众举行武装起义,建立了抗日联军。8月,冀东抗日武装发展到7万余人,初步形成了冀东抗日根据地。

晋绥边区由晋西北和大青山抗日根据地组成。1937年10月,八路军第120师政治委员关向应率领工作团,进入晋西北组建抗日武装。太原失陷后,八路军第120师在晋西北全面创建根据地。1938年春,第120师粉碎了日军的围攻,在战斗中扩大根据地,建立了各级抗日政权,正式创建了晋西北抗日根据地。大青山位于绥远省中南部,是连接华北与西北的要道。6月,八路军第120师根据中共中央指示,派出李井泉率领的大青山支队进入大青山,在雁北、绥南、绥中、绥西等地开展游击战争,1938年底,大

---

① 防卫厅防卫研修所战史室:『戦史叢書18:北支の治安戦1』,朝雲新聞社1968年,第53页。

青山支队在绥南、绥中、绥西建立抗日民主政权,大青山抗日根据地初步建立。

晋冀鲁豫边区由晋冀豫(含太行、太岳区)、冀鲁豫(含冀南、冀鲁豫区)两个战略区组成。太原失陷后,八路军总部率领第129师在太行山区开展游击战争。1938年4月,第129师粉碎了日军对晋东南的九路围攻。4月下旬,晋冀豫军区正式成立;6月,晋冀豫各级抗日政权相继建立,初步形成了晋冀豫抗日根据地。1937年11月至1938年2月,八路军第120师先后派出孙继先挺进队、陈再道东进纵队、宋任穷骑兵团进入冀南,与杨秀峰领导的游击队在冀南开展游击战争。1938年5月,第129师副师长徐向前率领两个多团的兵力到达冀南。8月4日,冀南50多个县的代表在南宫选举产生了冀南行政主任公署,标志着冀南抗日根据地的创立。1938年夏,第129师师长刘伯承率领近两个旅的兵力挺进冀鲁豫区,8月下旬至9月上旬发动漳南战役,初步开辟了冀鲁豫抗日根据地。

山东区由鲁中、鲁南、滨海、胶东、渤海等根据地组成。1937年底至1938年初,日军占领山东,中共山东省委立即在各地发动抗日武装进行抵抗。1937年11月,中共冀鲁边工委在冀鲁边区发动武装抵抗,成立"人民抗日救国军"。1938年1月至4月,人民抗日救国军在冀鲁边区开创了游击战争的新局面。1937年12月,中共胶东特委在文登县等多地发动武装抵抗,初步形成了胶东抗日根据地。该月下旬,中共山东省委在黑铁山发动武装起义,成立"山东人民抗日救国第五军"。同时,中共鲁东工委在鲁东发动武装抵抗,1938年3月成立了"八路军鲁东游击指挥部"。1938年1月,中共山东省委在泰安县徂徕山发动武装抵抗,在鲁中地区建立抗日根据地。在此前后,中共山东省委在泰西发动武装抵抗,在泰西创立抗日根据地。1938年初,中共沂水、莒县组织建立"八路军山东人民抗日游击第二支队",开辟了滨海区抗日根据地。6月,中共苏鲁特委在鲁苏皖边区成立"苏鲁人民抗日义勇队第二总队"。到1938年夏,中共领导的山东抗日武装已发展到4万余人,初步创立了山东抗日根据地。

中国共产党领导的华北敌后军民浴血奋战、同仇敌忾,陆续创建并扩大根据地，抗日武装力量也逐渐壮大，到1939年底，八路军已由原来的3.4万人发展到27万人，成为华北抗战的主力。从1938年开始，日本华北方面军有计划地对抗日根据地进行所谓"肃正作战"，但屡遭失败。据原日军军官回忆，八路军采用遇强则退、遇弱则打的战法，要剿灭他们极其困难。[①]

三　华中、华南游击战的开展与抗日根据地的创建

1937年8月，战火扩大到华中地区，日军控制了华中自上海至武汉的长江中下游地区。在此期间，根据国共两党的协议，1937年10月，中共领导的红军主力长征后留在南方8省进行游击战争的红军和游击队被改编为国民革命军陆军新编第四军（简称"新四军"）。1937年12月，新四军军部在汉口成立，翌年1月迁往南昌。此前已从澳门出征的叶挺为军长，项英为副军长，辖第1支队（司令员陈毅）、第2支队（司令员张鼎丞）、第3支队（司令员张云逸）、第4支队（司令员高敬亭）。同年2月，新四军各支队向皖南、皖中集结。

1938年5月4日，中共中央发布指示，要求新四军"在茅山根据地大体建立起来之后，还应准备分兵一部进入苏州、镇江、吴淞三角地区去，再分一部渡江进入江北地区"。新四军各支队开始向华中敌后挺进，在大江南北开展广泛的抗日游击战争。

4月28日，粟裕率领新四军先遣队从安徽岩寺潜口出发，5月中旬进入苏南镇江地区。陈毅5月中旬率领新四军第1支队从安徽太平县出发向苏南挺进，6月14日到达茅山，在茅山以北地区开展游击战争。7月，张鼎丞率领新四军第2支队亦到达茅山，在茅山以西地区开展游击战争。这两个支队都以茅山为依托，在广大群众的支持下频繁出击，伏击日军，壮大了抗日力量，扩大了游击范围。7月7日，在第1支队活动的区域，成立了镇江、丹阳、句容、金坛4县的抗日自卫委员会；在第2支队活动的区域，成立了江宁、当涂、溧水3县的抗日自卫委员会。这些抗日政权

---

① 防卫厅防卫研修所战史室：『戦史叢書18：北支の治安戦1』，第65—67页。

的建立，标志着以茅山为中心的苏南游击抗日根据地的初步形成。与此同时，1938年5月下旬，谭震林率第3支队由岩寺北上，7月1日进入皖南抗日前线。

新四军第4支队则挺进皖中，开展敌后游击战争。1938年4月初，新四军第4支队向皖中挺进，在舒城、桐城、庐江、无为地区开展游击战争，从5月至10月，第4支队进行了大小数十次战斗，歼灭了一批日伪军，为建立皖中抗日根据地打下了基础。1938年夏，遵照中共中央指示，河南省委在豫东建立了"第一战区自卫军第7路"和"豫东游击三支队"两支抗日武装，在豫皖苏鲁边区开展游击战争。7月，河南省委派出肖望东率领的先遣大队进入豫东，9月又派出彭雪枫率领的新四军游击支队进入豫东。10月，豫东各抗日武装合并为新四军游击支队，彭雪枫任司令员兼政委，在豫皖苏边开辟了抗日根据地。这样，从新四军成立到武汉沦陷的短短10个月中，新四军已在华中部分地区建立了抗日根据地，为华中敌后战场的形成奠定了基础。随着抗日形势的发展，中共组织和团结游击队，扰乱日军后方，新四军在对敌斗争中逐渐发展壮大。

全民族抗战时期，坚持在华南抗战的中共领导的人民革命武装被统称为华南游击队，主要包括东江纵队、琼崖纵队、珠江纵队、韩江纵队、广东人民抗日解放军、南路人民抗日解放军等多支武装力量。其中，东江纵队和琼崖纵队规模最大。1938年10月下旬，日军攻占华南重镇广州。在民族危难之际，中国共产党人挺身而出，担负起领导广东人民抗战的历史重任。中共中央决定将留在广东的红军改编为抗日武装，在广州附近的东江地区和海南岛琼崖地区开展游击斗争。中共组织领导的东江抗日游击队（1943年12月2日改称为"东江纵队"）创造性地运用各种游击战术，转战东江两岸，深入港九敌后，挺进粤赣湘边区、韩江地区，在大鹏湾、大亚湾海域奋勇打击敌人。

1938年10月，时任中共香港海员工委书记曾生筹建"惠宝人民抗日游击队"，领导抗日游击战争。在此前后，东莞、增城、宝安等地县委根据广东省委关于开展抗日游击战争的指示精神，积极组建人民武装，进行抗日斗争。10月15日，中共东莞中心县委直接领导的"东莞抗日模范壮丁队"建立。10月下旬至11月上旬，东莞抗日模范壮丁队和东莞县常备壮丁队先后阻击了进犯西湖、京山一线和峡口、榴花地区的日军。10月中旬，增城县的党组织建立了"广东民众自卫团增城第三区常备队"。17日，他们在增城县仙村的竹园涌伏击东江河上的日军兵船，击毙日军十余人。20日以后，又陆续在仙村附近打击敌人。至1939年底，东江游击队创立了惠阳县的坪山和宝安县的龙华、乌石岩抗日游击根据地。[1]1940年，两支游击队组成广东人民抗日游击队。此后，游击队与日伪军展开多次作战，粉碎了日军对根据地的"扫荡"。

1938年12月初，原长期战斗在海南岛的琼崖红军游击队，被改编为广东省民众抗日自卫团第14区独立队，下辖三个中队，队员300多人。1939年2月，日军在飞机的掩护下入侵海南岛，国民党军败退，海口、榆林相继沦陷。10日，独立队派一中队在敌东进必经之地潭口设伏，战斗从早晨持续到黄昏。潭口阻击战，揭开了琼崖抗战的序幕。

1939年5月，独立队扩编为琼崖人民抗日自卫团独立总队，队伍扩大到千人。该总队在琼山、文昌、定安一带开展游击战争，逐步建立琼（山）文（昌）抗日游击根据地。同年8月，独立总队改称广东省琼崖抗日游击队独立第1总队。10月21日，总队三大队率领群众武装并团结国民党地方武装，围攻驻琼西那大镇的日伪军，历经6日攻克那大，我方击毙日军指挥官1名，毙伤多名日军，俘伪军中队长以下官兵80余名。至1939年底，琼崖总队先后对日作战70余次，击毙日军800多人，缴获大批军用物资。日方情报档案显示，"中共领导的琼崖抗日游击队号召民众保卫乡土，不断抗击日军，给日方造成损失"[2]。

在武汉沦陷前后，中共领导的八路军、新四军和华南游击队，在华北、华中和华南先后开辟了晋察冀、晋冀鲁豫、晋绥、山东、苏南、华

---

[1]《东江纵队志》编辑委员会编：《东江纵队史》，广东人民出版社1995年版，第20页。
[2]「2、瓊崖共産党小史」，アジア歴史資料センター：C14121135700、共産党調査報告第一輯1943年1月海南島二於ケル中国共産党（防衛省防衛研究所）。

南（东江和琼崖）等抗日根据地，标志着中共敌后战场的正式形成。中共领导的敌后战场的建立与发展，与正面战场形成了战略上相互支撑的战场格局。

第三节
中国共产党是全民族抗战的中流砥柱

抗日战争时期，在民族危亡的历史关头，中国共产党以卓越的政治领导力和正确的战略策略，指引了中国抗战的前进方向，坚定不移地推动全民族坚持抗战、团结和进步，反对妥协、分裂和倒退，坚决维护、巩固和发展统一战线，坚持独立自主的原则和团结抗战的精神，维护团结抗战的大局，支撑起中华民族救亡图存的希望，成为中国全民族抗战的中流砥柱。

一 实行全面抗战路线和持久战战略

"战争的胜负，主要地决定于作战双方的军事、政治、经济、自然诸条件……然而不仅仅如此，还决定于作战双方主观指导的能力。"[①]全民族抗战开始后，中国共产党立足于抗战全局，对抗战的进程和策略作出卓有远见的谋划和部署，为全民族抗战提供战略指导，成为抗战正确方向的引领者。七七事变后，面对日军咄咄逼人的攻势，出现了"亡国论""速胜论""武器决定论"等一系列论调。以毛泽东为代表的中国共产党人研究战争规律，系统阐述"全民族抗战""持久战""游击战"等战略思想，为夺取抗战胜利提供了理论武器。

全民族抗战开始后，国共两党在如何抗战的问题上从一开始就存在严重分歧，形成了两条截然不同的路线，国民党片面地把抗战视为军事斗争，为了确保抗战不损害其统治地位，实行了片面抗战路线，主要依靠政府和

[①]《毛泽东选集》第一卷，第182页。

第六章　中国共产党与全民族抗战

军队进行抗战。他们拒绝了所有有助于抗战的根本改革，没有给予人民抗日所需的民主自由权利，也没有改善工农大众的生活条件，反而阻碍人民力量在抗战中发展壮大，并反对将抗日战争变为人民大众的战争。1938年3月29日至4月1日，国民党临时全国代表大会通过了《中国国民党抗战建国纲领》。该纲领虽然基本回应了全民族抗战爆发后国内各方的关注和亟待解决的紧迫问题，体现了国民党希望通过抗战来扩大其统治基础的政治意图，却未能完全满足国民党之外各方的殷切期望，仍然强调国民党统治的垄断性、独占性和排他性，没有明确回应其他政党的合法诉求。

与国民党方面不同，中国共产党从一开始就广泛发动群众、组织群众、武装群众，实行全体人民参加战争、支援战争的全面抗战路线，推动形成了全民族抗战的历史洪流。中国共产党明确提出，中国有足够的力量进行抗战并最终取得胜利，而这种力量的最深厚根源在于广大人民，"民力和军力相结合，将给日本帝国主义以致命的打击。民族战争而不依靠人民大众，毫无疑义将不能取得胜利"[1]。为此，必须在全国进行必要的政治经济改革，废除国民党一党专政，给人民以充分的抗日民主权利，改善工农大众的生活，充分动员、组织和武装民众抗战，使抗日战争成为真正的人民战争。1937年8月，中共中央政治局扩大会议（即洛川会议）通过《抗日救国十大纲领》，提出打倒日本帝国主义、实行全国军事总动员和全国人民总动员等一整套战略措施。11月，毛泽东在上海、太原沦陷后再次明确指出："我们主张全国人民总动员的完全的民族革命战争，或者叫作全民族抗战。因为只有这种抗战，才是群众战争，才能达到保卫祖国的目的。"[2]这些论断深刻回答了当时全国人民思想上的种种困惑，使人们对抗战的前途有了清楚的认识，极大提振了广大军民坚持抗战的决心和信心。

七七事变爆发前，中共中央就已经预见到抗日战争将会是一场持久的战争。1935年12月，毛泽东在陕北瓦窑堡党的活动分子会议上提出"要打倒敌人必须准备作持久战"。全民族抗战开始后，在1937年8月中旬南京国

---

[1]《毛泽东选集》第二卷，人民出版社1991年版，第347页。
[2]《毛泽东选集》第二卷，第387—388页。

民政府召开的军事会议上，中共代表周恩来、朱德、叶剑英即提出：全国抗战在战略上要实行持久防御，在战术上应取攻势，即实行积极防御的方针；华北战区须培养独立持久的能力，并由阵地战转为运动战，同时在敌人侧翼和后方发动民众，开展游击战争。在政治上，要动员全国军民，方能取得最后胜利。然而，国民党领导集团没有听取这些意见。不久，中国共产党在洛川会议通过的《关于目前形势与党的任务的决定》中再次强调"应该看到这一抗战是艰苦的持久战"[1]。洛川会议后，张闻天、彭德怀、周恩来等相继发表文章，根据抗战开始后的实践经验，向党内外广泛宣传持久战的方针。

然而，抗日战争的过程究竟将怎样发展？中国能否取得抗战胜利？如何才能取得胜利？这些问题还没有得到明确解决。为初步总结全国抗战经验，批驳社会上喧嚣一时的"速胜论""亡国论"等错误观点，系统阐明中国共产党的抗日战略方针，1938年5月26日至6月3日，毛泽东在抗日战争研究会上发表演讲（即《论持久战》），深入分析国内外形势，系统总结全民族抗战以来的经验，指出中国能够也必须经过持久抗战而取得胜利。在这场战争中，中日双方存在着互相矛盾的四个基本特点：第一，日本是个帝国主义强国，中国是个半殖民地半封建弱国；第二，日本的侵略战争是退步的、野蛮的，中国的反侵略战争是进步的、正义的；第三，日本战争力量虽强，但它是个小国，人力、军力、财力、物力均感缺乏，经不起长期的战争，中国是个大国，地大、物博、人多、兵多，能够支持长期的战争；第四，日本的非正义战争在国际上是失道寡助的，中国的正义战争却是得道多助的。第一个特点决定日本的进攻能在中国横行一时，中国不能速胜，中国抗战不可避免地要走一段艰难的路程。后三个特点决定中国不会亡国，经过长期抗战，最后胜利属于中国。[2]

---

[1] 中共中央文献研究室、中央档案馆编：《建党以来重要文献选编（1921—1949）》第14册，中央文献出版社2011年版，第474页。
[2] 《毛泽东选集》第二卷，第447—450页。

图6-1　毛泽东同志在延安的窑洞里撰写《论持久战》

《论持久战》科学预见了抗日战争将会经过战略防御、战略相持、战略反攻三个阶段。在这三个阶段中，中日双方的力量对比将逐渐发生变化：中国必将由劣势变为平衡，最终取得优势；而日本则将由优势变为平衡，最终陷入劣势。持久战的战略总方针指明了争取抗战胜利的正确道路，不仅从思想上武装了中国共产党及其领导下的广大军民，也在国民党及其政府和军队中产生了重大影响，极大地鼓舞和坚定了中国军民争取抗战胜利的信心和决心。

客观地说，在中日两国的战争是持久战这一问题上，国共双方是具有共识的。1937年8月20日，国民政府颁布《战争指导方针》，确定"以持久战为基本主旨，以空间换时间，逐次消耗敌人"的战略。[1]但在如何进行持久战的问题上，双方存在着根本分歧。国民党的持久战是"持久消耗"，采取的是"节节抵抗"的被动防御。国民党在正面战场与日军进行了一系列

———————
[1] 中国台北"国防部"史政局：《中日战争史略》（上），正中书局1968年版，第169页。

大会战，虽然阻滞了日军的进攻，但自身也付出了沉重代价。而中国共产党采取的是以消灭敌人有生力量为目标的游击战，积小胜为大胜。

同时，中国共产党还加强根据地的建设，全面推行政治、经济、文化改革，促进了各阶级、阶层政治和经济关系的改善，激发了广大军民的抗战热情，使各抗日根据地呈现出崭新面貌，为长期坚持敌后抗战、争取抗日战争的最后胜利奠定了坚实的基础。

二 坚持抗日民族统一战线与抗战、团结、进步的方针

日本帝国主义发动全面侵华战争，使中华民族面临亡国灭种的危险。在生死存亡关头，只有全民族团结抗战才是生存和发展的唯一出路。中国社会各阶级、各政治派别都应当以民族利益为重，使自身利益服从于反对日本帝国主义侵略这个最高的民族利益。国共合作的实现和抗日民族统一战线的形成，使抗日战争成为中国近代历史上空前规模的全民族反侵略战争，让日本侵略者面对的是整个中华民族组成的抗日民族统一战线。

抗日民族统一战线的形成和巩固，使曾经一盘散沙的中国实现了空前团结，出现了"前线将士，牺牲流血；各党各派，精诚团结；各界人民，协力救亡"的生动局面。中华儿女"四万万人齐蹈厉，同心同德一戎衣"，汇聚起气势磅礴的伟力。

如何正确处理抗日民族统一战线中的统一和独立、团结和斗争的关系，是决定抗战成败的关键问题。全民族抗战开始不久，中共中央就指出，必须坚持统一战线中的独立自主原则，即在统一战线中，实行既统一又独立，对国民党采取有团结、有斗争，以斗争求团结的方针；保持共产党在思想上、政治上和组织上的独立性，实行自己的政治路线，放手发动群众，领导全国人民进行抗日战争；坚持共产党对八路军、新四军和其他人民军队的绝对领导，冲破国民党的限制和束缚，努力发展人民武装力量。坚持抗日民族统一战线中的独立自主原则，实质上就是争取中国共产党对抗日战争的领导权。

全国抗战进入相持阶段后，抗日民族统一战线几次面临分裂的威胁。

国共能否坚持合作，抗日民族统一战线能否巩固和扩大，成为事关抗日战争前途命运的重大问题。为此，中国共产党旗帜鲜明地亮出"坚持抗战、反对投降，坚持团结、反对分裂，坚持进步、反对倒退"的政治主张，提出"发展进步势力，争取中间势力，孤立顽固势力"的策略总方针，坚持"以斗争求团结"的方针和"有理、有利、有节"的斗争原则，击退国民党发动的三次反共高潮，使抗日民族统一战线得到巩固和发展，为最终夺取抗战胜利提供坚强的政治保障。

1938年10月，日军占领广州、武汉，日本的侵华方针开始发生重大变化：日军在正面战场停止战略性进攻，逐渐将主要兵力用于打击敌后战场的八路军和新四军；对国民党政府的方针从以军事进攻为主、政治诱降为辅转变为以政治诱降为主、军事打击为辅。在占领区，日军加紧扶植傀儡政权，建立和发展汉奸组织。而英美等大国为应付德意在欧洲挑起的战争，在东方力求在一定条件下牺牲中国以同日本妥协。

在这种形势下，国民党统治集团内的投降、分裂、倒退活动日益严重。以汪精卫为代表的国民党亲日派在1938年12月公开投降，并于1940年成立伪政府。以蒋介石为代表的国民党亲英美派，虽然继续抗日，但表现出很大的动摇性，开始推行消极抗日、积极反共的政策。1939年1月，国民党五届五中全会确定"溶共""防共""限共""反共"的反动方针，国民党政策的重点逐渐从对外抗日转向对内反共，各地的反共摩擦活动日趋严重。

面对妥协、分裂、倒退的逆流，中国共产党针锋相对地提出坚持抗战、团结、进步的方针，坚决打击卖国的汉奸政权，继续争取同蒋介石领导的国民党政府维持国共合作，巩固并扩大抗日民族统一战线。1939年7月7日，中共中央发表宣言，旗帜鲜明地提出："坚持抗战到底——反对中途妥协！巩固国内团结——反对内部分裂！力求全国进步——反对向后倒退！"[①]这一口号的提出，使全党步调一致，也帮助党外许多人士清醒地认

[①]《中国共产党中央委员会为抗战两周年纪念对时局宣言》(1939年7月7日)，中央档案馆编《中共中央文件选集》第12册，中共中央党校出版社1991年版，第143页。这三大口号后来改为：坚持抗战，反对投降；坚持团结，反对分裂；坚持进步，反对倒退。

识到国内政治局势中正在出现的严重危机。

1939年冬至1940年春,国民党顽固派掀起第一次反共高潮。中国共产党在坚决打退国民党进攻,压制其反动气焰的同时,还迎击了国民党在政治思想战线上的进攻。其间,国民党开动所有宣传机器,大肆贩卖反共理论,叫嚣"共产主义不适合中国国情","共产党不需要存在"。在严酷的斗争面前,中国共产党需要从根本上向全国人民说明自己对中国革命的见解,回答中国向何处去的问题。1939年10月和12月,毛泽东先后发表《〈共产党人〉发刊词》和《中国革命和中国共产党》。1940年1月,毛泽东又发表《新民主主义论》,对中国应该建立一个怎样的国家,这个国家的政治制度、经济制度和文化制度应该是怎样的,这个国家的前途是什么等问题,做了系统的回答,提出新民主主义革命理论。这一重大理论的提出,使全党对中国现阶段革命的性质、内容、领导权和发展前途有了明确而完整的认识。

第一次反共高潮被打退后,国民党并未打消反共企图。1940年9月中旬,国民党江苏省主席兼鲁苏战区副司令韩德勤制造反共摩擦,企图在黄桥附近进攻苏北的新四军。10月4日至6日,新四军苏北指挥部对韩部进行反击。黄桥战役后,蒋介石集团再次掀起反共高潮。1941年1月4日,经中共中央同意,新四军军部及所属皖南部队9000余人,遵照国民党军事当局的命令向北转移至泾县茂林地区,突然遭到国民党军包围袭击,军长叶挺被无理扣押,副军长项英突围后遇害。这就是震惊中外的皖南事变。中共中央以抗日大局为重,在军事上严守自卫,在政治上坚决反击。1941年1月20日,中共中央军事委员会发布重建新四军军部的命令。28日,新四军军部在苏北盐城成立,陈毅任代军长,刘少奇任政治委员,张云逸任副军长。中共中央公布了大量事实,揭露国民党破坏抗战的阴谋,提出解决皖南事变的十二条办法。

《新华日报》冲破国民党的新闻封锁,刊出周恩来两条亲笔题词,一条是"为江南死国难者志哀",另一条是"千古奇冤,江南一叶,同室操戈,相煎何急"。这两条题词轰动了重庆和整个国民党统治区。廖承志在香港公布皖南事变的真相,向世界各方表明,皖南事变后,中共坚持抗战、团结的方针绝不改变,如果内战挑衅者制造更大阴谋,使日本坐收渔利,则中国抗战前途岌岌可危。宋庆龄、何香凝、柳亚子、彭泽民等在香港发起抗议运动,致函蒋介石、国民党中央执行委员会和监察委员会,反对国民党当局围剿新四军,要求撤销剿共部署,提出联共方案,发展各抗日实力,保障各抗日党派的合法权利。华侨领袖陈嘉庚致电国民参政会,呼吁团结,反对蒋介石倒行逆施。中间派大多站在中国共产党这一边。在国际上,苏、美、英等国也表示对国民党不满,要求中国继续抗战。1941年3月6日,蒋介石在国民参政会第二届会议上发表演说,"保证"绝不再有"剿共"的军事行动。国民参政会选举董必武为驻会参政员,蒋介石约请周恩来面谈,答应解决国共之间若干问题。这样,国民党的第二次反共高潮被击退。

1943年春,国民党又掀起反共活动。蒋介石出版《中国之命运》,反对共产主义和自由主义,暗示要消灭共产党。国民党顽固派借1943年5月共产国际宣布解散的机会,提出"解散共产党","取消陕甘宁边区",并密令胡宗南部准备向陕甘宁边区进攻。在胡宗南身边工作的熊向晖(中共秘密党员)及时将国民党反共部署和动向报告给中共中央。中共中央一方面在军事上作出部署,另一方面从政治上进行有力反击。《解放日报》发表文章,义正词严地批判《中国之命运》一书。1943年7月4日和6日,朱德分别致电胡宗南和蒋介石,抗议胡宗南部的挑衅,呼吁团结。9日,延安三万群众举行紧急集会,发出团结抗日、反对内战的通电。10日,周恩来由重庆返延安途经西安时,利用胡宗南宴请之机,把胡宗南即将进攻陕甘宁根据地的阴谋公之于众。12日,毛泽东在《解放日报》发表题为《质问国民党》的社论,揭露国民党破坏团结的行径,号召全国人民起来制止内战。这样,国民党军队尚未发动武装进攻就被制止了。

中国共产党连续击退、制止国民党三次反共高潮,坚持抗战、团结、进步的方针的事实,显示出其在政治上已经完全成熟,能够在极其复杂的政治环境中,正确地处理民族斗争和阶级斗争的关系。国民党的反共活动不但不能达到其预期目的,反而使更多的人看清中国共产党确实以民族利益为重，而不是只顾一党一派的私利。共产党人的正确方针使危急的国内时局趋向好转，不仅团结了中间阶层，也促使国民党统治集团不敢放下抗战旗帜，最大限度地孤立了日本侵略者和汉奸卖国贼。中国共产党在全国的政治地位由此大为提高。

纵观整个抗日战争，国民党方面所秉持的反共立场，以及蒋介石借助统一战线"溶共"的行动是统一战线面临的最大危险。中国共产党坚决击退国民党的反共行动，揭露其对日妥协的严重性，并通过发动国统区民众和爱国力量的反妥协斗争，以及加强敌后战场的作战，有力地挫败了日本的诱降图谋。同时，正确执行与国民党"又联合又斗争、以斗争求团结"的方针，对国民党顽固派的摩擦活动予以针锋相对的回击。中国共产党使抗日民族统一战线得以巩固和扩大，赢得了统一战线内部各派的拥戴和全国人民的拥护，也因此成为全民族坚持抗战的中流砥柱。

三　建设敌后根据地，打造坚强抗战堡垒

建立巩固的敌后抗日根据地，是决定敌后战场和全国抗战能否持久坚持的关键所在。为此，中国共产党全面推进抗日根据地建设。

在民主政治建设方面，1939年2月6日，陕甘宁边区正式成立了第一届民选政府，开创了中国由议会选举政府并决定施政方针的先河。1940年3月，中共中央要求各抗日根据地的政权建设，必须贯彻"三三制"原则，即在政权组成中，共产党员、进步分子和中间分子各占三分之一。1940年，晋察冀边区展开广泛的普选运动，在各级普遍建立了民选"三三制"政权和民意机关，将晋察冀边区打造成为"全国最模范、最进步的民主抗日地区"。与此同时，华北和华中的其他敌后抗日根据地也都大力推进民主政治建设，纷纷按照"三三制"原则建立抗日民主政权。中国共产党推行的民主政治改革，极大地激发了各抗日根据地军民团结抗战的热情，使各抗日根据地出现了空前自由民主、生动活泼的新局面，并对全国其他地区产生了重要的辐射作用，为坚持抗战和民主建国注入了新的动力。

在经济建设方面，1939年2月，中共中央发出"自己动手、发展生产"

的号召，陕甘宁边区和各敌后抗日根据地掀起了大生产运动。在这场运动中，各抗日根据地的耕地面积不断扩大，粮食产量连年上升，手工业和林牧副业等各类生产、商业贸易和财政金融建设也得到很大发展，逐步形成了独立自主的经济体系，基本满足了各抗日根据地的军用和民生物资需求。为调节各阶级经济利益和改善人民生活，中国共产党推行减租减息政策。根据中共中央的指示，各抗日根据地普遍将原有地租和利息分别减少25%和15%。减租减息政策是对旧的农村生产关系的重大改革，既削弱了封建剥削，改善了广大贫苦农民的生活，又保障了地主阶级的合理利益，对于团结各阶层人民和激发群众的抗战与生产热情发挥了极大作用。

在文化教育建设方面，中国共产党全面实行文化教育改革，以建设"民族的科学的大众的文化"，使抗日根据地文化教育事业出现了前所未有的发展。1937年，延安成立了陕甘宁边区文化界抗日救亡协会，次年又成立了边区文艺界抗战联合会，组织了一大批文学家、艺术家、社会科学家开展抗日文化活动。在此基础上，延安还成立了音乐、戏剧、美术等专业性协会，建立了许多文艺社团，出版了多种文艺刊物。各敌后抗日根据地也普遍成立了以宣传抗日为主旨的文艺团体和大批农村剧社。在这个新文化运动的浪潮中，广大文艺工作者创作出了一大批群众喜闻乐见、激励抗战精神的歌曲、戏剧、诗歌、报告文学、小说等。

为了改变抗日根据地落后的教育事业，各根据地大力实行革旧鼎新的教育政策。一是发展干部教育系统，组建了旨在培养各类干部的中共中央党校、抗大、马列学院、陕北公学、青年干部学校、中国女子大学、鲁迅艺术学院、民族学院、行政学院、自然科学院、医科大学、师范学校等。二是发展初等和中等国民教育，恢复和创办了大量中小学校。至1940年，陕甘宁边区有中等学校7所，小学由1936年的120所发展到1341所。晋察冀抗日根据地的小学数量由1938年的2799所增加到7697所。[1]三是发展各种形式的社会教育，通过民校、夜校、半日学校，以及冬学等季节性办学形式，开展大规

---

[1]《中国抗日战争史简明读本》编写组：《中国抗日战争史简明读本》，第174页。

模的识字扫盲和普及各种常识的社会教育。抗日根据地的新闻出版事业也取得了显著发展。除在重庆的《新华日报》之外，中共中央还在延安主办了具有广泛影响的《解放日报》和《解放》周刊。各抗日根据地党政军机关也普遍创办报纸、杂志等。各类报刊的出版发行，不仅及时宣传了抗日政策，使干部群众能够了解国内外形势的发展变化，而且丰富了抗日根据地军民的政治文化生活，推动了抗战事业的发展。

抗日民主根据地通过各项建设，为根据地的巩固、发展提供了坚实的政治和经济基础，抗日民主根据地不仅成为游击战争的坚强阵地和全国抗战的重要堡垒，而且成为全面反攻、争取抗战最后胜利的前沿阵地。[①]

本章图片来源

图6-1　北京全景视觉网络科技股份有限公司。

[①] 曲青山:《中国共产党是抗日战争的中流砥柱》,《求是》2020年第18期。

第七章
中国开辟世界反法西斯战争东方主战场

日本挑起全面侵华战争后，中国进入全民族抗战阶段。国民政府统筹全国军事力量，划分作战区域，以"持久消耗战"方针应对日本的"速战速决"计划。平津沦陷后，国民政府在正面战场逐步抵抗日军的大规模进攻，整体上处于战略防御态势。八路军在平型关取得了全民族抗战以来的第一次大捷，中国共产党领导的敌后游击战争广泛展开，创建了多个抗日根据地，敌后战场逐步成为抗日主战场。中国军民的正面战场与敌后战场互相配合，互为支援，开辟了世界反法西斯战争的东方主战场。

第一节
中国正面战场的抗战

全民族抗战爆发后，国民政府组织了一系列大规模会战，形成了抗日战争的正面战场。在抗日战争的战略防御阶段，正面战场先后进行太原会战、南京保卫战、徐州会战、武汉会战。经过上述会战，中国军队挫败了日本速战速决的计划，使日军逐渐陷入战略困境，日军不得不改变战争计划。

一　国民政府规划战区及提出"持久消耗战"的方针

面对日本发动的全面侵华战争，国民政府统筹全国军事力量，将全国划分为五大战区，并随着战局发展而对战区进行了调整。第一战区负责河北、山东北部地区，先由蒋介石兼任司令，后由程潜、卫立煌接任，旨在拱卫华北，抵御日军南下。第二战区负责山西、察哈尔、绥远等地，司令为阎锡山。山西地势险要，是华北战略要地，阎锡山的晋绥军及中央军的部分精锐在此集结，依托地形构筑防线，阻挡日军西进。第三战区负责江苏、浙江等地，冯玉祥任司令，后由顾祝同接任。淞沪会战爆发后，该战区成为抗战的核心区域。第四战区负责广东、广西地区，何应钦兼任司令，主要任务是防备日军从华南地区登陆，保卫中国的南大门。第五战区负责山东南部、江苏北部地区，李宗仁为司令，其麾下部队在徐州会战等战役中发挥了重要作用。通过合理的战区划分与兵力配置，国民政府构建了较为完整的抗战军事体系，为持久抗战奠定了基础。

基于中日在国家实力和军事力量上的巨大差异，国民政府提出了"持久消耗战"的抗战基本方针。1937年8月，国民政府召开国防会议，正式确立这一战略方针，旨在依托中国幅员辽阔、人口众多、资源富饶等优势，通过坚持不懈地战斗，消耗日军的有生力量和军事资源，最终削弱其战斗力，使战争朝着有利于中国的方向发展。在"持久消耗战"方针指导下，国民政府在战略防御阶段采取了一系列应对日军战略进攻的策略。在兵力部署上，将主力部队集中在重点城市和战略要地，如上海、太原、南京等地，以加强防御力量。在战术上，采取以阵地战为主、游击战为辅的作战方式，即在重要战略据点和交通要道上构筑坚固的防御工事，顽强抵抗日军的进攻。这些阵地工事在一定程度上减缓了日军的推进速度，为中国军队的战略部署和调整提供了保障。同时，国民政府也认识到游击战的价值，积极鼓励和支持各地的游击武装，派遣部分部队深入敌后开展游击活动。这种作战方式，迟滞了日军进攻，消耗了日军有生力量，为正面战场作出了重要贡献。

二 太原会战

在淞沪会战进入白热化时，太原会战爆发。太原是军事战略要地，控制太原可以影响整个华北战局。日军在占领平津后，便企图沿平绥、同蒲和正太三条铁路线进攻山西，阴谋迅速占领太原，打通华北交通线，进而南下攻击中原地区。

红军改编之后，全军开赴华北抗战前线，投身于全国抗战洪流。1937年9月，日军板垣征四郎第5师团沿平绥线进攻山西，企图突破平型关防线，遭到八路军的反击。9月27日，日军第15独立混成旅团猛攻茹越口阵地。茹越口一旦失守，平型关守军将受到两面夹击。中国军队第69师第203旅在茹越口正面布防。日军大举进攻，守军伤亡过半。次日，日军再次发起猛攻，凭借兵力和火力优势突破正面阵地，守军旅长梁鉴堂壮烈牺牲。在太原会战期间，八路军依托险峻的山地地形，协同国民党军队作战。1937年9月下旬，八路军第115师在山西平型关伏击日军，歼灭日军第5师团所部1000余人，取得全民族抗战以来中国军队对日作战的第一次大捷，打破了日军"不可战胜"的神话。这一胜利极大地鼓舞了全国人民的斗志，同时也大大提高了中国共产党和八路军的声望与影响。

图7-1　平型关大捷后，八路军战士背着缴获的日军武器及物资胜利归来

之后，板垣部约5万人集中兵力进攻战略要地忻口。第二战区司令阎锡山指挥约28万兵力，在忻口以北沿内长城布防。中央兵团由卫立煌指挥，负责忻口正面防御；左翼兵团由傅作义指挥，防守云中山地区；右翼兵团由刘茂恩指挥，防守五台山地区。10月11日，忻口战役打响，第9军军长郝梦龄亲临一线指挥作战。10月16日凌晨2时，为巩固战果，郝梦龄与第54师师长刘家麒、独立第5旅旅长郑廷珍率部冲锋。郝梦龄和刘家麒遭敌机枪与掷弹筒袭击，不幸同时牺牲。10月16日拂晓，郑廷珍亲率部队作最后猛攻，亦壮烈殉国。

日军在突破晋北防线的同时，也企图从东部攻入山西。10月11日，日军第20师团一部沿正太线直扑娘子关旧关正面井陉。10月13日晨，日军一个大队由长生口出发，直奔中国军队布防薄弱的旧关，并于当天占领旧关，孙连仲所部在附近同日军展开激烈拉锯战。10月26日，日军占领娘子关，太原东面门户大开。为避免被日军夹击，忻口守军当夜撤退。虽然忻口战役和娘子关战役未能彻底阻止日军，但为太原保卫战的防御准备争取了宝贵时间。

其后，日军从北、东两路直逼太原。阎锡山任命卫立煌为第二战区前敌总司令，傅作义兼太原守备司令。1937年11月4日，晋北日军逼近石岭关。同日，东线日军先头部队进至太原城东南，占领榆次。次日，东、北两线日军逼近太原城郊，中日军队在太原及近郊激战。11月8日，日军打开突破口。当日夜，攻城日军突破北面城垣。守城部队与日军展开激烈巷战。部分部队从南门成功突围。11月9日，太原沦陷。

太原会战中，中国军队参战兵力28万余人，伤亡10万人以上；日军参战兵力14万人，伤亡近3万人。尽管太原最终陷落，但中国军队的顽强抵抗极大消耗了日军的有生力量，迟滞了日军沿平汉铁路南下的行动。太原会战中，中国军队采取了阵地战、运动战和游击战等战术，灵活机动地打击了日军。八路军在平型关的伏击战，以及忻口战役中中国军队依托地形的顽强抵抗，都展示了中国军队的战术智慧。更重要的是，国共两党密切合作、彼此呼应，形成了一致抗日的新局面。这种合作不仅践行了抗日民族统一战线，更向全国军民展示了团结抗战的决心。

三　南京保卫战

日军占领上海后，以松井石根为华中方面军司令，调集上海派遣军和第10军主力，向南京进逼。其进攻分为三路，北路沿沪宁铁路、长江南岸西进，中路指向溧水、句容，南路则直扑芜湖，对南京形成包围之势。国民政府集结了十余个师，由唐生智担任南京卫戍司令。但许多部队是刚从淞沪战场撤退的残军，尚未得到休整和补充，实际人数少于编制人数。在作战准备方面，中国军队构建了三道防线。外围防线以大胜关、牛首山、青龙山、栖霞山、乌龙山等为据点；复廓阵地利用城墙及城墙外雨花台、紫金山、孝陵卫、幕府山等险要地形构筑；城内则准备了巷战防御体系。

12月4日，战斗打响。12月5日拂晓，日军兵分多路猛扑中国守军外围防线，南京外围的部队开始阻击日军。经过激烈的南京外围攻防战，唐生智下令收缩阵地，放弃外围，退入复廓阵地与南京城内。日军先后攻占紫金山、中山陵、雨花台、中华门等阵地。在战斗过程中，中国军队表现出顽强的战斗意志。

雨花台是南京城郊一座高地，距中华门仅1000米，是南京城的咽喉。日军纠集第6师团、第114师团主力，配备数十辆装甲车、140门火炮，攻击雨花台一线中国军队，同时派出多架飞机争夺制空权。守卫雨花台的第88师是精锐部队，但在淞沪会战中损失惨重，又没有得到充分补充，重武器也消耗殆尽。由于日军兵力占优，雨花台主阵地最终失守，262旅旅长朱赤与264旅旅长高致嵩以身殉国。

紫金山作为南京的重要屏障，成为双方激烈争夺的焦点。中国军队在紫金山构筑了坚固阵地，与日军展开殊死搏斗。日军凭借优势炮火和空中支援，对紫金山发起一轮又一轮冲锋。中国守军依托既设阵地，用机枪、手榴弹顽强地阻击敌人。许多战士在敌人猛烈炮火下，在掩体被炸毁后，依然坚守在弹坑里，用血肉之躯一次次击退敌人的进攻。

光华门是日军另一个重点攻击目标，日军步兵在坦克掩护下，试图从缺口突入。中国守军冒着敌人的炮火进行封堵，最终将突入城门洞的日军歼灭。第87师259旅旅长易安华率部坚守光华门，其后他率部突围至莫愁湖时，身负重伤仍坚持冲锋，最后壮烈牺牲。12月11日，接到撤退命令的顾祝同打电话给唐生智，命令南京守军撤退。

1937年12月13日，侵华日军野蛮侵入南京，制造了惨绝人寰的南京大屠杀惨案，30万同胞惨遭杀戮，无数妇女遭到蹂躏残害，无数儿童死于非命，三分之一的建筑遭到毁坏，大量财物遭到掠夺。侵华日军一手制造的这一灭绝人性的大屠杀惨案，是骇人听闻的反人类罪行，是人类历史上十分黑暗的一页。

四　徐州会战

徐州位于江苏省西北部，紧邻山东省，地处鲁、豫、皖、苏四省要冲，是津浦铁路和陇海铁路的交会点，中国南北方的交通咽喉。日军在占领南京和济南后，企图将华北和华中两个战场连成一片，打通津浦铁路，实现对中国的战略包围。因此，对日军而言，徐州是实现其战略计划的关键点。

1937年底至1938年初，日军分别从山东和江苏向徐州发动进攻，希望通过南北夹击的方式，消灭中国军队主力。面对日军进攻，中国军队迅速做出反应，第五战区司令李宗仁率领64个师3个旅，约60万兵力迎敌。李宗仁以主力集中于徐州以北地区，抗击北线日军南犯；同时部署部分兵力于津浦铁路南段，阻止南线日军北进。

在南线战场，日军第13师团等部沿津浦铁路北上，进攻安徽凤阳、蚌埠等地。中国军队依托淮河、泚河、浍河进行堵截，与日军展开血战。经过数月激战，中国军队收复淮河以北全部阵地，双方隔河对峙，日军被成功拦截在淮河一线。

在北线战场，日军板垣征四郎第5师团向临沂逼近，企图与沿津浦路南下的日军第10师团在台儿庄会师后进攻徐州。临沂守军顽强抵抗，重创日军，迫使其向莒县撤退。矶谷廉介第10师团沿津浦路南进，向滕县方向集结。滕县是台儿庄的重要外围防线，川军第22集团军第122师和第124师死守滕县县城。3月17日，日军突入城中。第122师师长王铭章、参谋长赵渭滨和第124师参谋长邹绍孟壮烈殉国。尽管滕县最终失守，但守军的顽强抵抗为台儿庄的设防赢得了宝贵时间。

滕县沦陷后，日军直扑徐州北大门台儿庄。3月23日，台儿庄战役正式打响。日军在优势炮火的支援下，多次突入台儿庄北门，但都被中国守军顽强击退。4月5日夜，守军第31师组织敢死队实施反击，一举夺回台儿庄四分之三的地盘，最终将日军包围。是役，中国军队歼灭日军濑谷支队大部、坂本支队一部共万余人，取得台儿庄大捷。之后，日军不甘心失败，又调集重兵企图再次进攻徐州。第五战区集中兵力于徐州附近，准备再次聚歼日军。但日军不断增加兵力，同时改以部分兵力在正面牵制，主力向西迂回，从侧后包围徐州。中国军队逐渐陷入困境。为了保存实力，中国军队决定主动放弃徐州，进行战略转移。5月19日，日军占领徐州。

尽管徐州会战以中国军队撤退和徐州沦陷告终，但中国军队仍给日军造成重大伤亡。台儿庄大捷是抗战以来中国军队在正面战场取得的首次重大胜利，它沉重打击了日军的嚣张气焰，大大增强了中国军民的抗战信心。

五　武汉会战

武汉是平汉铁路与粤汉铁路的交会点，也是长江水运的重要枢纽。它不仅是华中的核心地带，更是当时中国抗战的指挥中枢。日军占领武汉，不仅可以切断中国南北交通，还能进一步威胁西南大后方。日军计划兵分多路，沿长江两岸和大别山北麓进攻武汉，同时切断平汉铁路和粤汉铁路，孤立武汉。为保卫武汉，蒋介石调集了约100万兵力，并亲任总指挥。国民政府还在武汉周边修筑大量防御工事，加强长江的江防力量，部署海军舰艇和岸防炮兵，阻止日军沿长江进犯。日军兵分三路，北路沿大别山北麓南下，东路溯长江西进，南路自江西北部进攻。

在北战场，中国军队在河南固始县东南富金山阻击日军。9月1日，日军第13师团和第10师团向富金山发起全面进攻。守军在第36师师长陈瑞河率领下顽强抵抗。9月11日，中国守军奉命撤退。日军虽然最终占领了富金山，但付出了惨重代价，第13师团和第10师团伤亡一万余人。

在东战场，1938年6月11日，日军波田支队在安庆东南20千米处登陆，迅速攻占安庆，沿长江西进。6月24日，日军对马当要塞发动攻击，并迅速攻占要塞。面对日军的强大攻势，中国军队在武汉外围展开顽强的防御作战。在长江南岸，第九战区司令陈诚指挥部队依托鄱阳湖、庐山等地形，构筑防线；在长江北岸，第五战区司令李宗仁指挥部队依托大别山，进行阻击。

在南战场，1938年9月，日军第106师团沿南浔铁路进攻德安，企图切断中国军队的退路。薛岳率部在万家岭对日军展开围歼。在激烈的战斗中，中国军队利用地形优势，对日军进行分割包围，最终歼灭日军第106师团主力近万人，俘虏百余人。

除地面鏖战外，1938年2月至5月，中国空军还与日军在武汉上空展开激战。在2月18日、4月29日和5月31日的空战中，中国空军共击落日机46架，重挫日军嚣张气焰。在4月29日的战斗中，第4航空大队飞行员陈怀民在击落一架敌机后，被多架日军飞机包围，战斗机中弹起火。他放弃跳伞逃生的机会，驾机撞向日军飞机，与敌机同归于尽。李桂丹、吕基淳、巴清正、狄曾益等年轻的空军战士也血洒长空，壮烈牺牲。

1938年10月，日军从东、南、北三面包围武汉，武汉形势危急。广州沦陷后，粤汉铁路被日军控制，中国军队失去了重要的国际物资补给线，再坚守武汉已失去意义。为保存实力，国民政府决定主动放弃武汉，将战略物资西迁重庆。10月25日，日军进入汉口城区，26日占领武昌，中国军队撤出武汉。武汉会战是中国抗日战争中规模最大、影响最深远的战役之一。此役使日本"速战速决"战略彻底破产，中国抗日战争从战略防御进入战略相持阶段。

在战略防御阶段，国民党军队在正面战场大规模阻击日军，以巨大的牺牲使正面战场成为抗击日军战略进攻的主战场。

第二节
敌后战场发展成为抗日主战场

抗日战争爆发以后，中国共产党领导的八路军、新四军及其他抗日武装，在日军占领区建立了重要的战场。共产党依托广大人民群众，建设抗日根据地，通过自力更生实现经济自给，奠定了持久抗战的基础。根据地实行军民一体政策，正规军、游击队、民兵密切结合，形成全民皆兵的局面。通过独立自主的游击战，不放弃有利条件下的运动战，创造性地运用伏击战、破袭战、地雷战、地道战、麻雀战等游击战的战术战法，积小胜为大胜，不仅牵制了日军在正面战场的作战行动，还严重动摇了日军在占领区的统治。抗日战争进入相持阶段以后，尤其是百团大战以来，敌后战场发展成为抗日主战场。中国共产党创新性地制定敌后抗日根据地的政策和开展游击战争的战略，为各国的反法西斯斗争提供了经验。

一　持续深入开展敌后游击战

抗战进入相持阶段前后，八路军在华北地区、新四军在华中地区广泛建立起抗日根据地。日方认为在其占领区，日军只能控制点和线（如城市和交通线），而无法真正掌控"面"（即广大农村和山区）。因此，日方制定了《治安肃正大纲》，计划通过武力"讨伐"敌后根据地，然后高度分散配置兵力，以分散的据点控制"面"，实现其所谓的"治安"目标。中国共产党则加强根据地的各项建设，广泛开展敌后游击战，有效应对日军的计划。

自1939年后，日军实施"囚笼"战术，企图围困和蚕食抗日根据地。在作战中，日军采取"分进合击"的战术，即将部队分成多路，分散部署，控制点和线，一旦发现八路军或新四军的踪迹，迅速聚拢包抄。1939年3月，日军对冀中、冀南地区进行了大规模"扫荡"，沿铁路线推进，一旦发现八路军，立即展开包抄行动。5月初，日军又兵分九路，大举围攻泰西根据地。① 为大量杀伤根据地军民，日军甚至无耻地发动了毒气战。在4月的齐会战斗中，日军释放毒气，导致第120师500余人中毒。八路军高层分析认为，日军的"扫荡"存在两个主要弱点：一是兵力不足，二是群众基础薄弱。基于这些分析，八路军应注重发挥"内外线结合"的战术来抵御敌人，即在日伪军合击时，主力迅速分散成小股，适时从敌人空隙中冲出，转至外线，避免遭敌军合击。内外线部队相互配合，扰敌、袭敌，寻机歼敌。

在这一方针指导下，八路军沉着应对日伪军的袭击。1939年1月，日军封锁并合击冀中根据地，占领了冀南中心区。面对日军的攻势，第129师将部队分成若干小股，成功引诱一部敌军进入香城固地区，并在此将其包围歼灭。4月下旬，日军调集100多辆坦克，分七路围攻陆房地区。第115师迅速转移至周边山区进行阻击。5月，日军发起总攻后，第115师趁夜分散转移，并寻机聚歼部分分散的日军。9月下旬，日军独立混成第8旅团步兵第31大队奔袭晋察冀边区的灵寿县。第120师的三个团预先设伏，于9月28日将日军包围在高山一带。尽管日军释放毒气暂时得以逃脱，但随后又被围困在鲁柏山附近。经过一天的激战，第120师成功聚歼了大部分敌军。八路军还通过诱敌深入的方式多次发起突袭，歼灭日军。

1939年10月，日军中将阿部规秀率众进攻晋察冀边区。11月初，日军前锋大队在行军途中遭到八路军伏击并被全歼。阿部规秀闻讯后率部前来增援，八路军佯装败退，诱使阿部部队深入黄土岭地区伏击圈。随后，八路军对日军展开猛烈攻击，击毙阿部规秀。阿部规秀是日本建立新式陆军后首位在战场上被击毙的陆军中将。

在华中，新四军常在铁路、公路线附近袭击日军，围歼日伪小股部队。1939年4月1日，新四军第1支队在南京至镇江间铁路、南京至句容间公路进行了伏击。5月1日，第1支队第2团甚至在孝陵卫附近麒麟门一带伏击日

---

① 王辅：《日本侵华战争（1931—1945）》（二），辽宁人民出版社2015年版，第865页。

第七章 中国开辟世界反法西斯战争东方主战场

军车队，毙敌22名，击毁汽车5辆，得到国民政府嘉奖。[①]新四军采取"内外线结合"战术，组织小股精悍的游击队袭扰敌人，若遇敌来袭，则留一部与敌周旋，集结主力迂回至敌侧背，歼灭敌小股部队，不断削弱敌军兵力。1940年9月，日伪军在淮南"扫荡"。新四军第4支队和第5支队一部留守，坚壁清野，分散游击，袭扰敌军；另一部转至外线，进攻敌占城镇、交通线。日伪军无功而返。新四军还注重实施伏击、阻击。10月，日军分兵多路，直扑新四军军部驻地云岭。新四军在三里店、汀潭设伏，层层阻击，日军不敌后撤。

总的来说，日伪军在多数"扫荡"行动中遭受到沉重打击。聂荣臻指出："因敌兵力不足，为敌不能解除之弱点。经常表现在敌占广大地区，固守据点，需增加兵力时，得从各据点抽调，此随时给我们以可乘之机。"[②]此外，"分进合击"的战术导致日伪军兵力分散，使得中共部队能够集中力量予以歼灭。在与日伪军的长期较量中，八路军、新四军部队积累了丰富的战斗经验，为日后发起大规模破袭战——百团大战奠定了坚实的基础。

二 发动百团大战

1940年8月至1941年1月，八路军发起了对日军控制下的正太铁路等地的大规模破袭战，先后有105个团参战，故称"百团大战"。此战的发起与当时国内外形势密切相关。首先，日本加大对国民党政府的政治诱降力度；其次，英法慑于日军威势，对日本侵略采取绥靖政策；最后，国民党当局掀起反共高潮，污蔑和打压中共。中共认识到，有必要发起一场大规模作战，以粉碎日本亡华图谋，提振中国抗战士气，并回击国民党当局的污蔑。

另外，自1939年冬季以来，日军厉行"囚笼政策"，在正太铁路沿线广设据点，企图切断八路军总部、太行根据地与晋察冀边区的联系。到百团大战前夕，日军已经事实上切断了晋冀豫和晋察冀两个根据地之间的联系。

[①] 王辅：《日本侵华战争（1931—1945）》（二），第1021页。
[②]《关于开辟平北冀热边根据地的指示》（1940年7月10日），《聂荣臻军事文选》，解放军出版社1992年版，第104页。

因此，中共计划以正太铁路为中心，实施大规模破袭战，反击日军。

百团大战共分三个阶段。第一阶段（1940年8—9月）重点是破袭正太路。8月20日，晋察冀军区破袭正太路东段。其中一部进攻并攻克娘子关，在破坏日军工事后撤离，切断娘子关至乱柳段日军交通线；另一部在当地矿工配合下，攻入井陉煤矿，在破坏矿内设施后撤退，使该矿半年内无法出煤。第129师破袭正太路西段。经一周作战，几乎全面控制了正太路西段，随即实施破坏。第120师则袭击同蒲路，配合打击日军。大同以南、太原以北及其附近的铁路、公路、电线、堡垒均被破坏，同蒲线亦被切断。

第二阶段（1940年9—10月）重点是袭击日军交通线两侧据点。晋察冀军区猛攻涞源。涞灵战役东团堡一役，八路军战士冒着毒气英勇突击，歼敌大部，残敌突围不成，投火自尽。在榆辽战役中，第129师突袭榆社，全歼守敌，后进攻辽县。第120师破击同蒲铁路北段，再次切断该线交通。

第三阶段（1940年10月至1941年1月）重点是反击日军"扫荡"。10月后，日军对晋东南、晋察冀、晋西北等地发动报复性"扫荡"。八路军机动转移，使敌"扫荡"屡屡扑空，同时还伏击歼灭小股来敌。11月9日，日军进犯涞源、易县、保定，八路军半路截击，敌死伤大部，一部败退。此外，八路军主动出击，聚歼守敌，10月29日，第129师将小股日军围于关家垴，激战数日，歼敌大部。八路军还坚持破袭日军交通线，其中离石游击队带领群众两次破击离石至军渡间公路。在军民的打击下，1941年1月初，日军撤退，百团大战结束。

到1940年12月初，百团大战在短短3个半月内，共动员20余万人，作战1800余次，战线波及晋冀鲁豫察等地，是抗战相持阶段八路军发起的持续时间最长、规模最大的战役。此役重创日伪军，共毙伤日军2万余人、伪军5000余人，俘虏日军280余人、伪军1.8万余人，并破坏了日伪多处交通线，共摧毁据点2900余个，铁路470余千米、公路1500余千米。国民政府军令部9月20日战报称："正太线自经我军破坏后，估计该路长期不能通车者，当在三分之二以上。平汉、同蒲两路亦破坏多处，短期当难恢复交通。"①百团大战极大地提振了中国军民的抗战士气，中共抗日武装也因此得到迅速发展。到1940年底，中共部队人数已发展至50万人，抗日根据地的人口达到了1亿多人。日军意识到敌后抗日武装和根据地的威胁日益增大，开始酝酿对这些地区发动更大规模的"扫荡"行动。

三 粉碎"扫荡"与"清乡"

百团大战使日军感到极大震动。为此，日军进一步收缩正面战场的攻势，集中约六成的关内侵华日军和几乎全部伪军，重点强化对中共武装与根据地的进攻。在华北，日军发起了"治安强化运动"，而在华中则掀起了"清乡运动"。

在华北，日军认识到，仅以军事手段难以消灭中共武装，还需加强在政治、经济、文化等领域的攻势。1941年3月至1942年12月，华北日伪军连续实施了5次"治安强化运动"，其内容是加强伪组织建设，推行保甲制、连坐法；强化经济封锁，以断绝根据地物资来源；宣扬"王道乐土""东亚共荣"思想，对我国人民进行奴化教育。日军将华北划分为"治安地区"（即敌占区）、"准治安地区"（即游击区）与"未治安地区"（即解放区），并在不同的区域推行不同的政策。在"治安地区"，加强伪政权的统治；在"准治安区"，大修壕沟、岗楼，驱赶群众到"治安地区"，制造"无人区"，搜索、"扫荡"中共武装；在"未治安区"，则实施"扫荡"及"烧光、杀光、抢光"的"三光"政策，大肆屠杀抗日军民。

日军也注意到，以往实施进攻时，中共武装常转移至其他地区，待日伪军撤退后再返回原地，因此仅依靠传统的突击、包围战术难以实现其战略目标，于是开始改变作战方式。在作战过程中，日军首先在根据地外围沿着铁路、公路修建碉堡，挖掘封锁沟，构筑封锁墙，并用重兵进行封锁，逐渐压缩中共武装活动的空间，迫使他们向中心区域集中。随后，通过"扫荡"行动，实行"三光"政策，旨在消灭抗日根据地内的军事与政治力

---

① 《中国抗日战争军事史料丛书》编审委员会：《八路军·参考资料》（3），解放军出版社2015年版，第15页。

量，同时扶持傀儡政权，推动所谓的"治安建设"。占领村庄后，日军强制集合村民，甄别并逮捕或处决抗日人员，并强迫各村开展"检举""自首"等活动。

1941年8月，日军发动对晋察冀根据地的"扫荡"，此次行动日军还调集航空战队，协同地面部队进行侦察与轰炸。由于对日军新战术的认识不足，晋察冀边区党政军机关人员被困于阜平一带。军区派出侦察小队携带电台东进，以迷惑、吸引日军，而机关人员则向西隐蔽转移。日军未能找到目标，遂采取"分区进剿"策略。9月，日军进犯狼牙山。为掩护主力撤退，晋察冀第1军分区第1团7连的5名战士将敌人引向狼牙山棋盘陀，在弹尽粮绝后英勇跳崖，他们被称为"狼牙山五壮士"。至10月中旬，日军撤退。此次行动中，日军实施了大规模的"三光"政策，给根据地造成了巨大破坏。

针对日军的"扫荡"，八路军高层分析认为，当下宜缩小作战规模，"一般不作大规模的对敌出击与铁道破击。以免吸引过多的敌人与过多的'扫荡'，赢得时间，进行更多的反攻准备工作"①。此外，八路军必须进一步分散队伍，避免遭到日军打击，提出"敌进我进"方针，对原有的"敌进我退"的方针作了重要调整。这一方针强调，外线部队要敢于脱离自己的后方，深入敌军的后方，甚至是日伪统治的敌占区，进攻、破袭日伪据点和交通线，建立游击根据地，广泛开展扰敌、抗敌活动，迫使敌军回援。为此，部队需要分散成若干更小规模的游击集团，以便于作战中灵活避开敌人，更好地穿插迂回至敌后。与此同时，留在根据地的内线武装力量则实施"坚壁清野"，将粮食、牲畜、财物转移至山洞或其他隐蔽地点，确保所有人员撤离，并伺机打击日军。待日伪军回返时，圈内外武装配合夹击之。

进入1942年，日军进一步强化"扫荡"力度。这一年是日军"扫荡"次数最多、规模最大、破坏最严重的一年，也是八路军抗战最艰苦的一年。

从5月1日至6月20日，日军对冀中实施了三期作战，分区反复"扫

---

① 《目前形势与今后工作》(1942年1月15日)，《聂荣臻军事文选》，第173页。

荡",意欲摧毁根据地内生产、生活设施。在反"扫荡"中,冀中军区将一部分部队调至敌兵力薄弱处,另一部在原地以连、营为单位打游击,多在夜间活动。根据地巧妙地以地道隐蔽、转移干部和官兵,战事渐呈胶着状态。后冀中军队实施反击,给予日军一定打击。日军遂撤军。同期,日军还发动对太岳、太行的"夏季大扫荡",妄图消灭第129师主力与八路军总部。此役中,日军还组织了两支由约百名便衣士兵组成的"特别挺进杀人队",以刺杀八路军高级干部。一期作战自5月15日开始,日军进攻沁河两岸。太岳部队一部及时跳至外线,实施大规模破袭,另一部留守打游击。日军扑空后遂转向太行北部,于5月24日实施二期作战,围攻辽县一带八路军总部所在地。日军抵达后,分散部署、划区实施"剔抉",八路军总部万余人陷入重围。日军还构筑封锁线,阻击跳至外线的八路军。5月25日,八路军副参谋长左权在突围中于辽县不幸牺牲。6月8日,日军实施第三期作战,继续围攻林县以北八路军。7月20日,日军结束"扫荡"。

在华中,日伪掀起"清乡运动",鼓吹"三分军事七分政治"口号,即以政治为中心,以军事为手段加以推动。汪伪政府于1941年5月设立"清乡"委员会,与伪行政院、伪军事委员会共同管辖各部,全力推进"清乡"实施。面对日伪的军事"清乡",新四军注重以游击战消耗、疲敝来敌,避免与敌军主力决战,寻机实施反击。具体实施策略为,当日伪军来袭时,"清乡"区内主力部队撤至"清乡"区外,寻找敌军弱点或有利时机,打击敌人,突破封锁,进攻、夺取"清乡"区内据点;区内地方武装、民兵轮流撤往区外休整、补充。针对日伪军构筑的竹篱笆封锁墙,新四军指挥各乡、区群众,联合进行破拆工作。

1941年7月20日,日伪军自东台、兴化、射阳、陈家洋出击,妄图合击中共中央华中局和新四军军部驻地盐城。新四军主力迅速跳至外线,转至敌军侧后方,其余部队则负责阻击和伏击来敌。7月22日,日伪军占领盐城。新四军第1师在苏中发起攻势,直捣位于苏中的重要据点泰州,迫使日军南调回援。新四军第3师和第1师一部则在盐阜地区发起反击。8月13日,日军集中兵力对苏中进行"扫荡"。新四军第1师也跳至外线,其余部队分散实施游击和破袭战。在盐阜地区的新四军则反攻盐城，迫使日军从苏中抽兵北返。由于无法实现聚歼新四军的目的，日军于8月底9月初撤回原驻地。

1942年2月，日伪军进攻苏南的江阴、武进、无锡地区。当地新四军提前转移，在日伪军撤退后返回原地继续开展工作，使得日伪的"清乡"企图未能得逞。6月，日伪军再次进攻南通、海门、启东等地。新四军第1师一部留在内线与敌军缠斗，主力则跳出包围圈，进攻敌军兵力薄弱的据点，并发动交通破袭战。日伪军四处受挫，其第一期作战计划并未达到预期效果。同年7月和9月，日伪军先后进攻泰县、泰兴、如皋、靖江、宝应、临泽等地，但均遭到新四军的有力反击，最终归于失败。

总的来说，日伪军在1941—1942年实施的"扫荡"和"清乡"作战给中共根据地带来了严重的伤亡与损失。到1942年底，中共领导下的抗日武装由1940年底的50万人减少至40万人。部分根据地沦为游击区或敌占区。在华北，到1941年10月底，抗日根据地面积相较于1940年缩小了六分之一。1942年春季，华北抗日根据地面积进一步缩小了三分之一。在华中，1941年下半年，苏南东路和豫皖苏边区大部分地区丧失，苏中、盐阜、淮海等地也被日伪军分割压缩。这一时期，根据地还遭遇了严重的自然灾害，敌后抗战工作面临严峻困难。而在反"扫荡"和反"清乡"过程中，八路军和新四军官兵展现出卓越的作战素养和顽强的战斗意志，部队主力得以保存，为日后实施战略反攻奠定了坚实的基础。

在进行"扫荡"和"清乡"之际，日军抽调华北部队南下对国民党军发动浙赣战役。当年秋季，日军在瓜达尔卡纳尔岛（简称"瓜岛"）战役中遭遇惨败，又被迫从中国战场抽调兵力增援太平洋战场。这使得日伪对中共作战的兵力自1943年后大幅减少，此后再难发起对敌后战场的大规模"扫荡"。

在全民族抗战的战略相持阶段，中国共产党领导下的人民武装活跃在敌后战场，有力打击了日方的图谋，使得敌后战场的重要性日益凸显。敌后抗日武装在持久战战略的引领下，运用多样化的游击战术，打击沦陷区的日伪军。这不仅动摇了日伪在沦陷区的统治，反击了国民政府某些人对敌后抗日武装"游而不击"的谬论，更在相持阶段初期中国抗战形势危急之时，坚定了中国民众坚持抗日的信心，为沦陷区广大民众带来了希望。从全民族抗战开始到1940年，中国共产党领导的八路军、新四军已发展到50余万人，组建了大量的地方武装和民兵，在华北、华中、华南和东北地区创建了有1亿多人口的敌后抗日根据地和游击区。在进入战略相持阶段后的两年里，中国共产党领导的敌后战场军民抗击了58%—62%的侵华日军和几乎全部伪军，粉碎了日军千人至5万人的"扫荡"近百次，作战1万余次，敌后战场成为名副其实的抗日战争主战场。

第三节
世界反法西斯战争东方主战场形成

七七事变后，抗击侵略、救亡图存成为中国各党派、各民族、各阶级、各阶层、各团体及海外华侨华人的共同意志和行动，中国由此进入全民族抗战阶段，在德、意、日逐步联合起来的侵略阵营面前，世界反法西斯战争已经跨越东西方的界限，成为一个整体。英、美、法逐步认清法西斯侵略本质，苏联对中国抗战开始采取实际的支持行动。世界和平阵营为中国军民英勇抗战、开辟世界反法西斯战争的东方主战场提供了帮助。

一 英、法、美逐步认清法西斯侵略本质

1936年11月25日，德日两国在柏林订立《反共产国际协定》，东西方的两个主要法西斯国家结成了联盟，意在侵吞世界并实现各自的法西斯统治秩序。从战争全局而言，德意协定、日意协定与日德协定一起，将世界上三个主要的法西斯国家联结起来，"形成了一条向全世界拥护和平与民主的国家及人民积极挑衅的侵略阵线"[1]。在七七事变前，该侵略阵线的形成使中国正在进行的局部抗战上升为世界反法西斯局部战争时期的东方抗战。

---

[1]《日德意的"三国防共协定"》(1937年11月3日)，《解放》第1卷第23期，1937年11月13日。

美英等国开始意识到中国抗战是维护世界和平、反击法西斯联盟的重要部分。美国总统罗斯福于1937年10月5日发表著名的"隔离演说"（Quarantine Speech），呼吁爱好和平的国家必须一起努力，阻止违反条约及无视人性的战争行为，认为仅仅依靠孤立主义和中立主义的消极办法是无法解决问题的。10月6日，美国国务院发布公告称，鉴于远东的形势发展，美国政府不得不得出这样的结论，"日本在中国的行动并不符合国与国之间关系的原则"，违反了《九国公约》及《非战公约》，美国政府所持结论与国际联盟大会的立场大体一致。[1]国际联盟大会的立场体现在其于10月初通过的决议之中。该决议虽谴责日本，但未明确指出日本为侵略者，其给予中国的支持仅限于道义和精神方面，且将问题推给了《九国公约》缔约国会议。

尽管如此，日本外务省还是于10月9日下午发布了一则为自身辩解的声明，坚称日军在中国的侵略行为合法，属于自卫性质，同时宣布拒绝参加将要于布鲁塞尔召开的《九国公约》缔约国会议，其行为本身就是对其所应承担的《九国公约》第7条条约义务的漠视。在随后召开的布鲁塞尔会议上，顾维钧谴责了日本，并明确指出，"中国共产党及其领导的军民，正如中国民众中的绝大多数一样，是真正的爱国者，热爱自己的国家"，中国共产党已经宣誓忠于国民政府，接受政府的改编，并自愿解除了所谓的与苏联的组织关系。为了能有效整合抗日力量，中共已经将少数武装力量交给国民政府改编。所谓中国共产主义运动的威胁，无疑只是一个发动侵略战争的借口而已。[2]

布鲁塞尔会议最终通过一份宣言，谴责日本发动战争，并指出没有任何法律允许一国可以使用武力干涉他国内政。宣言警告称，如果日本固执地坚持与其他签字国相反的见解，则会议各国代表将不得不考虑采取共同态度。布鲁塞尔会议没有解决任何实际问题，无论是在向中国提供物资援

---

[1] "The Secretary of State to the Minister in Switzerland", October 6, 1937, *FRUS, Diplomatic Papers, 1937, The Far East,* Vol.4, Washington D.C.: U.S. Government Printing Office, 1954, pp.62–63.

[2]《顾维钧在布鲁塞尔会议上的发言》（1937年11月3日），V. K. Wellington Koo Papers, Koo-0025-039-0030-008-009。

助还是在对日实施制裁方面,都没有取得实质性进展,但其积极意义在于,国际社会认清了日本侵华的本质,各国对华的道义支持随时可以变为实质性的援助。①

布鲁塞尔会议期间,德、意、日订立《三国防共协定》。法国社会党众议员萨洛蒙·格隆巴(Salomon Grumbach)曾指出,该协定不但是反对第三国际,各国人民阵线亦在其反对之列,德意日法西斯在全世界人民逐步觉醒联合的过程中,亦正式结成军事侵略同盟。格隆巴呼吁"惟有英法美苏四国成立协定,和平局势始得保全",中共中央进一步呼吁"为今之计,惟有中国坚持抗战到底和巩固团结,才能把东方的侵略者打下去"②。七七事变爆发后,美国总统罗斯福派遣埃文斯·卡尔逊(Evans Carlson)作为其私人代表来华,了解中国的抗战,尤其是八路军和敌后军民的作战情况。卡尔逊预言,如果不对日本的疯狂侵略加以制止,那么日本迟早会在太平洋向美国发起挑战。在访问八路军后,他以自己独到的洞察力预见:中国共产党代表中国的未来。

德国驻华大使陶德曼曾于1937年10月开始对中日战争进行了4个月的调停。德国在陶德曼调停中的态度基本上是中立的,不是说德国同情中国人民的抗日战争,而是德国出于自身利益考虑要求中日停战。

二 苏联援华

九一八事变之前,中苏因中东路事件断交,面对日本在东北的侵略野心,苏联有意恢复中苏邦交,并通过多种渠道对华提出建交愿望。九一八事变后,苏联召见日本驻苏大使广田弘毅,表达严重关切。苏联《真理报》刊发文章,批评日本的侵略和暴行。面对日本的威胁,中苏都意识到有必要加强合作,从而加快了恢复两国外交关系的步伐。经过谈判,1932

---

① 陶文钊、杨奎松、王建朗:《抗日战争时期中国对外关系》,中国社会科学出版社2009年版,第56—57、61页。
② 《再论德意日防共协定》(1937年11月12日),《解放》第1卷第24期,1937年11月20日。

年12月12日，中苏双方在日内瓦互换照会，恢复两国外交关系。1933年7月31日，苏联政府同意展开《中苏互不侵犯条约》的谈判。由于华北事变后中国形势日益恶化，1935年7月4日，南京国民政府行政院副院长兼财政部长孔祥熙在与苏联驻华大使鲍格莫洛夫（Dmitriy Bogomolov）会谈时又提出希望缔结中苏互助条约，而非中立条约。

张群出任外交部长后，再次敦促苏联方面签订友好互助条约，但被鲍格莫洛夫以缺乏舆论准备为由拒绝了。苏联认为，中苏应首先订立贸易条约和互不侵犯条约，以此作为舆论准备的第一步。此时，苏联对于中日之间的交涉充满戒心，尤其是日本向国民政府提出了所谓的"共同防共"。西安事变结束后，鲍格莫洛夫通过孔祥熙与国民政府保持了一条联系渠道。苏联曾提议以集体安全来代替双边安全，提出订立太平洋公约。鲍格莫洛夫提出，如苏联允诺支持订立太平洋公约，并对未来签订中苏双边条约寄予希望，将会为接下来的双方谈判创造有利的气氛。苏联希望中国能推动太平洋各国进行太平洋区域性互助公约的谈判，并称如中国政府能发出倡议，苏方"将全力促成中国政府办理此事"。鲍格莫洛夫称，除非确认太平洋公约缔结无望，否则苏方不会考虑与中方缔结中苏双边互助条约。鲍格莫洛夫建议，双方立即开启《中苏互不侵犯条约》的谈判，"在很大程度上将有利于今后可能进行的双边（互助）条约的谈判"[1]。

当中苏双方围绕太平洋公约及《中苏互不侵犯条约》而往返磋商之际，七七事变爆发，日本挑起了全面侵华战争。事变爆发后的第二天，接替张群担任外交部长的王宠惠将其对苏谈判意见上呈蒋介石，建议：先以中国政府名义召集太平洋各关系国开一国际会议，商订集体互助协定。苏联允诺一旦接到中国的邀请，"即正式通知愿意参加，如有第三国之一国或数国赞成，即可进行"。如果此步骤无法实行，则可采取第二步，即订立《中苏互不侵犯条约》，然后签订《中苏互助协定》。

---

[1]《苏联驻华全权代表鲍格莫洛夫与中国外长王宠惠谈话记录》，1937年4月12日，李嘉谷主编《中苏国家关系史资料汇编（1933—1945）》，社会科学文献出版社1997年版，第68页。

第七章 中国开辟世界反法西斯战争东方主战场

1937年7月19日，陈立夫应蒋介石之命会晤鲍格莫洛夫，催促苏方开启中苏互助条约谈判。陈立夫此次会谈鲍格莫洛夫，更为重要的事项是希望苏联能够向中方供应军火，主要包括飞机、坦克、反坦克炮、高射炮。对于中方的购买提议，鲍格莫洛夫表示认可，也同意把供货期限缩短为1年，而付款期限定为3—8年。同时，鲍格莫洛夫也提出，苏联提供的武器不能被用于对付苏联，这就需要中苏双方签订一项互不侵犯条约。

7月26日，张群受蒋介石委派往访鲍格莫洛夫，称中日之战势不可免，中国本国的武器弹药储备只够六七个月用，苏联已成为中国唯一的供货来源，希望苏联"把这个问题看作纯商务性的"，不承担任何政治义务。经过对国际形势的判断，苏方得出的结论是："目前时机更加不宜签署互助条约，因为这样的条约会意味着我们立即对日宣战。"为了牵制日本，苏方同意了中国提出的武器订单在一年内交货的要求。8月21日，中苏两国在南京最终签订了《中苏互不侵犯条约》。王宠惠与鲍格莫洛夫作为双方代表分别签字。

《中苏互不侵犯条约》订立后，11月中旬，第一批援华飞机到达兰州。此后，苏联援华物资源源不断运往中国。苏联于1938年3月、7月及1939年6月三次与中国订立贷款合同，总计贷款2.5亿美元（实际动用1.7亿美元），用于购买苏联军火物资。苏联还直接派遣志愿人员参加了中国的对日空战。苏联志愿航空队成立后，先后有两批飞行员来华，参与了南京保卫战、武汉空战、奇袭台北日军基地等战役，共有200多名苏联飞行员为中国抗战牺牲了生命。

苏联是中国抗战初期对华援助最多的国家。据统计，从1937年9月至1941年6月，苏联援华飞机904架，其中重型和中型轰炸机318架，坦克82辆，牵引车24辆，汽车1526辆，各类大炮1190门，轻、重机关枪9720挺，步枪5万支，步枪子弹16700多万发，机枪子弹1700多万发，炸弹31100枚，炮弹187万发，飞机发动机221台，以及飞机全套备用零件、汽油等军火物资。[①]苏联援助有力地支持了中国人民的抗日战争，亦是世界反法西斯

[①] 李嘉谷：《抗战时期苏联援华飞机等军火物资数量问题的探讨》，《近代史研究》1993年第6期；李嘉谷：《评苏联著作中有关苏联援华抗日军火物资的统计》，《抗日战争研究》1994年第2期。

战争由局部战争向全面战争发展的一个重要标志。在极其困难的条件下，中国战场拖住了日本陆军主力，使其始终无法抽调兵力实施"北进"行动，苏联因此避免了腹背受敌的局面。

三 全民族抗战局面的形成

面对日本侵略，中国各阶层奋起抗战，在国共合作的推动下，群众抗日民主运动蓬勃发展。全民族抗战爆发后，无论政治立场的差异，还是职业的不同，凡中华儿女，都在民族危急关头挺身而出，各界人士积极投身于抗日救亡活动。1937年7月22日，国民党上海市党部组织商会、地方协会、工会、农会、教育会、妇女会、银行公会、钱业公会、律师公会等15家团体，发起成立上海市各界抗敌后援会。号召"凡属国人，皆当奋起，统一组织，集中力量，以铁血求生存，作抗敌之后援"[①]。7月28日，上海文化界救亡协会成立，蔡元培、潘公展、胡愈之共同担任常务理事，创办《救亡日报》，并由国民党员樊仲云、共产党员夏衍共同出任总编辑。上海工商界皆参与到了支援抗战的工作中。8月12日晚，上海市商会主席王晓籁发表广播演讲，呼吁"有力的出力，有钱的出钱"。国民政府发行救国公债5亿元，上海市商会呼吁各界踊跃捐输。10月1日，上海市商会决议对日经济绝交。[②]

全国各地的抗日动员也同步展开。1937年7月14日，全国商会联合会通电各省区商会联合会，迅速联合本地区各界民众，组织抗敌将士后援会，劝告各界自由捐输支援前线。宋庆龄、何香凝等在上海成立了妇女抗敌后援会。8月1日，南京成立中国妇女慰劳自卫抗战将士总会，宋美龄发表演说，呼吁妇女承担起抗日战争后方的责任，前线将士的勇气全靠后方的拥护。文化界成为抗日宣传的主力。七七事变爆发后，上海左翼文化人士集体创作了话剧《保卫卢沟桥》，并于8月7日搬上舞台。

[①]《抗敌后援会成立》，《申报》1937年7月23日第13版。
[②] 步平、王建朗主编：《中国抗日战争史》第三卷《战时政治》（汪朝光著），社会科学文献出版社2019年版，第62页。

全国抗战爆发后，国民党放松了党禁，被压制和逮捕通缉的左翼人士一定程度上得到了缓和的处理。因被国民党通缉而流亡日本10年之久的郭沫若于1937年7月27日回到上海，出任上海文化界救亡协会救亡日报社社长。在国民政府迁往武汉后，1938年3月27日，"中华全国文艺界抗敌协会"在武汉成立。4月1日，国民政府军事委员会政治部第三厅成立，负责抗战的文化宣传。郭沫若出任该厅厅长，积极从事抗战工作，服务于全民族抗战的政治和文化领域。

中国各少数民族与汉族同胞并肩作战，表现出多元一体、全民参与的特点，为抗战的胜利作出了不可磨灭的贡献。许多满族战士加入东北抗联，例如著名的抗联战士赵尚志。朝鲜族战士占东北抗联总人数的40%以上。乌兰夫等蒙古族领袖组织抗日武装，联合八路军创建了大青山抗日根据地。蒙古族骑兵凭借机动优势，在百灵庙战役等关键战役中，给予日军沉重打击。马本斋领导的回民支队，作战百余次，歼灭日伪军近万人。在新疆，维吾尔族、哈萨克族等民众大力维护"西北国际交通线"，保障了苏联援华物资运往内地。

被孙中山誉为"革命之母"的海外华侨此时也积极支持祖国抗战。20世纪30年代，海外华侨遍布全球，总数已达800万—850万人，其中95%以上在亚洲。这些华侨华人与祖国故土家园的亲人、朋友，通过血缘纽带和各种社会关系牢固地联系在一起，与祖国息息相通，时刻关注中国的一切。全民族抗战爆发后，尤其是八一三淞沪抗战后，世界各地的华侨华人以空前的规模组织动员起来支持抗战。

在抗日民族统一战线的感召下，他们组织建立了各种抗日团体。早在1936年，全欧华侨抗日救国联合会就已在巴黎成立，该会在七七事变后即指导欧洲各国成立新的抗日团体。1937年8月，旅美华侨统一义捐救国会成立，直属分会47个，遍布美国、墨西哥及中南美洲300多个城镇，成为全美洲规模最大的华侨抗日救国组织。1938年10月，东南亚华侨于新加坡成立了南洋华侨筹赈祖国难民总会（即"南侨总会"），推选陈嘉庚为主席，并发表宣言称："中国之抗战，实为御侮而战，实为自卫而战，实为维护国际盟约而战,实为保障世界和平而战。"南侨总会直属各地筹赈会80多个,其下又设分会成百上千个,汇集了东南亚华侨的各帮派、各行业、各团体。欧洲、东南亚、美洲华侨建立起了三大组织网络,为领导协调当地华侨支援中国抗战做了大量工作。

广大爱国华侨在捐款捐物支援中国抗战的同时,亦回国参加抗战,例如粤籍华侨归国直接参战者就达4万多人。归国华侨多从事战地救护、运输和航空等工作,活跃在滇缅公路及西南交通线上的"南洋华侨机工回国服务团"是其中著名的一支队伍。日军封锁中国沿海后,滇缅公路成为输入物资的主要国际通道,公路运输急需汽车驾驶员及修理工。在南侨总会的协助下,征募了3000余名华侨机工。他们顶着敌人飞机的轰炸扫射,在中国苦撑待变时期为中国抢运军需物资,1000余人牺牲。敌后战场也有大批华侨参战。八路军香港办事处先后介绍华侨司机、医护等人员500多人参加八路军、新四军。经由香港进入华南抗日根据地的爱国华侨人数达千人。华侨节衣缩食,捐献飞机、汽车、衣服、药品等大量抗战物资。华侨捐献飞机超过200架,截至1940年10月捐献汽车1000余辆。许多华侨直接开着救护车归国抗战。南侨总会统计,东南亚华侨在1938年10月至1941年12月间的各种捐款就达到国币4亿元。美洲华侨的战时捐款总额达到3800万美元以上。除此之外,还有大量的侨汇汇到中国,成为战时稳定的外汇来源,至1941年底侨汇总额已达42.94亿元。[①]

自七七事变爆发后,中国各阶层人民及海外华人奋起自救,抗击日本法西斯,世界各国人民和进步势力亦同时给予了相应的支持和援助,亦有志愿人员直接来华参战。1938年春,加拿大共产党员白求恩医生率领由加拿大人和美国人组成的医疗队来华,4月到达晋察冀边区。9月,印度医生柯棣华、巴苏华(Bejoy Kumar Basu)来华,次年2月到达延安。与此同时,一批从西班牙内战撤出的国际医生,如德国医生白乐夫(Rolf Becker)、印度医生爱德华(Madan Mohanlal Atal)、印度尼西亚华裔医生毕道文(Tio

---

[①] 刘大年、白介夫主编:《中国复兴枢纽——抗日战争的八年》,北京出版社1997年版,第86—88页。

第七章　中国开辟世界反法西斯战争东方主战场

Oen Bik)、奥地利医生严斐德（Fritz Jensen）等20多人，也先后来到中国，投身抗战队伍中。反法西斯国际主义战士们的到来，不仅为中国人民抗击日本侵略者提供了宝贵的战斗经验，而且极大地坚定和提振了中国乃至全世界人民战胜法西斯主义的决心和勇气。美国著名记者斯诺、史沫特莱和斯特朗等为中国抗战奔走呼吁。美国空军将领陈纳德在七七事变后即来华，帮助中国训练飞行员，协助建设中国空军。他们也为中国的抗战作出了重要贡献。

列强在中国分别据有重大权益，这种关系错综复杂，牵一发而动全身，某一强国的异军突起，必将以其他列强权益的削弱为代价；作为大国，中国无论在经济意义上还是战略意义上，在远东都占有重要地位。因此，中日之间的冲突乃至战争，其影响不仅局限于中日两国，必将引起世界各大国的反应。日本侵华战争损害了英、法、美等国在华利益，引起列强的警觉。中国抗战不仅得到英、法、美的支持，也得到苏联的支持。中国军民同仇敌忾、奋起抗击，在东方开辟了第一个大规模世界反法西斯战场。中国人民以巨大的民族牺牲支撑起世界反法西斯战争的东方主战场，第二次世界大战向着全面战争阶段发展。

本章图片来源

图7-1　新华通讯社。

第三编

法西斯妄图建立『新秩序』
—— 第二次世界大战进入全面战争阶段

1939年9月1日，德国法西斯悍然入侵波兰，标志着第二次世界大战在欧洲全面爆发。随着德国在欧洲侵略势力的扩张，意日两国逐渐向其靠拢。最终三国签订同盟条约，妄图建立世界"新秩序"。

一时间，法西斯国家的势力在亚欧大陆恣意扩张。在德国"闪电战"的攻击下，西欧和东南欧多地相继沦陷，战火还蔓延到苏联，莫斯科一度陷入岌岌可危的境地。德意军团还染指非洲，与英军在北非地中海沿岸展开了异常激烈的军事对抗。但随着苏德战争的爆发，德军在欧洲主战场陷入长期战争的泥淖。与此同时，日本在强化对中国占领区殖民统治的同时，挑起对英美的战争，迅速入侵东南亚。

法西斯国家打着建立"欧洲新秩序"与"大东亚共荣圈"的幌子，打造以本国为中心的殖民帝国。德、意、日侵略部队大肆劫掠占领区，推行殖民统治，奴役民众，破坏生产，制造大量灭绝人性的集体屠杀，犯下了罄竹难书的反人类暴行。

法西斯国家的诸种行径引起了被侵略国家和地区民众的极大愤慨。各地军民团结一致，用各种方式回击侵略者。其间，莫斯科保卫战的胜利打破了德军"不可战胜"的神话，推动了世界反法西斯同盟的形成和巩固。全球范围内的军事对抗和政治博弈进入新阶段。

第八章

法西斯发动全面战争

德国入侵波兰标志着第二次世界大战在欧洲全面爆发。此后，德意日法西斯进一步扩大军事侵略。在欧洲，德国相继入侵波兰、丹麦、挪威、荷兰、比利时、卢森堡、法国、南斯拉夫、希腊等国，并最终于1941年6月对苏联发动突袭。短短三月，德军便兵临莫斯科城下。在亚洲，日本实施"南进"计划，偷袭美国珍珠港，发动太平洋战争，入侵中国香港、菲律宾、马来亚、缅甸、荷属东印度（印度尼西亚）等地。在非洲，意大利入侵英属非洲殖民地，遭到英军的强烈反击。德国派兵支援意大利，德意军团与英军在北非地中海沿岸展开拉锯战。轴心国集团至此达到开战以来军事扩张的顶峰。与此同时，随着苏联和美国相继参战，世界反法西斯的力量大为增强。

第一节
德国进攻波兰

1939年4月28日，希特勒宣布废止《德波互不侵犯条约》和《英德海军协定》，并直接表达了要趁有利时机对波兰发起进攻的决心。随后，德国极力开展孤立波兰的外交，5月22日与意大利签订"钢铁盟约"，意图警告英法不要支持波兰。8月23日，德国又与苏联签订《苏德互不侵犯条约》。这些举动使德国对波兰采取军事行动再无顾虑。

一　突袭波兰

1939年8月31日，希特勒发布作战指令，决定于9月1日执行进攻波兰的"白色方案"。德军在战前总共部署兵力150万人，分南北两个集团军群，对波兰形成钳形攻势。南方集团军群由伦德施泰特指挥，下辖第8、第10和第14集团军。其中第8集团军居左翼，负责进攻工业中心罗兹（Lodz），并孤立在波兹南的波军。第14集团军居右翼，朝克拉科夫方向进攻，同时迂回包抄波军在喀尔巴阡山脉附近的部队。第10集团军居中路，担任攻击主力。北方集团军群由费多尔·冯·博克指挥，负责进攻华沙，并包围波军右翼。北方集团军群下辖第3和第4集团军，前者从东普鲁士向南进攻，后者从但泽和波兰走廊的正面向东进攻。

9月1日凌晨，德国空军首先对波兰机场、铁路枢纽和动员中心进行了轰炸，消灭了大部分波兰空军，掌握了制空权，在使波兰补给系统瘫痪的同时沉重打击其动员能力。德国人还发动心理战，通过伪造广播在波兰后方制造混乱，以此削弱波军士气。在空军的掩护下，德国陆军的进展极为迅速。战争爆发8天内，德军各部皆已抵达既定目标。9月8日，第10集团军的一支装甲部队攻入华沙市郊。

波兰并未制订完善的防御计划。德军由此轻易找到突破波军阵地的路线，对其实施分割包围战术。面对如此局面，波军统帅爱德华·雷兹-希米格维不得不于9月10日下令部队向东南全面撤退，然而为时已晚。德军早已在维斯瓦河以西缩小包围圈，同时深入该河以东地区。由海因茨·古德里安指挥的第4集团军装甲部队已开始向南对布列斯特—立陶夫斯克实施一次大迂回作战。9月15日，德军包围华沙。

9月17日，苏联以保护波兰境内乌克兰和白俄罗斯居民为由派兵进入波兰。苏军一路向西推进，按照《苏德互不侵犯条约》中的秘密协定，占领了波兰的东部领土。9月18日，波兰政府和统帅部流亡罗马尼亚，但要求军队继续抵抗。9月28日，面对德军飞机和火炮的猛烈轰炸，在华沙的波兰守军决定投降。随着波军在卢布林地区结束最后的抵抗，波兰战役于10月6日宣告结束。

第八章 法西斯发动全面战争

图8-1 德国入侵波兰

一般认为，这是德军"闪电战"的首次胜利。该战术的主要特点是集中并联合运用装甲和空中兵力，以机动作战的方式寻求快速决战。其最初在英国发展成形时曾被形容为"闪电"，最终以德语"Blitzkrieg"一词闻名世界。但实际上，波兰战役并不能被称作一场严格意义上的"闪电战"。就连德军将领也承认，德军在波兰战役中的机械化程度并不高，集中使用装甲兵的战术还未得到广泛运用，只有第4集团军里的古德里安集中1个装甲师和两个摩托化步兵师，才可谓发挥了装甲部队机动作战的特性。由此看来，德军的胜利并不完全取决于先进的战略战术，而更多地依赖于战场的地理特征和波军在作战准备上的劣势。

二 "奇怪战争"

德国突袭波兰后，英法两国随即正式对德宣战。对此，希特勒要求德军保持克制，只有在英法率先发起攻击后，方可进行反击。9月9日，他再次下令，可以将部分东线的兵力调往西线，然而若要采取任何主动进攻行为，则必须经其授权。

此时的英法本该主动发起攻势以牵制德军，从而缓解波兰危局。但实际上，英法两国对德宣战后按兵不动，与对方并未爆发大规模的军事冲突。这一现象从1939年9月波兰崩溃持续到1940年4月德军在北欧发动攻势。当时的美国新闻界将此现象称为"假战争"（Phoney War），在法语中它被称为"奇怪战争"（Drôle de guerre），在德语中则被称为"静坐战"（Sitzkrieg），成为"闪电战"的反义词。

1939年秋冬两季，英法两国讨论了多个进攻德国的方案，然而这些方案在当时条件下很难立即付诸实施。首先，法军的既定战略是依靠马奇诺防线实施防御，反攻时间最早设定于1941年，因此它对德军的主动进攻准备不足。其次，如果要对德国发动进攻，英法军队必须借道比利时，而此举将破坏比利时的中立。最后，英军无法迅速登陆法国的现实，也拖延了后续军事行动的开展。与一战时的情况相比，德国空军威胁的增大，使安全的登陆点不得不转移到远离法德边境的诺曼底和布列塔尼半岛，且坦克和重型车辆需要更大吨位的船只装载，这些因素都大大延缓了英军兵力的部署进度。

德军在波兰的速胜也是"奇怪战争"发生的重要原因。根据法国与波兰签订的军事协定，一旦德国进攻波兰，法国将从第15天起投入其大部分军队进攻德国。但等到9月中旬法国完成动员后，德军已包围华沙，苏军开始进入波兰东部，波兰战败的命运已无可挽回。这让法国放弃了大规模进攻德国的计划。法军曾于9月9日在德法边境发动过一次攻势，以试探德军齐格菲防线的防御能力。此举没有遭到德军的激烈抵抗，于是，法军占领了边境沿线的12个德国村庄。不久，这些部队又撤回到原先的阵地。与此同时，德英两国海军在大西洋的重点海域和航线上展开了海战。

波兰战役结束后，1939年10月6日，希特勒建议同西方主要国家就解决欧洲和平与安全问题召开会议，但前提是德国占领波兰的现状必须得到承认，但未被英法接受。于是，希特勒做好了继续作战的准备。他于10月9日下令，如果英法两国不愿结束战争，那么德军就会发动主动进攻，即通过进军比、荷、卢三国，尽可能多地消灭英法军队。他要求，此次进攻要尽可能扩大规模，并尽早付诸实施。

正当英、法、德三国展开西线"奇怪战争"之际，在东北欧却爆发了苏芬战争。当时，苏联为了确保对波罗的海的控制，保障列宁格勒的安全，多次向芬兰提出割让、租借或交换领土的要求，但均遭拒绝。11月29日，苏联宣布与芬兰断交。次日拂晓，苏军轰炸芬兰主要城市并越过边境，苏芬战争爆发。在这场战争中，苏联动用了96万军队，历时三个半月，才取得胜利。1940年3月12日，两国签订和约。芬兰除接受苏联此前提出的所有要求外，还失去了整个卡累利阿地峡、拉多加湖及沿湖地区与列宁格勒—摩尔曼斯克铁路沿线的领土。

三 "威悉河演习"行动

苏芬战争爆发后，英法两国萌生了通过支援芬兰同时打击德苏的想法。1939年12月19日，两国最高作战会议讨论了向芬兰派兵的可能性。但为了避免与苏联关系的彻底破裂，会议最后没有通过任何方案。经过一番研究后，1940年2月5日，最高作战会议决定派一支部队前往挪威，从纳尔维克登陆，进而控制德国有所需求的瑞典耶利瓦勒（Gällivare）铁矿，打通一条支援芬兰的路线。

英法的相关举动引起了德国的警觉。早在1940年1月27日，希特勒就命令其军事顾问准备未来入侵挪威的计划，以求赶在英国之前占领挪威，为此必须首先占领丹麦作为踏板。3月1日，希特勒下达了占领丹麦和挪威的作战指令，行动代号为"威悉河演习"（Weserübung）。4月8日，英法军队开始在挪威水域布雷，并派兵前往纳尔维克。第二天凌晨，德军发动了"威悉河演习"行动。整个作战行动被分为"南威悉河演习"和"北威悉河演习"两个部分。

"南威悉河演习"旨在迅速占领丹麦。德军先在飞机的掩护下乘运输船在包括哥本哈根在内的7个丹麦港口实施登陆，然后从陆地边境发起进攻占领日德兰半岛。丹麦军队在德军的突袭之下几乎没有还手之力，国王克里斯蒂安十世在4月9日命令所有部队停止抵抗。

"北威悉河演习"的目标是占领挪威最重要的海岸地区。德军按计划把登陆部队（5个步兵师和1个山地师）分3批运往包括奥斯陆和纳尔维克在内的7个挪威港口。德军较为顺利地攻占了大部分港口，但在奥斯陆遭遇挫折，重型巡洋舰"布吕歇尔"号被奥斯卡斯堡要塞（Oscarsborg Fortress）的岸防炮和挪威守军发射的2枚鱼雷击沉。这导致德军登陆奥斯陆的行动有所迟滞，并让挪威王室、内阁以及议会成员有了向北撤离并继续抵抗的机会。

英法军队试图登陆，夺回纳尔维克。英军先遣部队于1940年4月15日抵达纳尔维克。4月28日，英法部队才开始在纳尔维克的南北两侧登陆。德国守军实施坚守战术。随着更多英法部队的登陆，德军于5月28日被逐出纳尔维克城，退至瑞典边境。此后法国战局恶化，英法不得不决定从挪威撤军，于6月7日放弃纳尔维克，次日德军重新占领该地。挪威国王哈康七世及其内阁流亡英国。6月10日，挪威政府正式宣布投降。

四 法兰西战役

德国在发动"威悉河演习"行动的同时，就已经做好了在西线进攻法国的准备。时任A集团军群参谋长曼施坦因提出彻底击败法国的计划，最后得到采纳。根据这项计划，德国陆军总司令部发布了新的作战指令，目标是在行动开始后迅速占领荷兰，消除英国将其作为基地的可能性。同时通过比利时和卢森堡的边境，全力打击敌军主力。

1940年5月10日凌晨，德军正式发动西线攻势。德军首先通过空降兵突袭荷兰，一度占领了海牙附近的三个机场，但遭到荷军的顽强抵抗而未获成功。同时，德军第9装甲师从荷兰边境发动进攻，5月13日抵达鹿特丹。

荷兰于次日决定停止抵抗，15日签字投降。17日，荷兰全境沦陷，女王威廉明娜逃往英国建立流亡政府。

在比利时边境，B集团军群第6集团军越过默兹河，包围了列日要塞。南侧的A集团军群也迅速取得进展，其第4集团军三天内抵达迪南，开始强渡默兹河。在卢森堡边境，克莱斯特的装甲集群从阿登山区实施突破，第19装甲军在色当与法军和比军交战，从5月13日开始强渡默兹河。借助空军的火力支援，陆军部队在14日晚就基本控制了默兹河左岸。第41装甲军则在更北面的蒙泰特渡河。在德军突破默兹河防线后，法国后方门户大开。

德军所选择的主攻方向以及快速机动的行军，完全出乎英法部队的意料。法国人曾假定德军在战争开始后的9天内无法在默兹河上发起进攻，可实际情况是，5月19日德军就已通过了索姆河，法军所有的反击行动由于无法赶上瞬息万变的战局而变得绵软无力。5月21日，古德里安的先头部队抵达大西洋海岸，驻比利时的英法部队退守至斯海尔德河一线。此时，英国远征军在阿拉斯发动了一次反击，重创隆美尔的第7装甲师。英军的这次反击在一定程度上动摇了希特勒的信心。5月24日，希特勒在视察伦德施泰特的司令部后，下令所有南翼的装甲部队必须停止前进。直到5月26日下午，装甲部队才重新发起进攻。

英法部队抓住这一有利时机，撤退至敦刻尔克海岸。新任英国首相丘吉尔于当天下令执行"发电机行动"。此后直到6月4日，英国海军动用大批船只从敦刻尔克撤离了共计338226名士兵，为日后开展反法西斯斗争保留了有生力量。在当时极为困难的情况下，撤离行动的成功被人们称作"敦刻尔克奇迹"。

"敦刻尔克奇迹"标志着法国战役第一阶段的结束。从6月5日开始，德军从索姆河向南进攻，执行新的"红色方案"作战，B集团军群向巴黎两侧进攻。面对德军进攻，法军节节败退。6月14日，德军进入巴黎。同时，德军在萨尔布吕肯以南突破了马奇诺防线。6月16日，菲利普·贝当出任法国总理。他上台后便向德国提出停战请求。6月22日，德法两国在贡比涅森林

图 8-2　德军对西欧的征服

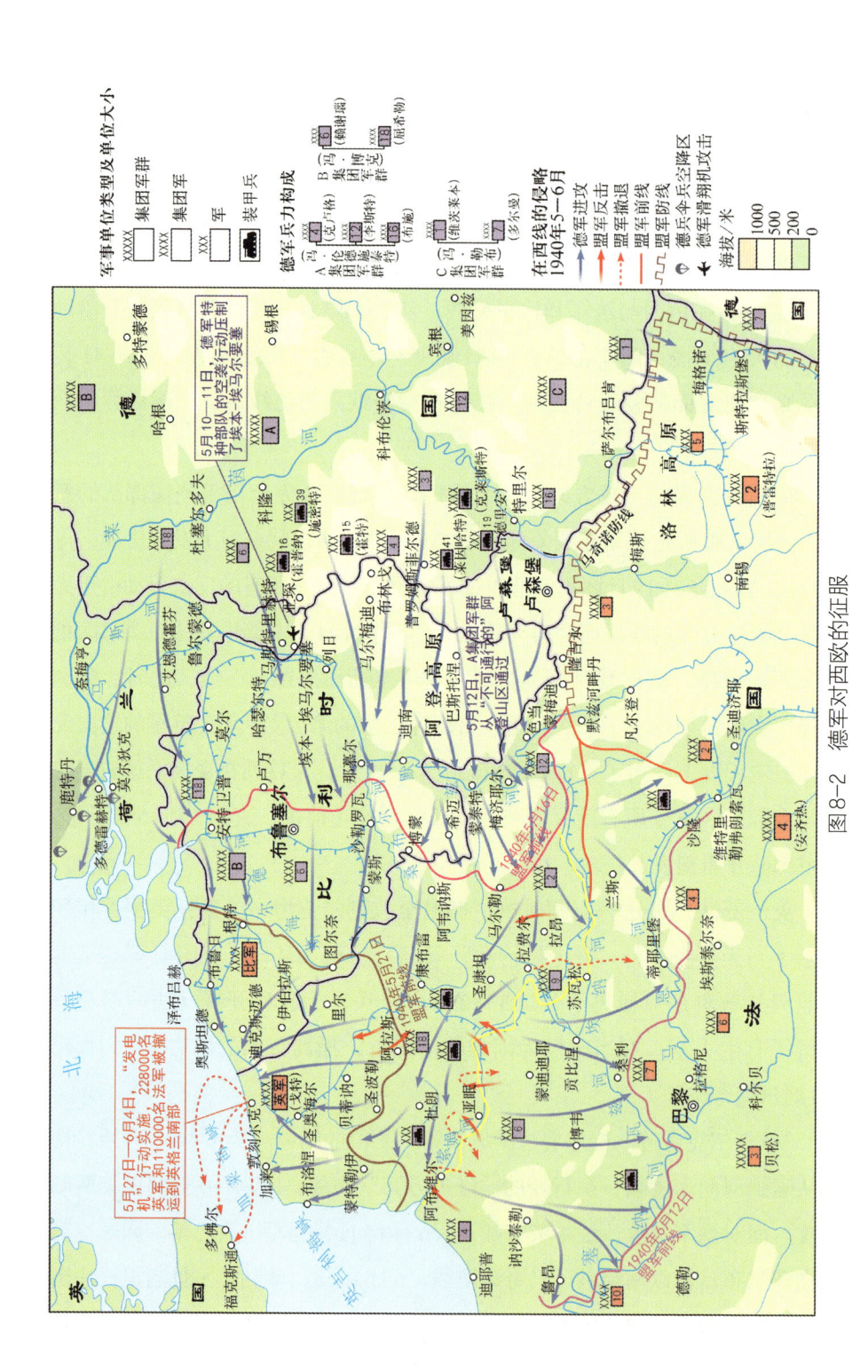

签署停战协定。

法国投降后，其领土被分为占领区和自由区。北方主要工业区和大西洋沿岸的领土由德军实施军事管制。7月10日，贝当在自由区的维希宣布成立"法兰西国"，即"维希法国"，与纳粹德国保持合作关系。此前在政府中担任国防部副部长的夏尔·戴高乐早已飞抵伦敦宣布成立流亡政府，即"自由法国"，号召法国人继续坚持抵抗轴心国。

五　不列颠战役

随着法国的沦陷，德国掌握了西欧的控制权，英国成了西欧唯一坚持对抗德国的国家。丘吉尔在1940年6月4日的演讲中承诺将战斗到底，绝不投降。希特勒对英国的态度感到震怒，表示要通过大规模武力来实现"强制的和平"。

7月16日，希特勒下令德军准备对英国实施登陆作战。他要求在8月中旬之前完成整个作战的准备工作，打垮英国空军，使其在德军横渡海峡时不再具备攻击能力，并开辟没有水雷的航道，创造能在英国顺利登陆的海上条件。7月31日，希特勒在与德国海军总司令埃里希·雷德尔讨论后，同意推迟登陆英国的作战，并决定让德国空军先发动一场打击英国经济潜力的战略空战，最终获得对英国的空中优势，进而逼迫英国求和。

8月1日，希特勒下令对英国本土发动猛烈的空中和海上打击，要求空军尽快打垮英国空军、摧毁其地面设施，同时打击英国的航空军备工业以及生活资料储备设施。8月13日开始，德军大规模空袭英国。截至8月23日，德国空军损失290架飞机，英国空军损失114架。整个8月，德军损失飞行员491名，英军则仅损失了164名。

英国在战前已经建立起一个包括指挥、控制、通信和情报在内的综合系统，使其能够很快应对德国的空袭。为改变劣势，戈林决定把进攻重点转为对伦敦实施日间轰炸。9月7日，德国空军组织了一支大型编队飞往伦敦实施大规模轰炸。这次空袭对伦敦造成了巨大破坏。不过，英国很快调整过来。9月15日，当德军再次发动空袭时，完成休整的英国空军实施了一次有效防御，迫使德国的轰炸机无法精确投弹匆匆返航。

希特勒认识到英国空军无法被轻易击败，遂于9月17日下令推迟执行"海狮计划"。此后德军的空袭不再以登陆英国为目标，而是对英国工业城市进行狂轰滥炸，以此制造进攻英国的假象，同时为进攻苏联做掩护。

德国入侵苏联后，对英国的战略空袭也逐渐停止。英国基本上取得了不列颠战役的胜利，彻底消除了德军实施登陆作战的可能性，保持了英国继续抵抗法西斯国家的力量与士气。

第二节
德国入侵苏联

1941年6月22日，德国撕毁《苏德互不侵犯条约》，突袭苏联，苏联卫国战争爆发。苏德战争是第二次世界大战中规模最大、战况最激烈、伤亡最惨重的一场战争。英勇的苏联军民奋起抵抗，成为击败德国法西斯的主力。

一 "巴巴罗萨计划"

入侵苏联一直是纳粹德国的既定目标。希特勒在其著作《我的奋斗》中已经明确，德国未来就是要摧毁苏维埃国家。希特勒上台后，便宣称要通过武力来扩大对德国至关重要的"生存空间"，而这个目标直指苏联。1937年，这一凭借武力向东方扩张以换取德意志人"生存空间"的具体侵略方案被《霍斯巴赫备忘录》确定。1939年11月23日，希特勒明确向德军将领们表示，次年春天，陆军将在东方发起大规模行动，对苏开战。

在经历了敦刻尔克的失策与"海狮计划"受挫后，希特勒决定转向进攻苏联。1940年7月31日，他在军事会议上表示，英国只能寄希望于美国和苏联，鉴于美日势必产生对抗，德国必须消灭苏联以破除英国的最后希望。在此之前，希特勒就已授命陆军总司令冯·勃劳希契拟订进攻苏联的详细计划。他乐观地认为，英国已经元气大伤，根本无力介入其中，因此决定加速对苏开战步伐。

1940年9月，进攻苏联的计划转由副总参谋长保卢斯（Friedrich Paulus）具体设计。12月18日，希特勒批准了该计划，并以神圣罗马帝国皇帝弗里德里希一世的绰号"巴巴罗萨"（Barbarossa，意为"红胡子"）予以命名，即"巴巴罗萨计划"。依托"闪电战"进行战争冒险，迅速击败苏联是该计划的重中之重。

依据"巴巴罗萨计划"的具体部署，德军将以三个集团军群分北、中、南三个方向入侵苏联：北方集团军群从东普鲁士出发，穿过波罗的海沿海地区，进攻列宁格勒，取得对整个波罗的海的控制权，确保瑞典的铁矿石能源源不断地供应德国。中央集团军群从华沙出发，沿公路进攻明斯克和斯摩棱斯克等关键城市，直指苏联首都莫斯科。南方集团军群以第聂伯河地区及基辅为进攻方向，旨在占领乌克兰的工农业生产基地，占据黑海港口作为补给中枢，并进占高加索的巴库油田。

与此同时，德国还制订了对苏联进行经济掠夺的计划。这个计划的核心内容包括掠夺粮食、工业设备和矿产，同时制造饥荒以使苏联平民大量饿亡。军事侵略与经济掠夺实际上共同构成了希特勒向东侵略扩张、拓展"生存空间"的一体两面。[1]

"巴巴罗萨计划"的发动时间起初被定在1941年5月15日。但此时意大利在非洲与巴尔干地区的军事作战失利影响了德国的既定计划。从1940年6月起，意大利参战并在非洲发起攻势，意图夺取英法殖民地，实现墨索里尼"复兴罗马"的野心，建立环地中海强权。1941年1月，英军先后在东非、北非发动反攻，接连取胜。为了维持轴心国阵营的士气，希特勒命令隆美尔率领"德意志非洲军团"（Deutsches Afrikakorps）参战，将德国作战力量与资源分散到了非洲。

---

[1] H. R. Trevor-Roper, ed., *Hitler's War Directives 1939–1945*, London: Sidgwick and Jackson, 1964, pp.48–52.

巴尔干地区的局势也同样十分复杂。1939年4月7日，意大利法西斯悍然入侵阿尔巴尼亚，随后以阿尔巴尼亚为跳板，策划了对巴尔干地区的进一步侵略。1940年10月下旬，墨索里尼在未知会希特勒的情况下决定从阿尔巴尼亚入侵希腊。此举遭到希腊军民的顽强抵抗，20万意军被打得节节败退，一度不得不退回阿尔巴尼亚境内，依靠全面动员才勉强维持住了战线。

在德国入侵苏联前，匈牙利、罗马尼亚、斯洛伐克、保加利亚等国相继加入了《德意日三国同盟条约》，成为法西斯的仆从国，可是轴心国却未能成功拉拢南斯拉夫。1941年3月，德国通过外交手段说服南斯拉夫政府加入《德意日三国同盟条约》，但两天后该政府就被南斯拉夫军官集团推翻。南斯拉夫国王彼得二世即位，以杜尚·西莫维奇（Dušan Simović）为首的新政府宣布保持中立。

鉴于南斯拉夫形势的骤然变化与意大利入侵希腊受挫，纳粹德国决定发动巴尔干战役。1941年4月6日，德军同时进攻南斯拉夫和希腊。17日，南斯拉夫投降。23日，希腊投降。不过，希腊国王乔治二世流亡克里特岛，继续与岛上的希腊和英国守军一起坚持抵抗。希特勒于4月25日下令入侵克里特岛。德军最终以损失大量精锐伞兵为代价，于6月2日占领克里特岛，彻底结束了在希腊的战事。

德国法西斯发动非洲战役和巴尔干战役，导致原定的"巴巴罗萨计划"被迫推迟3个月，打乱了德国侵苏的时间表，成为德军未能在冬季到来之前结束侵苏战争计划的重要原因，从而深刻影响了第二次世界大战的进程。

1941年6月22日清晨，希特勒终于实施了谋划已久的"巴巴罗萨计划"。轴心国集团近350万名士兵，在2700多架战斗机、3600余辆坦克、7000多门火炮的掩护下，在波罗的海至喀尔巴阡山脉长达1500千米的漫长战线上向苏联发起全面突袭。德国1000余架轰炸机首先对苏联的工业城市、交通枢纽、机场、军工设施等重要目标进行狂轰滥炸。仅在开战首日，德国便摧毁了超过1200架苏联飞机，而第一周内苏联飞机损失的数量超过了4000架。战争爆发三周后，德军俘虏苏联士兵60多万名，缴获或摧毁苏军3000多门火炮与6000多辆坦克。

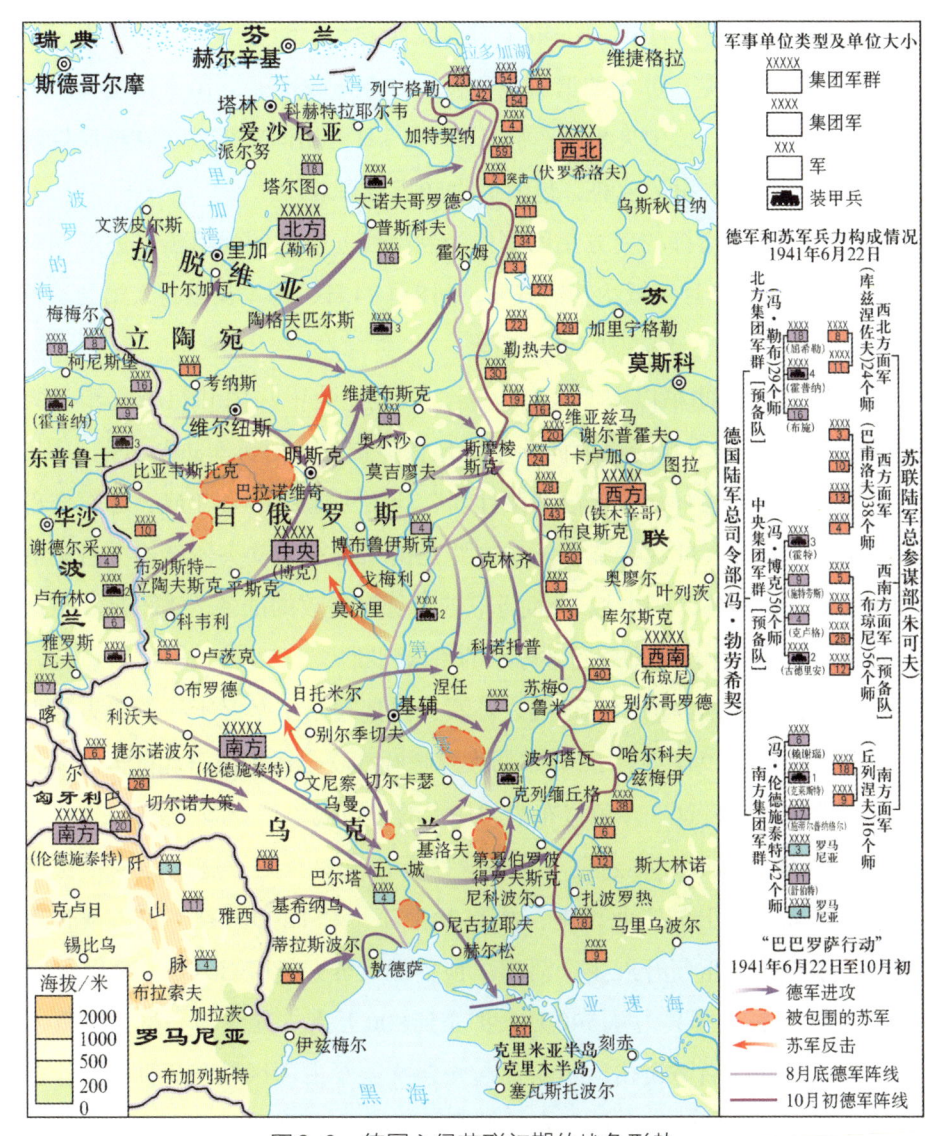

图8-3 德国入侵苏联初期的战争形势

里特尔·冯·勒布指挥德军北方集团军群在两周内便将北线的苏军击退400—450千米，拿下整个波罗的海沿岸地区，直指列宁格勒。苏军24个师被彻底击溃，20个师损失了60%的人员和装备。

博克指挥的中央集团军群在战争初期是入侵苏联的主力，相较于苏军拥有绝对优势。其下辖古德里安和霍特两个装甲集群，分南北两路对苏军发起钳形攻势，在6月28日完成了对苏联西方面军的合围，同时攻占了白俄罗斯首府明斯克，苏军败退350千米，30个师被歼灭，70个师损失50%以上人员。随后，德中央集团军群又于7月3日开始向东进攻，在斯摩棱斯克地区展开第二次钳形攻势，包围了约50万苏军。

伦德施泰特指挥的南方集团军群受到南线苏军的顽强阻击，进展相对缓慢，但依然于7月底抵达基辅城郊。到8月24日，德军长驱直入第聂伯河河口，突入苏联国土纵深达500多千米。

总体上看，德军以空军发起突袭，以坦克装甲兵团和机械化步兵为先导，以每天50千米的速度向苏联腹地快速推进，对苏军进行分割包围，使其蒙受巨大损失：从"巴巴罗萨计划"开始实施到1941年底，苏军伤亡300万人，损失大量武器装备。这主要是由于德军发动突然袭击并且集中利用装甲部队实施"闪电战"，而苏联应对德军进攻的准备严重不足。在这一背景下，德军作出了即将打败苏联的错误判断。

面对德国法西斯的猖狂进攻，苏联人民展现出了坚忍不拔的毅力与永不屈服的精神。1941年7月3日，斯大林呼吁苏联全体军民奋起抗击德国法西斯的侵略，并将这一斗争宣布为"伟大的卫国战争"。苏联迅速成立红军最高统帅部和国防委员会应对战局，并转移重要军工设施。苏联很快转移德军进攻方向上的工业设施，约1500家工厂和1200万技术工人被转移到乌拉尔山地区重新开展生产活动。预备役人员大量应召入伍充实苏军力量，1941年底苏军兵力从500万人扩充到800万人。前线苏军虽身陷重围依然顽强战斗，后方游击队也组建起来袭扰德军占领区域与后勤补给。在斯摩棱斯克，苏联组织防御抗击，并在7月23日至25日发起反击，在一定程度上延缓了德军进攻莫斯科的步伐。

"巴巴罗萨计划"至此暴露出三个缺陷：首先，三个进攻方向分散了德军兵力，使得进攻缺乏战略焦点，兵力薄弱的南方集团军群进展相对缓慢；其次，德军在苏联广大纵深国土内强行军，与苏军和游击队到处交火，官兵疲于奔命，士气开始下降；最后，随着德军的高速推进，通信与补给线不断拉长，致使信息传递和后勤补给日显薄弱。

到1941年7月底，德军的伤亡总数达20多万人，推进速度也随苏军抵抗的加强而明显下降。7月30日，希特勒被迫命令主力部队停止进攻，等待物资补给与兵员恢复。至此，德国法西斯妄图凭借"巴巴罗萨计划"一举战胜苏联的计划已经破产。如何调整进攻计划，设定下一步的进攻目标，成为德军休整之际最高统帅部与陆军总司令部之间的争论焦点。

二 "台风行动"

在制订"巴巴罗萨计划"过程中，希特勒与陆军总参谋长哈尔德在战略目标的问题上存在矛盾。哈尔德主张优先进攻莫斯科，而希特勒则强调占领列宁格勒，抢占乌克兰的农业资源、顿涅茨矿区的矿产与高加索的石油。希特勒于1941年7月23日下令，要求德军于8月25日推进到列宁格勒—莫斯科—克里米亚一线，10月初抵达伏尔加河，11月初抵达巴统和巴库。起初，在德军不断突破获胜的情况下，这些目标可以兼顾。但随着德军推进势头衰减，选择重点进攻方向便成为当务之急。

陆军总司令部以及许多高级将领均主张优先进攻莫斯科，希望一举击溃苏军主力并占领苏联的首都，在实现军事胜利的同时打击苏联军民的抵抗意志，摧毁苏联的政治中心与交通中枢，促成苏联的崩溃。与此相反，以希特勒为首的最高统帅部强调哈尔科夫工业区的重要性，主张将中央集团军群的兵力和物资调拨给南方集团军群，并且暂停对莫斯科的攻势，朝南北两个方向分兵。向南与南方集团军群合围基辅，夺取乌克兰的工农业资源，进一步占领高加索油田，获得战争急需的燃料。向北则与北方集团军群配合围攻列宁格勒，削弱苏联的抵抗意志与工业生产能力。希特勒强调，南北集团军群是中央集团军群的侧翼安全所在，尤其是较为薄弱南方集团军群，极易成为中央集团军群突进莫斯科时的软肋；不加强两翼，中央集团军群的主攻方向也难以确保安全。于是，围绕如何继续执行"巴巴罗萨计划"的争论，发展成为陆军总司令部与最高统帅部之间在军队指挥权上的斗争。

1941年8月28日，德国北方集团军群攻占了波罗的海的重要港口塔林，在中央集团军群霍特第3装甲集群的北上支援下，进逼列宁格勒。在德军狂轰滥炸与重兵围攻下，列宁格勒于9月8日沦为孤城。深陷围城的苏联军民在物质条件极度匮乏的情况下始终坚守列宁格勒，避免让该城落入德军手中。

9月10日，南方集团军群所辖克莱斯特第1装甲集群强渡第聂伯河，与南下的中央集团军群第2装甲集群合围基辅周边的苏军70余万人。为保住基辅这一控制乌克兰地区的战略要地，斯大林将主张撤退的苏军总参谋长朱可夫、西南方向总司令布琼尼免职，任命铁木辛哥继续指挥。尽管如此，德军仍在绝对优势的火力下于9月19日攻陷基辅，66.5万苏军官兵被俘。德军取得自"巴巴罗萨计划"执行以来的最大军事胜利。

在此情况下，纳粹德国高层将7月底德军停滞不前的困局抛诸脑后，再次产生了"速胜"的幻想。事实上，围绕对苏作战决策的两派都寄希望于迅速击败苏联。德军在基辅的大胜使希特勒认定自己在乌克兰、高加索的战略目标已唾手可得。于是，他开始同意在莫斯科方向发起决战，以期取得最终胜利。

1941年9月6日，希特勒命令德军应准备在中央集团军群方向上发动决战，并要求集中使用侧翼不需要的和能及时前调的所有陆军和空军部队。9月19日，最高统帅部拟定"台风行动"，德军开始重新整编集结，转而以莫斯科为主攻方向。

依照"台风行动"的计划部署，重新集结装甲力量的中央集团军群于9月30日发动钳形攻势，在南北两大集团军群的协助下夺取布良斯克。10月3日攻陷重镇奥廖尔，6日在莫斯科以西的维亚兹马合围苏军西方面军及预备队方面军60余万人，德军先锋部队迅速朝莫斯科方向推进。希特勒由此宣称对手已被打败，德军进入莫斯科的最后障碍已被扫清。

然而，"台风行动"并未解决在执行"巴巴罗萨计划"时出现的难题。

第八章 法西斯发动全面战争

德军依托"闪电战"突破防线,分割包围歼灭敌军的做法,不能解决机械化部队强行军带来的人员疲惫、给养通信困难、侧翼后方缺乏保障等问题。更何况苏联并没有因为基辅的失败而放弃抵抗。尽管遭受了重大损失,但苏联军民依然坚守阵地,开展敌后游击作战,展现出顽强的抵抗意志。与此同时,苏联迅速破坏并转移资源的做法,使得希特勒企图通过占据苏联核心工业区和资源产地来支撑其继续侵略的计划无法得逞。仅在9月的基辅战役中,东线德军就损失了10余万兵力,且大量作战部队在没有休整补充的情况下又被驱使进军莫斯科。不仅如此,苏方坚壁清野过程中对交通设施的破坏、苏军士兵和游击队的伏击、推进中大量装备超负荷调运与人员缺乏纪律导致的交通堵塞、秋季连绵阴雨带来的泥沼,都无时无刻不在迟滞德军的进军速度、削弱着德军士兵的战斗意志。

1941年10月中旬,执行"台风行动"的德军才到达距莫斯科近100千米处。而1941年冬季来临较早,气温骤降,缺乏冬季作战装备的德军出现冬衣不足与机械化装备易出现低温故障等一系列问题。10月30日,中央集团军群司令博克表示,其部队难以全力追击敌军,必须原地休整,故无法完成11月底包围莫斯科的任务。11月6日,德国陆军总部就东线兵力评估称,步兵师战斗力平均下降65%,装甲师下降35%,摩托化步兵师下降60%,现有的136个师其实仅相当于83个师。[1]德军的物资装备与油料补给面临巨大缺口,连充当进攻先锋的古德里安也认为,军队急需休整。此时,德国的军工生产与兵员招募也很难跟上前线的消耗速度。从发动侵略到9月16日为止,德军已损失了近50万兵力。有些师级部队的伤亡率接近17%,古德里安指挥的第2装甲集群就阵亡了3.2万名战士。1941年,在东线战场有246架单引擎战斗机在执行战斗任务过程中损毁,至少有813架战斗机在执行非战斗任务中损毁,且每月都会损失14%的机组人员。而地面的情况更为糟糕,奥托·莫德尔的第3装甲师在入侵苏联时装备了差不

---

[1] Hans-Adolf Jacobsen, *Kriegstagebuch des Oberkommandos der Wehrmacht, Band I: 1941*, Frankfurt am Main: Bernard & Graefe Verlag für Wehrwesen, 1965, S.1074.

多200辆坦克,到9月中旬,还能作战的坦克仅剩余10辆。[①]"巴巴罗萨计划"消耗了纳粹德国的大量资源,这使得东线战场成为决定德国法西斯命运的主战场。

以上因素让德军难以在短期内取得对苏联的决定性胜利。事实上,早在1941年9月中旬德军攻占基辅前,戈培尔就在日记中表示,东线的战争不会如希特勒设想的那般速战速决,"闪电战"已让位于资源战,成了关系两国命运的"背水一战"。但对希特勒而言,能否迅速攻取莫斯科,关系到他对国内和轴心国阵营已做出的政治承诺。陆军总司令部的将领们也需要通过拿下莫斯科来证明己方军事方针的正确性,从而与最高统帅部争夺战场的实际指挥权。

德军针对莫斯科的战略决策也影响了世界反法西斯战争的其他战场。在"巴巴罗萨计划"初期胜利的刺激下,日本法西斯进一步扩大了发动侵略战争的野心。但当它发现德军深陷困境后,开始寻求新的扩张出路。1941年10月,认为对美英开战条件尚不成熟的近卫文麿内阁倒台,继任的东条英机内阁决心"南进"对美开战。苏联获得日本"北进"威胁解除的相应情报后,立即将部署在远东防范日本的军队作为预备队调回欧洲战场,加强对莫斯科的防御。至此,苏德之间的决策博弈与军事交锋让莫斯科成为全世界瞩目的焦点。

三 莫斯科保卫战

1941年10月17日,苏联西方面军和预备队方面军重新整编为新的西方面军,由朱可夫负责指挥。根据他的建议,在西北方向掩护莫斯科的西方面军右翼部队于同日改编为加里宁方面军,由科涅夫担任司令。与此同时,朱可夫着手在莫斯科周围建立新防线,并组建新的预备队,尽可能将有作战经验的将领派到莫斯科的各主要防守方向。

---

① [英]理查德·埃文斯:《历史与记忆中的第三帝国》,梁本彬、孙匀译,中信出版社2018年版,第360页。

第八章 法西斯发动全面战争

于是，防御莫斯科的力量得以充实，普通市民也被充分动员，投入加强城市防御的工作。在3天之内，莫斯科组织了25个工人营、12个民兵师和169个巷战小组。10月到11月间，数十万人被发动起来，不分昼夜地修筑绕城防御工事。工兵在城郊和交通要道铺设大片雷场，以迟滞德军的进攻。处于防御状态的莫斯科军工企业全力生产，各街垒工事严密防守，万众一心严阵以待。

1941年11月7日，斯大林等苏联领导人毅然决定在处于危机中的莫斯科照常举行纪念十月革命胜利的庆典。斯大林发表了鼓舞人心的演讲，参加阅兵仪式的苏军部队在朱可夫的指挥下直接开赴城外参加战斗。这场盛大庆典向世界展现了苏维埃政权屹立不倒、苏联领导层坚持斗争、苏联军民团结抵抗的面貌，树立起苏联在这场世界反法西斯战争中的光辉形象。由此，之前对于苏联能否坚持抵抗的各种质疑与担忧被一扫而空。美国总统罗斯福在这天正式宣布苏联对于美国国防安全至关重要，愿意为苏联提供《租借法案》援助。在此之后，西方物资源源不断地输入苏联，世界人民的反法西斯统一战线得到了进一步巩固。

11月7日，德国陆军总参谋长哈尔德的军事观点获得了希特勒的首肯，即以重兵直取莫斯科来结束战争。尽管前线部队已处于疲态，各方面准备不足，德军高层依然下令强行发动攻势。

11月15日，在天气好转的情况下，德军开始实施"台风行动"的第二阶段行动，从三个方向进攻莫斯科。主攻的中央集团军群再次以装甲集群迅速发动钳形攻势，由第3和第4装甲集群向北，第2装甲集群向南，突破苏军防御线，直扑莫斯科。在莫斯科北部，第3装甲集群于12月初进抵距莫斯科西北郊仅30千米的亚赫罗马，第4装甲集群于11月29日至12月2日间攻占距克里姆林宫40千米的克留科沃克和距克里姆林宫20千米的克拉斯纳亚·波良纳。在莫斯科南部，古德里安的第2装甲集群11月中下旬切断重镇图拉与莫斯科之间的铁路和公路联系。

各路德军的推进速度不及预期，主要有以下原因：首先，冬季气温骤降导致路面结冰，机械化兵团与运输车辆运行困难，油耗增加，速度降低。

图 8-4 莫斯科保卫战

其次，由于德国陆军总司令部和最高统帅部此前均寄希望于在冬季来临前速战速决，因此御寒设备与冬季被服供给不足，步兵大量冻伤冻死，厌战情绪与日俱增。再次，苏军依托防御工事和新式武器进行阻击，有力打击了德军进攻部队。由于背靠工业中心与交通枢纽，苏军能够更快获得兵员物资补给，喀秋莎火箭炮等武器装备被大量投入战场，极大地改变了前线战局。最后，苏联军民团结一致投入保卫祖国首都的战斗，前线苏军在民众支持下极力阻击，在士气上压倒了强弩之末的德军。

在此情况下，德军北、中、南三条战线上发起的攻势到12月初已陷入停滞。装甲集群最远推进到距莫斯科城中部35千米处，尚无法对这座苏联首要战略都市形成有效包围。

11月底至12月初，苏联领导层判断德军攻势已无后继之力，朱可夫指挥苏军开始在防御中央集团军群攻击的同时发起一系列反攻。苏军率先摧毁了德军的桥头堡亚赫罗马，并于12月1日以装甲部队攻取克拉斯纳亚·波良纳和克留科沃克，解除了北路德军对莫斯科的直接威胁。5日，科涅夫指挥的加里宁方面军越过伏尔加河发起进攻。6日，朱可夫的西方面军从正面发起反击。7—9日，铁木辛哥的西南方面军也加入攻势。反攻在约600千米长的战线上展开，从12月9日至20日，苏军解放了一系列被德军占领的苏联城市。

至此，德军攻势被全面瓦解，不仅无法形成对莫斯科的威胁，而且还在苏军的打击下被迫大规模撤退。12月8日，希特勒借口东线严冬降临造成补给困难，命令德军停止进攻转入防御。12月18日、26日，希特勒两度向溃退的中央集团军群下达"坚守令"，严令德军不得大规模撤退。

苏军加大了反攻力度。西方面军于12月30日攻占卡卢加，到1942年1月初切断莫斯科—布良斯克铁路，追击撤退中的德军。铁木辛哥的西南方面军击败魏克斯的第2集团军，迫使其放弃叶夫列莫夫、叶列茨、利夫内，后撤200千米。加里宁方面军进逼勒热夫，距维亚兹马不足100千米。1942年1月10日，苏军再次发动大规模反攻，在从波罗的海到黑海的战线上向西推进80—250千米。不过，随着后撤的德军开始围绕城镇和交通枢纽构筑坚固防线，加之2月从西欧调运的增援德军抵达，弹药消耗过大、战线过长的苏军进攻部队不得不收缩兵力转入战略防御。至此，莫斯科保卫战以苏军取得胜利而告终。

莫斯科保卫战的胜利使得世界各国普遍认识到苏联在反法西斯战争中的重要性，极大提升了苏联的国际地位与影响力。莫斯科保卫战是第二次世界大战的重要转折点，推动了世界反法西斯同盟的形成。在莫斯科保卫战中，德军伤亡50多万人，损失大量技术装备，被迫从莫斯科后退150—300千米，所谓"不可战胜"的神话自此被打破，"速战速决"灭亡苏联的计划彻底破产。苏联是欧洲大陆上唯一顶住了德国"闪电战"的国家，在此后三年时间里独力承担着与德国陆军主力作战的任务，成为欧洲反法西斯战争的中流砥柱。伴随苏军发起的有力反击，自"巴巴罗萨计划"启动以来德军保持进攻的战略态势被打断。纳粹德国不得不长期维持两线作战，由于无力持续补充人口资源，以及工业产能、战争潜力等方面的消耗，加速了纳粹德国的败亡步伐。

莫斯科保卫战结束后，希特勒对德军的指挥系统进行了"清洗"。陆军总司令勃劳希契"因病"卸任，包括三大集团军群司令（伦德施泰特、博克、勒布），两位装甲集群司令（霍普纳、古德里安）在内的一批重要军事将领被解职，负责执行"巴巴罗萨计划"的主将几乎被一扫而空。12月19日，希特勒宣布自己取代勃劳希契担任陆军总司令一职。至此，陆军总司令部在政治角力中彻底落败，希特勒完全掌握了德国的军事指挥权。为了再次发动对苏联的进攻，希特勒威逼德国国内和法西斯仆从国提供更多兵员物资，从而加剧了国内危机与国际矛盾。

莫斯科保卫战的胜利将德国拖入"持久战"。希特勒彻底抛弃了陆军总司令部设定的目标，转而将进攻方向集中于他所重视的北部列宁格勒与南部乌克兰、高加索地区。由此，1942年德军攻势的重中之重，逐渐聚焦于扼守苏联南方重要经济产区的交通枢纽、工业中心与战略都市——斯大林格勒。

第三节
德意扩大对非洲的侵略

在1939年9月德国入侵波兰时,意大利军队实际上已因之前的多次军事行动而陷于疲惫。正因如此,墨索里尼并没有与希特勒一道发动军事侵略行动。直到1940年6月,当纳粹德国征服西欧,法国投降之际,意大利正式对英法宣战。为了不被纳粹德国裹挟,也为宣示法西斯意大利"复兴罗马"建立环地中海霸权的历史使命,墨索里尼将侵略矛头指向了地中海的另一端——非洲。第二次世界大战就此开辟了新的战场。

一 意大利在非洲的侵略

1940年6月10日,法国政府宣布巴黎不设防并南逃波尔多,墨索里尼于是决定搭上纳粹德国侵略西欧的"顺风车",趁法国落败之机发起一场独立于德国侵略扩张之外,由意大利主导的自成一体的"平行战争"(Parallel War)。这场战争一方面要利用德国的军事胜利拓展意大利的势力范围,与正高歌猛进的德军争夺欧洲地盘;另一方面又需要能够取得快速进展,跟上纳粹德国的侵略步伐,不致在希特勒面前失去平起平坐的话语权。

当时,正逢法国政权崩溃、英国经历惨败之际,意大利只要打破英法在地中海的霸权,收复法国占领的科西嘉、尼斯,夺取英法控制下的突尼斯、直布罗陀、塞浦路斯和埃及等战略要地,便能够自由出入大西洋、印度洋,形成一个独立的强权帝国。基于此,墨索里尼决定以意大利殖民地为跳板,在地中海方向上发起对东非和北非的战争。

1940年7月,意大利从厄立特里亚、埃塞俄比亚,对驻防苏丹、肯尼亚的英军发起进攻,接连占领了卡萨拉、加拉巴特、莫亚累等边境据点。8月,意大利驻埃塞俄比亚总督兼意军地区指挥官奥斯塔公爵(Duca d'Aosta)出兵入侵亚丁湾沿岸的英属索马里兰,在战略要地图格·阿甘隘口击败英属殖民地军队,而后迅速占领索马里北方最大港口城市柏培拉,迫使英军撤退。两周内，意大利攻占英属索马里兰，将其并入意属东非。与此同时，意大利空军还从罗德岛起飞，轰炸英属殖民地的炼油厂与供给设施，以图切断英国海军的海外油料补给线，限制其活动范围，夺取制海权。

1940年9月，意军在格拉齐亚尼（Rodolfo Graziani）指挥下从利比亚向埃及发动攻势，推进约100千米至西迪·巴拉尼后，开始构筑防御阵地就地据守。北非意军之所以在进攻中持谨慎保守态度，是多方面原因造成的。首先，墨索里尼一再表示，意大利要到1943年才能做好参战准备，以致意军领导层普遍对大规模作战缺乏准备。其次，在非洲作战需要大量机械化载具，以支持部队在撒哈拉沙漠和埃及西部沙漠的恶劣自然条件下快速机动，但意大利的工业产能远不能提供足够的机械化装备与充沛的后勤供给。最后，北非作战区域集中在距离海岸100千米内的地区，需要大量油料物资，海上运输支援至关重要。但当时尚在全球各地航行的意大利商船来不及回撤，其中三分之一在海外被盟国扣押，海上运力受损极大。

在欠缺战略规划与战前准备、缺乏必要装备补给以及海上支持的情况下，意军没有冒险发起长途奔袭对英军施加猛烈打击，而是采取步步推进的方式以确保战线安全。正是这一保守策略，让正在撤退的英军有了可乘之机。重新集结的英国部队在韦维尔（Archibald Wavell）的指挥下准备发起反击。

二 英国在非洲的反攻

1940年10月，意军进攻希腊，"平行战争"增添了一条巴尔干战线。墨索里尼一再向巴尔干调拨兵力，导致非洲战线上的意军兵员物资愈加捉襟见肘。英军抓住这一机会，迅速组织反击。

11月11日，英国海军以航母编队奇袭意大利海军基地塔兰托。这是航空母舰与舰载机问世以来首次被运用于对港内驻泊舰艇的大规模突袭。英军仅出动21架"剑鱼"鱼雷攻击机，便在短短65分钟的两波空袭里，以损失2架飞机的代价，用鱼雷、炸弹击毁与击伤意大利海军战列舰3艘，破坏了港内储油、船厂等重要设施。之后，意军又在1941年3月的马塔潘角（Cape Matapan）海战中再次蒙受重创，从此极力避免主力舰出港作战。英国地中海舰队夺回了制海权。

1940年12月9日，英国陆军在空军和海军舰炮掩护下，开启"指南针行动"（Operation Compass）。英军最初计划目标是击退盘踞西迪·巴拉尼的北非意军，解除它对埃及的威胁。但随着意军溃散，这场反击演变成英军深入意属利比亚的追击行动。1941年1月6日、22日，英军长驱直入夺取了利比亚境内的巴迪亚港、托卜鲁克。2月初，当这轮攻势结束时，英军已经通过2月5日至7日的贝达富姆战役，击溃意大利主力第10集团军，占领昔兰尼加地区和班加西。13万名意军士兵被俘，意属北非领地丧失大半，首府的黎波里已唾手可得。

在东非，从柏培拉撤出的英军部队在肯尼亚得到了补充和加强。英军中东司令部将来自英国本土、印度、南非、罗德西亚、比属刚果乃至"自由法国"等的兵员整合成约7.5万人的部队。1941年2月，在坎宁安的指挥下，英军从南方的肯尼亚与北方的苏丹两路出击，在空中掩护与地面机动车机械化运输的支持下，并在苏丹与埃塞俄比亚当地游击队配合下，迅速突破意军防线，夺取基斯马尤港，跨过朱巴河，于2月25日攻占意属索马里兰首府、港口城市摩加迪沙。之后，英军转攻北部的厄立特里亚与埃塞俄比亚南部内陆：在厄立特里亚方向上，英军于3月27日攻克东非防御重镇克伦要塞，4月1日占领厄立特里亚首府阿斯马拉，4月8日攻占意大利海军港口马萨瓦；在埃塞俄比亚，英军于4月6日攻占首都亚的斯亚贝巴。5月，埃塞俄比亚迎回塞拉西一世，恢复帝位。5月19日，意大利奥斯塔公爵签署投降书，东非意军被俘人数达23万人。幅员广阔的意属东非在不到一年时间里便土崩瓦解。

意军在非洲的快速崩溃反映出其在军事上的一系列问题。首先，意军虽然在战场上拥有人数优势，但仍固守第一次世界大战的"堑壕战"思想，注重大兵团据守静态防御工事，对于英军靠机动载具的远距离迂回与高速突击缺乏应对，因而一再被英军切断补给和通信，导致大量部队因得不到支援、弹药物资耗尽而投降。其次，意大利薄弱的工业生产能力，使意军在非洲战场上优先考虑武器装备的数量而非质量，由此造成陆军使用的坦克载重较轻、装甲薄弱、火力不足，难以与英军装甲更厚的玛蒂尔达步兵坦克等主战装备相抗衡；空军为追求飞机产量，设计与性能普遍落后，无法在突袭后继续维持空中优势；海军更是把发展重点放在传统的战列舰上，不重视海军航空兵、舰队防空、空中侦察、舰载雷达、通信火控等军事科技研发应用，以致意军在两次关键海战中败北，将制海权拱手相让。最后，墨索里尼在巴尔干地区鲁莽开辟新战线，为抽调兵员支援前线不断调整兵力配置，以致军队无所适从，影响了非洲方向的防御战备。

英国在北非和东非的反攻，打击了意大利在非洲扩张的野心，破坏了纳粹德国的侵略部署。意大利此前获取的非洲殖民地自此丢失大半，墨索里尼与"国家法西斯党"的威信一落千丈。意军无力独自应对英军攻势，不得不寻求纳粹德国的支持，就此沦为希特勒侵略扩张的附庸。意大利在北非、东非的失败，使纳粹德国不得不推迟入侵苏联的计划，将兵力资源分散投入到与本国关键战略利益无关的非洲战场，被迫与掌握地中海制海权的英国进行长期的海上博弈。

此外，英军在非洲的反击不仅解除了意大利对埃及和地中海的威胁，还迫使意大利退出东非，保证了红海航道的安全。1941年4月11日，美国总统罗斯福宣布红海不再属于交战区域，大量美国租借物资得以通过红海、苏伊士运河进入英国控制的埃及，为英国在非洲战场的反攻提供源源不断的物资补给。

三　德意非洲军团的攻势

由于意大利对非洲的侵略全面受挫，希特勒就此要求墨索里尼放弃"平行战争"，允许德军介入地中海战事，挽回轴心国在非洲的战局。希特勒还担心，一旦英军突破意属北非兵临突尼斯，将使"维希法国"控制的大部分法属北非殖民地重引战火，从而殃及纳粹德国的势力范围。

1941年1月11日，希特勒命令在地中海作战的德军向意军提供"援助"。德军开始在地中海设置空军基地，帮助意大利轰炸马耳他岛，并向的黎波里派出地面部队以支撑北非战线。2月12日，隆美尔抵达的黎波里。与此同时，韦维尔奉丘吉尔之命开赴希腊。战争局势就此发生了改变。非洲成为德意非洲军团和英军一决高下的战场。

此时，处于反击阶段的英军已向西推进了1500多千米，已无力奔袭距其800千米外的的黎波里。主将与兵员装备也应由丘吉尔调遣派往希腊，以便在欧洲保留英国的武装力量，开辟新的战场。但在1941年4月德军入侵希腊并占领克里特岛后，驻防希腊的英军不得不大规模撤退，演变为英国在欧陆的又一次大败。

在希腊的英军以损失大量装备为代价撤出有生力量后，双方交锋焦点再次回到北非。对于英国而言，出兵希腊以及由此带来的战败撤退，使得北非英军面临人员休整轮换与装备不足等问题。这支刚刚补充过新兵的部队，远非之前席卷意军的沙漠劲旅，其战线也远离有大量物资输入的埃及港口，后勤补给明显由于运输距离的增加而受到削弱。

隆美尔受命指挥的德意志非洲军团仅由两个装甲师组成，该部队负责支援意大利协防的黎波里，弥补意军在装甲力量方面的不足。德国陆军总司令勃劳希契告知隆美尔，德军并无在非洲进行决定性打击的计划，也拒绝给予他更多援兵。1941年3月11日，在仅有的两个德国师都未全部到位的情况下，隆美尔仍凭借刚刚抵达的第5轻装师第5坦克团的120辆坦克向英军发起进攻。3月24日便占领阿盖海拉，并在发现英军力量薄弱后发起又一轮攻势，迫使英军于4月3日撤出班加西。隆美尔由此反客为主，成为北非战场德意军队的真正统帅。

隆美尔不顾高层防御指令，无视后勤限制，在的黎波里城外的突袭作战出乎英军意料，使得昔兰尼加地区迅速被德军攻克。4月11日，托卜鲁克被德意军队包围，到15日，英军已被驱逐到埃及边境的塞卢姆（Salum）地区，英军司令部人员大量被俘。至此，利比亚全境除托卜鲁克仍有英军坚守外，悉数被非洲军团占领。

随着德意军队推进到距出发点的黎波里1600千米处，其人员与物资补给也达到了极限，而且尚未陷落的托卜鲁克港背靠大海，英军能借助海上补给线长期坚守。德军于4月11日、30日发起的两次进攻均无功而返。当然，英军也没有占到便宜。5月中旬、6月中旬，韦维尔指挥英军发起了代号为"简短行动"（Operation Brevity）与"战斧行动"（Operation Battleaxe）的两次反击，旨在击退隆美尔，重回托卜鲁克，但均遭失利。

隆美尔在这一阶段取得成功主要有三方面因素。首先，非洲军团虽然兵力有限，但由于德意两国高层此时均重视地中海战场，因此隆美尔获得了占据优势的空中支援，能够压制妨碍轴心国海上补给的马耳他岛，不断补充装备物资。其次，隆美尔的进攻发起点是港口城市的黎波里，后勤补给相对便捷，而英军正好经历希腊战场的兵力抽调与部队轮换，阵地远离后方难以坚持。最后，隆美尔充分运用了手中有限的技术装备性能优势，通过灵活的兵力调遣与火力配置给英军造成了巨大压力。非洲军团装备的三号、四号坦克拥有较厚的装甲和较大口径的火炮，能够与英军当时装备的坦克相抗衡，从而改变了之前英军对意军的装甲优势。为弥补坦克数量上的不足，隆美尔将坦克集中运用，压制分散在步兵部队中的英军坦克。此外，他还在防御战中将88毫米高射炮、50毫米反坦克炮配置在战场上阻击英军坦克冲击，以大量伪装的"坦克"来欺骗英军，夸大自己的实力，伪造进攻方向以调动敌军兵力。

然而，随着更高层面的战略态势变化，隆美尔所面临的局势发生了转变。6月22日，苏德战场战火燃起，纳粹德国的战略重心转向东线，隆美尔不再享有空中支援、兵员物资的优先权。不仅如此，当意大利保住利比亚的立足之地后，墨索里尼也不愿看到更多的德国部队被投入非洲战场，从而危及意大利在非洲的殖民统治。因此，即便隆美尔在北非取得极大进展，德意两国都不再投入更多资源，甚至未对其之前的战损做出有效补充。为扩充兵力，隆美尔只能通过拼凑步兵和炮兵部队编成一个非摩托化的"非洲师"。意军在原有的1个装甲师2个步兵师之外增加了3个小编制的步兵师。8月，隆美尔荣升所谓非洲"装甲兵集群司令"，但这些新编成的部队无一例外缺乏机械化机动工具，在沙漠作战中会拖慢行军速度，只能用作静态防御。在此之后，人员装备、弹药油料等的供给困难一直困扰着隆美尔及其非洲军团。

与此相反，英国将北非看成关乎英帝国生死存亡的关键战场，不断将大量装备物资投入埃及，以求战场上的突破。得到扩充的北非英军更名为第8集团军，由解放埃塞俄比亚的坎宁安担任总司令。英军获得了远超德意军队的空中力量支持，换装了新式高速装甲部队，加强了装甲力量，甚至连困守托卜鲁克城的守军都得到了轮换和补充。代替韦维尔担任北非英军统帅的，是英属印度陆军总司令奥金莱克。他发动"十字军行动"（Operation Crusader），再次对德意军队进行反攻。

1941年11月18日，"十字军行动"中的北非英军以二路装甲纵队推进。但英军分散使用装甲力量的做法让隆美尔有了可乘之机。11月23日，德军2个装甲师集中兵力突破英军战线，并于24日以所有机动兵力绕过边境深入第8集团军后方，意图建立对英军的战略包围圈。第8集团军司令坎宁安被免职，由奥金莱克的副参谋长尼尔·里奇接任。他在确保英军在边境地区坚持防御的同时，让进攻部队尽快推进与托卜鲁克守军会合。这使隆美尔的主力在坚固防线面前遇挫并腹背受敌。

非洲军团的装甲兵主力虽在23日突破防线，但其坦克也遭受大量损失，且无线电通信困难，燃料缺乏，攻势难以为继。相反，英军丰富的物资储备使其能够迅速弥补损失的坦克，恢复实力。鉴于英军攻势猛烈，加之墨索里尼告知1942年1月初之前无援兵抵达，隆美尔指挥德意军队从昔兰尼加逐步撤退。12月4日，他放弃对托卜鲁克的包围，11日退到加扎拉，24日放弃班加西，26日到艾季达比亚，12月底1月初回到攻势发起点阿盖海拉，退守的黎波里边境上的卜雷加港。隆美尔的撤退让埃及边境上的塞卢姆防线部队处于孤立境地，至1942年1月17日，各据点的德意军队尽数投降。

"十字军行动"并未真正扭转北非战局。一方面，英军在战术上依然存在问题，装甲兵缺乏集中使用，迂回作战也大多被隆美尔的机动防御所挫败，英军的战斗损失远高于对手。另一方面，非洲军团虽然放弃防线大规模后撤，但损失的人员多为意军和辅助人员，其核心兵力，尤其是装甲部队损失不大，一旦获得物资装备便可迅速恢复战斗力。日本偷袭珍珠港后，英国认为北非战场局势已经稳定，当即抽调兵力投入远东战场，海空军也开始转向太平洋作战。这再次给了隆美尔发起突袭的良机。

1942年1月5日，轴心国补给船队到达的黎波里，补充了隆美尔急需的坦克装甲车与反坦克炮等各类装备物资。与此同时，德国空军轰炸封锁马耳他岛，准备发起登陆战，盟军对德意地中海补给线的堵截战略再次受挫。此时，获得物资补给与空中支援的隆美尔再次违背高层的防御决策，决定实施反攻。1月21日，非洲军团的反攻开始。22日攻占艾季达比亚，25日突破英军防线推进到姆苏斯，29日占领班加西，获得了港内遗留的大量物资。至2月2日，除北非东部沿海的迈尔迈里卡地区以外的昔兰尼加重新落入轴心国军队手中，英军被迫退守加扎拉防线。在接到德意高层授意，并考虑后勤补给限制的情况下，隆美尔停止进攻。双方开始构筑防御阵地，相互对峙。

在此期间，周边战局的变化与物资积累情况决定了战场局势的走向。对于德意方面而言，当时的一系列奇袭产生了重要影响，如意大利海军蛙人以特种兵方式潜水作战，在亚历山大港炸沉英国战列舰两艘，德意空军持续轰炸地中海区域尤其是马耳他岛。这些举动确保了海上补给线，也使隆美尔获得了相应的资源补给。非洲军团拥有了2个德国装甲师、1个意大利装甲师和德意各1个摩托化师。这为之后的机动作战创造了条件。但希特勒判断西线盟军将在欧洲发起大规模登陆，因此要求在地中海沿岸的德军采取守势，严阵以待，东线则需要大量兵员补给以进行决定性会战。这使得隆美尔在作战决策、空中支援与物资补给方面再次承受压力，直至4月初，他才说服墨索里尼改变态度，支持其部队的推进。

与此相反，英国第8集团军获得补给的效率远高于隆美尔的非洲军团。该集团军辖有2个装甲师、4个摩托化师和4个独立的机械化旅，人员装备齐装满员，坦克装甲力量更胜于德意军队。从5月起，英军还开始获得美式M3格兰特坦克，其装甲厚度和75毫米主炮优于德军的三号、四号坦克。英国再次占据坦克性能的优势。

1942年5月21日，希特勒宣布暂停针对马耳他岛的登陆行动"赫拉克勒斯行动"（Unternehmen Herkules），并催促隆美尔夺取托卜鲁克。隆美尔的北非攻势得以继续，5月26日，非洲军团从正面佯攻英军加扎拉防线，机动兵团从南面包抄第8集团军。6月1日，隆美尔进攻"自由法国"第1旅驻防的比尔·哈凯姆，法军在柯尼希指挥下坚守了十天十夜，最终成功突围。此战使隆美尔速胜计划破产，"自由法国"军队赢得了盟国的认可。

6月5日，第8集团军对隆美尔发动反击，但遭遇失败，德军利用钳形攻势击溃英军。11日，隆美尔再次进攻；14日，英军放弃加扎拉防线；21日，隆美尔攻占托卜鲁克，英军则溃退至埃及。隆美尔的胜利推动了德意高层的战略转向，希特勒擢升他为陆军元帅，墨索里尼批准他进军埃及。隆美尔越过利埃边境，28日攻破马特鲁港，俘虏了大量英军。

然而，非洲军团未迎来终局胜利。由于希特勒和墨索里尼拒绝增援，搁置进攻马耳他的计划，使以该岛为基地的英国空军对隆美尔的运输线造成了严重的威胁，所以补给不足等问题一直困扰着隆美尔，迫使他放慢了进攻步伐。1942年6月25日，奥金莱克取代里奇指挥第8集团军。自7月起，盟国空军取得了空中优势，美军也将支援重点放在地中海地区，并于8月在开罗建立中东司令部。7月1日，第8集团军撤退至阿拉曼，开始构筑阵地。

第四节
日本发动太平洋战争

德军1940年在西欧取得的一系列军事胜利，使英、荷等国无暇东顾，日本趁机与德意缔结三国同盟，加速"南进"。1941年6月德军突袭苏联，进一步减轻了日本的北方压力。日本随即强迫"维希法国"签订协定，进驻法属印支南部，触发美国制裁禁运。1941年12月，日本偷袭美国太平洋舰队军港珍珠港，太平洋战争爆发，美、英、中对日宣战。至1942年上半年，日军已基本占领和控制东南亚，第二次世界大战规模达到顶峰。

一 发动"南进"攻势

1939年9月，德国突袭波兰。1940年5月，德军"闪电战"横扫西欧，荷兰、法国相继沦陷，英国也岌岌可危。三国在东南亚的殖民统治陷入危机。这极大地刺激了日本"南进"的野心。

此前，日本陆军长期鼓吹"北进"进攻苏联，海军则主张"南进"，扩张在东南亚的势力范围。陆、海军曾于1936年8月11日通过"国策基准"，初步达成"南北并进"的总体战略目标，但这并未真正弥合彼此的分歧。此时德军的军事胜利却带来了重大转机。在陆军看来，英国失败在即，德军不日即可登陆英伦三岛，称霸整个欧洲。日本可趁机与德意结盟，并南下夺取英、荷的东南亚殖民地。若美国干涉，则日本将不惜对美开战。1940年7月，日本陆军决议要求："渐次削弱英国的远东势力"，"将英国及英系势力从远东驱逐出去"。[①]但海相吉田善吾、首相米内光政担心与德意结盟将恶化日本与英美的关系，表示反对。不过，海军依然相信，德军全胜指日可待，日本联合德国，牵制美国，胁迫英、法、荷等国，会减轻"南进"的阻力。日本国内舆论迅速鼓吹"千万不要误了搭乘德国胜利快车"，推动陆、海军在扩张问题上走到一起。7月，陆相畑俊六辞职，米内内阁倒台。陆军支持近卫文麿组阁。9月，在陆、海军的压力下，海相吉田善吾被迫辞职。

在日本看来，德意日同盟的意义还在于拉苏联"入伙"，结成"日德意苏"四国集团。这一计划的主倡者是近卫内阁外相松冈洋右。他希望以此诱使苏联支持德意日三国同盟，合力对抗美英。当时，苏德已于1939年8月缔结互不侵犯条约，若日德结盟，则日本可以德国为媒介，实现日苏谅解。一旦事成，则日、德、意、苏四国将联合起来，有利于威慑美、英、法、荷等国。德国外交部长里宾特洛甫亦有此意。为此，德国遣使于1940年9月7日抵达东京，向松冈表示：德国乐于充当"诚实的掮客"，推动"实现日苏友好"。[②]日本遂迅速开展与德国的结盟谈判。1940年9月，德意

[①] 防衛庁防衛研修所戦史室：『大本營陸軍部大東亞戰爭開戰經緯』(1)，朝雲新聞社1973年，第337页。

[②] [美] 入江昭：《第二次世界大战在亚洲及太平洋的起源》，李响译，社会科学文献出版社2016年版，第139页。

第八章 法西斯发动全面战争

日缔结三国同盟条约，法西斯政治军事同盟正式建立。同月，日军南下进驻法属印支北部，迈出"南进"的第一步。

不过，此后欧洲战局的发展并未与日本设想的一致。在英国军民的顽强抵抗下，德军"海狮计划"破产，无力登陆英国，英德战争渐趋长期化。而日本与德意缔结三国同盟并强占法属印支北部的举动，亦让美国加紧实施对日制裁。实际上，1939年后德军取得的一系列军事胜利已引起美国的高度紧张，美国尤其担心德日两国联合发动扩张，故美国认为，必须对日本的扩张行动加以遏制。1939年7月，为抗议日本封锁天津英租界，美国废除《日美通商航海条约》。1940年9月，美国对日本实施废钢铁禁运。但这并未阻止日本扩张的步伐。1941年春，松冈出访德苏，斡旋四国联合事宜，4月日本与苏联签订《日苏中立条约》。在日本看来，日、德、意、苏四国同盟呼之欲出。同时，日美两国也开展外交谈判。美国国务卿赫尔强烈要求，日本不得以非和平手段改变太平洋地区现状。但日本外相松冈却强调，日本不能抛弃三国同盟条约，且不能承诺放弃武力"南进"，还要求美国承认日本对中国关内的侵略与非法炮制的汪伪政权。双方各执一词，谈判陷入僵局。

1941年6月22日，德军突然入侵苏联，这使日本高层感到极大震动。外相松冈洋右和参谋本部作战部长田中新一认为，德军攻势将迫使苏联抽调远东兵力驰援欧洲，日本可乘虚而入北上进攻苏联。但陆军军务局长武藤章表示，苏德战局形势未知，日本需静观其变，再做决策。海军亦不希望因对苏开战而使"南进"的实施受到影响。在此背景下，御前会议7月2日决议："（帝国）推进向南方发展的步伐，同时伴随形势推移解决北方问题。"[1] 其意图是相机而动，实施"南北并进"。7月7日，日本军部调集约70万兵力于中国东北，展开"关东军特别大演习"，意在为进攻苏联做准备。但随后德军对苏进攻并未如预期般顺利，日本高层认识到，德国恐难在短期内打败苏联，日本伙同德国夹击苏联的可行性日渐渺茫，这使叫嚣"北

---

[1] 参谋本部编：『杉山メモ：大本営・政府連絡会議等筆記』上，原書房1967年，第260页。

进"者大失所望，一度复燃的"北进"论破产。8月9日，日军大本营表示，近期不会对苏联开战。

不过，苏德战争的爆发解除了日本"南进"的后顾之忧，东南亚盛产的锡、橡胶、铁和石油等战略资源，令日本垂涎。至此，日本高层大多支持"南进"。7月下旬，近卫文麿改组内阁，坚持"北进"的松冈洋右被解除外相职务。同时，日军进驻印支南部。由此，日本"南进"的态势已逐渐明朗。

日本侵略印支南部意味着东南亚正遭遇战争威胁，美国决定立即采取反制行动。7月23日，美国国务卿赫尔表示，日本对法属印度支那南部的侵略，可以被认为是对西南太平洋发动全面进攻前的最后一步，日美两国已经失去了继续谈判的基础。7月26日，美国宣布冻结日本在美资产，8月1日，美国对日本实施石油禁运。英荷两国也紧随其后，对日本采取相同的制裁措施。由于日本的石油进口基本依赖美国，故美、英、荷的制裁行动使日本基本丧失了进口石油的渠道，日美矛盾进一步加深。

实际上，日美两国自1941年3月开始，就围绕亚洲、太平洋问题等展开了持续的谈判。在日本不断扩大侵略规模之下，美国的态度逐渐强硬。11月26日，赫尔向日方递交《美日协定基本纲要》，即"赫尔备忘录"，要求日本须从中国与法属印支撤出一切陆海空军和警察力量，撤销对汪伪政府与伪满洲国的承认，并且放弃三国同盟条约。对于日本而言，撤军、废约的要求断难接受，这将从根本上动摇日本在东亚的霸权地位。东条英机称，若撤兵，则七七事变以来的侵华"成果"将"化为乌有"，还将使日本在中国东北、朝鲜的统治遭受"威胁"。日美双方立场截然相反，毫无妥协余地。在日本看来，若当下对美开战，则日本有胜算。陆军参谋本部10月10日上奏称，美、英、荷"就各个而言并非强大，而且分散于广阔地域，在其联合为一体之前，同时进行急袭、各个予以击破，并不十分困难"[1]。促使日本最终决定对美开战。

---

[1] 天津市政协编译委员会编译：《日本军国主义侵华资料长编——〈大本营陆军部〉摘译》上，四川人民出版社1987年版，第773页。

二　偷袭珍珠港

1941年11月2日，日军大本营和政府联席会议通过《帝国国策遂行要领》，将对美开战的日期定为12月初。实际上，山本五十六自1939年继任日本联合舰队总司令以来，就开始酝酿、制订以空袭手段全歼美舰队的作战方案。山本大胆地计划以航母搭载战斗机空袭珍珠港内的美军舰队。日本海军高层担心实施此案的风险太大。以当时的技术条件，实施空投鱼雷攻击要求水深必须超过75英尺，否则鱼雷入海易陷入泥沙之中，难以航行，而珍珠港的水深仅有30—45英尺。但山本不惜冒险实施空袭计划，他认为日本国力有限，无法经受消耗战。若不在开战初期迅速给予美国海军以重大打击，挫伤其战争意志，待其恢复后，将很快超过日本，日本则难免陷入失败的境地。

为了不被美军发觉，日本海军开展了一系列迷惑行动。当时，日本舰队自日本航行至珍珠港附近，可走3条航线，一是经由马绍尔群岛的南线；二是经由中途岛的中线；三是经由北太平洋折往南方的北线。南线、中线的航程虽短，但被美军侦察机发现的风险较大，故日本海军决定走北线。此外，日本又甘冒被扣留的风险，于开战前夕派日本邮船公司豪华客船"新田丸"赴美，制造日本尚未决意开战的假象。日本还让海军学校学生冒充士兵，在东京街头招摇过市，以让外界误以为日本海军主力仍在本土。同时，海军还加紧改良鱼雷技术，在鱼雷尾部安装"木鳍"，解决了鱼雷入水后下沉过度的问题，使空袭计划变得更为可行。11月19日，日军潜艇部队的5艘袖珍潜艇自吴港出发，日本舰队主力则于11月26日自千岛群岛单冠湾出发，计划于12月7日偷袭珍珠港。

当日早上7—9时，日军对珍珠港实施了两波空袭，目标包括港内航母、战列舰等。此役日军击沉美国海军大型舰船十余艘，击毁飞机300余架，造成美军官兵伤亡3000多人。而日军则仅被击落飞机29架、被击沉袖珍潜艇5艘。美国海军遭到重大打击，短期内无力回击，这为日军稍后入侵东南亚扫清了障碍。日本偷袭珍珠港，引发了太平洋战争。12月8日，美英对日宣战。12月11日，德意对美国宣战。同日，美国对德宣战。

与此同时,德国外交部长里宾特洛甫、意大利驻德大使阿尔菲耶里和日本驻德大使大岛浩,分别代表各自政府在柏林签署《联合作战协定》。该协定作为《德意日三国同盟条约》的补充,规定三国全力以赴、共同对英美作战;除非彼此同意,否则任何一国都不得与英美单独订立停战协定及和约。

日军之所以能够偷袭成功,一方面在于日本战术上的创新。当时,各国海军多迷信"大炮巨舰",轻视航母的作战实力,将其分散部署。日军则注重以航母为中心的战术,大力发展海军航空兵。在偷袭珍珠港的过程中,日本集结了所有的航母,形成了对敌发动攻击的绝对优势,以航母搭载战斗机实施空袭,颠覆了传统海战方式,使之由海上平面作战向海空立体作战方向转变,战列舰决战的时代开始落幕,航母取代战列舰成为海上作战的制胜关键。另一方面,美军则显得大意懈怠。时任美国海军舰队总司令兼太平洋舰队总司令的金梅尔认为,珍珠港固若金汤,日军绝不会劳师远征。美军情报人员也认为,若日美开战,日军的主攻对象应当是菲律宾,对夏威夷的威胁多半是搞间谍破坏。因此美军在战前将战斗机密集停放以便看管,这反而为日本战斗机实施打击提供了便利。此外,日军偷袭之日恰逢周日休假,美军官兵防守意识松懈。事实上,12月7日早晨,美军驱逐舰曾发现并击沉了日军的袖珍潜艇,珍珠港内的美军雷达站稍后又侦测到了大批飞机,但美军高层误以为这些飞机是从美国本土飞来的B-17轰炸机。

不过,偷袭珍珠港行动也使日军面临重大危机。其一,日军并未击沉美军的航母。空袭当日,美军的3艘航母恰好不在基地,故而得以幸存。这为日后美国海军取得中途岛海战的胜利保存了重要力量。其二,日军未能摧毁珍珠港内的油库。在第一、二波空袭后,机动部队指挥官南云忠一取消了原定的旨在摧毁港内油库的第三波空袭计划,下令全军撤退。若按原计划摧毁油库,则势必大大减缓美军的恢复速度。日本不宣而战的卑劣行径使美国民众群情激愤,要求向日本复仇,美国国会迅速通过了对日宣战法案。美国的参战壮大了世界反法西斯阵营的力量,使遭受法西斯势力侵略的国家大受鼓舞,加快了反法西斯同盟的形成。

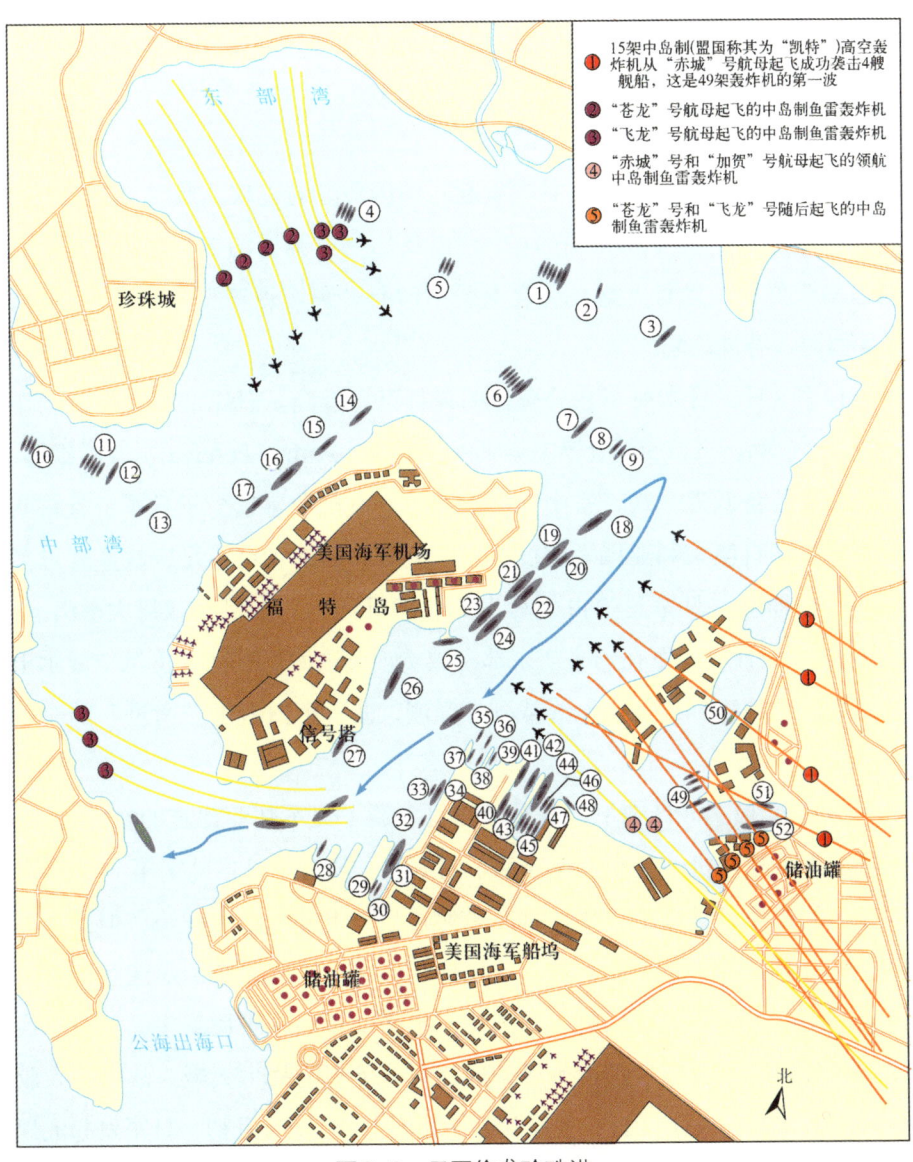

图8-5 日军偷袭珍珠港

三 入侵东南亚

日军在偷袭珍珠港的同时,迅速南下入侵英国统治下的中国香港,以及英、美、荷在东南亚的殖民地。此前,日本陆海军对于作战计划存在一定分歧。陆军主张先进攻马来亚、新加坡,然后再进攻荷属东印度(印度尼西亚），同时要防备苏联袭其后方。海军主张先攻菲律宾，与美军舰队决战后再夺取新加坡。最终，双方决定分兵两路，一路进兵马来亚、新加坡，另一路进攻菲律宾，而后合击爪哇。

1941年12月8日清晨，日军发起对中国香港的进攻。此时，驻港英军兵力严重不足，仅有原驻军的4个营以及加拿大驰援的2个营，日军兵力则远多于英军，且有火炮、飞机支援。10日，英军退守至香港岛。25日，英军投降，香港沦陷。

12月8日，日本海军在马来亚的哥打巴鲁登陆。日军装备精良，动用坦克200余辆、飞机500余架。英军由白思华（Arthur Percival）实际指挥，其下部队装备低劣，缺乏空中支援，坦克、飞机数量远少于日军，且军队士兵大量来自澳大利亚以及印度、马来亚等，作战训练不足，战斗意志薄弱，一触即溃。日军迅速占领马来亚北部机场，夺取制空权后大举南下。12月10日，日本海军在马来亚东部海域重创英国海军舰队，击沉"威尔士亲王"号战列舰和"反击"号战列巡洋舰，进一步扫清了"南进"的海上威胁。

1941年12月8日中午，日军轰炸机空袭了美军驻菲律宾的航空基地，摧毁了大批战斗机，日军迅速夺取了制空权。随后，日本陆军第14军在本间雅晴的指挥下登陆吕宋岛。日军虽然在兵力上并无绝对优势，但因掌握制空权，故让美军陷于被动挨打的境地。美军指挥官麦克阿瑟遂率残军撤入巴丹半岛。但令美军始料未及的是，半岛上官兵与平民聚集，导致疟疾横行，且粮食储备很快消耗殆尽，这让驻菲美军的战力大减。战事陷入胶着状态。1942年3月11日，麦克阿瑟撤往澳大利亚。4月初，日军发起大规模进攻。巴丹半岛的美军遂于4月9日投降。5月6日，驻防科雷吉多岛的美军亦向日军投降。

在马来半岛，日军对英军形成了作战优势。日军轻装上阵，且大量配备自行车，在丛林中行动迅速。因天气酷热，自行车行进中产生的"啪啪"爆胎声，常被误认为是坦克发出的声响，引起英军官兵的恐慌。日军官兵食用大米来维持体力，后勤压力也不大。英军则装备沉重，依赖机动车辆运输，行动迟缓，官兵又多习惯食用较高标准的口粮，增加了后勤供应压力。日军惯以实施大胆穿插、迂回包围战术。英军则疏于演训，战术多依据欧洲、非洲的战场环境，不适应东南亚丛林作战。日军以坦克配合进攻，英军高层则多以为坦克不适宜丛林作战，故并未配备坦克，更未预料日军会投入坦克作战。日军1942年1月11日进攻吉隆坡时，突然以坦克发起冲锋，这完全出乎英军的意料。这让日军得以很快突破英军在马来亚丛林中构筑的防线。1月下旬，英军已退至马来半岛最南端，后撤入新加坡岛。日军完全占领马来亚。

新加坡是英国在远东的重要军事据点，英军在此建有世界一流的海防要塞。英军高层认为，对新加坡构成威胁的将是自南方海上发起进攻的外军舰队，从未想过会有一国军队穿越马来亚丛林，南下进攻新加坡，故要塞大炮一般部署于岛南，且多为对舰火炮，而海空军基地则设在岛北。日军自北方入侵，使岛上防御工事并未发挥应有作用。1942年2月8日，日军强渡柔佛海峡，英军防守不力，日军遂登陆新加坡岛。岛上英军经历马来半岛溃败，长途跋涉而来，早已士气低落、缺乏斗志。日军迅速占领水库，英军供水随时面临被切断的危险。15日，英军行将断粮，被迫投降。

与英、澳、印等国军队士气涣散、一败涂地呈鲜明对比的是，南洋华侨组织义勇军，顽强抗击日军入侵。日军第25军情报参谋杉田一次战后在远东国际军事法庭上供述称，华侨"袭击我军的联络线，不断破坏我军的交通线和通讯设施……阻挠军需物资尤其是弹药的运输，我军被逼无奈，只得加快速度，等等。总之，华侨的行动屡屡阻挠了我军的马来战事"。[①]在新加坡古来河口激战中，澳印军望风而降，"星洲华人义勇军"200余人却坚守河口，最终全部阵亡，令日军近卫师团官兵颇感震惊。

随后，日军进攻荷属东印度（印度尼西亚）。1942年2月14日，日军登陆苏门答腊巨港。27日，日本海军又击败英、荷、澳、美联合组成的舰队，而后登陆并占领爪哇岛。3月7日，日军入侵新几内亚。

---

① ［日］儿岛襄：《太平洋战争》，彤彤译，东方出版社2016年版，第113页。

1941年12月中旬，日军第15军在饭田祥二郎指挥下攻入缅甸。与在马来亚的情况相似，在缅英军兵力、装备（尤其是飞机）不足，官兵士气低落。日军采取迂回包抄战术，于1942年2月23日炸毁锡当河大桥，作为在缅英军主力的印度17师被困于河东岸。丘吉尔改以哈罗德·亚历山大取代赫顿（Thomas Hutton）为英军指挥官。3月8日，日军攻克仰光。4月初，日军进攻缅北重镇曼德勒。英军与中国远征军联军在此设防，日军迂回联军左翼，突袭联军后方，致使联军防线崩溃。英军第1师与第7装甲旅主力被包围于仁安羌。亚历山大向中国远征军求援。18日，远征军新38师第113团向日军发起冲锋，击溃日军，19日夺回仁安羌，成功解救英军第1师7000余人及传教士、记者500余人。此役极大地振奋了中国军民的抗日士气。

随后，亚历山大放弃缅甸，将英军全部撤往印度。中国远征军主力分两路，孙立人率新38师平安撤往印度英帕尔；杜聿明率第5军与新22师按原计划经野人山撤回云南。野人山原始丛林环境恶劣，多数士兵因饥饿、疾病牺牲。缅甸沦陷使中国丧失了滇缅公路这一获取外援物资的重要通道，给中国抗战形势带来了严重的消极影响。

到1942年春夏之际，日军已基本消灭英、美、荷在东南亚的军事力量，占据东南亚大部分地区，亚洲的反法西斯战争形势遭遇重大挫折。日军之所以能够快速取得胜利，至少有四方面原因。一是日军兵力充足、装备精良。而英国把主要精力用在对付德国，难以兼顾远东；美国虽工业实力强大，但因此前并未专注于军备建设，故提升军事实力尚需时日。这使日军拥有军事优势地位。二是日军战术灵活。日军官兵多在中国战场经受过历练，丛林山地作战经验丰富，善用迂回包抄战术，英美军队仍墨守阵地战的成规。日军又善用空袭手段，注重夺取机场，掌握制空权。日军空袭在很大程度上打击了英美军队的士气。三是英美军队轻慢大意，准备不足，对日军"南进"势头缺乏足够重视。美军未料到日军会偷袭珍珠港，加之因国内反战情绪强烈，并未认真加强防御工作。英国则迷信美军实力，认定一旦开战，美军当阻击日军南下，未料到美军的迅速溃败。在侥幸心理的驱使下，英美并未用心改善远东军备，故难以避免战败的结局。四是英军优柔寡断，贻误战机。英军战前曾制订"斗牛士行动"（Operation Matador）计划，一旦开战，即占领泰国的北大年、宋卡，遏制日军登陆南下。但英军高层瞻前顾后，决意出兵之时，日军已在两地登陆，英军丧失了作战的先机。

随着非洲战场的开辟，苏德战争爆发与日本偷袭珍珠港，全球范围内的军事对抗和政治博弈变得更加复杂和激烈。战火在亚非欧三大洲蔓延的同时，也使盟国阵营进一步扩大。

本章图片来源

图8-1　[英]戴维·乔丹、安德鲁·威斯特：《地图上的第二次世界大战》（上），穆强、金存惠译，中国市场出版社2015年版，第29页。

图8-2　[英]戴维·乔丹、安德鲁·威斯特：《地图上的第二次世界大战》（上），第38页。

图8-3　[英]戴维·乔丹、安德鲁·威斯特：《地图上的第二次世界大战》（下），第10页。

图8-4　[苏]朱可夫：《回忆与思考》，中国人民解放军军事科学院外国军事研究部译，中国对外翻译出版公司1984年版，第446页。

图8-5　[英]戴维·乔丹、安德鲁·威斯特：《地图上的第二次世界大战》，穆强、金存惠译，上海三联书店2023年版，第257页。

第九章
法西斯的"新秩序"迷梦及其滔天罪行

1940年9月27日,法西斯国家签署《德意日三国同盟条约》,公然叫嚣建立和维持"新秩序"。在此之后,德国法西斯的那些仆从国,如匈牙利、罗马尼亚、斯洛伐克、保加利亚、克罗地亚、南斯拉夫等也相继签订特别议定书,加入"新秩序"。在三个法西斯国家里,意大利占领的地方有限,控制能力不足,并没有形成"意大利化"的统治格局;德国在西欧、中欧和东欧的一部分地区建起了多重结构的"新秩序";日本在东亚和东南亚以"大东亚共荣圈"的名义划定了自己的统治区域。实际上,法西斯国家建立的"新秩序"旨在建立新的霸权统治。在短短几年间,法西斯国家通过残酷的战争和暴虐的统治,炮制出"新秩序"的雏形,给许多国家和人民带来了深重的灾难。

第一节
德国法西斯的欧洲"新秩序"

成为"欧陆霸主",一直是希特勒及其纳粹党徒的梦想。到1943年,德国法西斯的魔爪已经伸向了十数个国家,控制了约286.5万平方千米土地上的1.54亿人口。在此过程中,德国法西斯以争取"生存空间"为名,肆无忌惮地攻城略地,企图主宰所谓欧洲"新秩序"。德国成为这个欧洲"新秩序"的政治、经济乃至文化中心,并在占领区推行了差异化的统治方式。

一　纳粹德国有关"新秩序"的各种构想

什么是"新秩序"？如何在欧洲建立"新秩序"？欧洲的"新秩序"包含哪些地方？诸如此类的问题，在纳粹党内部并没有达成明确的共识。许多有关欧洲"新秩序"的构想，是随着纳粹党的不断壮大以及纳粹德国的持续扩张而产生的。这一过程可以被简单划分为四个阶段。

第一阶段是希特勒上台前，主要表现为希特勒在《我的奋斗》中有关德国外交政策的相关论述。他以"优等种族"应获得更多"生存空间"为焦点，提出了未来德国在欧洲外交上的一些选项，如通过牺牲南蒂罗尔与意大利结盟，通过超越1914年的东部界限获得更大的地盘，通过与英意两国结盟来制衡法国等。至于在这一更大统治区内应采取何种治理手段，除排斥犹太人外，希特勒还没有形成具体方案。

第二阶段是从1933年至1940年法国战败，随着德国占领的国家越来越多，希特勒的统治方案也逐渐形成。

一些人认为德国的扩张已经完成，接下来就要制定明确的统治方略。如攻占比利时后，外交部国务秘书就提出建立一个由德国领导"欧洲合众国"。1940年10月《科隆日报》上发表的文章表示，"政治的欧洲"到苏联的边界为止，苏联是德意法西斯势力范围以外的"截然不同的大空间"。在这里，"大空间"或"大德意志"是在舆论场中不断出现的关键概念。欧洲"新秩序"也被等同于"欧洲大空间经济圈"或"大德意志经济空间"。

纳粹主义的法学家们试图描绘德国控制下的欧洲新面貌。如卡尔·施密特提出了所谓"国际法大空间秩序"的概念。1928年，他提出了"大空间"概念，到1939年前后通过一系列著述完善了相关理论。在他看来，"门罗主义"是"首个且迄今为止最成功的国际法大空间原则的案例"，实现了霸权帝国形塑疆界、打破民族国家主权理念的目标。1940年被他视为一个创造空间"新秩序"的标志性时间，德国法西斯在欧洲启动了它的"门罗主义"，德国位于核心、被征服国家环绕在周边的国际法大空间秩序出现了。[①]另一位

[①] Matthew Specter, "Grossraum and Geopolitics", *History and Theory*, Vol.56, No.3, 2017, pp.399–400.

极富影响力的理论家维尔纳·戴茨在1939年推动成立了"欧洲经济规划与大空间经济协会",包括卡尔·施密特在内的一批法学家和经济学家加入其中,共同探讨"新欧洲"的治理模式。1940年,戴茨还提出德国领导下的"欧陆大空间经济新秩序"即将出现,它主要表现为欧洲经济重新强大且保持独立性。[1]

在这一时期,希特勒的想法也逐步清晰起来。1934年初,希特勒提出,中欧必须被置于德国的控制下,东欧和西欧的部分国家应该成为德国的联盟伙伴,而那些企图保持中立的小国则必定消失。1939年,他在同美国驻德大使的谈话中,提出了一种德国版的门罗主义逻辑:"(门罗主义)这样的相同原则,我们德意志人现在也用于欧洲,用在所有区域和大德意志国的领土内。"次年在战胜法国后,他再次对美国记者说道:"'美洲是美国人的,欧洲是欧洲人的'……这个相对的、基本的门罗原则不仅可以确保新旧大陆之间的长久和平,而且还能够为整个世界的和平提供最理想的基础。"[2]

在确定德国作为欧洲领袖的身份之后,希特勒还思考过改造欧洲的具体方法。这一点特别体现在1939年10月6日他在国会的演讲中。其间,他两次提到了"新秩序"。他认为,国家边界必须遵从历史、人种和经济情况,必须确保整个利益区域内的稳定、安全和秩序。为此,欧洲的内部边界需要"新秩序",改变民族分布,让整个欧洲东部和东南部分布着一个个"德意志族群",从而减少冲突的可能。尽管他垂涎苏联领土,但还不愿意公开决裂,甚至提议德苏两国应该共同维护这一欧洲"新秩序"。[3]

---

[1] Johannes Bröcker, „Deutsche Raumwirtschaftstheoretiker in der Zeit von 1933 bis 1945", in Hans-Michael Trautwein (Hrsg.), *Die Entwicklung der Raumwirtschaftslehre von ihren Anfängen bis in die Gegenwart*. Studien zur Entwicklung der ökonomischen Theorie XXIX, Berlin: Duncker & Humblot GmbH, 2014, S.207–238.

[2] Lothar Gruchmann, *Nationalsozialistische Großraumordnung. Die Konstruktion einer „deutschen Monroe-Doktrin"*, Schriftenreihe der Vierteljahreshefte für Zeitgeschichte, 4, Stuttgart: Deutsche Verlags-Anstalt, 1962, S.73, 11.

[3] Max Domarus Hrsg., *Hitler. Reden und Proklamationen 1932–1945. Kommentiert von einem deutschen Zeitgenossen*, München: Süddeutscher Verlag, 1965, S.1378–1393.

第九章 法西斯的"新秩序"迷梦及其滔天罪行

第三阶段是从1940年到1943年斯大林格勒战役结束，德国法西斯的欧洲"新秩序"进入大规模实施阶段。

1940年7月25日，德国经济部长瓦尔特·冯克在一场记者招待会上详细谈论了德国"改造"整个欧洲经济的设想。这一谈话后来被视作有关欧洲"新秩序"这一概念最早的经济解读。冯克提出，德国的经济规划、金融政策、价格调控手段乃至货币都必须覆盖到所有占领区；柏林将建设成为"新欧洲"的政治和经济中心，其中多边兑换清算中心保证各占领区货币与帝国马克之间的稳定汇率，所有区域的资本和劳动力需求由柏林政府进行计划调控；各占领区围绕德国需求推进工业合理化进程，实行专业分工，最终由德国代表欧洲去同世界其他国家签订国际贸易协定。尽管冯克许诺说，这些举动是为了实现一个富庶且强大的"新欧洲"，但他同时又明确流露出鲜明的种族主义观念，如"新秩序"必须满足德意志人享受最高的食品安全。

不久后签订的《德意日三国同盟条约》为"新秩序"赋予了政治内涵。日本"承认并尊重"德意两国在欧洲建立"新秩序"的"领导权"。至于这个"领导权"的实施范围，在1942年1月18日签订的《德意日军事协定》里又得到了进一步说明。德意作战区域是："东经70度以西至美洲东海岸的海面及这一海面的大陆和岛屿（非洲、冰岛）等地区"，以及"东经70度以西的近东、中东及欧洲地区"。至于德意之间如何划分势力范围，此时还没有成为焦点问题。

按照纳粹领导人的设想，苏联也是欧洲"新秩序"的一部分。1940年11月，苏联外交人民委员莫洛托夫曾当面询问希特勒有关"新秩序"的范围，希特勒含糊其词，说德国的空间兴趣在于西欧与非洲，绝不会染指苏联占据优势的东欧地区。外交部长里宾特洛甫还在一旁补充解释道，德国可以帮助苏联把"生存空间"延伸到英帝国的领土，如向南占领印度地区。但事实上，苏联早已是德国法西斯建立欧洲"新秩序"的覆盖范围。在苏德战争爆发后，1941年7月16日，希特勒在元首大本营召开的有关东方领土组织问题的会议上，明确表示要把列宁格勒夷为平地，把所有外族从克里米亚等地区清除出去，然后让大批德意志人移居此地。很显然，这种欧洲"新秩序"就是德国法西斯在政治和经济等各方面占据主导权的霸权体制。

在此期间，建立"新秩序"的各种方案和手段陆续落地。有的方案聚焦于纳粹德国的整体统治，强调德国作为一个"超国家的主宰者"，有权"超越民族国家任何边界"。1941年11月25日，德国把轴心国及仆从国的代表召集到柏林，重新签订《反共产国际协定》。宣传部门把这一行动形容为"第一次欧洲大会"，电台播放了《欧洲之歌》，邮局还使用了刻有"反布尔什维主义的欧洲联合阵线"字样的特别邮戳。一些技术官僚提出大规模改造欧洲运河系统，以连接黑海与波罗的海、上莱茵河与波河，并铺设一条横跨欧洲的铁路，让顿涅茨克盆地同威斯特法伦工业区紧密联系的计划。"欧罗巴生存空间"被视作地球上的六大主要地区之一。

有的方案更关注各占领区的不同统治模式。例如，法西斯理论家阿尔弗雷德·罗森贝格曾提出，在苏联领土上根据地区特点采用三种不同的法律进行管辖：对于波罗的海地区，他建议将其作为"保护国"，通过推行种族"德意志化"、增加德意志移民比例等措施，逐步使其融入德国本土；至于乌克兰，他认为可以将其定位为"与德国结盟的独立国家"；而对于高加索地区，他主张将其设为"与德国结盟的国家"，并由德国派驻一名全权代表负责治理。

到了1942年，纳粹党高层进一步提出了四种行政管理方式：首先是结合管理，通过德国外交代表来"制定和指导"当地政策；其次是监督管理，由德国对当地事务行使严格的监督权；再次是政府管理，所有行政工作都由德国派出的行政机构直接负责；最后是殖民管理，将所有事务交由德裔移民全权处理。

对于这些方案，希特勒既没有全盘接受，也未拒之门外。他把"新秩序"概括为三原则："统治、管辖、掠夺。"他公然叫嚣德国利益高于欧洲利益。在日耳曼人占据多数的西欧和北欧，他的首要目标是榨取经济利益，并在合适的时机将其吞并到"大德意志国"的版图里。在东欧，他不遗余力地推进"德意志化",驱逐非德裔群体(特别是犹太人),把原边境上的德国人移居到东部空间。如1943年《德意志汇报》所言,大欧洲的"生存空间""只有伸展到东方草原和四周沿海地区时"才能永远获得保障。

第四阶段从斯大林格勒战役结束后开始,德国法西斯有关"新秩序"的论调出现了重大变化。"新秩序"不再等同于德国统治的扩张战略,反而被贴上了"保卫欧洲"和"反帝国主义"的标签。宣传部门反复强调,德国正在从事一场保卫欧洲的战争。欧洲只有一个选择,"不是布尔什维克的混乱,便是有利于所有国家的欧洲新秩序"。不仅如此,"新秩序"还是"反对帝国主义"的,戈培尔在1943年3月11日的记者招待会上说,德国旨在建立一种"不是靠武力和强权来维持的,而是以自愿为基础的新秩序"。当然,这些空洞的言论并不能从根本上改变已经在实施中的各种占领举措,更无法掩饰德国在实际战局中节节败退的现实。

二 "大德意志国"治下的多种统治方式

希特勒上台时,沿用了魏玛共和国时期的国号"德意志国",偶尔会用"大德意志国"这一说法。1943年后,纳粹官方正式将"大德意志国"作为新国号。在德语中,"Reich"一词原本就有"帝国"之义。因此,"大德意志国"也是一种"帝国",是德意志历史上继神圣罗马帝国、德意志帝国后的"第三帝国"。

无论是希特勒还是纳粹政府,都没有制定过一个明确的帝国治理方案。"大德意志国"的统治是与德国的扩张相伴始终的。正因如此,各占领区的情况经常发生变动,占领方式、治理机制、占领区与德国本土的关系定位等常常会随着战争局势的变迁以及希特勒等纳粹统治者有关"新秩序"的设想而变化。

在1945年5月德国投降前,"大德意志国"治下的统治形态大致可以分为以下五种。

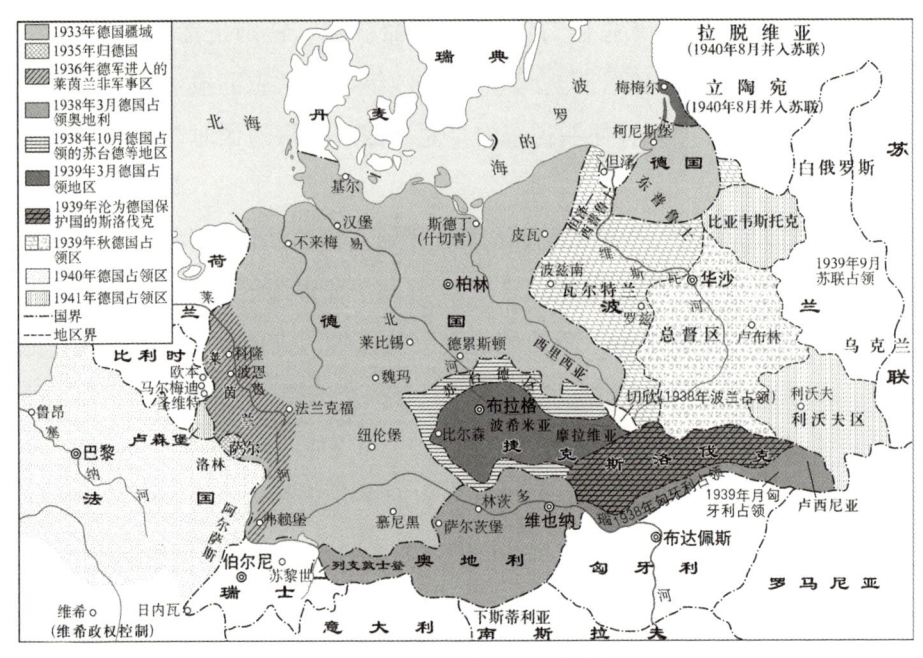

图9-1 纳粹德国控制区域的扩展

第一种是"合并区",主要指被德国合并到本土的被占领区。这些区域通常与德国本土相连接,战略地位重要,且德裔居民较多。它们分为两种类型:一种是被吞并后,直接成为新行政区,如波兰的西普鲁士和波兹南,分别被重新命名为但泽—西普鲁士行政区、瓦尔特兰行政区。另一种是被吞并后,成为已有州、行政区或省的组成部分,如并入西里西亚省的卡托维茨专区,并入东普鲁士省的茨辛瑙专区,并入莱茵省的圣维特市、欧本市、马尔梅迪市等。在"合并区",所有治理机制都引入本土模式。当地的德裔民众经过严格的种族登记和甄别等程序,可以获得德国公民身份。与之相反,非德裔民众的公民权被剥夺,他们或被禁止参与经济和文化活动,或遭到囚禁,甚至被屠杀。

第二种是"民政长官管辖区",主要指在法律上尚不属于德国,但最终应该被归并到本土的被占领区。此类地区有:原属法国后被并入萨尔—普法尔茨行政区的阿尔萨斯和并入巴登行政区的洛林,原来独立后被并入科布伦茨—特里尔行政区的卢森堡,原属南斯拉夫后被并入斯蒂利亚马克行

· 第九章 法西斯的"新秩序"迷梦及其滔天罪行

政区和克恩滕行政区的斯蒂利亚、卡尔尼奥拉、米艾斯塔尔和西兰，原属波兰后被并入东普鲁士行政区的比亚韦斯托克。在"民政长官管辖区"，纳粹政府派出民政长官管理当地，推行各种"德意志化"措施，如改变地名和姓氏，迫使当地居民说德语，把海关、邮电及铁路系统接入本土等，来增强当地居民的德意志归属感。

第三种是"附属区"，主要指被德国征服但德国不打算吞并，而是将其作为势力范围的被占领区。它包括两种类型。一类是"总督辖区"，德国派遣总督或者专员来进行监督和间接治理，由当地人组成民事政府，如波兰的"残余地区"、乌克兰、白俄罗斯及波罗的海三国等。在总督辖区下还设有地方性辖区、地区和城镇辖区等垂直统治机制。在整个总督辖区，约有3万名德国官员。乌克兰被定位为提供粮食和原材料的主要区域，以保障德国发动的战争。所以，在乌克兰，要成立一个与大德意志国紧密结盟的独立国家。随着时间的推移，德国对附属区的定位也出现了一些变化，波罗的海三国陆续获得某种程度的自治权，而乌克兰人的管理权被不断压缩，最终由一个完全由德国人组成的行政机构进行统治。

另一类是"保护国"，德国设立一个监护机构，但当地拥有国际法意义上的"自治政府"，如原属捷克斯洛伐克的波希米亚和摩拉维亚地区、"维希法国"等。在保护国，本地的自治政府是德国操纵下的傀儡政府，必须听从德国的意见。如在波希米亚和摩拉维亚地区，德国保护长官诺伊拉特不仅有权向当地政府提出各种建议，而且还能够对他认为"有害于德国"的任何措施表示异议，甚至可以根据需要采取简化行政机构的措施。当地政府官员也必须经过他的批准方可任职。但在"维希法国"，德国人的控制力并不强，连希特勒在1940年12月都承认，他对"维希政府"的态度"并没有绝对的把握"。在整个战争期间，除阿尔萨斯和洛林外，法国官员一直掌管着全法国（除占领区和"维希法国"）的行政工作。德国军政府只能借助法国行政部门来发号施令，因而影响有限。

第四种是"占领区"，主要指德国认为军事和经济上十分重要但又不适宜立即并入德国的区域。在东西方的不同占领区，德国的政策存在一些差异。

在西方占领区（包括西欧、北欧、东南欧），如比利时、荷兰、法国北部、挪威、丹麦、希腊、塞尔维亚等地，德国或者任用一批亲德派上台执政，或者通过军政府来控制当地，同时留用一些当地文官来协助管理。其主要目标是掠夺当地物资，改造"日耳曼民族"，并为军队招募士兵。在比利时，德国占领军扶持当地的法西斯团体"弗兰芒民族联盟"成为唯一的执政党，全力推进"日耳曼化"的各项工作。同时，德军还强迫当地的煤矿、钢铁厂及相关制造企业为军队提供武器装备。在荷兰，德国占领军支持当地的法西斯组织"国家社会主义运动"领导下的政府。所有其他政党被取缔。希特勒特批在荷兰成立两所"帝国学校"，向当地儿童灌输"日耳曼帝国的思想"。苏德战争爆发后，荷兰还出现了"日耳曼党卫队"，由德意志军官指挥，走上前线。在挪威，国王政府流亡海外后，由德国驻挪威占领区专员统治了几个月，后由"挪奸"维德孔·吉斯林（Vidkun Quisling）出任首相，领导"民族统一党"政府来进行民事管理。不过，德国人对吉斯林政府并不完全放心。占领区专员不仅继续留在奥斯陆，而且还在1943年公然通知报界说，"将来绝不可以提到法令是吉斯林颁布的，只能说是由首相签署的"。在丹麦，德国人的统治一直比较薄弱。丹麦最初被允许保留自己的政治和司法体制，德国占领军有时会在一些关键执行机构内进行干涉。1943年8月，在丹麦国王及其政府拒绝继续承担管理职责后，德国占领军实施战时法令，设立一个部长级委员会来治理国家。由于地下抵抗组织的努力，这个委员会的很多措施都无法真正落实。尽管如此，德国人在那里的"日耳曼化"宣传颇有效果。苏德战争爆发后，约有1.2万名丹麦人报名参军，并为前线提供了大量的农产品。

在东方占领区，特别是苏联领土（除乌克兰、白俄罗斯、波罗的海三国外），德国法西斯以对待殖民地的方式来实施统治。1939年11月，纳粹党的种族政策部提供了一份备忘录，其中表示，东方政策的目标就是创造一个种族纯净的领地，首先对相关阶层进行彻底和完全的"德意志化"，其次清除所有非德意志人，最后把德意志人移居过去。1941年9月，希特勒在谈话中也提到，"印度对英国来说意味着什么，东方空间对我们来说也意味着什么"。为此，德国要创造一种"新型的人""天生的统治者"，即作为殖民领袖的"总督"。总督的任务是把这些地区"德意志化"，通过种族灭绝和大规模移民的方式来实现人口替换。

驱逐和屠杀当地居民是德国法西斯的常见做法。在1942年底制订的所谓"东方总计划"里，东方占领区内的85%的波兰人、50%的捷克斯洛伐克人、50%的波罗的海三国人、75%的白俄罗斯人、65%的乌克兰人都是"可牺牲的"，总数达到4800万人（这还不包括已经遭到灭顶之灾的犹太人）。

与之相应，德裔人口必须填充这一地区，以巩固"大德意志国"的外围安全。党卫队等机构对"民政长官辖区"内的阿尔萨斯和洛林、附属区内的波兰"残余地区"以及位于苏联的占领区进行了人口调查，把一些德裔人口筛选出来，送回本土营地进行"再教育"，随后送往东方占领区。在这些区域内，每隔100千米左右建立一个"移民与安全据点"，设置不超过2万名德裔居民的小城，周围是德裔农民生活的村庄。1942年，海因里希·希姆莱在演说中表示，这些殖民点"就像一串串珍珠"，会扩展到顿河与伏尔加河流域，甚至延伸到乌拉尔山脉。希姆莱还梦想着"大德意志国"能存在数百年之久，以便让德意志人口数量增加到6亿人，从而能够到亚洲进行"生存之战"。

不过，以上措施最终并未实现纳粹党高官们的幻想。一方面，对于德裔群体而言，东方占领区的吸引力并不大，那里单调压抑，过于寒冷。针对本土的移民宣传根本没有获得想象中的热情回应。到1943年1月，党卫军仅仅收到了1304份申请，远远低于计划中的5万份，而且最终成行的也只有422人。另一方面，1943年后，德军在苏联战场节节败退，根本无法保证定居点的安全。许多移居计划被迫改成了撤离计划。到1944年7月，约有35万人从东方占领区转移到其他类型的统治区，如但泽—西普鲁士、洛林、卢森堡、下斯蒂利亚等。

第五种是"作战区"，主要指1943年9月意大利法西斯崩溃后由德国军队接管的地区。这类地区对德国安全极为重要，必须掌控在德国人手里。

它包括亚得里亚海沿海地区和阿尔卑斯地区。在亚得里亚海沿海地区，克恩滕行政区长官兼德国总督负责管理，主要任务是不使该地出现权力真空，防止敌人入侵。在阿尔卑斯地区，蒂罗尔—福拉尔贝格行政长官兼德国总督负责管理，主要任务是维护当地的安全和秩序。时隔不久，德国法西斯就筹划把这两个地区合并到德国本土。为此，军政府禁止当地继续使用意大利语，系统地关闭意大利机构，并鼓励亲德法西斯分子发起同德国的联合行动。

此外，在欧洲还有一些未被德国法西斯占领的中立国，如瑞典、瑞士、西班牙、葡萄牙。希特勒并非没有注意到它们，但囿于当时的战争局势，他只能暂时作罢。当然，他对西班牙未能加入"新秩序"是心存不满的。他曾几次严厉批评佛朗哥政权，要求那里彻底摆脱天主教会的影响，发动"彻底革命"。

综合来看，德国法西斯的欧洲"新秩序"不是一个统一的管理体制，各占领区内的治理模式既有共性，又各有特点。维持稳定、压榨企业、剥削民众、排斥异族、扶持德裔是纳粹分子在各占领区的常见做法。对于合并区及民政长官管辖区，纳粹分子的治理措施略微宽松一些。对于苏联领土上的附属区或占领区，纳粹分子的手段更为严酷。再者，这些占领区同德国本土都是通过所谓"内部疆界"分割开来的。换言之，德国本土居民必须持有内政部颁发的特别许可证才能进入第三帝国的其他领地。

这种欧洲"新秩序"是以违背欧洲人民意愿为基础的。尽管希特勒及其党徒多次扬言他们"是为欧洲而战"，但这种"新秩序"带有典型的种族主义色彩，以征服战争和掠夺剥削为手段，甚至不惜推行大屠杀，绝非值得期待的新世界。

第二节
日本法西斯的"大东亚共荣圈"

1941年12月，日本发动太平洋战争。这场战争被日本美化为"解放亚洲"的"大东亚战争"。至1942年夏，所谓的"大东亚共荣圈"业已初步形成。在政治上，日本法西斯以"共存共荣"为幌子，妄图实现对中国部分领土与东南亚地区的殖民统治；在经济上，日本军阀与财阀勾结，垄断占领区内的丰富资源和广阔市场；在军事上，日军利用占领区的资源和战略位置，同美英展开争夺远东霸权的持久战争；在文化上，日本强制推广日语、实行奴化教育，试图消灭当地的民族意识及民族文化。

一 从"东亚新秩序"到"大东亚共荣圈"

进入20世纪后，日本急剧对外扩张其势力。第一次世界大战期间，日本驻华公使日置益向袁世凯政府提出"二十一条"，试图从政治、军事、财政、警察、宗教等方面控制中国，并意欲独霸中国。日本又借对德交战之机，强占德国在中国的胶澳租借地，并南下攻占德属马里亚纳群岛（关岛除外）、马绍尔群岛、加罗林群岛，将它们置于殖民统治之下。

伴随日本在中国与太平洋地区的迅速扩张，内相后藤新平主张，日本必须建立一个足以和"中欧经济同盟""协约国经济同盟"相抗衡以及与美国经济相抗衡的"东亚经济同盟"。1919年，日本法西斯理论的创立者北一辉发表《国家改造案原理大纲》，鼓吹日本要以"解放亚洲"为口号，割占中国东北与蒙古、苏联远东、西伯利亚和东南亚等地，建立"世界联邦"。

1925年后，"北进"与"南进"政策先后成为日本法西斯在亚洲侵略扩张的基本政策。从九一八事变爆发至德国突袭波兰，是日本大力推行"北进"政策的时期。九一八事变后不久，日军侵占中国东北，次年伪满洲国成立。这大大刺激了日本对外扩张的野心。1937年，日本发动全面侵华战争。在占领中国大片领土之后，日本在华北沦陷区扶持伪临时政府，在华中沦陷区扶持伪维新政府，在蒙疆地区扶持伪蒙疆联合自治政府。抗日战争进入相持阶段之后，日本政府发表"东亚新秩序声明"（即第二次近卫声明），声称日本对中国的战争就是要"建设确保东亚和平的新秩序"，而这种"新秩序"要以中国、日本、伪满洲国在政治、经济、文化等方面建立连环互助的关系为根本。

由于中国军民的顽强抵抗，日本陷入中国战场的泥沼中无法自拔。不仅如此，日本北犯苏联的尝试，在经历张鼓峰事件与诺门坎事件的惨败后受挫。通过与德国、意大利法西斯结盟，日本"南进"势力迅速抬头。1940年7月19日，近卫文麿受命组阁后召集内定的陆相东条英机、海相吉田善吾和外相松冈洋右，举行四相会谈，就日本的基本国策达成共识，其中提及的"大东亚共荣圈"构想包括："日满华为基本，旧属德国委托日本统治诸岛，法属印度支那、法属太平洋岛屿、泰国、英属马来亚、英属婆罗洲、荷属东印度（印度尼西亚）、缅甸、澳大利亚、新西兰及印度等。"

　　不久，近卫内阁在《基本国策要纲》中进一步提出，日本要基于"八纮一宇"的建国精神，确立包括整个"大东亚"的"经济协同圈"。紧接着，日军大本营和政府联席会议制定《顺应世界形势变化之时局处理纲要》，其中规定"大东亚"范围——中国及日本占领的东北地区、日本，还包括"南方"，提出日本要"利用形势的变化把握良好的机遇，推进对南方行使武力"的方针，由此将"南进"政策提上议事日程。8月1日，外相松冈洋右在会见记者时称，"作为我国当前的外交方针，应该遵循皇道之大精神"，"要建立大东亚共荣圈"。这是日本政府首次公开使用"大东亚共荣圈"这一名称。[①]

　　1941年9月，四相会议正式提出"皇国建设大东亚新秩序所需要的生存圈问题"，日本将世界划分为大东亚圈、欧洲圈（包括非洲）、美洲圈、苏联圈（包括印度、伊朗）四大圈，并以"大东亚圈"领导者自居，意图与德意密切合作，共同称霸世界。日本法西斯的"生存圈"概念，与德国法西斯的"生存空间"之论如出一辙。

　　10月18日，东条英机组阁，将建设"大东亚共荣圈"定为基本国策。日本政府明确表示，"如果东亚地区不能充分满足必要的经济条件的话，只要地理相邻，就必须扩大到东亚以外的地域"。太平洋战争爆发后不久，日本大本营和政府联席会议发表宣言声称：这次对美英的战争，包括中国战

[①] 小林英夫：『大東亜共栄圏』，岩波書店1988年，第18—19頁。

事在内,称为"大东亚战争"。这意味着日本侵略中国与东南亚的过程,实质上就是"大东亚共荣圈"逐步建立的过程。

"大东亚共荣圈"是近代以来日本对外侵略扩张计划及其实施的产物。日本对外侵略扩张的思想很早即已萌生。明治维新后,日本的对外扩张战略不断付诸实践并取得成功。"北进"受挫之后,日本法西斯最终决定"南进",以"解放亚洲"的领导者自居,挑起"大东亚战争",走上构建所谓"大东亚共荣圈"的侵略道路。

二 炮制"大东亚共荣圈"

从1941年12月7日偷袭珍珠港至1942年6月中途岛海战爆发,日本占领了西起缅甸、马来亚,东至中太平洋的吉尔伯特群岛,北达阿留申群岛,南迄新几内亚、所罗门群岛的广大区域,加上中国的大片沦陷区,形成一个庞大的亚洲殖民帝国,达到历史上日本对外侵略扩张的顶峰。

日本决定"南进"政策后,即开始筹建"大东亚共荣圈"。东条英机内阁成立后,随即发表《大东亚战争指导要点》。这是日本"大东亚共荣圈"构想的基础文件。东条表示,"对于保卫大东亚所绝对不能放弃的地区,由帝国自行处理;关于其他地区,根据各民族的传统、文化及战局的发展等,做出适当处理"。基于此构想,日本计划对占领区分而治之:如占领马来半岛,作为"保卫大东亚的据点";对于菲律宾和缅甸,可给予独立地位;对于荷属东印度(印度尼西亚),要击溃原宗主国的抵抗势力;对于泰国和法属印度支那,要令它们与日本共建占领区等。海军省在制定的《大东亚新秩序内部政治机构图》中则说得更为直接,日本占领区内各地"必须符合帝国长期国防实力的目的……进而在帝国的指导下建立有机的等级关系",各地"应考虑历史背景和开化程度,分为指导国、独立国、独立保护国、直辖领等"。

为了加强对占领区实施殖民统治,日本于1942年11月1日成立了一个专门负责大东亚地区政务的机构——"大东亚省"。"大东亚省"下设四个局:总务局、满洲事务局、中国事务局、南方事务局。"大东亚省"基本按照"分而治之"与"等级化"的理念来制定并实施对中国和东南亚占领区的政策。具体而言，日本将占领区内分为四类：第一类为"指导国"，即日本，负责日本占领区的"自主安全"，对圈内各国及地区发挥指导性作用，并主导其政治、经济和文化等事业；第二类为"独立国"，即伪满洲国、汪伪政权、泰国等，表面上是独立主权"国家"，但政府部门中要安排日本官员"指导"，实际处于日本严密控制之下；第三类为"独立保护国"，即缅甸、菲律宾和爪哇等，其地位不如"独立国"，日本计划通过给予其"独立"，然后缔结军事同盟条约，通过派遣顾问形式进行控制；第四类为"直辖领"，即中国香港、新加坡等地，日本将之视为本国领土，派官员直接统治。当时有日本人将占领区内的国际关系形象地比作"宇宙的秩序"，日本作为这一秩序中的"太阳"向圈内发出"光"和"热"，各民族通过"日本"提供的"光"与"热"进行"自转"或"他转"。日本法西斯的狂妄与"大东亚共荣圈"的虚幻展露无遗。

日本对占领区各地的殖民统治伴随武力而确立，故而日本需要不断顺应战局需要调整统治策略。1943年5月，日本军政当局出台《大东亚政略指导要纲》。该纲领的方针是"为了完成大东亚战争，帝国要进一步调整和加强以帝国为中心的大东亚各国各民族相互团结的政治姿态"，并要求加强各国各民族在战争方面与日本的合作。

随着日军在太平洋战场上的节节败退，日本对占领区内各地采取了新的部署：对于菲律宾，要尽快使其独立；对于缅甸，则要根据《缅甸独立指导纲要》采取"相应措施"；对于法属印度支那，要贯彻"既定方针"；对于泰国，要迅速助其收回在马来亚的"失地"，部分掸邦领土应划给泰国；对于马来亚、苏门答腊、爪哇、婆罗洲、苏拉威西，要将其视为日本的领土，将其建设成为战略资源供应地，并努力取得当地人对日本的支持。

1943年11月，日本统治集团在东京召开"大东亚会议"。东条英机召集汪伪政权、伪满洲国、泰国、菲律宾、缅甸及"自由印度临时政府"等亚洲各傀儡政权首脑参加。会议发布《大东亚共同宣言》，将日本发动战争的目的改为"建设共存共荣之秩序，相互尊重自主独立，消除人种歧视"，鼓

• 第九章 法西斯的"新秩序"迷梦及其滔天罪行

吹"将大东亚从美英的桎梏下解放出来",以此希望获得傀儡国家更多的协作与支持。"大东亚会议"的举办,旨在彰显日本占领区内部的"团结"以及日本的"指导国"地位。这一时期,日本重视东南亚一些地区的所谓"民心",其目的在于加紧掠取当地资源、巩固"绝对国防",满足日本维持战争的需要。与之相似,在中国沦陷区,日本也对汪伪政权推行所谓"新政策",给予其更多"自主权",旨在促使汪伪为其战争机器提供更多的人力、物力、财力。

随着战局每况愈下,日本不得不再度调整策略。1944年9月,日本首相小矶国昭发表"将来准予东印度独立"的声明,改变之前将荷属东印度(印度尼西亚)作为本国领土的方针。1944年末,日本出台《以昭和二十年中期为目标的战争指导方案》,对法属印度支那,要按将来使其独立的方针来处理。1945年3月,日军在法属印支发动军事政变,扶持安南傀儡皇帝保大,并宣布安南脱离法国"完全独立"。同月,日本宣布老挝琅勃拉邦王国以独立国家的名义加入"大东亚共荣圈"。不过,此时的"大东亚共荣圈"已名存实亡,处于崩溃的边缘。

三 "大东亚共荣圈"的殖民掠夺

日本法西斯精心营造"共存共荣"的幻象。1942年1月,东条英机在第79次帝国议会上表示,建设"大东亚共荣圈"的根本方针,源于日本建国的根本精神,使大东亚各国各民族各得其所,基于所谓的"道义",确立"共存共荣"的秩序。在"解放亚洲"的旗号下,日本对东南亚的殖民统治,延续了在中国沦陷区"以华制华、以战养战"的策略。在发动太平洋战争之后,日本利用西方列强在东南亚长期殖民统治所造成的民族矛盾,以独立、参政等为诱饵,拉拢当地贵族或上层人士,使他们与日本占领军合作。在马来亚,日本占领军保留原有各邦苏丹的封建特权,承认他们是本邦的宗教领袖,形式上给予统治者的名分。在菲律宾,当地日军利用"亲日人物"组建行政委员会,成立亲日组织"新菲律宾服务协会",由他们协助日军对当地居民进行监督。

在"大东亚会议"上，各色傀儡政权首脑齐聚一堂，通过所谓《大东亚共同宣言》，提出了"共存共荣、独立亲和、文化昂扬、经济繁荣、贡献世界发展五大原则"。作为宗主国的日本与各傀儡国表面其乐融融、一片祥和。

然而，在"共存共荣"的幻象背后，实则是日本对占领区实施的严酷殖民统治。日本以"独立"之名，行殖民统治之实。日本鼓吹从美国殖民统治中"解放"菲律宾，但同时制定一系列条款来明确日本的实际权力。日本虽然表面上承认缅甸独立，实际上视其为半殖民地。缅甸的政体采取日本的形式，由日本人充任领导人，缅甸在军事上必须与日本完全协调。日本将其纳入了"大东亚共荣圈"内。与此类似，在太平洋战争的后期，日本迫于形势，还允诺给予荷属东印度（印度尼西亚）"未来独立"等，以此笼络当地贵族，获取他们对殖民统治的支持。

日本大肆发行伪币，掌控占领区金融。1932年7月，伪满政府在日本扶持下成立伪满洲中央银行，发行"满洲中央银行券"。三年后，日本政府宣布将"满银券"与日元等价挂钩，"满银券"由此被纳入日本的金融体系。为了实施"满洲"产业开发五年计划，"满洲中央银行"不得不大量增发"满银券"来满足重工业发展所需资金，这加剧了伪满内部的通货膨胀。

1941年末，"满洲中央银行"发行的"满银券"达13.17亿元，比1932年增长8倍。日本还在蒙疆地区成立"蒙疆银行"，在华北沦陷区成立"中国联合准备银行"，两行发行的货币与"满银券"与日元等价挂钩，也被纳入日本的金融体系之中。"联银券"不仅大量充作华北日军的军费，而且成为日本军政当局对华北沦陷区"征发"棉粮等物资的货币武器。日本军政当局将自身的经济危机转嫁给"中国联合准备银行"，促使其不断增发货币，至1945年日本战败，"联银券"的发行量较太平洋战争爆发时激增了190倍。

在华中沦陷区，侵华日军滥发军票，竭力掠夺各地物资。1940年10月，汪伪政权成立"中央储备银行"，并渐以"中储券"取代军票，将之作为华中沦陷区内统一的通货。为了填补日军膨胀的军费，日本军政当局大量增发"中储券",导致华中沦陷区内出现极为严重的通货膨胀。在日本投降之际,"中储券"已形同废纸,在民间完全丧失信用。

太平洋战争爆发后,日本军政当局在荷属东印度(印度尼西亚)发行标识为"盾"的军票,在英属马来亚、婆罗洲发行标识为"(海峡)元"的军票,在菲律宾发行标识为"比索"的军票,在缅甸发行标识为"卢比"的军票。日本军政当局在预算编制上采取军票与日元等值的政策,但各地军票实际上又与当地的殖民地货币等值流通,由此造成东南亚沦陷区金融体系极度紊乱。为了应对战局,1942年3月日本军政当局成立南方开发金库,发行南发券。南发券作为军票的继承者,东南亚沦陷区内的各种货币通过与之兑换,名义上与日元形成等价关系。然而,南发券在货币性质上与日本占领区内的军票、"联银券"、"中储券"并无差别。为了填补军政方面的财政超支,确保对当地物资的"征发",南发券与日元金融圈内的其他日系货币同样步入滥发境地,1942年12月南发券的发行量为4.6亿日元,至1945年8月则达194.6亿日元。

日本竭力掠夺资源,维持战争所需。在太平洋战争爆发前夕,日本法西斯军政当局制定的《南方占领区行政实施要领》中赤裸裸地表示:"对于占领区,目前要军政并重,以有利于恢复治安,迅速获得重要国防资源,并确保作战部队的自给。"太平洋战争爆发后,日本统治集团制定的《应如何使用帝国资源圈》中,把中国及西南太平洋地区列为"资源圈",力求在"资源圈"内实现自给。为此,决定今后十五年从占领区掠夺钢铁3000万吨、煤2亿吨、铝60万吨、石油2000万吨。[①]

日本"大东亚共荣圈"政策企图以日本为具有权威的"指导国",以"家族主义"为基础,将"大东亚"营建成一个有机统一的经济与产业体系:中国是日本资源供给地,允许存在一些轻工业;"满洲"是农业和初级基础工业基地;东南亚各地为农矿业产品供给地,兼及纤维等特产的加工地。"大东亚省"大臣青木一男说:"为了完成大东亚战争,就要彻底动员

---

① 复旦大学历史系:《日本帝国主义对外侵略史料选编(1931—1945)》,上海人民出版社1975年版,第394—395页。

大东亚的人力物力财力资源，使之成为军事力量，是确保这次战争胜利的关键。"为满足战争需要，日本对占领区内的资源采取破坏性的开采政策，在荷属东印度（印度尼西亚），因日本军队全力开采石油，1943年达4961万桶，次年因管理混乱、设备失修、劳力缺乏，开采量骤降至3961万桶。占领马来亚后，日军接管全部橡胶园后割胶而不培植，使橡胶产量大幅下降，1941年当地橡胶产量为60.96万吨，至1945年仅为0.87万吨，导致百万人失业。法属印度支那是著名大米出口地，日本在越南每年都要强征大量大米，1942年为97.4万吨，1943年为102.3万吨。大量粮食出口导致越南当地出现严重饥荒，造成1944—1945年约200万当地人饿死。

日本对资源的掠夺采取军队和财阀勾结形式，往往让三井、三菱、住友等持有很高股份比例的国策会社来承担。七七事变之后，日本成立"满洲重工业开发株式会社"，垄断伪满洲国的工业经营。日本还通过伪满洲国政府颁布《重要产业统制法》，将21种工业产品置于日本直接控制之下，依靠暴力对东北工业进行野蛮掠夺。

在华北、华中沦陷区，日本同时成立"华北开发株式会社"和"华中振兴株式会社"，作为日本对当地进行经济侵略的主要工具，"大东亚战争"爆发后，日本把华北作为重工业区，重点发展电力、煤炭、化学工业，而把华中作为轻工业区和日本本土的粮食供应地。日本占领当局在东南亚实行许可证制度，将一些原来由西方国家经营的企业划归日本会社经营，而具有战略意义的部门，如石油、橡胶、锡等工矿企业以及交通运输部门等，则由军队委托财阀企业经营管理。东南亚地区生产的农产品原本主要供应宗主国，但为了满足日本对军事资源的需要，日本占领军不顾当地经济结构、气候和土质条件，以及当地传统的种植习惯，强迫推行本国所需作物。在印度尼西亚和菲律宾，日本占领军将原来种植甘蔗、咖啡、茶叶的大批农田改种棉花、麻、谷物，导致当地土地荒芜、农业经济急剧衰退。

日本以"亲善提携"为口号，推行奴化政策。溥仪被迫在伪满皇宫中修建"建国神庙"供奉"天照大神"。1940年7月溥仪颁布《国本奠定诏书》，确定"天照大神"为伪满的"国神"，奉神道教为"国教"。在法属印度支那，日本把当地封建教派"高台教"与"和好教"联合成"国际宗教集团"，要求以日本天皇为最高领袖。日本还在各占领区开设日语学校推广日语教育，派出大批日本教师去讲授日本文化，在东南亚各国以培养亲日干部为目的，设立南方特别留学生制度。

与此同时，日本对各民族的独立运动高度警惕。它禁止各地民众传唱本民族歌曲，取消当地民族节日，以图消灭圈内各国和各地区的民族意识。日本军队残酷镇压各地的抗日运动。例如，在新加坡，日本对支持国民政府的抗日华侨制造惨绝人寰的大屠杀。在菲律宾，日军宣布，若一名日本人受到伤害，就枪杀十名菲律宾人，以此对当地民众施以威慑。

在中国和东南亚，日本法西斯把自己美化成"亚洲人的解放者"，标榜战争的目的是"将亚洲各民族从欧美桎梏中解放出来"，精心营造"共存共荣"的幻象。然而，日本在占领区实行与欧美列强同样乃至更为残暴的殖民统治。各地民众稍有不满或反抗意识，即遭受严刑拷打，甚至遭到屠杀。宪兵队作为日本法西斯在占领区实施恐怖统治的爪牙，其横行不法、暴戾恣睢，民众闻之色变。日本委派于各傀儡政权中的顾问，成为掌握一切军政大权的"太上皇"。1943年下半年以后，日益不利的战局使日本对占领地的殖民统治愈显破绽，各地抵抗运动接连不断，大东亚会议"昙花一现"，成为"大东亚共荣圈"崩溃的前奏。

第三节
德意日法西斯犯下的滔天罪行

德意日法西斯均在第二次世界大战期间犯下罄竹难书的暴行，在人类文明史上书写下最残暴、最血腥、最黑暗的一页。战后，这些国家的少数政治组织、政客与历史学者试图否认、篡改历史，拒绝承认当年犯下的罪行。这不仅是对历史真相的亵渎，也是对战争受害者的二次伤害，更是对人类良知和正义的背叛。

一　大屠杀与种族灭绝

二战期间，法西斯军队在被侵略国家制造了大量灭绝人性的惨案。自九一八事变以来，侵华日军在中国多次进行大规模的集体屠杀，其中南京大屠杀是日本法西斯军队在全面侵华时期犯下的最骇人听闻的集体屠杀事件。

1937年12月13日，日军攻陷南京后，对已放下武器、失去战斗力的士兵以及手无寸铁的无辜平民实行大屠杀。据战后远东国际军事法庭认定："在日军占领后的最初六个星期内，南京及其附近被屠杀的平民和士兵，总数达二十万人以上"，"这个数字还没有将被日军所烧弃的尸体，投入长江，或以其他方法处分的人们计算在内"。[①]战后远东国际军事法庭和南京军事法庭判处南京大屠杀主犯松井石根、武藤章、谷寿夫等死刑。谷寿夫的死刑判决书确认，"（南京大屠杀）被害总数达三十万人以上"。[②]

日军进入南京城前后，使用枪杀、活埋、刀劈、火烧等惨无人道的手段屠戮中国军民，在江东门、燕子矶、草鞋峡、幕府山等地用机枪扫射集中屠杀。更有甚者，日本军官还进行令人发指的"杀人竞赛"。据1937年12月日本《东京日日新闻》报道："向井（敏明）少尉与野田（毅）少尉，举行杀人的友谊比赛，谁先杀死100个中国人就算赢了锦标，在（12月12日）他俩人碰头的时候，向井已杀了106个，野田已杀了105个，两个人拿着缺了口的军刀相对大笑。"不难想象，"百人斩"的对象是被卸下武器的士兵或普通平民。

除南京大屠杀之外，日军还在中国沦陷区制造难以计数的屠城、屠村惨案。1932年9月，日军派抚顺守备队和宪兵分遣队闯入辽宁抚顺的平顶山村，将全村3000余名百姓驱赶到野外全部射杀，是为"平顶山惨案"。这一惨案是九一八事变后日本法西斯大规模屠杀和平居民的起点。因此，南京

[①] 远东国际军事法庭编：《远东国际军事法庭判决书》，张效林译，群众出版社1986年版，第486页。

[②] 中央档案馆、中国第二历史档案馆、吉林省社会科学院合编：《南京大屠杀》，中华书局1995年版，第745页。

第九章 法西斯的"新秩序"迷梦及其滔天罪行

大屠杀的发生并非偶然，而是日本法西斯在侵华战争中长期推行野蛮暴行的必然结果。

1937年淞沪会战期间，日军大开杀戒，在宝山全县屠杀居民达1.1万余人。11月19日攻占苏州后，又屠杀无辜民众及被俘士兵1万余人。1941年1月，驻唐山、丰润、滦县等十几个据点的日伪军包围丰润的潘家峪，将村民驱赶至村中潘家大院后锁门用机枪扫射，并投入手榴弹和点燃的玉米秸秆。全村1300余人被害，华北日军制造了"潘家峪惨案"。1942年10月19日，日军包围湖南岳阳洪山、昆山等村庄，杀害村民1800余人，强奸600多名妇女，史称"洪山惨案"。

日军对中国共产党领导的抗日根据地进行"扫荡""蚕食""清乡运动"和"治安强化运动"，实行"三光"政策，导致抗日根据地民众大量伤亡。仅据后来晋察冀、山东、冀热辽、晋绥、晋冀鲁豫、苏皖、中原7个解放区不完全统计，全民族抗战期间，被杀害及虐待致死者318万人，被抓走276万人。[①]

日军实行的集体大屠杀，不仅限于中国境内。新加坡沦陷后，因当地华侨曾支持国民政府抗战，1942年2月21—25日期间，约20万人遭到日军清查，被杀害者约5万人。太平洋战争初期日军攻占菲律宾巴丹半岛，美军1.2万人与菲军6.4万人被俘。这些俘虏在被押解至120千米外的战俘营途中受到极端虐待，死亡约1.5万人。这就是臭名昭著的"巴丹死亡行军"。在占领西婆罗洲期间，日军对当地华侨及其他居民实施三次大规模屠杀，被害人数超过2.1万人。

二战期间，德国法西斯对包括犹太人在内的其他民族也进行过惨绝人寰的集体屠杀。反犹、灭犹是希特勒和纳粹党的一贯思想和主张。德国入侵波兰后，在数月间就有25万名犹太人被纳粹党卫队和当地反犹分子杀害。1942年1月，德国官员根据戈林的指示在柏林附近的万湖召开会议，会上制定了系统消灭欧洲犹太人的罪恶计划（即"最终解决方案"）。据此计划，

[①] 军事科学院外国军事研究部：《日本侵略军在中国的暴行》，解放军出版社1986年版，第95页。

在纳粹分子海德里希的指挥下，特别行动队把法国、比利时、荷兰、德国、奥地利、捷克、匈牙利和巴尔干各国的犹太人驱赶到波兰的总督辖区，然后进行集体屠杀。

德国法西斯的集体屠杀主要在集中营中进行。1933年3月，纳粹党在慕尼黑修建达豪集中营。该营用于关押政治犯、犹太人、宗教界人士等，曾先后关押过21万人，其中3.2万人在营中遇害。1937年7月，纳粹党又建立了布痕瓦尔德集中营，至1945年4月美军到达之前，估计有5.6万人于其中被害。二战期间，德国还在波兰奥斯维辛、马伊达内克、特雷布林卡等地设立集中营，杀害大批共产党员、抵抗战士、战俘、犹太人等。

奥斯维辛集中营是德国法西斯建立的最大集中营，该营监禁过数百万人，110多万人遭到屠杀。纳粹分子在集中营中屠杀犹太人的手段令人发指。被运到的犹太人经挑选后，除部分作为强制劳工被送到劳动营之外，其余则被陆续送入毒气室杀害。每个受害者在进入毒气室前，先被剥去衣服，剃光头发，摘去戒指首饰。在毒死之后，这些遇难者的尸体被投入焚尸炉，烧尽的骨头被磨成粉末制成肥料。德国法西斯的集中营如同人间地狱。战争后期，临近战线的集中营的幸存者被迁移至德军控制下的集中营，由此踏上"死亡之旅"。在苏军抵达奥斯维辛集中营的9天前，德军将近6万名幸存者押往35英里之外的希隆斯克地区沃济斯瓦夫，约1.5万人在途中死亡。据统计，纳粹德国有组织、分阶段的大规模种族灭绝行为，导致600万犹太人和500万其他群体（波兰人、罗姆人、苏联战俘等）丧生。

德国军队对被侵略国家民众同样血腥残暴。德国在波兰总督辖区有计划地消灭波兰居民，特别是知识分子。1941年8月，在苏联基辅西北的巴比亚尔地区，德军两天内屠杀超过3.4万名犹太人及其他当地居民。同年10月，德军在塞尔维亚中部制造了"克拉古耶瓦茨血案"。在机枪扫射中，近3000名平民被杀害。"利迪策惨案"是引起世界关注的重大屠杀事件。1942年6月，捷克游击队员刺杀党卫军头目海德里希后得到利迪策村村民的掩护，德军由此将村中15岁以上的173名男子全部杀死，另把203名妇女和

第九章 法西斯的"新秩序"迷梦及其滔天罪行

105名儿童全部关进集中营杀害或迫害,之后把整个村子烧光,围上铁丝网,以作为对捷克抵抗运动的报复与警告。1942年7月,德军在攻克克里米亚的塞瓦斯托波尔要塞后,屠杀军民3万余人。在1944年8月镇压华沙起义期间,德军在当地有组织地杀害了约4万—5万名平民,华沙城85%的建筑被毁坏,此即臭名昭著的华沙"沃拉大屠杀"。

在对待被占领国家民众方面,意大利法西斯所犯的战争罪行同样骇人听闻。他们在阿尔巴尼亚、希腊和南斯拉夫烧毁大片房屋和村庄,制造血腥惨案。1937年2月,意大利军队为报复其总督被刺杀未遂的行动,屠杀了3万多名埃塞俄比亚民众。1943年2月,为了报复希腊人的抵抗运动,意军在希腊多梅尼孔杀害了约150名平民。

法西斯军队无视国际法,对各地实施无差别轰炸,制造变相的集体屠杀。锦州是第一座遭到日军无差别轰炸的城市。九一八事变发生后不久,日军先后两次用飞机侦察并轰炸锦州,炸死无辜平民30余人。据不完全统计,自1937年淞沪抗战爆发至1938年1月3日,在不到半年时间内,日军飞机就轰炸了中国城乡共2204次,投弹近2.7万次,炸死1万余人,炸伤1.3万余人。广州、武汉沦陷后,日本对中国大后方城市实施无差别轰炸,重庆是日军轰炸的主要目标。1941年6月5日,日军出动大批飞机夜袭重庆。大量民众被迫长时间拥挤在通风不畅的隧道中,1000余名避难民众窒息而死,造成"重庆大隧道惨案"。

太平洋战争爆发后,日军对东南亚重要城市同样实施无差别轰炸,1941年12月9日上午,日军飞机飞抵婆罗洲坤甸市上空,投下大量炸弹和燃烧弹,并进行长达1小时的反复低空扫射。坤甸市区化为一片火海,造成2000余人死亡。

无差别轰炸也是德意法西斯打击对手的惯用手段。在与英国交战期间,德国军机轮番轰炸伦敦、考文垂等城市,其中1940年9月7日至1941年5月10日对伦敦的无差别轰炸,造成4.3万名市民死亡,约10万幢房屋被毁。意大利入侵埃塞俄比亚后,对埃军阵地和无辜平民进行狂轰滥炸,包括英国和瑞典红十字会战地医院在内的多家医院在轰炸中被炸毁。

二　活体实验与性暴力

日本在全面侵华战争期间准备与发动的细菌战，是极残酷的反人类罪行，其中尤以关东军731部队为研制细菌武器而秘密进行的人体实验最骇人听闻。

1933年，日本军医石井四郎于哈尔滨市五常县西北部背荫河镇秘密设立细菌实验基地，以人体实验的方式研制细菌武器。这座笼罩于神秘之中的基地，被当地民众称为"中马城"。曾任抗联第3军政治部主任的冯仲云回忆说，这座堡垒戒备森严，围墙内高耸的烟囱终日冒着黑烟，"带来使人恐怖、害怕的死人气息"。王子阳等数名青年利用日军看守松懈之际逃脱这座人间地狱，向世人揭露了"中马城"内日军的暴行，"血是每天都得抽，有时人们实在受不了，也停止几天，接着再抽。抽到实在支撑不下去时，就把他从监房中拖到院子里，然后在凄惨的叫声中，用斧子把他头壳打破，做工厂中的'原料'"。1936年2月，东北抗联第3军第1师师长刘海涛利用受中共满洲省委派遣至莫斯科东方共产主义劳动大学学习的机会，以书面报告向中共驻第三国际代表团揭露"中马城"的真相。《刘海涛关于满洲情形的报告》很有可能是中方最早揭露侵华日军从事人体实验暴行的史料。

为了更大规模、更隐秘地研制细菌武器，1938年，731部队队长石井四郎开始在哈尔滨郊外平房地区筹建新的基地。鉴于伪满境内抗日力量的蓬勃壮大，关东宪兵队将工作重点置于"逮捕共党及镇压共产党人之领导机关上"，针对共产党人的阴谋开始酝酿。1938年初，日本关东军司令部向驻伪满各地宪兵队下达《特别移送处理规定》，要求各地宪兵将大量共产党人与苏联情报人员以"反'满'抗日"的罪名秘密押赴731部队，此即"特别移送"制度。据最新研究发现，被"特别移送"的共产党人大部分为服务于抗联、第三国际或苏联的情报工作人员。关于被实验者的人数，一般认为，731部队第一部部长川岛清在伯力审判中的供词较为可信，即自1940年至日本战败，被押入731部队充当实验材料的受害者至少有3000人。这些人被称为"马路大"（日语意为"圆木"或"木头"），全部惨死于日军的活

第九章 法西斯的"新秩序"迷梦及其滔天罪行

体实验。[①]

731部队主要研究鼠疫、炭疽、伤寒、副伤寒、赤痢、霍乱等传染病和细菌,并承担细菌战任务,也通过活体实验研究冻伤、断水、断食以及人体的各种生理极限等课题。为了明确病理和采集致病菌,该部队对被实验者实施极为残忍的活体解剖;为了观察测定生化武器的效能,731部队常常将被实验者捆绑在安达野外靶场的木桩上,让他们承受飞机投掷或大炮发射的细菌弹、化学弹的攻击。

通过活体实验研制的细菌武器被运用于日本对中国的侵略战争中。1940年7月,石井四郎率领一支远征华中地区的分队,参加对浙江省宁波、金华、衢州等地的作战,当地居民受到病菌的严重感染。1941年夏,731部队派遣一支分队,在湖南省常德一带从空中散布染有鼠疫菌的杂物、谷麦及跳蚤,造成该地区鼠疫流行。在1942年5月至9月的浙赣会战中,细菌战部队通过飞机散播炭疽菌、副伤寒菌、鼠疫菌等,导致当地发生鼠疫大流行,大批人员死亡。

侵华日军曾在中国战场使用了化学武器。日军参谋总长闲院宫载仁先后向日军各部队下达"可在适当时机使用催泪筒"的命令,并向华北、华中地区派遣化学战部队。日军华中派遣军对于在武汉会战中使用化学武器的效果十分满意。他们在总结中说:"此次作战期间,由于……使用效力很大的特种烟,效果很好……我方的损失极少。"日军在各地滥施化学武器,导致中国军民大量伤亡,如1942年5月27日,日军在河北省定县北疃村对平民使用致命性毒气,导致800余人遇难。

二战期间,日本法西斯先后建有七支大规模的生化部队,即哈尔滨731部队、长春100部队、敦化516部队、南京荣字第1644部队、北京甲字第1855部队、广州波字第8604部队,以及在新加坡建立的冈字第9420部队,形成从生化武器研发到实战化的完整体系。其中,100部队打着"关东军军马防疫厂"的旗号,实际上是负责研究人畜易感炭疽菌、鼻疽菌的细菌战

[①]《前日本陆军军人因准备和使用细菌武器被控案审判材料》,外国文书籍出版局1950年版,第121页。

部队；516部队是以研究毒气弹为主的化学战部队。1945年8月9日，苏军攻入伪满洲国，731部队为了逃避罪责，在最后撤退之际杀害所有被关押的被实验者，爆破细菌实验室等研究设施。其他生化部队亦化整为零，大部分队员被编入日军陆军医院或撤回日本国内。

德国法西斯在集中营里对被关押者也进行过罪恶的活体实验。例如，在达豪集中营，主要活体实验包括"超低温"实验，即将被关押者在冻僵的情况下放入热水中，记录他们复苏的时间。此外，还有"超低压"试验，即将被关押者关入压力舱，持续降低全压直到死亡，德军军医记录下致死的气压数据。为了研究细菌战和生化战，德军军医在犯人身上培养包括疟原虫在内的病原体，进行其他使人体受到致命伤害的生物化学实验。与日本军医的残忍行为相似，他们也会对被关押者进行活体解剖。在奥斯维辛集中营，纳粹挑选被关押者进行五花八门的医学实验，如试验便捷的绝育方法、对孪生儿童进行各种活体实验等。

不同于日军731部队活体实验中并无一个幸存者的残酷现实，一些经受德军医学实验的人活到战后。他们通过揭露德国法西斯的医学暴行，将集中营残酷内幕更为真实地告知世人。罗马尼亚犹太人伊娃·科尔作为奥斯维辛集中营的幸存者，晚年回忆她在集中营的经历时，仍心有余悸：她每星期要被实施6天实验，实验人员不停测量她的身体，检验她的血液。当时被当作实验品的犹太人很多早早就死在了实验室中。直到盟军的到来，她才看到活下去的希望。

性暴力与性奴役是法西斯军队战地暴行中的典型。在南京大屠杀期间，日军肆无忌惮地对战地女性实施强奸等性犯罪，许多妇女被奸淫后惨遭杀害。尽管金陵大学图书馆等文教场所与难民营的门上贴有"日军宪兵所属，禁止入内"的布告，然而日本士兵将之撕毁后，公然闯入掠夺财物并强奸妇女。战后远东国际军事法庭审判确认，仅在日军占领南京后的6个星期之内，就发生2万起左右的强奸事件。

"慰安妇"是指受日本政府或军队之命令，被强迫为日本军人提供性服务、充当性奴隶的妇女。1932年一·二八事变期间，为了防止日军因大规模的强奸事件而影响战斗力，同时也为了搪塞外界舆论对日军大发兽性的指责，日军上海派遣军副参谋长冈村宁次首次征召妓女并组织"慰安妇团"到战地为日军作专门服务。1937年淞沪会战爆发后，日本华中方面军司令官松井石根仿效冈村宁次，采用慰安妇制度，使日本成为当时唯一将性奴隶制度化的国家。全面侵华战争时期，日军在沦陷区强征、掳掠良家妇女为性奴隶，开设大量慰安所，随着太平洋战争的爆发，日军又把慰安所扩大到东南亚。

慰安妇制度是二战时期日本政府强迫各国妇女充当日军士兵的性奴隶，并有计划地为日军配备性奴隶的制度，是日本法西斯违反人道主义、两性伦理的政府犯罪行为。慰安妇的主体是中国（包括当时被日本强占的台湾地区）和朝鲜女性，也包括日本本土、澳大利亚、美国、英国、荷兰、西班牙、苏联等国女性。中国沦陷区既是日本法西斯慰安妇制度的最大实施地，也是日军设立慰安所最多的占领地，有学者估计中国大陆被日军掳掠充当慰安妇的人数在20万人以上，朝鲜慰安妇人数在16万人左右，中国台湾、东南亚一些地区的慰安妇各有数千人，澳大利亚、美国、英国、荷兰、西班牙、苏联等国的慰安妇各有数百人。①

德国法西斯对占领区的性暴力犯罪主要集中在东欧地区。德军侵占波兰领土之后，波兰境内发生大量德军士兵对当地妇女的骚扰和性暴力事件。德国入侵苏联后，德军官兵对被俘的苏军女兵、护士乃至普通平民实施奸淫的恶行屡见不鲜。与日军相似，既为了稳定军心，也为了保障德军士兵的卫生安全，德国人在占领地开设了500多家军事妓院，至少5万名被侵略国家的女子沦为军妓。

三 财物劫掠与强制劳役

在第二次世界大战期间，烧杀抢掠、军纪败坏是法西斯军队的共性。在战地暴行中，法西斯军队官兵对物资与财物的劫掠极为普遍。

---

① 苏智良、陈丽菲：《侵华日军慰安妇制度略论》，《历史研究》1998年第4期。

在中国战场，"征发"一词意味着掠夺。一位日本老兵这样描述日军对中国战地民众的"征发"："原本日本将此次称为'圣战'的大战，不得不承认是'侵略战争'的原因，在于以'征发'的名义进行'掠夺'，进而为运送物资而残酷役使被称为'苦力'的老百姓。军队为了吃饭不得不夺取百姓粮食，明显就是'强盗'。"[1]日军底层官兵尤其期待对大城市的抢掠。在豫湘桂战役中，步兵第二二七联队藤崎武男率领的中队在攻入郑州后做的第一件事就是掠夺。掠夺作为日本军官对士兵的"奖励"，"谁都在半公开地进行中，谁也不会抱有罪恶感"。长沙沦陷后，日军对城内商铺大肆抢掠。当士兵吉冈义一看到商品与家具被随意丢弃，连片商业区遭到掠夺时，不禁感叹："占领后才两日就被皇军掠夺成这样吗？"日军士兵将战地掠夺视为家常便饭，即使物资并非紧缺的情况下也对之"乐此不疲"，反映了他们在战地环境下的精神空虚与道德沦丧。

不同于底层官兵对生活物资与财物的掠夺，日军上层则更注意劫掠中国的古籍文献与珍稀文物。七七事变之后，日军所到之处，上至国家级的博物馆、图书馆，下至私人藏室，均无一例外遭到野蛮洗劫与破坏。1937年12月，日军特务部门成立"华中占领地区图书文献接收委员会"，其任务是劫掠上海、南京、杭州等地的珍贵图书。自1938年1月下旬起，日军对南京70多处藏书地进行调查，部分善本被劫运至日本。国民政府中央图书馆存于香港冯平山图书馆的善本3.5万余册，被劫藏于东京帝国图书馆及伊势原等处。日本一些以"考古"为幌子的学会、学者，紧随日军侵略的步伐，对中国各地墓葬、遗址进行劫掠式的考古调查与发掘，然后把珍贵文物劫掠回国。考古学家松本信广在其报告《江南踏查》的序中写道："南京陷落，为了适应时局的发展，急需向中国派员进行学术调查以及对古文化遗址的发掘。"1938年5月，松本信广等人到达南京后，在日军的护卫下，先后调查了南京国立中央研究院历史语言研究所、古物保存所、六朝墓、西湖博物馆，发掘了杭州附近的古荡石虎山遗址以及吴兴钱山漾遗址，此

---

[1] [日] 河村太美雄：《一个日本老兵对侵华战争的反思》，屈连璧等译，东方出版社2003年版，第428—429页。

第九章 法西斯的"新秩序"迷梦及其滔天罪行

后他将所得文物均藏于日本庆应义塾大学。

德国法西斯同样大肆掠夺被占领国家的一切财物。戈林曾指示其部下说:"你一发现有什么东西可能是德国人民需要的,就必须像警犬一样追逐。一定要把它弄到手。"被占领国家的粮食、牲畜、工业设备、木材、矿产、金银珠宝以及珍贵的艺术品被源源不断地搜刮、掠夺至德国。在德军占领期间,德国从苏联运走900万头牛、1200万头猪和1300万只羊;在西欧,德国于1940年底从法国和比利时占领区掠夺13.5万吨钢、2万吨铅、9500吨锌、9000吨镍和9000吨铝。[①]德国还将西欧占领地内的美术馆、图书馆、私人收藏的珍贵文物和艺术珍品劫掠一空,据一份德国秘密报告陈述:"到1944年7月为止,从西欧运到德国的文物共装了137辆铁路货车,计有4174箱,21903件,其中绘画10890幅。"[②]

法西斯军队对占领区内民众强制服劳役或迁移也是其战地暴行的重要内容。日军侵占中国东北后,大规模强征本地劳动力。例如,为修筑东宁要塞,日军陆续强征劳工超过17万人。劳工住地围有电网或铁丝网,日军士兵昼夜持枪把守,劳工与囚犯无异,其生活条件恶劣,加之超负荷劳动,死亡率很高。截至1944年,日本在东北强征的劳动力达300万人,其中被压榨虐待致死的占总数的29%。为了切断抗日武装与民众的联系,日军还把中国沦陷区内的民众赶出村庄,集中编成"集团部落"。在建立这些"集团部落"时,日伪当局破坏烧毁大批民房,迫害乃至屠杀民众,对当地农业与生态造成毁灭性破坏。1937年至1938年2月,日"满"当局在伪三江省桦川县南部地区烧毁村屯120多个,烧毁或拆除民房2.4万余间,杀害和冻、饿死1.3万余人。在华北,从1937年至1942年,被日本侵略者抓捕出关的劳工就达529万人。另有4万多名中国劳工被抓捕运往日本,仅在秋田县花冈矿的986名劳工中,就有418人在日本矿监的酷吏与宪特机关的虐待下悲惨死去。

---

① 胡德坤、罗志刚:《第二次世界大战史纲》,武汉大学出版社1989年版,第229页。
② 军事科学院军事历史研究部:《第二次世界大战史》第二卷,军事科学出版社2015年版,第688页。

在东南亚，日军对当地民众也实施强制劳役。1942年1月至1943年10月，因日军需强制修筑415千米的泰缅铁路，从泰国、缅甸等地被征用的劳工达10万人，劳工和战俘大批死亡，死亡总计3.7万—4.7万人。这条铁路由此被称为"死亡铁路"。

与日本法西斯相似，缺乏劳动力也是德国战争机器面临的主要问题之一。德国法西斯为了给本国垄断资本提供大量无偿劳动力，把成千上万的和平居民赶到德国，迫使他们在矿山、工厂、建筑业等部门从事各种繁重的体力劳动，在战争期间被送至德国的外国劳工约有750万人，其中包括不少未成年人。据不完全统计，服劳役的战俘1940年为34.8万人，1941年为131.6万人，1942年为148.9万人，1943年为162.3万人，1944年为183.1万人。[①]德国法西斯强迫战俘担负各种劳役，定期把年老体弱、不堪劳作的战俘直接送到毒气室进行肉体消灭。

德意日法西斯所犯下的滔天罪行，带给世界极为严重的灾难和破坏，将永远被钉在人类历史的耻辱柱上。法西斯的残暴与血腥，必将引起全世界爱好和平的人民一致反抗。

本章图片来源

图9-1　孟钟捷、霍仁龙：《地图上的德国史》（第2版），东方出版中心2016年版，第178页。

[①]［英］阿诺德·汤因比等：《希特勒的欧洲》（上册），王智量等译，上海译文出版社1980年版，第401页。

第四编

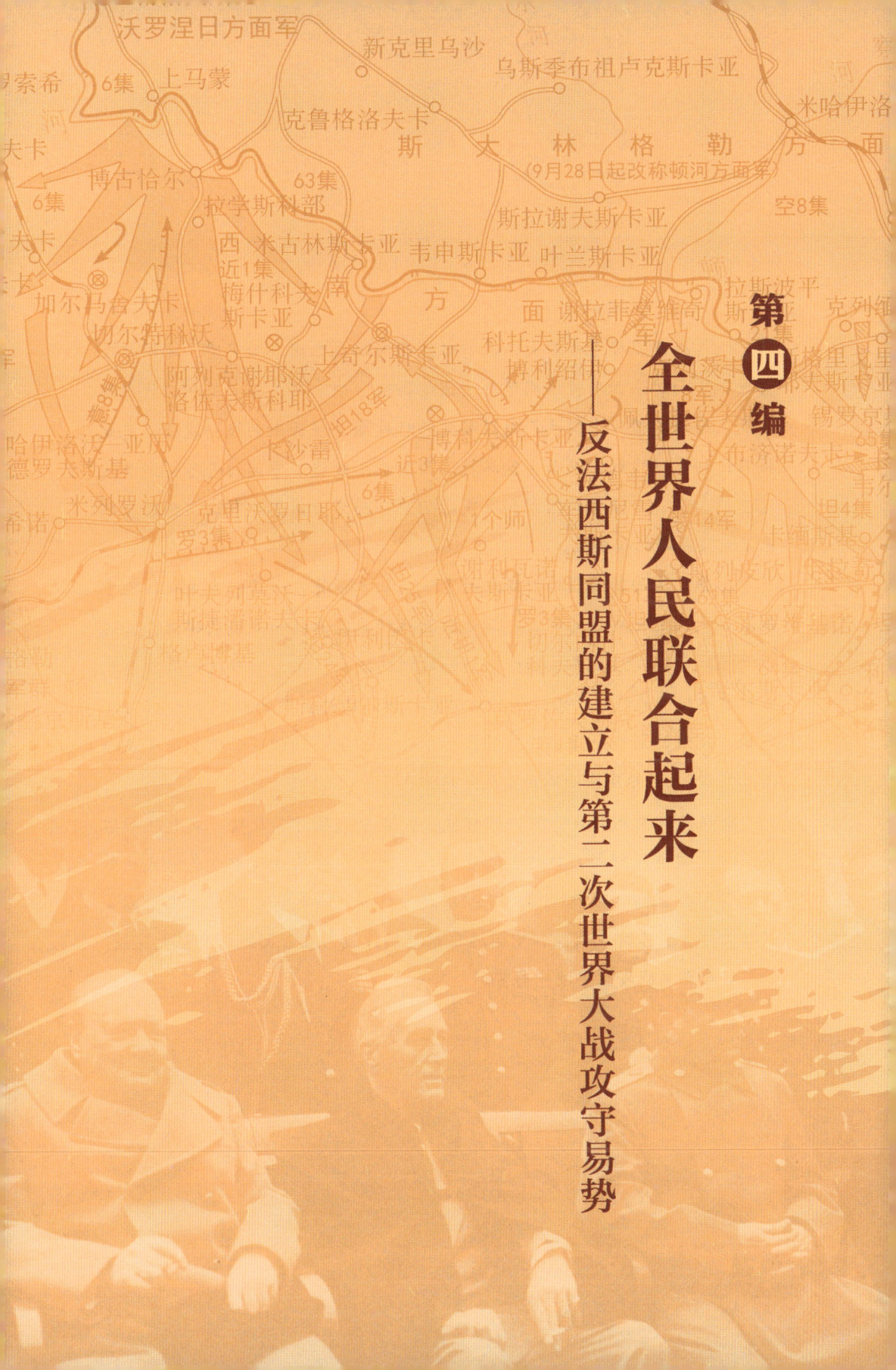

全世界人民联合起来

——反法西斯同盟的建立与第二次世界大战攻守易势

随着战争规模逐步扩大,德意日法西斯形成三国轴心同盟,妄图征服全世界。面对法西斯侵略同盟,为团结御敌,中、英、苏、美积极推进建立反法西斯同盟。中国共产党很早就呼吁建立反法西斯的统一战线,先是抗日民族统一战线,继而是世界反法西斯统一战线。中国的呼吁得到其他遭受德、意、日侵略的国家和人民的响应,西方大国也逐渐认识到联合起来反抗法西斯的必要性。

世界反法西斯同盟的形成经历了三个基本步骤:一是东方主战场上中国抗日民族统一战线的形成;二是欧洲战场对德意统一战线的建立;三是太平洋战争爆发后世界反法西斯统一战线的成立。东方对日统一战线与西方对德意统一战线终于汇成了针对德意日轴心国的世界反法西斯统一战线。在世界反法西斯统一战线的基础上,中、美、英、苏四国领衔签署《联合国家宣言》,世界反法西斯同盟最终建立。

在反法西斯同盟各国的协同作战下,各个战场开始反攻。北非战场取得阿拉曼战役的胜利,扭转了北非战局。太平洋战场经过中途岛海战,美军开始掌握主动。苏德战场,经过斯大林格勒战役和库尔斯克战役,苏军转守为攻。在东方主战场,中国远征军赴缅作战,在正面战场开始大反攻。第二次世界大战发生了攻守易势。

第十章

世界反法西斯同盟的形成

日本发动全面侵华战争后，中国一方面呼吁各国援华抗日，对华提供武器和物资援助；另一方面寻求缔结针对日本法西斯的军事同盟。中国开辟了第一个大规模抗击法西斯侵略的东方战场。日军逐步南进，侵占海南岛。中国将此举视为日本挑起太平洋战争的开始，呼吁中、英、法、美缔结军事同盟，应对日本的侵略。出于其自身的考虑，英、法、美对于结盟抗日的提议起初并不积极。面对德国在欧洲的侵略行动升级，美国为了自身安全，开始修改《中立法》，从经济和军事上援助英国，《大西洋宪章》的签署标志着英美同盟的正式缔结。日本偷袭珍珠港后，中、美、英、苏领衔签署《联合国家宣言》，世界反法西斯国家建立起对抗德意日法西斯的同盟。

第一节
中国倡导建立中、法、英军事同盟

1937年抗日战争全面爆发后，中国成立了抗日民族统一战线。此后中国还积极推动世界反法西斯统一战线的形成，并为此作出初步的努力。1939年2月日军侵占海南岛后，国民政府向法、英两国提出了远东军事合作计划，希望能组建类似军事同盟性质的组织，共同应对日本的侵略。英国无意参与此类计划，法国虽然原则上赞同中国的提议，但无力单独付诸行动。法国不希望因拒绝国民政府的军事合作计划而导致中国倒向日本，故希望获得美国的支持。美国国内虽然存在要求积极行动的声音，但对于军事结盟计划，仍持观望态度。德国突袭波兰后，国民政府再次向英法提议缔结军事同盟，但此时英法并未积极回应。中国的呼吁虽未结出果实，但各盟国能就共同抗击敌人进行协商就是一大进步。

一　中、法、英军事合作计划的提出

九一八事变后，中国在独立抗击日本法西斯的同时，改变外交战略，广泛寻求与国，呼吁建立反日的军事同盟。

在日军侵占海南岛之前，中国已经有了结盟抗日的提议。1938年4月，国民党临时全国代表大会通过了《中国国民党抗战建国纲领》。纲领提出，要在独立自主精神之下，"联合一切反对日本帝国主义侵略之势力，制止日本侵略"，保障东亚之永久和平。1939年2月，日军侵占海南岛，这促使中国正式向各国提议结盟抗日。针对日本侵占海南岛的侵略行为，蒋介石发表谈话称：日本侵占海南岛，无异于造成太平洋上之九一八事变，他将此举视为日本发动太平洋战争的开始。日军侵占海南岛是全民族抗战以来对英、法、美三国最大的军事威胁，蒋介石预判，战局必将急转直下，"英美法俄列强不久必有积极行动之表现"。[①] 鉴于此种判断，结合远东局势的变化，中国有意重新考虑与英法的关系，开始试探组建中、法、英军事同盟。

日军侵占海南岛也使国民政府重新思考与美苏的关系。当时英、法、苏三国正就建立反法西斯欧洲集体安全体系进行谈判。中国积极推动苏联与英法的谈判，且希望能签订一个中苏互助条约，此外，蒋介石有意在远东订立一个军事协定，并希望美苏加入此协定。在此国际背景之下，国民政府希望能将远东问题列入英、法、苏所讨论的欧洲集体安全保障范围之内。鉴于海南岛对越南的安全具有重要意义，蒋介石首先考虑能否与法国达成某种军事协议，作为中、法、英军事结盟的第一步。为达到此目的，

[①]《蒋介石日记》（手稿），1939年2月10、11日，美国斯坦福大学胡佛档案馆藏。

第十章 世界反法西斯同盟的形成

国民政府外交等部门开始具体着手准备。

国民政府外交部根据指示,草拟了中、英、法合作原则:一是中、英、法三国将进行军事及经济合作,并于适当时机邀请苏联参加此种合作。上述军事合作计划将通知美国,请美国采取平行行动,以期对日采取一致步骤,共同维持在远东的权益。二是参加对日作战各国不得单独与敌停战或议和。三是在军事方面,中国允许尽量供给兵力、人力及物力,其他各国允许尽量调遣海空军至远东,共同作战。详细计划及实施办法由参加国各派军事全权代表一人商议决定,分别执行。四是在经济方面,参加国允许尽量共同维持各国法定货币及商务,并共同对敌实施制裁,其详细计划及实施办法由参加国各派经济全权代表一人商议决定,分别执行。

中国拟定具体的军事合作方案后,分别向英法两国征求意见。3月27日,驻英大使郭泰祺会晤英国外交大臣哈利法克斯伯爵。但英国方面对于国民政府的提议态度消极,提出只有日本确定要公开反对英国时,才考虑中国的军事合作计划。在此情况下,法国的态度变得极其关键。3月30日,顾维钧向法方探询中、英、法军事合作的可能,并提出了中、英、法的合作方案,表示三国合作将于适当时期邀请苏联参加,同时请美国采取平行行动,以取得一致对敌的效果。国民政府参事室主任王世杰于4月4日拟就了一个中法合作的具体方案转交法国,希望法国能早日给予答复。收到中国提议的方案二十余天后,法国既未表示赞成,也未表示反对。面对举棋不定的法国,顾维钧希望能从法国政府和议会内部争取更多同情的力量,于是密集拜访法国财政部、殖民部以及法国内阁成员。但法方认为,将军事结盟扩展至远东,范围太广、负担太重,如果美国不参加的话,很难实现。法国显然将希望寄托在美国身上。

中国向英法提出军事合作方案后,从英法两国得到的回复并不尽如人意,英国事实上已经表示不可能加入这样一个军事同盟,而法国则一直态度不明。其实,英法两国一直希望美国能够发挥应有的作用,而中国也认为美国的作用举足轻重——获得美国支持远东军事结盟计划,不仅是中国的希望,也是英法的希望。

二 寻求美国赞助的三国军事合作计划受挫

在敦促英法组建军事同盟的过程中，中国注意到英法在远东问题唯美国马首是瞻，因此国民政府同时通过两种渠道向美国寻求帮助，一是中国驻美大使胡适，二是美国驻法大使蒲立德（William Bullitt）。

4月14日，中国驻美大使馆向美国国务院递交了一份有关中、法、英军事合作的备忘录，详细列出中、法、英军事合作的具体条文，还说明了英法两国的态度。15日，驻美大使胡适约见副国务卿威尔斯（Sumner Welles），告诉他中国政府并不预期美国将与中、法、英一起联合对日采取军事行动，而是希望当中、法、英采取对日军事行动时，美国能够以经济或金融举措予以相应支持。

4月18日，顾维钧约见美国驻法大使蒲立德，向其递交了中国致法国政府关于中、法、英合作备忘录的节录，请其向美国总统提请支持英法。蒲立德遂致函美国国务院，汇报称中国同时向英法提出了军事合作的提议。为了核实该计划，蒲立德往访法国外交部秘书长莱热（Alexis Léger）。莱热称，法国尚未正式答复中国，但英国政府已经给出了回答，不愿卷入以假设为前提的军事结盟计划。4月19日，驻美大使胡适将中、法、英军事合作计划面告美国总统罗斯福，以期能尽快从美国得到更为积极的消息。从某种程度上而言，法国之所以未能明确态度，也是在等美国的表态。法国外交部称中方所提议的中、法、英合作计划时机或已成熟，因法国深望与美国合作，但又不便主动提出，如果中方已经将合作计划告知美国政府，"法可顺便与商"。①

4月29日，在等待美国答复期间，蒋介石约见英国驻华大使卡尔（Archibald Kerr），告诉他中国在与英国军事合作问题上的态度明确，而且中国也已经向法美两国政府提出了同样的建议，希望能在中、法、英之间缔结某种形式的军事同盟。

---

① 《顾维钧致重庆外交部电》，1939年4月24日，V. K. Wellington Koo Papers, Koo-0021-027-0022。

5月1日，美国答复中国，拒绝参加中、法、英军事合作计划。国民政府外交部认为，美方的态度表明其不愿预先受到约束，只有英法有了确切的军事合作动向后，美方才会考虑平行行动。如何在英法两国取得突破，仍是军事合作计划的关键。

美国不愿参加中、法、英军事合作计划，使英国更为消极，也挫伤了法国参与的积极性。为了鼓励英国，5月4日，中方向英国提出，一旦日本进攻香港，中国可以向英方支援20万名训练有素的军人，指挥权完全归英方。法国政府对于中方的提议，一再拖延未作正面回答。顾维钧向法方表示，若越南需要兵力、人力，中国均可向法国提供。为推动中法达成实质性的军事协定，5月23日晚，蒋介石约王世杰等研究中法军事协定草案，调整了中法军事协定的条款。

因担心中国彻底倒向日本，法国不愿断然拒绝中国的提议。6月5日，法国驻美大使约见美国国务院远东司司长汉密尔顿（Maxwell Hamilton），共同会商中国提议的远东军事结盟计划。虽然美国于5月1日以口头形式婉拒了中国的提议，但法国方面仍希望能从美国得到一些积极表态。

为了应对远东危局，防止日本继续侵占两国利益，英法6月下旬在新加坡召开军事会议，商讨共同防守远东属地及邀请中国合作问题，这引起中国关注。法国殖民部长孟戴尔（Georges Mandel）告诉顾维钧，新加坡会议大致商定，如欧战发生，日本加入德意作战，则所有英法在远东的军力由英国指挥，并将邀请中国协助，但如日本坚守中立，则不便邀请中国合作。由此，自1939年6月至《苏德互不侵犯条约》签订，围绕中、法、英军事合作计划的交涉几乎陷入停顿。

三 重提中、法、英军事合作计划

1939年秋，欧洲局势发生改变，先是苏德在8月23日订立互不侵犯条约，紧接着9月1日德国突袭波兰。法国所预设的外交环境已经发生改变，对华外交渐趋积极，再度提出已经搁置的中、法、英军事合作计划，以求在远东地区牵制德苏两国。法国主动联系中方，促使中国重提前议。

8月26日，法国外交部密派亚洲司司长吉立脱（Pierre-Eugène Gilbert）拜访顾维钧，告诉他法国对苏德协定订立后中日问题的政策建议及自身对日立场，意在表明，法将转变对日态度。法国认定，苏德条约附有互助密约，两国终将订立军事同盟，英法为应付国际局势之转变，恐不得不与日本妥协，而日本似乎已放弃联德政策，转与民主国家集团接近。顾维钧向法国指出，英法非但不宜妥协，反而更应该坚定立场，利用日本谋和心切之际联合美国，劝告日本停战撤兵。中国的和平富强，是英法在远东地区权益的永久保障。①

针对法方态度，顾维钧判断法国目的主要是希望中国加入英法集团，以便其与日本妥协，并避免中国加入苏德集团。在英法准备对日妥协之际，9月1日，德国突袭波兰，第二次世界大战在欧洲全面爆发。9月6日，顾维钧约见法国殖民部长，告诉他苏联与德国订立互不侵犯条约，目的在于集中视线于远东，以便积极应对日本的侵略，当有利于英、法、美，希望法国对日不让步。法殖民部长则认为，苏联目的在于激化欧洲战事，以便贯彻其世界革命政策，法国需要缓和与日本关系，但法国仍清楚，远东的长久安定，最终须击败日本。②

针对新的战争局势，国民政府拟议了一份三国军事合作的联合宣言，该宣言在原来的中、法、英军事合作方案的基础上增加了新的内容。9月15日，国民政府将三国宣言的备忘录递送法英两国。致法国的备忘录开头写道："中国政府注意到法国与英国政府合作所承担起的援助波兰的义务，对此深表赞赏。地处亚洲的中国与位于欧洲的英法波都是在抵抗侵略。实际上，亚洲与欧洲的局势是相互关联的，英法两国在远东地区的安全与否对中国而言有至关重要的意义。"备忘录分析指出，一旦欧洲战场旷日不决，日本必将乘机实施其传统大陆政策，攫取英法在远东的殖民地及利益，中国政府热切关注法国政府将采取何种远东政策，是否将坚定执行国际联盟

---

① 《顾维钧致外交部并转蒋介石、孔祥熙电》，1939年8月26日，V. K. Wellington Koo Papers, Koo-0040-002-0181。

② 《顾维钧致外交部电》，1939年9月6日，V. K. Wellington Koo Papers, Koo-0032-024-0065。

第十章 世界反法西斯同盟的形成

有关中国问题的决议,中国政府希望法国能通告如下:一旦日本攻击法国在华权利及利益,为了联合抵抗日本侵略,英法需要中国予以全方位的合作;中国政府将做好充分准备配合英法两国,正如英法在新加坡会议上所达成的周密计划那样,通过谈判订立一个针对日本侵略的秘密防御协定,并迅速执行。[1]

国民政府致英国的备忘录强调:中国政府希望英国政府能再次确认其对中日两国的政策,仍将忠实信守《九国公约》《国际联盟盟约》及历届国际联盟决议;希望国际联盟成员不要采取任何有可能削弱中国抗战力量的举措,并对华提供力所能及的援助。为预防日本进一步侵害英法两国在亚洲的利益,中国政府希望英国政府能够与中国建立互助机制,并预先订立一项针对日本的秘密防御协定。

英国对这份中、法、英三国宣言持消极态度,表示英国无意摆脱现有的国际协定和国际联盟决议,也无意采取任何削弱中国抵抗力量的措施,但英国已经倾尽所有资源应对欧洲战争,无力再向中国提供物资援助。英国政府感激中国政府所表达的缔结军事同盟的善意,感谢中国愿意为英国利益而战的决心,感谢中国愿为英国提供人力和物资援助。

9月17日,顾维钧往访莱热,建议法方与英国一起发表一个宣言,法方认为宣言的发表并非上策。面对法国既定的后退方针,顾维钧希望法方不要因为与日本妥协而损害中国利益,针对中国所提此项最低要求,莱热的回答是"法政府断无牺牲中国利益之意",但"为牵制日本,不使加入德苏方面而与英法为难起见,自愿缓和日本,以谋接近,俾易协商一切,此与中国亦属有利"。[2]

9月25日,顾维钧向法国提出三项咨询:一是法国对于远东究竟持何种态度;二是法国将对日本妥协至何种程度;三是法国对苏联抱何种态度。法方表示,法国基本政策在于援助中国富强,绝无牺牲中国权益的意图;

---

[1]《中英法三国宣言备忘录》,1939年9月15日,V. K. Wellington Koo Papers, Koo-0023-001-0024。

[2]《顾维钧致蒋介石电》,1939年9月17日,V. K. Wellington Koo Papers, Koo-0032-024-0068。

对日仅求避免冲突；法国对于苏联则仍盼合作。

在中国极力推动中、法、英军事合作时，美国为集中力量，应对可能的德苏军事同盟，建议成立美、中、法、英、日集团。该意见与中国一直以来的倡议有相通之处，但国民政府不愿日本加入该集团。至此，中、法、英、美、苏之间已经有两次联盟构想提议，这种结盟的最初构想，为太平洋战争爆发后的反法西斯同盟的成立提供了参考。三国军事合作计划的最终流产，就其消极影响而言，一是该计划并未对英法两国的远东政策产生实质性影响而导致其作出改变；二是该计划的提出，某种程度上使国民政府内部一部分人士对联合英法的政策产生了动摇。就其积极影响而言，作为国民政府主动外交的实践，不但试探出了英法对中国抗战政策的底线，而且为以后建立反法西斯同盟提供了一个蓝本。两年后的1941年12月7日，日本偷袭珍珠港，太平洋战争爆发，中、苏、美、英等国终于缔结反法西斯同盟，走上了并肩作战的道路。

第二节
《租借法案》与美英军事同盟的形成

20世纪30年代，随着欧洲军事形势的紧张，美国放宽《中立法》的执行，实施"现购自运"政策。法国投降后，美国进一步支持英国，实施驱逐舰换基地计划，通过《租借法案》，在经济上对法西斯国家宣战。同时，美英联合制定大战略，逐步建立起军事同盟。

一　欧洲困境与美国修订《中立法》

第一次世界大战削弱了欧洲主宰世界的力量。美国、日本和中国等欧洲以外的国家参与巴黎和会本身就清晰地表明，欧洲主导世界秩序的时代已经成为历史。然而，一战后的二十年间，欧洲（确切地说是西欧）的世界中心地位并非全然丧失，这在很大程度上是由于美国国会未批准《凡尔赛条约》，致使整个国家仍固守孤立主义立场，苏联则一度被排除在凡尔赛—华盛顿体系之外。但美国通过商业贸易与金融投资，解决一战后欧洲协约国成员欠美战债与德国赔款等问题，至少在1929年资本主义世界经济大危机之前，就已经深度介入欧洲经济与一战后重建。同时，美国以参与世界裁军会议、促进国际经济合作、支持国际联盟解决九一八事变等方式，间接影响了欧洲政治。但资本主义世界经济大危机的爆发以及上述国际合作行动遭遇严重挫折，强化了20世纪30年代美国孤立主义倾向。以至1935年美国国会针对意大利侵略埃塞俄比亚出台的《中立法》，一改以往尽可能利用中立国地位捞取战争之财的做法，禁止向交战国出售武器、弹药和作战工具。

为弥补在制裁意大利方面出现的政策漏洞，美国1936年修订的《中立法》中增加了禁止向交战国出售战争原材料以及提供贷款的条款。而1937年修订的《中立法》针对西班牙内战爆发又补充规定：禁止美国公民乘坐交战国船只以及禁止美国商船向交战国运输武器，禁止交战国船只进入美国水域，将出口禁运扩大至任何"物品或材料"，该法案也适用于内战情形。然而值得注意的是，1937年的《中立法》对罗斯福总统的意见做出让步，即允许交战国根据总统自由裁量权从美国购买除武器之外的所有物品，只要以现金支付并将物品通过非美国船只装运，即"现购自运"。[①]这一保留体现了罗斯福总统希望协助英国和法国抵御法西斯国家的想法，因为与德国和意大利相比，英国和法国的海运能力更强。然而，英法在自身重整军备不力的情况下沉迷于推行绥靖政策，结果非但未能遏制住法西斯国家发动战争的步伐，反而加速了战争的到来。

德国突袭波兰、英法对德宣战后，美国的有识之士越来越感受到欧洲安全正朝着不利于西方民主国家的方向发展。在罗斯福总统的坚持下，1939年11月国会修订通过的《中立法》解除了武器禁运，并将与交战国的所有贸易置于"现购自运"条款之下，但贷款禁令以及禁止美国船只向交战国运输货品的条款依然有效。在欧洲安全形势趋于严峻的情况下，美国显而

---

① "The Neutrality Acts, 1930s", *Milestones, 1921–1936*, https://history.state.gov/milestones/1921–1936/neutrality–acts.

易见地倾向于英法一方，逐渐放松《中立法》的相关限制。

事实证明，罗斯福总统对欧洲安全形势的担忧和判断是正确的。1940年4月，德军入侵丹麦。挪威、卢森堡、荷兰、比利时、法国相继遭受侵略并被德军占领。特别是法国的迅速战败出乎意料，使英国一时成为欧洲抗德的唯一大国。包括罗斯福本人在内，美国社会普遍对英国是否能够幸存持悲观的看法。对罗斯福来说，英国是欧洲民主国家抵抗法西斯侵略的最后一道防线，其存亡直接关乎美国的安全，因为一旦德国掌控作为海军大国的英国的舰队及其在大西洋的诸岛屿基地，将很可能在征服西欧之后入侵美洲，使战火燃及美国。因此，在仍置身于战争之外的情况下，采取"除参战以外"的所有手段去援助英国以及孤军抵抗日本的中国，成为罗斯福政府的当务之急。

二 美英驱逐舰换基地

德国突袭波兰后，在大西洋航行的英国舰只遭到德国潜艇的频繁袭击，英国很快面临着用于护航反潜的驱逐舰短缺问题。为此，1939年9月18日，担任海军大臣的丘吉尔提出向美国购买驱逐舰。美国担心在英国战败的情况下，这些驱逐舰将落入德国之手，反而会增强德国未来进攻美国的力量，因此希望英国能够承诺，在战败的情况下在被俘或投降之前将舰队转移至加拿大、美国或澳大利亚。但是，丘吉尔最初拒绝做出此种承诺，认为这会对正在经受至暗时刻考验的民心士气产生有害影响，并担心美国企图获得英国舰队。丘吉尔提出，除非美国实际上成为战争中的盟国，否则绝不把英国舰队的任何一部分派到大西洋对岸。

与此同时，出于加强西半球防御的考虑，美国正试图获得英国在西半球岛屿基地的使用权。事实上，自1936年以来，罗斯福一直考虑在纽芬兰、百慕大、牙买加、圣卢西亚、安提瓜和特立尼达建立基地，以便更好地防御美洲并使这些岛屿不沦于欧洲敌国之手。1939年5月，美国军方提交"彩虹"系列战争计划并于次月做出进一步修订，取代了此前坚持了23年的以首先打败日本为目标的"橙色"计划，标志着美国军事战略方向的彻底转变。为

第十章 世界反法西斯同盟的形成

使这些计划切实可行，美国有必要获得英国在大西洋上的一些军事基地。欧洲战事爆发后，英国很快非正式地同意，美国海军舰只和飞机在巡逻大西洋中立水域时可以优先使用百慕大、圣卢西亚和特立尼达的基地设施。但在1940年6月法国败降之前，美国实际上并没有使用上述基地。直到法国快速投降使欧洲安全形势进一步恶化，美国才开始真正重视控制和使用英属岛屿的基地问题，同时英国也更加迫切地希望得到美国的驱逐舰。

在英美互有所求的情况下，1940年7月，英国政府提出以基地换驱逐舰的想法。而美国总统罗斯福派员实地考察英国后相信，英国人愿意并能够抵抗入侵，英国的"生死存亡……很可能取决于能否得到这些驱逐舰"。8月2日，罗斯福正式同意与英国进行驱逐舰换基地的交易，但明确要求英国做出两项保证：一是如果战败，英国应将舰队转移至北美；二是美国以驱逐舰换取在大西洋和英属加勒比海诸岛上修建基地的权利。8月15日，丘吉尔表示接受上述两项保证。于是，美英正式开始就驱逐舰换基地进行谈判。

出于国内政治因素考虑，美国坚持以驱逐舰换取基地，而且要以政府间交换照会的形式达成这一协议。同样由于国内政治因素，丘吉尔不愿意采取"交易"方式，希望将基地的租借权作为英国自愿赠予美国的礼物。然而，此时德国正对英国进行大规模空袭，英国舰只在大西洋的损失有增无减，意大利又在巴尔干对希腊蠢蠢欲动，这一切迫使英方对美方的要求做出让步。8月27日，丘吉尔把安提瓜列入提供给美国的基地名单之中，实际同意按照美国的"交换关系"解决驱逐舰换基地问题。8月29日和9月2日，双方交换了关于英国舰队归属问题的备忘录，并于9月2日晚以互换外交照会形式达成驱逐舰换基地的协议，主要内容如下：英国将纽芬兰、百慕大、巴哈马、牙买加、圣卢西亚、特立尼达、安提瓜以及乔治敦50英里范围内的英属圭亚那的海空军基地租借给美国，租期为99年；美国将立即向英国转让50艘逾龄的排水量为1200吨的驱逐舰。

驱逐舰换基地协议，是美国尚处战争之外时缔结的第一个重大双边军事协定，是美英走向军事同盟的重要一步。尽管英国看似付出了高昂代价，但协议增加了英国海军的反潜力量，美国海军扩大空中和水面巡逻的范围也减轻了英国海军的负担。更为重要的是协议包含的战略意义，正如丘吉尔所认为的，这件事本身肯定会使美国更接近英国，同时更接近战争，它标志着美国从中立国转为非交战国。这不仅拉开了英帝国从西半球撤退的序幕，也是美国摆脱孤立主义的关键一步。

三　美国出台《租借法案》

1939年，美国《中立法》作出了有利于英法的修改。但随着战争损耗不断增加，尤其是敦刻尔克撤退时丢弃了大批军火物资，英国出现了黄金和外汇趋于枯竭而无力"现购"美国军火的危险局面。法国投降之后，美国同意将法国在美的军事订单转至英国名下，更使英国的军火物资支出增加一倍。截至1940年11月，英国已花费约45亿美元现金（包括黄金和可变现的在美资产），只剩下20亿美元左右的外汇资产，且其中大部分是投资。此时的英国即使卖掉全部黄金和国外资产，也难以偿付订货的一半贷款，而且订货需求量预计还要增加10倍。在这种形势下，1940年12月7日，丘吉尔致信罗斯福，指出英国正面临困境，"我们很快就无法用现金支付船舶运输及其他物资的费用"。他进一步强调："若英国在付出鲜血赢得胜利、捍卫文明世界并为美国争取到充分备战的时间后，自己却被剥夺得一干二净，这对双方都极为不利。"他还陈辞道："我相信，以贵国政府和人民所秉持的原则，断不会将慷慨承诺的援助仅限于那些能够即时付款的军需物资。"[①]

数日后，罗斯福回应了丘吉尔的上述诉求。他公开表示：美国也应该尽力帮助英国，后者的订货对于亟待增加生产设施的美国国防极其重要；美国可以把英国的订货转为美国的订货，然后把物资借给或卖给（可以要求抵押）英国，这些物资在英国使用更有利于保卫美国。12月29日，罗斯福在"炉边谈话"中指出，法西斯国家的战争行为对世界文明构成严重威胁。他再次强调，援助抵抗法西斯国家的人民，对于美国自身防御具有重

[①] "The British Prime Minister (Churchill) to President Roosevelt", December 7, 1940, *FRUS, 1940*, Vol.3, Washington D. C.: U.S. Government Printing Office, pp.19–26.

要意义，美国愿意成为"民主国家的伟大兵工厂"。①罗斯福决定采取除参战以外的所有手段，支持英国以及其他抵抗法西斯侵略的国家，同时加紧本国的军备建设。

《租借法案》草案出台后，经过广泛讨论和修订，最终在1941年3月11日下午经罗斯福签署正式成为法律。《租借法案》授权总统通过出售、转让、交换、借予、租给或另行处置的方式，向其认为对美国防务至关重要的任何国家提供援助。次日，国会即被要求拨付70亿美元用于生产租借物资。截至1945年10月1日，美国向40多个国家提供了总计460.4亿美元的各种援助，其中英国获得约316亿美元的援助，占援助总额的69%。②

图10-1 罗斯福总统签署《租借法案》

《租借法案》以及租借援助有力支援了包括英国在内的反法西斯国家，深化了美英两国之间的"特殊关系"，为世界反法西斯战争的胜利作出了重

---

① "National Security", Fireside Chat #16, Master Speech File, 1895–1945, Series 1: Master Speech File, Box 58, File No.1351–A.

② The U.S. Department of State, *Twenty-first Report to Congress on Lend-Lease Operations*, Washington D.C.: U.S. Government Printing Office, 1946, p.11.

要贡献。《租借法案》的通过意味着美国在经济上对法西斯国家的"宣战"，租借援助也使美国迅速走出经济大萧条，并为战后构建其主导的布雷顿森林体系奠定了基础。

四　美英军事同盟的建立

英美双方都表达了与对方进行军事合作的愿望，而英方显得更加迫切。面对日本发动的全面侵华战争，英国力图保住在华既得利益，对日本无视外国权益的做法不断提出抗议，但它在远东防御力量的空虚状态使任何抗议都变得软弱无力。与此同时，欧洲的局势也进一步恶化。英国企图通过绥靖政策达到防止战争的目的，又希望依靠与在远东有直接利害关系的美国合作，把日本的扩张限制在一定范围之内。英国认为，没有与美国的充分合作，英国在远东就不能采取行动。

在日本不断扩大战事之后，美国才改变了之前不愿意同欧洲民主国家联合抵制日本的做法。因为日本的侵华战争破坏了美国极其重视的"门户开放"原则，美国必须把日本问题与世界其他地区的形势结合起来考虑。1937年10月，罗斯福发表著名的"隔离演说"，把法西斯国家比喻为需要"隔离"的传染病病原体，这被视为美国呼吁与西方民主国家合作抵制日本侵略的第一次明确信号。

同年11月，《九国公约》签字国在布鲁塞尔召开会议，为英美讨论联合抵制日本扩张提供了一个机会。但双方在是否要对日本实行制裁问题上各有打算且互不信任，导致会议无果而终。12月，日军在长江制造了击沉美国炮舰"帕奈"号和击伤英国炮舰"瓢虫"号、"蜜蜂"号的事件，促使罗斯福总统批准美国海军战争计划局局长英格索尔（Royal Ingersoll）前往伦敦，秘密磋商两国海军合作事宜。1938年1月，美英两国就海军远距离隔离日本制定初步的联合战略，建立了海军秘密技术信息定期交换机制，这一战略成为之后两国关于远东太平洋防御计划的基础。这是美国决心同法西斯进行斗争的第一个明确行动，也是对英国屡次要求与美国合作抵制日本的明确回应，标志着美英军事战略合作的开端。

1938年9月《慕尼黑协定》签订，1939年3月捷克斯洛伐克被占领。在这种情况下，1939年6月，英国海军部战争局的汉普顿（Thomas Hampton）前往华盛顿，与美方就远东问题进行秘密会谈。尽管这次会谈未能解决英国面临的困境，但促使美国最终完成了战略目标的重大转移，即把美国坚持了几十年的聚焦太平洋针对日本进攻的战略，转变为聚焦大西洋和太平洋的针对德、意、日多个敌人进攻的联合战略。不久，欧洲战事爆发，美国随后修订了《中立法》。然而，1940年6月，法国投降，欧洲形势急转直下。在美英谈判驱逐舰换基地的同时，同年8月，罗斯福派遣美国海军战争计划局局长戈姆利（Robert Ghormley）偕同陆军和陆军航空队代表前往伦敦，再次与英方进行秘密军事会谈，同时实地考察英国是否能够抵御德国的进攻。设身处地了解英国形势及其战略计划是戈姆利伦敦之行的最大成果，这在很大程度上影响了罗斯福继续并加大援助英国的决心。

在美国酝酿《租借法案》期间，1941年1—3月，美英在华盛顿举行了军事参谋会谈（又称ABC参谋会谈），这是太平洋战争爆发前美英建立军事同盟的重要一步。这次会谈达成的《ABC—1协定》，协调了两国的全球军事战略，正式确立了"先欧后亚"或"大西洋第一"的战略方针，共同制订了包括陆地、海洋、天空在内的世界范围的美英军事联合作战计划，并建议将政治和军事的全面指挥权交给一个最高作战会议，该协定成为指导盟国进行反法西斯战争的基础性文件。8月，罗斯福与丘吉尔在纽芬兰港口的军舰上举行了大西洋会议，签订了《美国总统和英国首相的联合宣言》（即《大西洋宪章》），表明了双方在战时和战后合作的政治原则和愿望，标志着两国同盟的正式缔结。

第三节
《联合国家宣言》的签署

九一八事变后不久，中国共产党就呼吁建立反对日本法西斯的统一战线。随着德、意、日逐步走向联合，中国共产党进一步呼吁建立反法西斯的国际统一战线。苏德战争爆发后，英美签署《大西洋宪章》，反法西斯统一战线的西方战线初具雏形。为了引领世界反法西斯同盟的建立，中国共产党联合反对日本法西斯的东方各民族，先行建立了东方各民族反法西斯同盟。日本偷袭珍珠港后，中、美、英、苏终于签署《联合国家宣言》，世界反法西斯同盟正式成立。

一　中国共产党呼吁建立反法西斯的国际统一战线

中国共产党将中国的抗日与世界人民的反法西斯战争视为一个整体，是最早提出并践行世界反法西斯统一战线的政党之一。1936年4月25日，中共中央发布《为创立全国各党各派的抗日人民阵线宣言》，呼吁全国各党各派创立抗日的人民阵线，反对日本帝国主义，实行外交公开，"联合世界上以平等待我的民族与国家"。此时，毛泽东认为，帝国主义世界已经发生变化，日本的侵略加剧了它与英美的矛盾。[1] 1936年7月15日，毛泽东会见斯诺时指出，日本帝国主义不仅是中国的敌人，同时也是要求和平的世界各国人民的敌人。除了日本和那些帮助日本帝国主义的国家以外，所有国家可以组成反侵略、反战、反法西斯的世界联盟。毛泽东强调，各国人民联合起来抵抗日本法西斯的侵略和压迫，这一构想可以实现。

西安事变的和平解决，促成了抗日民族统一战线的初步形成。1937年1月3日，中共中央发布《关于统一战线区域内党的工作的基本原则草案》，第十四点为："采取一切办法，取得世界和平阵线各国援助，同人民阵线的国家、同苏联建立亲密的合作。"毛泽东向党内指出，九一八事变特别是华北事变以来，日本帝国主义和中国的矛盾特别尖锐、特别突出，若干其他帝国主义和中国的矛盾被推入次要的地位，而这些帝国主义和日本帝国主义间矛盾的裂痕被扩大。因此，应当将抗日民族统一战线和世界和平阵线相结合。中国不仅应同苏联联合，也应同现时愿意保持和平而反对新的侵略战争的帝国主义国家建立共同反对日本帝国主义的关系。

---

[1] 中共中央文献研究室、中央档案馆编：《建党以来重要文献选编（1921—1949）》第13册，中央文献出版社2011年版，第146页。

在会见来访的外国记者代表团时，毛泽东指出，如果任何一个帝国主义国家控制中国，即同时意味着其他帝国主义的撤退，因此中美有可能走到一起；要让美国采取明确的立场，反对日本的侵略。1937年7月7日，七七事变爆发，日本发动全面侵华战争。7月8日，中共中央发表通电，呼吁："平津危急！华北危急！中华民族危急！只有全民族实行抗战，才是我们的出路！"在对英政策上，《解放》周刊发表《中国抗战与英国》一文，指出英国对侵略者采取的退让和调停政策，不仅将牺牲中国，"而且也必然将危害到英国自己"。文章呼吁，只有和中国合作反对日本，才是英国的出路。

中共中央根据在洛川召开的政治局扩大会议讨论结果，于8月25日公布了《抗日救国十大纲领》。纲领第五条为"抗日的外交政策"，具体内容为："在不丧失领土主权的范围内，与一切反对日本侵略主义的国家订立反侵略的同盟，及抗日的军事互助协定。拥护和平阵线，反对德日意侵略阵线。联合朝鲜台湾及日本国内的工农人民反对日本帝国主义。"为了建立更为广泛的抗日民族统一战线，中共中央发表《中共中央告日本海陆空军士兵宣言》和《八路军告日本士兵书》，号召日本士兵掉转枪口，与中国人民联合起来打倒日本法西斯军阀。1937年9月22日，国民党中央通讯社发表《中共中央为公布国共合作宣言》，标志着中国抗日民族统一战线正式成立。

与此同时，美国也在改变对中国抗战的态度。1937年12月，日军在南京附近长江江面击沉美国海军"帕奈"号炮舰，并同时袭击了英军炮舰。《解放》周刊针对此事件发表评论，认为英美对日本继续采取退让政策，只会使日本对英美利益的威胁更为严重。1938年1月，美国总统罗斯福在国会发表演说，在强调和平所受威胁的同时，认为需要以国际协定维持和平。2月11日，毛泽东在延安反侵略大会上作演讲时说，现在世界的侵略者结成一条侵略阵线，世界的反侵略者则团结世界上大多数人民保卫世界的和平，这两个相反方向的阵线在全世界斗争着。现在有三个反侵略的统一战线，即中国的统一战线、世界的统一战线、日本人民的统一战线。反侵略是今天世界政治的总方向。在世界人民和日本人民的援助下，中国一定能战胜日本侵略者。

中国共产党在批评绥靖政策的同时，呼吁建立集体安全体系来遏制侵略。《慕尼黑协定》订立后，中共将其称为人类历史上弱小者被牺牲的大悲剧之一，认为该协定是欧洲大国向法西斯低头屈服。虽然英法在妥协，但在中共六届六中全会上，毛泽东仍明确指出，中国抗日战争的胜利不能离开世界而孤立起来，中国应该努力争取资本主义国家的援助。进入1939年后，美国总统罗斯福提出修改《中立法》，呼吁民主国家应联合起来对抗非民主国家的进攻。毛泽东在为《论持久战》英译本写的序言中指出，中国如果战败，英美等国将不能安枕，援助中国就是援助英美自己。我们同意罗斯福总统保卫民主的宣言，但坚决反对张伯伦对西方法西斯国家的退让政策，希望英美民众团结起来，督责其政府采取反对侵略战争的新政策。[①]

1939年9月1日德国突袭波兰，9月3日英法对德宣战。毛泽东指出，战争已经进入帝国主义的世界大战阶段，号召各资本主义国家的人民与各殖民地、半殖民地的被压迫民族一道，建立反战争、反侵略的统一战线。面对日本"南进"的态势，英美希望中国能够牵制日本。德、意、日三国轴心集团成立后，英美两国开始对华提供贷款。中共中央在对待帝国主义的问题上，明确指出必须将日本帝国主义与其他帝国主义加以区别。

1941年3月，美国通过《租借法案》，罗斯福称中国可以从美国获得抗战援助。6月，苏德战争爆发。中国共产党坚持抗日民族统一战线，坚持国共合作，明确指示全党在外交上同英美及其他国家一切反对德意日法西斯统治者的人们联合起来，反对共同的敌人，"在目前时期，一切力量须集中于反对法西斯奴役"。[②] 7月7日，中共中央发表宣言，呼吁"拥护国际反法西斯阵线，促进中、苏、英、美及其他一切反对法西斯的国家民族一致

[①]《毛泽东文集》第二卷，人民出版社1993年版，第89—91、145—146页。
[②]《毛泽东选集》第三卷，人民出版社1991年版，第806页。

联合，反对德、意、日法西斯同盟，拥护国民政府对德意绝交的正确行动，并准备采取新的步骤"。[1]《大西洋宪章》发表后，中共中央发表声明，欢迎宪章的发表。10月，东方各民族反法西斯代表大会在延安举行。来自日本、印度、印度尼西亚、菲律宾、马来亚、缅甸、泰国、朝鲜、越南和中国的130多名代表出席会议，大会决定成立东方各民族反法西斯同盟，并通过了大会宣言。东方各民族反法西斯同盟的建立是中国共产党坚持世界反法西斯统一战线的阶段性成果。

1941年11月，毛泽东发表广播演讲，呼吁美国应该毫不迟疑地向德国宣战。美国应和中国及英国一道，以实力制裁法西斯。英美人民应将世界反法西斯斗争推向更高阶段。[2]太平洋战争爆发后，中共中央书记处指示周恩来、廖承志等，强调太平洋开战后对英美之政策，应是建立与开展中共与英美政府的广泛的、真诚的、反日反德的统一战线。

12月9日，中共中央发表《中国共产党为太平洋战争的宣言》和《关于中共中央太平洋反日统一战线的指示》，表达了愿与英美合作作战的意愿，呼吁建立太平洋一切抗日民族的统一战线。1941年12月13日，《解放日报》特别刊登了《中共中央关于太平洋反日统一战线的指示》，指出抗日战争的中心任务是建立与开展太平洋各民族反日反法西斯的广泛统一战线，中国共产党应该在各种场合与英美人士通力合作，以增加英美抗战力量，并改善中国抗战状况。

二 《大西洋宪章》的发表

1941年苏德战争爆发后，英美迅速表示，将给予苏联一切力所能及的支持。1941年7月，日本强迫法国"维希政府"签订协议，允许日军进驻法属印度支那南部。英美在东南亚的殖民地受到严重威胁。英国希望美国

---

[1] 中共中央文献研究室、中央档案馆编：《建党以来重要文献选编（1921—1949）》第18册，中央文献出版社2011年版，第488页。

[2] 中共中央文献研究室、中央档案馆编：《建党以来重要文献选编（1921—1949）》第18册，第689页。

能够调整对日战略，减轻英国的压力。在此背景下，1941年8月9日，罗斯福与丘吉尔在"威尔士亲王"号战列舰上举行大西洋会议，这是大战爆发后两人的首次会晤。

在为期5天的会议中，双方就远东局势、援苏抗德以及英美结盟等问题进行讨论。英国希望美国能够从太平洋上遏制住日本，要求美国在对日谈判中发出措辞强硬的声明，甚至以最后通牒的方式表明不惜诉诸战争的态度。但此时美国尚未做好对日作战的准备，尽量通过与日本谈判以拖延其进攻时间。8月12日，罗斯福与丘吉尔联名致电斯大林，提出了召开会议的提议，苏联也迅速予以肯定回应。关于加强英美联盟以及美国军事援助英国问题，双方商定继续按照《租借法案》对英提供援助。关于护航问题，罗斯福决定使用美国军舰保护大西洋海上运输通道，所保护的货船并不限于美国。这在事实上开启了美国对德在大西洋上的不宣而战。会议结束后，罗斯福在1941年10月27日宣布，他已经命令美国海军，在大西洋美国的安全区内可以打击德国舰艇。

大西洋会议最重要的成果是《大西洋宪章》，全文如下：

1.两国并不追求领土或其他方面的扩张。

2.凡未经有关民族自由意志所同意的领土变更，两国不愿其实现。

3.尊重各民族自由选择其所赖以生存的政府形式的权利。各民族中的主权和自治权有横遭剥夺者，两国俱欲设法予以恢复。

4.两国在尊重它们的现有义务的同时，力使一切国家，不论大小，胜败，对于为了它们的经济繁荣所必需的世界贸易及原料的取得俱享受平等待遇。

5.两国愿促成一切国家在经济方面最全面的合作，以便向大家保证改进劳动标准，经济进步与社会安全。

6.待纳粹暴政被最后毁灭后，两国希望可以重建和平，使各国俱能在其疆土以内安居乐业，并使全世界所有人类悉有自由生活，无所恐惧，亦不虞匮乏的保证。

7.这样一个自由，应使一切人类可以横渡公海大洋，不受阻碍。

8.两国相信世界所有各国，无论为实际上或精神上的原因，必须放弃使用武力。倘国际间仍有国家继续使用陆海空军军备，致在边境以外实施侵略威胁，或有此可能，则未来和平势难保持。两国相信，在广泛而永久的普遍安全制度未建立之前，此等国家军备的解除，实属必要。同时，两国当赞助与鼓励其他一切实际可行的措施，以减轻爱好和平人民对于军备的沉重负担。

《大西洋宪章》关于结盟抗德的提议以及战后和平的设想，对世界反法西斯同盟的建立以及联合国的成立起到了推动作用。在此次会议上，虽然罗斯福和丘吉尔对于结束战争的考虑和战后目标存在分歧，英美双方在自由贸易及英国殖民地处置等方面有比较激烈的讨论，但双方的态度大体是一致的。《大西洋宪章》可以视为英美两国政治联盟的开始。1941年9月24日，英国于伦敦召集欧洲反法西斯国家会议，与会国还包括苏联、比利时、卢森堡、荷兰、南斯拉夫、波兰、捷克斯洛伐克、希腊、挪威及"自由法国"等。同日，苏联发表声明，同意《大西洋宪章》原则。国际反法西斯统一战线朝着最终建立又迈进了一大步。

三　中、美、英、苏领衔签署《联合国家宣言》

1941年9月29日，美、英、苏在莫斯科举行会议，全面讨论了美英向苏联供应武器装备以及苏联向美英提供原料和货物的问题。10月1日，三方签署了援助协议，即《对俄国供应第一号议定书》。主要内容是：美英自1941年10月1日至1942年6月30日，每月向苏联供应500辆坦克、400架飞机以及其他军用物资，并帮助运输；苏联方面则提供军工生产原料，以帮助英美扩大军工生产。10月30日，罗斯福致信斯大林，表示批准议定书中的全部援苏条款，并决定向苏联提供10亿美元的无息贷款。11月7日，罗斯福发表声明，宣布苏联已取得租借援助的资格，这为苏联在战时获取美国援助铺平了道路。莫斯科三国会议标志着苏、美、英三大国不仅加强了政治联合，经济和军事也逐步联合起来，有力地推动了世界反法西斯同盟的最终形成。

《大西洋宪章》发表后，美日之间的谈判一直在紧密进行。但由于双方目标差异巨大，谈判破裂。12月7日，日本偷袭珍珠港。12月8日，美英对日宣战。12月9日，中国正式对日、德、意宣战。共同的敌人将中、美、英紧密团结在一起。

获悉珍珠港事件的当日，蒋介石立即召见美国驻华大使高斯（Clarence Gauss）、英国驻华大使卡尔和苏联驻华大使潘友新（Alexander Panyushkin），强调中国决定不避任何牺牲，建议中、英、美、苏、荷等国成立军事同盟。蒋介石还建议，由中、英、美、荷四国成立联合作战机构，制订联合作战计划，并在重庆设立联合指挥部。中国的建议和行动，得到了美英两国的积极响应。12月16日，罗斯福致电蒋介石，赞成召集各国代表会商作战计划，成立军事指挥机构。12月17日晚，蒋介石在重庆召集中、英、美、苏各国代表举行会谈，讨论中、英、美、苏、荷五国军事代表会议大纲，最后决定成立中、英、美三国联合军事会议。23日，中、英、美三国军事代表联席会议正式在重庆召开。此次会议是太平洋战争爆发后中、英、美三国就共同抵抗日本召开的第一次联席会议，推动了远东反法西斯统一战线的形成。

在重庆军事会议召开的同时，1941年12月22日至1942年1月4日，美英在华盛顿召开"阿卡迪亚"会议，商讨对德、意、日的作战计划。会议再次确认大西洋和欧洲优先原则，决定采取一切手段支援苏联的攻势，以及成立中国战区。会议期间，美国倡议所有对轴心国宣战的国家签署一项宣言。在《大西洋宪章》的基础上，美国起草了《联合国家宣言》。12月30日，中国驻美大使胡适收到了美国国务卿转交的宣言全文，美国希望中国加入共同宣言。1942年1月1日，美国总统罗斯福约见中国外交部长宋子文、英国首相丘吉尔及苏联驻美大使李维诺夫，商讨由四国领衔签署联合宣言，宋子文当即予以同意。宋子文当场签字后，即请示蒋介石，称宣言宗旨与此前中国政策完全符合，故已经先行从权签字。签字后，罗斯福总统欢迎中国成为"四强"之一。①宣言宣告:签字国政府保证运用所有的军事及经济资源,对抗轴心国及其仆从国;每一签字国政府保证与宣言签字国政府合作,不与敌国缔结单独停战协定或和约。

图10-2 美英两国"阿卡迪亚"会议场景

"阿卡迪亚"会议后,美国军方开始酝酿在欧洲开辟第二战场的计划。1942年4月8日,罗斯福的总统顾问和陆军参谋长马歇尔带着美国军方制订的计划前往伦敦与英国协调。4月11日,罗斯福致电斯大林,邀请苏联派特使来华盛顿商讨"西欧作战计划"。为进一步巩固反法西斯同盟的团结,苏联政府决定派外交人民委员莫洛托夫访问伦敦和华盛顿。5月20日,莫洛托夫抵达伦敦。5月26日,莫洛托夫和艾登分别代表苏英签订了有效期20年的《苏英同盟合作互助条约》。条约规定:战争时期,两国互相支援,非经双方同意,不得单独缔结任何停战协定或和约;战后,两国团结一致保

---

① 《外交部长宋子文电蒋委员长》(1942年1月1日),叶惠芬主编《中华民国与联合国史料汇编·筹设篇》,中国台北"国史馆"2001年版,第4页。

卫和平。5月29日，莫洛托夫飞抵华盛顿，与罗斯福讨论了开辟第二战场和第二个援苏议定书等议题。6月11日，苏联驻美大使李维诺夫和美国国务卿赫尔在华盛顿签署了《关于在反侵略战争中相互援助所适用原则的协定》，规定美苏两国相互提供物资、设备和情报，从法律上确立了美国对苏的租借援助形式。苏英同盟条约和美苏互助协定的缔结，改善了苏联与美英两国的战时关系，使反法西斯同盟进一步巩固，坚定了世界人民战胜法西斯的信心。

本章图片来源

图 10–1　https://www.historycentral.com/ww2/events/lendlease.html。

图 10–2　https://www.nationalww2museum.org/war/articles/first–washington–conference–arcadia。

第十一章

从扭转战局到大反攻

世界反法西斯同盟成立后，盟国之间开始联合作战，向德意日法西斯发起进攻。英美联军登陆北非，取得北非战场的胜利，彻底改变了北非战局。之后，盟军乘势进攻意大利，迫使意大利投降，动摇了德国的军事布局，使得法西斯联盟解体。苏德经过相持阶段后，苏联取得斯大林格勒战役的胜利，从根本上改变了双方的力量对比。为彻底击败德国法西斯，盟军决定开辟第二战场，从东西两面夹攻德军。在太平洋战场，经过中途岛海战和瓜岛战役，盟军开始全面反攻。在亚洲大陆，中国远征军入缅作战，援助英军，打击东南亚的日军。中国国内的正面战场和敌后战场亦发起反攻。在反法西斯同盟各国的协同作战之下，第二次世界大战各个战场逐步扭转战局，反法西斯战争进入大反攻阶段。

第一节
北非地中海战场

1942年，隆美尔的攻势被遏制在阿拉曼地区后，北非战场进入相持阶段。英军整编军队、调整部署，决意将德意军队赶出北非。英美军事将领在伦敦会议上确立了英美军队登陆北非的作战计划。10月底，盟军与德意军队展开决战，取得阿拉曼战役的胜利。11月，"火炬行动"实施，英美军队登陆北非，东西夹击德意军队。1943年5月，德意军队投降。之后，盟军在突尼斯战役中取得胜利。盟军乘胜追击，在意大利西西里岛成功实施两栖登陆作战，从南部攻入意大利本土，迫使意大利投降。1944年，随着全面反攻的开始，盟军最终赢得意大利战役的胜利。同时，德国海军在大西洋上以潜艇战、"破交战"等方式，破坏反法西斯同盟物资运输通道。对此，英美等国建立护航制度，搜集、破译德国海军情报，粉碎了德军的作战意图，为盟军在北非和地中海战场及欧洲战场的行动提供了有力支援。

一　北非战役

1941年春，应意大利请求，隆美尔率领德国非洲军团进入北非战场，与英军展开拉锯战。7月至9月，北非战场转入相持阶段。英国任命哈罗德·亚历山大担任英军总司令，蒙哥马利担任第8集团军司令，并重整军备，准备反攻。9月至10月，英海空军以马耳他岛为基地，沉重打击了德意运输船队，隆美尔军队补给物资越发困难。1942年7月，英美伦敦军事会议决定在1942年11月实施代号"火炬行动"（Operation Torch）的作战计划，登陆法属北非地区，策应英军拟在阿拉曼地区进行的反攻。

根据作战计划，在"火炬行动"实施前，蒙哥马利的第8集团军应首先击溃埃及阿拉曼地区的隆美尔军团，尔后急速向西推进，配合追击的盟军把敌人赶出北非。10月23日夜，英军火炮猛烈攻击德意军队阵地，并破坏德意军队的通信网。紧接着，第8集团军从北、南两个方向攻击隆美尔军团的防线，经过在沙漠中数日的坦克大战，11月2日，英军击溃德意军队。隆美尔请示希特勒后，命令德军撤退。11月8日，英军夺回马特鲁港。隆美尔在阿拉曼战役中的失败，极大地削弱了德意非洲军团的实力，北非战场形势开始向有利于盟军的方向发展。

1942年11月8日，"火炬行动"实施，英美军队在法属北非地区登陆。虽然英美两国在行动前已力争使"维希法国"军队放弃抵抗，但出于保密需要，没有将登陆的具体时间告知倾向盟军的"维希法国"将领们，这使得英美登陆军队遭到了部分"维希法国"军队的抵抗。盟军登陆后，迅速达成既定作战目标，于11月8日当晚占领阿尔及尔，10日占领奥兰，11日占领卡萨布兰卡。

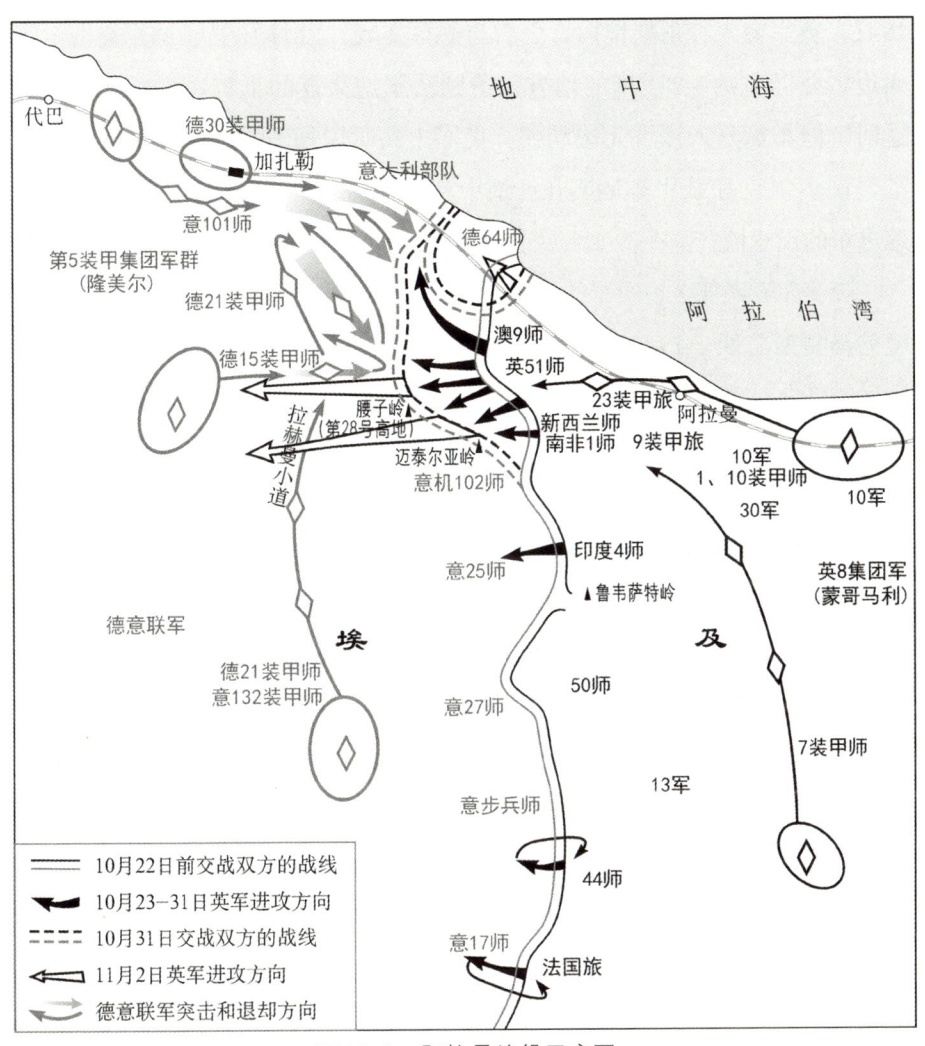

图11-1　阿拉曼战役示意图

11月11日，"维希法国"军队在维希海军上将达尔朗的命令下停火。达尔朗与艾森豪威尔达成协议：若达尔朗支持盟军的行动，则由他全权掌握法属北非地区的一切事务。然而，"维希法国"的行动严重刺激了希特勒，德国迅速攻占法国南部，试图俘获驻扎在土伦港的法国海军舰队，但因法国海军士兵自沉战舰而未能得逞。

"火炬行动"的实施，使得北非德意军队面临着被夹击的风险。11月

15日，英军突入突尼斯境内，之后与德军交战。12月10日，德军突击至距离迈贾兹巴卜约3.2千米的地方，遭到法军炮兵连的抵抗，之后德军企图迂回，但车辆陷入沙坑无法动弹。美军士兵听说德军突击的谣言后发生混乱，许多坦克和装甲车辆陷在沙地中。美军的装备损失，使得向突尼斯快速进军的设想流产。

隆美尔在英第8集团军的追击下，退至原来由法国构筑的保护突尼斯边境的马雷斯防线。1943年2月13日，英第8集团军的先头部队追上隆美尔断后的部队。为了防止被包围，隆美尔将部队分为两部，一部向塔莱推进，一部西进泰贝萨。隆美尔一开始取得较大战果，但2月23日被迫撤退。3月6日，德军再次向英军发动进攻，但被英军击退。经此一役，北非战场的主动权落入盟军手中。

1943年3月17日，巴顿指挥美国第2军向东推进，威胁德军据守的马雷斯防线。3月21日，蒙哥马利下令收紧对德军的包围圈，压缩德军机动空间。此时，盟军拥有了远超德军的兵力，装甲部队的力量对比甚至达到了15∶1，盟军处于绝对优势的空中力量。盟军以右翼的第8集团军实施佯攻，牵制德军，左翼美第2军向比塞大实施助攻，中路以英第1集团军向突尼斯实施主攻。在战役发起前，盟军已完全封锁突尼斯和意大利之间的海空运输通道。

4月19—22日，盟军全线相继发动进攻。德意军队因严密的海空封锁未能撤出北非。无奈之下，5月13日，德军将领阿尼姆投降。至此，北非战场的作战宣告结束。

二　意大利战役

美英盟军成功发起"火炬行动"登陆北非之后，罗斯福致电丘吉尔，建议召开会议，商讨盟军控制地中海南岸后下一步的军事行动。1943年1月14日至24日，英美两国首脑在各自军政要员陪同下，在卡萨布兰卡举行会晤。1月24日，英美确定了"1943年作战方针"，决定于1943年7月发动西西里战役，代号为"哈斯基"。

第十一章 从扭转战局到大反攻

按照盟军参谋部制订的作战计划，西西里岛登陆战役开始前，盟军对西西里岛上的军事设施、港口和战略要地进行持续轰炸，攻占西西里岛周围的小岛，获取战斗机的前进基地。为了掩盖真实战略意图，防止意海军拦截登陆舰队，盟军还采取了一系列战略欺骗措施，如将带有假作战方案的"马丁少校"尸体空投至西班牙海岸附近、登陆舰队制造向东航向希腊的假象，甚至对登陆地域没有进行预先火力准备。

7月9日深夜，美第82空降师和英第1空降师率先发动空降突击，在锡拉库萨附近进行空降，尝试夺取道路枢纽、桥梁、高地等关键节点，但因天气、组织不善和伞降分散等原因，未达成作战目标。7月10日凌晨，英美盟军在风浪中登陆西西里岛。盟军因装备新式登陆舰艇和水陆两用汽车，登陆速度极大提高。当日，盟军便攻占了纵深5—15千米的登陆场。11日，德军装甲师对美军实施反击，但被击退。7月12日，英军攻占锡拉库萨。美军于7月22日攻占西西里首府巴勒莫。随后，英美军队分别向东北和北方推进，开启向墨西拿进军的"竞赛"，8月17日，巴顿率领美军率先攻入墨西拿，西西里岛登陆战役结束。此战役是二战期间盟军实施的第一次大规模两栖登陆作战，为之后盟军反攻欧洲大陆提供了经验。

1943年7月25日，意大利发生政变，墨索里尼下台并被逮捕，以巴多里奥为首的新政府与盟国秘密会谈，表明投降意向。盟军决定以亚历山大为司令，由第15集团军群共40个师，在意大利南部那不勒斯地区登陆，占领意大利南部地区。9月3日凌晨，英军率先渡过墨西拿海峡，在雷焦卡拉布里亚登陆，9日，美第5集团军在萨莱诺登陆，向那不勒斯发起进攻。10月1日，盟军攻占那不勒斯，6日抵达沃尔图诺河和泰尔莫利一线。而德军依托古斯塔夫防线，与盟军对峙。

至1944年1月，意大利战场上的盟军依旧进展缓慢。1月17日，美军第5集团军司令克拉克奉命以英第10军、美第2军和法国远征军从正面进攻德军第14装甲军；美军在安齐奥实施登陆作战，从侧后协同作战。其间，英军进攻失败后转入防御；美第2军强攻卡西诺受挫；法军抵达卡西诺修道院附近，但未能夺取战场制高点。2月11日，盟军被迫停止进攻。战局再次陷入僵持阶段。5月11日，盟军在休整后再次向古斯塔夫防线发动进攻，并利用空中优势对德军后方交通枢纽实施遮断轰炸。5月17日，德军防线终被攻破，法军占领埃斯佩利亚，美军占领福尔米亚，德军被迫放弃卡西诺。23日，美军从安齐奥发动进攻，突破德军防御，于25日与美第2军会师并控制6号公路。6月10日，美军沿公路进入罗马城。德军退入意大利北部地区。

1945年4月9日，盟军发动意大利北部战役。至23日，德军全线崩溃，美军向米兰、都灵推进，英军向南斯拉夫边境推进。5月2日，德军投降，意大利战役结束。至此，地中海战区战役全部结束。

三 大西洋海战

大西洋海战是指二战期间美英两国同德国在大西洋海域进行的保护与破坏交通线的海上作战行动。双方斗争的焦点在于夺取大西洋地区的制海权和确保海上交通线的安全，主要以潜艇战与反潜战、"破交战"、海上封锁与反封锁作战等形式呈现。战争初期，英国因其海军优势控制着大西洋，德国海军水面舰艇在数量与质量上均不如英国，潜艇遂成为德国破坏英国海军水面舰艇的有效武器。此外，作为岛国的英国，其日常以及军需物资补给几乎完全依赖进口。为了削弱英国的战争潜力，德国海军采用潜艇战、"破交战"的手段，扼杀英国的海上物资运输通道。

1939年9月3日，德国潜艇用鱼雷攻击了邮船"雅典娜"号，造成112名英国和美国乘客遇难，拉开了德国"破交战"的序幕。为了弥补潜艇数量的不足，德国海军使用大型水面舰艇执行"破交战"的任务，"施佩伯爵"号袖珍战列舰在南美附近击沉9艘商船。但是，由于英国水面舰艇力量居于绝对优势，德国的"破交战"成果不佳。1941年，"俾斯麦"号被英军击沉。

1942年1月，随着美国的参战，德国将无限制潜艇战的作战范围扩大到北美至巴西海域。德国海军潜艇部队司令邓尼茨采用"狼群战术"，该战术的核心是依托无线电通信，总部把收到的目击报告转发给附近由潜艇组成的"狼群"，由数个潜艇群对商船队进行猎杀。这种战术极大地打击了盟军的商船队，给盟军造成巨大损失。1942年5月和6月，德国潜艇击沉盟军船只吨位超过60万吨，加上水雷和飞机造成的损失，1942年6月盟军全球损失船只吨位达到了85万吨。

英美此后加强了对商船队的护航，两国海军设置数支以航空母舰为核心的特遣舰队，部署在大西洋海域执行护航任务。1942年7月，英美海军水面舰艇开始装备搜索雷达、磁探仪和新式声呐等设备，使用深水炸弹等武器。航空兵装备新型长航程的水上反潜巡逻机，覆盖北起格陵兰、南至弗里敦的北大西洋海域，进一步压缩德国潜艇活动范围。

另外，英美情报人员通力合作，试图破解德国的无线电密码。盟军还通过使用高频无线电测向仪来追踪无线电信号的来源，利用三角定位法测算出信号源的位置。英国海军驱逐舰官兵在一次反潜任务时，迫使德国潜艇U-110上浮，带回一台完整的"恩尼格玛"密码机。由艾伦·图灵设计制造的机电式计算机对其进行破译，获得巨大成功。

盟国也进一步更新其海上护航制度。1943年3月1日，英、美、加三国在华盛顿开会，划分大西洋的护航责任区。英国和加拿大负责北大西洋的护航任务，美国负责西半球和中大西洋的护航任务。盟军舰艇上装备了新的声呐设备，以及最新型的"271型"雷达，能显示目标的距离和方位，极大提升了搜索海空目标的有效性，也抵消了德国潜艇在夜间水面攻击的优势。盟军在舰艇上装备"刺猬弹"，一次齐射可以将24枚65磅重的深水炸弹，以椭圆形散布发射至舰艇的两侧和前方，增强了反潜武器的有效性。而新型的声自导反潜鱼雷，可以独立执行反潜作战。盟军大量使用装备有对海搜索雷达的"卡特琳娜"水上飞机和轰炸机，在空中为船队提供警戒。

1943年3月，德国的潜艇战达到高峰，在大西洋击沉84艘船，总吨位超过50万吨，盟国全球吨位总损失达到了63.5万吨。但随着盟军护航反潜能力的提升，德国击沉船只的数量大幅度下降。

1943年5月后，盟军取得大西洋海战的主动权，德国潜艇的优势业已丧失。1944年，同盟国将大量兵力投入大西洋反潜战斗中，德国潜艇难以从比斯开湾进入大西洋。大西洋制海权和制空权已被盟军掌握。盟军对德国工业和潜艇制造基地实施的大规模轰炸，使得德国战争潜力受到破坏，无力补充损失的潜艇。大西洋海战最终以德国海军的失败告终。

盟军在北非地中海战场的作战行动，保卫了英法等国在中东地区的战略物资通道，也在一定程度上策应了苏德战场。在盟军反攻之下，意大利政府投降。这有效地分割了轴心国体系，迫使德军守卫意大利北部地区，牵制了其在东西两线战场的行动。盟军取得大西洋海战的胜利，有力地保障了物资和军事装备供应，极大地影响了世界反法西斯战争的进程。

第二节
欧洲战场

苏联战场是第二次世界大战的欧洲主战场，为最终打败德国法西斯发挥了决定性作用。1943年2月，苏军赢得了斯大林格勒保卫战的胜利，扭转了苏德战场的局势，开始反攻。盟国在欧洲实施的大规模战略轰炸，极大地干扰了纳粹军事工业生产的规划与进度，间接地支援了苏联的战略防御。随着苏军赢得库尔斯克战役的胜利并在东线战场发起反攻，以及盟军在西欧开辟第二战场，轴心国在欧洲的统治摇摇欲坠。

一　欧洲主战场的相持与反攻

1941年冬季，苏军赢得了莫斯科保卫战的胜利，粉碎了纳粹德国赖以取胜的"闪电战"迷梦，苏德战场进入相持阶段。

1942年4月5日，希特勒确立了"先南后北"的战术，要求德军优先攻占克里米亚、高加索地区。1942年5月，曼施坦因指挥第11集团军进攻克里米亚地区。曼施坦因有效利用空军在攻坚作战中的优势，派德军第8航空军不间断地发动攻击，完全掌握了战场制空权，有效地支援了陆军的攻势，击溃苏军防线。攻陷刻赤半岛后，德军转向围攻苏联重要的港口——塞瓦斯托波尔。

早在1941年11月初，苏军就在克里米亚的塞瓦斯托波尔完成了三道主要防线，并构筑无数掩体，埋设约14万枚地雷，挖掘反坦克壕。苏军集结约10万名士兵，依托该地的堡垒、炮台，梯次布置铁丝网、火力点、堑壕等工事。从1942年6月22日起，德军用"多拉"超重型列车炮和"卡尔"臼炮等重型火炮、Ju-87斯图卡等多型轰炸机对苏军阵地进行猛烈打击。至7月1日，苏军弹药、食物和饮用水等物资出现短缺，不得不撤退。

7月23日，希特勒命令A集团军群向巴库油田推进，B集团军群向斯大林格勒推进，在侧翼建立"顿河防线"。德军相继攻陷沃罗涅日、顿河地区，直逼斯大林格勒城下。7月底，保卢斯指挥的第6集团军攻占了顿河西岸地带，迅速占领桥梁，直奔斯大林格勒。苏军重新组织防御体系，将斯大林格勒方面军一分为二，在伏尔加河南岸建立由叶廖缅科担任司令员的西南方面军。8月间，保卢斯的第14装甲军利用浮桥，从北面迂回至斯大林格勒北部，其余德军部队相继逼近斯大林格勒。叶廖缅科下令依托斯大林格勒城进行防御，斯大林格勒攻防战拉开序幕。

1942年9月，德军先后突袭斯大林格勒郊区和工业区，与苏军展开巷战。进入城区以后，德军被迫将坦克化整为零，丧失了机械化装备集群的优势。苏军士兵依靠惊人的意志力，凭借对斯大林格勒城区地形的熟悉等优势，抵抗德军的进攻。1942年11月19日，苏军利用大雪带来的气候条件，从斯大林格勒两翼插入，击溃负责掩护的罗马尼亚仆从军，取得突破后向纵深展开，南北两路军队会师，完成对德军的合围。希特勒拒绝保卢斯撤退的请求，任命曼施坦因指挥顿河集团军，试图援救被包围的德军。12月12日，德军开始反攻，最终被苏军阻挡在距离斯大林格勒约35千米的地方。苏军继续对曼施坦因的部队执行纵深穿插合围战术。为避免被包围，曼施坦因下令撤退。1943年1月，保卢斯与德军第6集团军投降，至2月2日，苏军肃清残敌，斯大林格勒战役结束。

斯大林格勒战役给予德军沉重打击，粉碎了希特勒灭亡苏联的企图，改变了苏德战场的局势，是欧洲东线战场重大的转折点。苏联的胜利，极大地提高了其国际地位，巩固和扩大了国际反法西斯统一战线，进一步坚定了世界反法西斯人民抗击侵略者的信心。

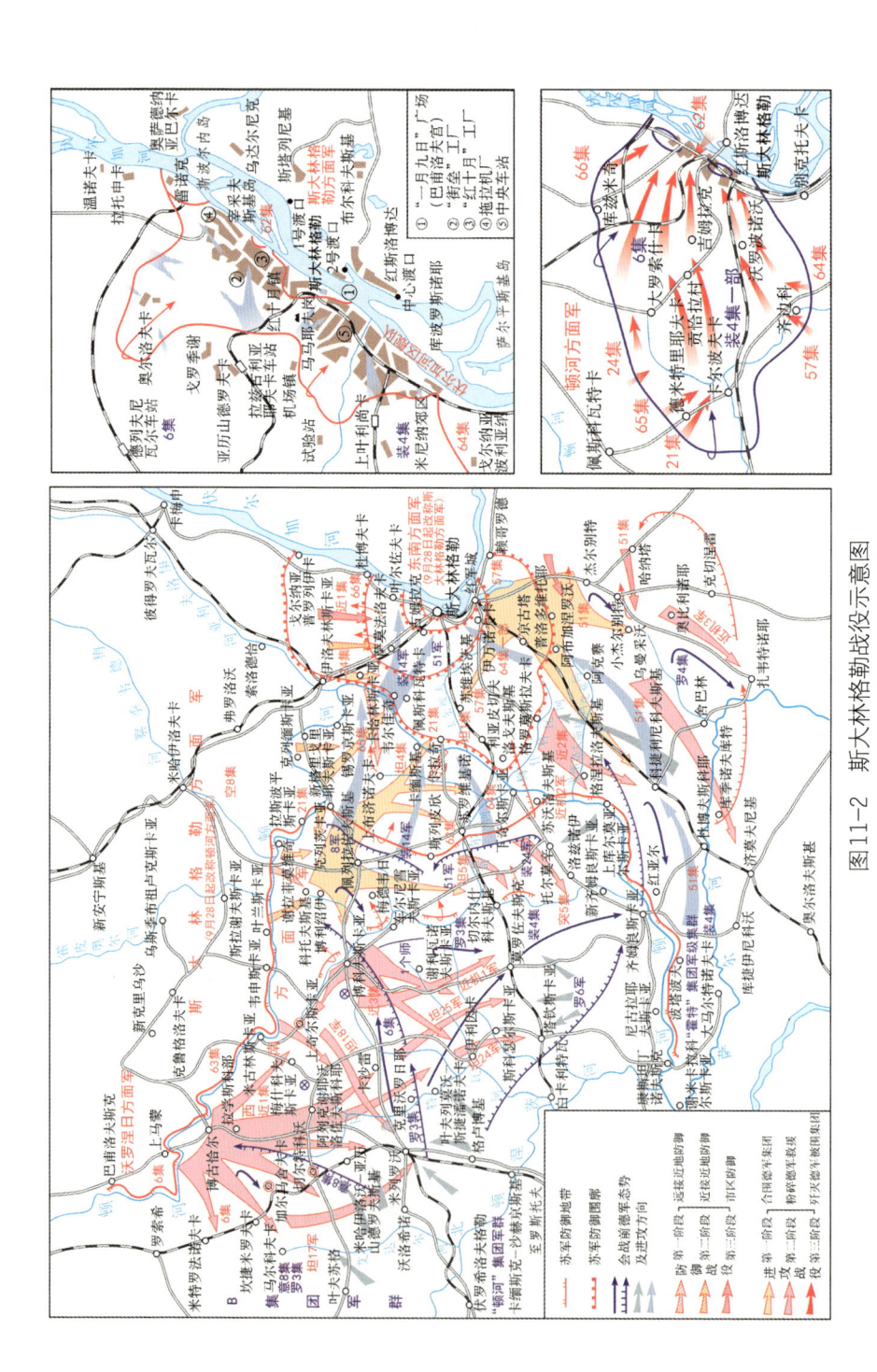

图 11-2 斯大林格勒战役示意图

第十一章　从扭转战局到大反攻

1943年1月至3月，随着德军的退却，苏军在中部和南部战场发动反攻，取得了巨大战果。2月，苏联沃罗涅日方面军进攻哈尔科夫，经过激烈的巷战解放该城。如何阻止战线进一步瓦解，成为摆在曼施坦因等德军将领面前的主要问题。曼施坦因构想了组织反击抵消苏军进攻势头的计划。因人员与装备消耗，后勤补给线延伸，苏军攻势开始减弱。加上春季融雪期造成道路泥泞无法通行，以及双方军队均需要休整，苏德战争进入了一个短暂的相持阶段。

3月，德军制订"堡垒计划"，妄图集结43万部队和超过3100辆坦克装甲车辆，由德国南方集团军和中央集团军分别从南北两翼发动突击，在库尔斯克围歼苏军。苏军通过情报渠道获悉德军作战动向，在库尔斯克地区集结150万军队和4800辆坦克装甲车辆，提前构筑由雷区、碉堡和反坦克炮组成的防御阵地。

7月4日，曼施坦因指挥南方集团军在库尔斯克南翼发动进攻；7月6日，莫德尔指挥第9集团军在北翼发动攻击。德军攻势被苏军火炮遏制，而且装甲部队遇到雷区的阻滞，德军不得不等待工兵清扫雷区开辟道路。这意味着德军已经丧失了进攻的突然性，德军的"堡垒计划"失败。

7月12日，苏德双方在南线战场上的普罗霍罗夫卡遭遇，爆发了第二次世界大战中规模最大的坦克遭遇战。德军集中了400余辆坦克，其中包括30辆"虎式"坦克，与苏军以T–34为主力的800余辆坦克进行对决。经过一天的激战，德军无法对苏军形成合围。7月13日，希特勒召集曼施坦因和克卢格评估东线局势，曼施坦因主张继续进攻，而克卢格指出德军因缺乏预备队，已无法维持攻势。希特勒得知盟军部队即将在意大利登陆，不得不将东线战场上的兵力调往西线，这标志着"堡垒计划"正式结束。

苏军调集科涅夫的草原方面军，增援沃罗涅日方面军和西南方面军的结合部，增强了战场正面的兵力与装备优势。8月3日清晨，苏军以6∶1的数量优势，对曼施坦因麾下的德军发动反攻。苏军攻势猛烈，8月4日解放别尔哥罗德，德军撤退至哈尔科夫一线。8月8日，苏军完成对哈尔科夫的三面合围。8月26日，苏军发动攻击，第65集团军成功插入德军中央集团军群和南方集团军群中间地带，希特勒批准两个集团军群撤退至克罗列韦茨一带。

随着德军撤退至第聂伯河构筑防线，苏军在中央战场和南线战场上解放了大部分地区。9月30日，基辅战役开始，苏军第38集团军强渡第聂伯河，夺取了柳捷日渡口，并在更北侧地域也建立了渡口。至10月下旬，苏军火力已能覆盖基辅德军阵地。11月3日，苏军向德军发动进攻，以火炮覆盖为先导，步兵突击撕破德军防线。5日，苏军近卫坦克第3集团军对基辅实现包围。11月6日，基辅得到解放。库尔斯克战役是苏德战场上重要的里程碑，标志着苏联完全取得了战略主动权。会战中，苏军在指挥协同、集中优势兵力、使用坦克集团军执行纵深突击战略等方面有了较大的提升，为下一阶段的全面反攻积累了经验。

1943年12月24日至1944年6月22日，苏军在东线发动了一系列战役。借助兵力、装备上的优势，利用苏德战场经验，苏军有效协同使用火炮、坦克、空中支援等多种手段，尽力减少人员伤亡。希特勒放弃了先前有效的弹性防御战术，一味地命令德军与苏军展开消耗战，极大地削弱了德军的战斗力。苏军在战役指挥和协同、军队战术运用、情报欺骗等方面已全面领先德军，尤其是机械化军队的使用方面，对德军形成了绝对优势。

1944年1月14日，苏军在北线发起了为列宁格勒解围的战役。此时北线的德军因先前较为平静的战事，大部分精锐部队已经调往他处，兵力严重不足，无法阻止苏军的突破。1月27日，列宁格勒终于解围，结束了德军长达约900天的包围。南线战场上，朱可夫指挥的苏军从1943年12月继续反攻，利用机械化和兵力的优势，不断压缩曼施坦因的防御空间。至2月底，苏军在乌克兰方向已逼近波兰边境和喀尔巴阡山脉。3月底，苏军攻入波兰和罗马尼亚境内。4月14日，苏军解放敖德萨。

苏军在南线和北线取得的胜利，使得德军中央集团军群的南北两翼已经暴露出来。1944年6月，朱可夫和华西列夫斯基策划"巴格拉季昂攻势"，苏军集结了4个方面军，同时与乌克兰方向和诺曼底都将形成策应。苏军对德军的兵力对比是2∶1，火炮、坦克和空中优势更加显著。另外，德军的情报部门再次出现纰漏，认为苏军的主攻方向在乌克兰地区，其余地区则无力进攻。1944年6月22日，"巴格拉季昂攻势"行动实施，苏军在3天内在明斯克等地围歼数个德军集团军群。苏军在美援卡车的运输供应下，战争消耗很快得到补充。7月4日，行动的第二阶段开始，苏军以坦克机械化部队为先导，席卷波罗的海三国并攻入波兰。至此，苏联全境光复。

二 盟国对德国的大规模战略轰炸

1940年5月15日，作为对德国轰炸荷兰鹿特丹的回应，英国皇家空军的99架轰炸机执行了首次轰炸德国鲁尔区的任务，目标是鲁尔区的炼油厂及其附属铁路线。受天气影响，加上德国防空力量的阻挡，英国轰炸机群最终只有24架飞机到达目标上空。这是第二次世界大战中盟军第一次对德国实施战略轰炸。不列颠战役期间，英国空军数次轰炸德国柏林、鲁尔区等地，虽因轰炸机数量不足，以及轰炸机投放炸弹精度不佳，无法真正实现打击德国的目的，但仍有一定的象征意义。

1942年2月，阿瑟·哈里斯（Arthur Harris）担任英国轰炸机司令部司令，积极推进新一代重型轰炸机的研制和生产工作，系统重建轰炸机队和飞行员队伍。3月4日，哈里斯下令轰炸巴黎附近的雷诺汽车厂，炸毁工厂三分之二的设备。5月30日，英国集结了1047架轰炸机组成大规模编队，对德国科隆实施轰炸。8月，美国第八航空队在英国成立，装备有B-17型"空中堡垒"重型轰炸机。8月17日，8架B-17首次在白天轰炸了鲁昂附近的大型调车场，一半的炸弹成功命中目标，而轰炸机却毫发无损地返回，是为美轰炸机在欧洲的首秀。

1943年1月，英美两国在卡萨布兰卡会议上确定了战略轰炸的目标，即削弱德国的军事、经济和工业实力，摧毁德国人的战斗意志，使其丧失军事抵抗能力。轰炸的主要目标依次为德国的潜艇制造基地、航空工业设施、交通运输体系、石油工业设施以及其他战争工业目标。但英美双方在执行轰炸任务的方式上产生了分歧。英国主张继续执行夜间轰炸任务，以减少损失。美国的主力机型B-17和B-24自身机体坚固，携带十余挺0.50

口径自卫机枪，而且装有新型诺顿轰炸瞄准器（Norden Bombsight），可以帮助投弹手提高精度，因此主张进行昼间精确轰炸。

1月27日，美国第八航空队轰炸了位于德国威廉港的潜艇制造厂。派出的91架B-17和B-24轰炸机中，只有53架抵达了目标上空。由于云层覆盖和德军战斗机的拦截，精准轰炸效果不佳。为了提高轰炸精确度和减少德国空军对大规模轰炸机编队的威胁，第八航空队以21架轰炸机组成紧密核心，3个轰炸机大队按照垂直、水平交错排布。这样组成的编队，既可以有效地利用其机载机枪进行对空防御，又能在编队领队的带领下，对目标进行精准轰炸。

3月18日，第八航空队在实战环境中检验了这种编队策略，取得了较大的成功。这次轰炸的目标是位于德国西北部弗格萨克的潜艇制造厂，共派出97架轰炸机，配合在B-17上加装的自动飞行控制设备，使得投弹手可以在轰炸过程中，通过诺顿瞄准器就能控制飞机。这次轰炸中，有76%的炸弹落在了目标1000英尺的范围内，损坏了7艘潜艇、摧毁了三分之二的造船厂。虽然美军轰炸机自卫能力高于英军，但在没有护航战斗机伴飞的条件下，遭到德国空军和防空火力网的拦截，战损率较高，进一步加剧了美军飞行员和轰炸机不足的局面。为此，美国一方面加大国内轰炸机产量，另一方面将德国飞机制造厂定为首要轰炸目标。

1943年末至1944年，随着美国新型长航程战斗机P-51"野马"的服役，美国轰炸机群终于拥有了执行全程护航任务的战斗机。英美加大对法国北部交通枢纽、桥梁和机场等交通运输系统，以及飞机制造厂等工业设施的轰炸，并对V-1和V-2导弹发射阵地进行突袭。1945年，为了早日结束战争，英美集中轰炸了德国的石油工业设施、交通运输系统和兵工厂，同时加强对大城市的轰炸。由于盟国掌握了制空权，整体轰炸效果显著，德国在经济、军事上濒临崩溃。德国投降后，英美战略轰炸结束。

三 第二战场的开辟与诺曼底登陆

1941年苏德战争开始后，苏联就要求英国在欧洲开辟第二战场。1942

年4月，美国陆军总参谋部拟定在法国北部实施登陆作战的计划。该计划预定以50个师左右的兵力在1943年春季发动进攻。5月底，莫洛托夫访问华盛顿，美苏双方正式确定在欧洲开辟第二战场的计划。1943年春，英美联合参谋长委员会正式确定要在法国西北部地区登陆，并击败德国的计划。1943年8月，英美两国首脑在魁北克会议上批准了该登陆计划，即"霸王行动"（Operation Overlord）。

为了应对盟军可能的登陆作战，希特勒于1941年12月就下令构建一条从挪威到西班牙海岸，被称为"大西洋壁垒"的防御工事体系。至1944年，该防御工事虽远未完成，但依旧对盟军可能的登陆作战产生不利影响。该工事的设防重点在英法两国间最狭窄的加莱地区，而诺曼底一带防御较为薄弱。

英美对登陆地区进行了周密分析，认为虽然加莱地区距离近，但德军防御完善；诺曼底地区距离较远，且地形条件不利于登陆作战，但距离英国的商船港口和飞机场较近，且德军防守薄弱。故选定奥恩河口至科唐坦半岛南段为登陆区域，由西向东分为5个登陆地段，代号分别为"犹他""奥马哈""金""朱诺"和"剑"。

盟军对登陆地区使用飞机和舰艇进行长时间侦察，掌握德军的防御体系。战略空军和战术空军对法国北部和比利时地区的铁路枢纽、桥梁、公路和其他重要军事目标进行持续的大规模轰炸，使德军的运输系统瘫痪，轰炸德军的机场和远程雷达等设施。为了隐蔽战役企图，盟军还采取了一系列的伪装与欺骗措施，如在英国东海岸成立美驻法司令部，虚设由巴顿指挥的"美国第1集团军群"，以及在德机可能侦测到的地区部署假的登陆艇、滑翔机和坦克。增加对加莱地区的航空侦察活动，使用小型船只和飞机进行佯动，利用金属箔条等电子干扰手段干扰和模拟庞大的登陆编队和机群。这些措施成功使德国相信盟军的登陆地点在加莱而不是诺曼底。

1944年6月6日凌晨，美第82、第101空降师和英第6空降师为第一梯队，乘1200架运输机，分别在科唐坦半岛南段和奥恩河口附近空降，任务是夺取海滩堤道和主要桥梁，占领主要登陆地的侧翼要点，阻止德军增援和保障登陆部队突击，后续梯队乘滑翔机降落。5日午夜至6日5时，2500架重型和中型轰炸机对登陆地域进行航空火力准备。5时30分，100余艘火力支援舰对登陆正面实施火力覆盖。中国派遣至英国学习的24名海军军官参加了这次军事行动。

英美登陆部队按各自时间分别在5个登陆地段突击，至9时，除"奥马哈"海滩因地形而受困外，其余各地段已基本突破德军阵地。盟军遭遇德军的激烈抵抗，至当日结束，盟军仅前进1.6—2.4千米。建立滩头阵地后，盟军迅速利用人工港构件和"通博拉"（Tombola）输油管道，向陆地转运输送物资和油料。

6月12日，盟军各登陆地段已经稳定，18日美军切断科唐坦半岛，21日向瑟堡发动进攻，迫使德军于29日投降。另一面，英军受困于灌木篱笆地形，作战进度缓慢，原预定夺取的卡昂，因遭遇德军装甲师的顽强抵抗，直至7月9日才攻克该城近郊，19日才占领全城。但英军的作战吸引了大量德军预备队，间接支援了美军的作战行动。7月初，美、英、加等国盟军已登陆100万人，车辆17万余辆，补给品近60万吨。7月18日，美军攻占交通枢纽圣洛。盟军抵达卡昂、科蒙、莱赛一线后，形成正面150千米，纵深13—35千米的登陆场。至7月底，盟军地面总攻准备工作已全面完成，诺曼底登陆战役胜利结束。

诺曼底登陆战役，对盟军在西欧展开大规模进攻，加速纳粹德国的崩溃具有重要意义。登陆成功的主要原因是：苏军在苏德战场的胜利反攻，消耗德军大量部队；战役前进行周密细致的准备；掌握制空权和制海权；成功地进行伪装和欺骗，在主要方向集中优势兵力、兵器；陆海空三军协同作战，以及细致的战役保障和后勤保障，加之法国地下抵抗运动的有力配合。

7月25日，美军向法国内陆发起代号为"眼镜蛇"的突击行动。7月31日，盟军已在阿夫朗什突破德军防线，德军迅速集结装甲部队残部进行反击，但被包围在法莱兹地区。8月25日，法国将军勒克莱尔率领法军，在巴黎人民起义的配合下，解放首都巴黎。8月15日，盟军在法国南部发动代号为"龙骑兵"的登陆作战，在戛纳至土伦港一带登陆，以阻止驻扎在

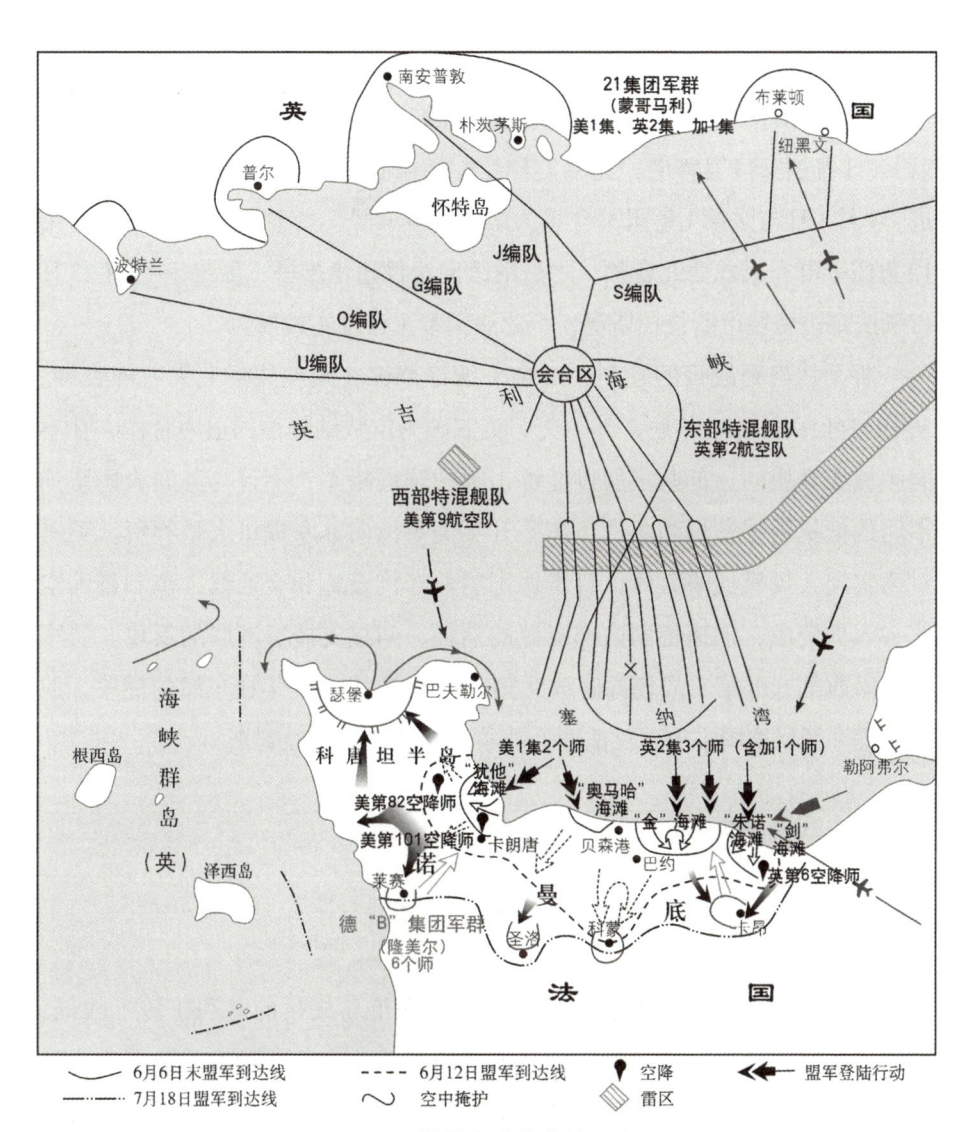

图11-3 诺曼底登陆作战示意图

法国南部的德军北撤。德军在该地区部署兵力严重不足,无力抵抗盟军和"自由法国"军队的攻势。之后,美军分两路向北进攻。法军向西进发,于27日解放土伦,28日解放马赛。

此后,盟军迅速向比利时、法德边境推进。8月31日,盟军抵达亚眠,9月4日占领安特卫普港。美第7集团军继续北上,向贝尔福和第戎方向推进,9月1日与法第1集团军合编为第6集团军群。11日,该集团军群与第12集团军群在第戎西北会师,之后继续向法德边境推进,最终于11月23日占领法德边境城市斯特拉斯堡,至此法国本土已基本解放。

斯大林格勒战役的胜利,敲响了纳粹德国在欧洲战场上失败的丧钟。从1942年中至1944年底,苏、美、英三国为击败纳粹德国通力合作,在不同领域展开协同。苏联之所以能够击败德国侵略军,不仅与苏联人民坚强不屈的抵抗精神密切相关,也离不开英美等国向苏联提供大量物资。英美对德实施大规模战略轰炸,打击德国工业经济设施和交通线,牵制德国空军与人力资源,加速德国内部资源的消耗,间接支援了苏联的反攻。盟军在法国西部开辟第二战场并解放法国,以及苏军1944年在东线的反攻,成功将德军赶回德国本土。反法西斯战争胜利的曙光已经到来。

第三节
太平洋战场

在太平洋战场,盟军通过中途岛海战和瓜岛战役的胜利扭转了战局,赢得了战略主动权,从战略防御转入战略进攻。在此基础上,盟军逐步开展对日本的局部反攻和全面反攻,取得了新几内亚战役、马绍尔群岛战役、马里亚纳群岛战役、菲律宾战役等一系列胜利,逼近日本本土。日本战败只是时间问题。

一 战略转折

1942年3月,在日军攻占马来亚、菲律宾即将沦陷的情况下,美英决定

第十一章 从扭转战局到大反攻

撤销美、英、荷、澳联合司令部，由美英统一指挥从太平洋到印度洋的盟军，美国负责太平洋地区的作战，英国负责中东、印度洋和东南亚战场。另外，为方便美军在广阔的太平洋上作战，同时出于缓和陆海军矛盾的考虑，美军参谋长联席会议决定在太平洋战场实施"双重推进"战略，即将太平洋战场分为中太平洋和西南太平洋两个战区。中太平洋战区盟军司令由美国太平洋舰队司令尼米兹担任，由海军承担主要作战任务，司令部设在夏威夷。退守澳大利亚的麦克阿瑟出任西南太平洋战区盟军最高统帅，负责指挥该战区的一切陆海空力量。两个战区都直接对美军参谋长联席会议负责，实际运作上则由美国海军作战部长欧内斯特·金和美国陆军参谋长马歇尔分别向尼米兹和麦克阿瑟发出指令，协调两个战区和美国陆海军作战。

从1942年2月开始，为尽快扭转被动局面，美国海军出动航母舰载机在太平洋发动了一系列"打了就跑"（hit-and-run）的"奇袭战"，先后攻击了马绍尔群岛的夸贾林岛、吉尔伯特群岛的马金岛、威克岛、南鸟岛、新几内亚东部的莱城和萨拉马瓦等目标，迫使日军暂停了对莫尔兹比港的进攻。这种"奇袭战"主要针对南太平洋目标，旨在减轻美国在太平洋其他方向的压力，让日本顾此失彼，阻止其巩固防御圈，同时展示美国在珍珠港事件和菲律宾之败后守住战线的决心。

为报复日本、鼓舞民心士气，美国总统罗斯福指示军方尽快对日本发动反击。经过反复权衡，美国陆海军最终选择由新型"大黄蜂"号航母搭载16架经过改装的B-25轰炸机轰炸东京等日本大城市。美国陆军航空队中校詹姆斯·杜立特（James Doolittle）负责整个行动，此次空袭史称"杜立特空袭"（Doolittle Raid）。

1942年4月18日，从"大黄蜂"号航母上起飞的16架B-25轰炸机轰炸了东京、横须贺、横滨、名古屋、神户、大阪等地的重要工业和军事目标，无一架飞机被击落。按照计划，轰炸机编队随后飞往中国降落，但有1架飞机因燃油消耗过快而迫降在苏联境内。另外15架飞机均飞到中国，在浙江、江西等地着陆。除少数机组人员在迫降、跳伞时阵亡或被俘外，大多数美军飞行员在中国军民的帮助下成功获救。遭杜立特空袭后，日军为摧毁浙江境内的航空基地及报复中国军民对美军飞行员的帮助,发动了浙赣战役,破坏了衢州、丽水等地机场,并残杀中国平民。

就战果而言,"杜立特空袭"给日本造成的物质损失非常有限,但给骄横的日本军国主义分子带来了沉重的精神打击,并且极大地鼓舞了美国民众及整个反法西斯同盟。"杜立特空袭"也让日本海军意识到了美国航母机动部队的威胁,故着手寻求彻底歼灭美国太平洋舰队的残存力量,以确保日本本土安全。基于此种判断,日本决心进攻中途岛。

在中途岛海战打响前,美日先在1942年5月4日至8日进行了一场珊瑚海海战。珊瑚海海战是人类历史上第一次以舰载机为主力的超视距海战。此役,美国海军击沉了日本海军"祥凤"号轻型航母,重创了"翔鹤"号航母。日本海军还被击沉了1艘驱逐舰和多艘小型舰艇,阵亡1074人。美国海军损失了"列克星敦"号航母,"约克敦"号航母遭重创,另损失了1艘驱逐舰和1艘油船,阵亡543人。日军损失飞机77架,美军损失飞机66架。[①]通过珊瑚海海战,美军成功挫败了日本占领莫尔兹比港进而封锁澳大利亚的计划,稳固了澳大利亚作为美国在西南太平洋对日本发起反击的后方基地的安全。在珊瑚海海战中受创的日本海军"翔鹤"号,以及飞机和飞行员损失惨重的"瑞鹤"号航母都无法按照原计划参加中途岛海战,这使得中途岛海战中日美航母力量对比从6∶3变为4∶3,为美军夺取最终胜利创造了重要条件。

中途岛海战是日本发动的"防御性进攻战",其主要目的是通过进攻中途岛来迫使已疲弱不堪的美国太平洋舰队作战,从而凭借日本的海军优势,特别是战列舰和航母优势将其一举歼灭。另外,夺取中途岛还有利于日本获取前进基地,继续向中太平洋和西南太平洋扩张。

中途岛海战打响时,日本联合舰队麾下有162艘各型舰艇,而美国太平洋舰队只有76艘舰艇,其中还有三分之一要部署到北太平洋以防守阿留申群岛。尽管日军占据了显著的兵力优势,但美军掌握了至关重要的情报,

---

① John Costello, *The Pacific War, 1941–1945*, New York: Happer Perennial, 2009, p.263.

从而精准打击了分兵多处的日本舰队，取得了最终的胜利。在中途岛海战中，日本共损失了4艘航母、1艘重型巡洋舰及253架飞机，更严重的是再次损失了一批熟练的飞行员。中途岛海战后，日本被迫转攻为守，放弃了在太平洋上进攻新喀里多尼亚、斐济、萨摩亚、莫尔兹比港，以及在印度洋上进攻孟加拉湾的计划。中途岛海战之后，美日在太平洋战场上开始攻守易位，日军的进攻势头被全面遏制，美国巩固了北起阿留申群岛、中经夏威夷群岛、南至澳大利亚的战略前沿，为由战略防御转入战略进攻创造了条件。

1942年8月至1943年2月，以美军为主力的盟军与日军围绕所罗门群岛的瓜岛进行了一场激烈的争夺战。美日之所以要争夺瓜岛，是因为该岛与美国军事作战计划关系甚大。中途岛海战后，日本放弃进攻莫尔兹比港等地，致力于巩固在西南太平洋的国防圈，其中修建中的瓜岛机场是日本在俾斯麦群岛、新几内亚东部、所罗门群岛一线最重要的前沿航空基地。而瓜岛机场一旦建成，将严重威胁美澳交通线上的圣埃斯皮里图岛、埃法特岛等基地，影响美军夺取新不列颠岛、新爱尔兰岛和新几内亚的"瞭望台"计划。为此，美军决心攻占瓜岛，破坏日军的机场建设计划。

1942年8月7日，以海军陆战队第1师为主的美军在瓜岛登陆，很快就攻占了岛上的机场。岛上日军大部分是工兵部队，无力抵抗。此后，日军多次调兵增援瓜岛，甚至派出了精锐的第2师团，但美军在一系列海战中牢牢掌握了制海权和制空权，导致岛上日军的后勤补给极为困难，只能依赖外部的"鼠输送"勉强维持。同时，美军增援部队源源不断地登上瓜岛。由于在海战中损失惨重而运送上岛的人员和物资只是杯水车薪，日本联合舰队无法继续承受为支援陆军的"东京快递"付出的高昂代价。1943年2月，日本彻底放弃了夺回瓜岛的想法，残存日军分三批撤离。至此，瓜岛战役以美军的胜利结束。

瓜岛战役后，盟军将战线向北推进至所罗门群岛中部和新几内亚东北部，剪除了日军对澳大利亚和美澳交通线的威胁，而日军扩大国防防御圈的计划彻底失败，不得不全线收缩。更重要的是，瓜岛战役标志着日本已经丧失了太平洋战场上的战略主动权。

二 太平洋战场全面反攻

日本海军在1942年6月3日发起了阿留申群岛战役。日本认为，阿留申群岛是美国在北太平洋的前沿阵地，如果美国在此扩建海空基地，将严重威胁到千岛群岛等日本北方领土安全。当时美军正集中兵力应对中途岛海战，仅在阿留申群岛部署了少量舰艇，并在防御作战中采取保存实力的策略。6月7日，日军占领了阿留申群岛中的基斯卡岛和阿图岛，在此地留下了人数有限的守备部队后就撤走。1943年5月，美军夺回阿图岛。7月，日军利用浓雾做掩护从基斯卡岛撤离。8月，美军占领空无一人的基斯卡岛。至此，阿留申群岛全部被收复。

瓜岛战役后，美军在太平洋战场的两栖登陆作战日臻成熟，逐渐摸索出"跳岛战术"（island hopping）这样的创新战法。"跳岛战术"又称"蛙跳战术"（leapfrogging），指美军在反攻中不需要夺取每一个岛屿，而是通过严密的海空封锁对守岛日军"围而不打"，跳过重兵把守的日军据点，选择更易攻取的作战目标。"跳岛战术"是美国在由守转攻和全面进攻阶段的主要战术手段，主要为麦克阿瑟的西南太平洋战区在"双重推进"过程中采用，从1943年6月开始，盟军通过"跳岛战术"夺取了南太平洋和西南太平洋上的众多岛屿。

进入1944年，美国在太平洋战场迎来全面反攻。2月，美国占领了马绍尔群岛的主要岛屿，成功突破了日本在太平洋外围的防线，取得了进攻加罗林群岛和马里亚纳群岛的前进基地。之后，美军决定绕过日军坚固设防的加罗林群岛，直取作为日本本土重要门户的马里亚纳群岛。按照美军的构想，攻占马里亚纳群岛后，美军可将此地作为海空前进基地，以便进一步夺取西太平洋的制海权和制空权，同时切断日本本土与南太平洋诸岛的海上交通线，为下一步进攻菲律宾等地和轰炸日本本土创造条件。

1944年6月，马里亚纳群岛战役打响。马里亚纳群岛战役由塞班岛登陆作战、马里亚纳群岛海战（又称"菲律宾海海战"）、关岛和提尼安岛登陆作战等组成，其中最著名的是马里亚纳群岛海战。这场海战的双方是斯普鲁恩斯指挥的美国海军第五舰队和小泽治三郎指挥的日本联合舰队第一机动舰队。为夺取马里亚纳群岛，美国海军投入了14艘战列舰、15艘大中型航母、10艘护航航母、24艘巡洋舰、140艘驱逐舰和护卫舰，以及大量小型舰艇和辅助舰艇。① 在美军优势兵力的碾压下，日军惨遭失败，共有3艘航母被击沉、4艘航母遭重创，参战的360架舰载机只剩下25架，而陆基战斗机则损失殆尽。美军攻占马里亚纳群岛后，日本在中太平洋的防御体系实际上已形同虚设。

在取得马里亚纳群岛战役胜利后，盟军从减少伤亡、切断日本掠夺东南亚资源的海上交通线及政治角度出发，决定发起菲律宾战役。菲律宾战役最激烈的交锋发生在盟军登陆的莱特湾地区，双方最大规模的战斗即著名的莱特湾海战。这场发生于1944年10月20—26日的海战，是太平洋战场上最后一次大规模海战，也是世界战争史上规模最大的一次海战之一。此役，盟军出动了17艘快速航母、18艘护航航母、18艘战列舰、7艘重型巡洋舰、16艘轻型巡洋舰、95艘驱逐舰、14艘护航驱逐舰、45艘鱼雷艇及约1000架飞机，② 在兵力、装备上占据了绝对优势。

在莱特湾海战中，盟军共投入兵力14万余人，日军参战兵力为4万多人。日本联合舰队在这场海战中拼光了最后的家底，包括3艘战列舰、4艘航母、10艘巡洋舰和9艘驱逐舰，其中包括最强大的"大和"级战列舰"武藏"号。盟军仅损失1艘轻型航母、2艘护航航母、2艘驱逐舰和1艘护航驱逐舰。惨败后的日本联合舰队基本上名存实亡，此后面对盟军强大的海空攻势已无力招架，日本计划中的舰队决战更是无从谈起。至此，盟军取得了绝对制海权。

1945年2月21日，盟军肃清巴丹半岛的全部日军。3月3日，盟军攻占马尼拉。尽管日军残部在山下奉文指挥下利用吕宋岛的复杂地形负隅顽抗，一直坚持到8月15日日本宣布投降才放下武器，但已无碍大局，菲律宾战

---

① S. W. Roskill, *The War at Sea 1939–1945: Volume Ⅲ: The Offensive, Part Ⅱ: 1st June 1944–14th August 1945*, Uckfield: The Naval & Military Press Ltd., 2004, p.191.

② George W. Baer, *One Hundred Years of Sea Power: The U.S. Navy, 1890–1990*, Stanford: Stanford University Press, 1993, p.254.

役以盟军的全面胜利告终。

在太平洋战场，潜艇战成为盟军打击日本海上交通线的最有效手段。整个太平洋战争期间，美军潜艇共击沉了201艘日本各型舰艇，包括1艘战列舰、4艘大型航母、4艘护航航母、12艘巡洋舰、42艘驱逐舰和23艘潜艇，占美军在战争中击沉敌人舰艇总数的三分之一。到战争结束时，美国潜艇还击沉了1113艘日本商船和油轮，总计477.9万吨，占美军在战争期间击沉敌人商船总吨位的60%。战前日本商船总吨位为620万吨，战争结束时只剩下不到200万吨。1944年8月，日本维持战争机器运转至少需要输入450万吨物资，但在美国潜艇的打击及严重缺乏运输船等因素的共同作用下，只有325万吨物资运抵日本。到1945年8月，由于燃油匮乏，日本仅有31.2万吨商船维持使用状态。[①]

三 英军加入太平洋战场

早在1943年1月14—24日举行的英美两国首脑卡萨布兰卡会议上，英国就表示，一旦对德国战事结束，英国会将全部资源用在太平洋地区，甚至可用条约的形式确定此承诺。1月24日确定的"1943年作战方针"关于亚洲的部分规定：美军继续保持在太平洋战场的攻势，美、英、中三国军队将在缅甸发起一次代号为"安纳吉姆"的联合进攻。

1943年8月举行的第一次魁北克会议决定成立东南亚盟军司令部，由英国海军上将蒙巴顿出任盟军最高司令。在缅甸，1944年1月，日军发动英帕尔战役。但在中国和美国的支持下，英军凭借优势兵力挫败了日军的进攻势头，并转入反攻。到6月，无力再战的日军被迫撤退，兵力折损大半。英帕尔战役以日军的惨败收场，盟军取得了缅甸战场的主动权。在欧洲战场，1944年6月诺曼底登陆后，英国海军在欧洲战场的主要任务已经完成。这意味着英国有了更多可调往太平洋战场的资源。1944年9月11—16日举行的第二次魁北克会议上，美国总统罗斯福与英国首相丘吉尔就英国参加太平

[①] George W. Baer, *One Hundred Years of Sea Power: The U.S. Navy, 1890–1990*, pp. 233–235.

洋战场的对日作战问题达成一致。具体来说，对德战争一结束，英美就把在欧洲的人力物力调来进攻日本；英国应充分使用皇家空军，并把舰队的主力用在太平洋对日作战。

1944年11月，英国东方舰队正式一分为二。集中了英国最精锐战列舰和航母的太平洋舰队由海军上将布鲁斯·弗雷泽指挥，以澳大利亚悉尼为基地，主要任务是加入美国太平洋舰队进攻日本本土。舰队集中了英国海军最现代化的4艘航母、2艘战列舰、7艘巡洋舰和14艘驱逐舰。[①] 太平洋舰队成立后，逐渐熟悉了以航母为中心的特混舰队战术，参加了冲绳战役，为进攻日本本土做准备。较老旧的舰艇则重组为英国东印度舰队，由海军上将亚瑟·鲍尔任司令，主要负责收复英国在东南亚的殖民地，在支援缅甸陆上作战方面发挥了重要作用。值得一提的是，法国"黎塞留"号战列舰同样随英国东方舰队参加了在印度洋和东南亚地区的作战，以及盟军对日本本土的进攻。在二战后期，英法参加太平洋战场对日本的反攻行动，虽有旨在恢复在东南亚的殖民地、抢夺对日战争胜利果实之嫌，而且政治意义大于军事意义，但客观上也壮大了盟军力量，为世界反法西斯同盟取得对日战争的胜利作出了一定贡献。

第四节
东方主战场

太平洋战争爆发后，中国与英、美、苏各国结成反法西斯统一战线，成立中国战区，派遣远征军入缅作战，开辟国际战场。在国内战场，中国军民继续顽强抵抗，取得第三次长沙会战、鄂西会战和反"扫荡"、反"清乡"斗争的胜利。1943年，中国战区在缅北、滇西和敌后战场逐步转入局部反攻，1945年8月转入全面反攻。太平洋战争期间，中国军民不仅在中

[①] J. R. Hill and Bryan Ranft, eds., *The Oxford Illustrated History of Royal Navy*, Oxford: Oxford University Press, 1995, p.376.

国战场抗击了大多数日军,而且在国际战场极大地支援了盟军作战,为世界反法西斯战争作出了巨大贡献。

一 中国战区的成立与远征军入缅作战

太平洋战争爆发后,为协调远东作战,罗斯福、丘吉尔在1941年12月至1942年1月的"阿卡迪亚"会议上决定,在远东设立西南太平洋战区和中国战区。西南太平洋战区军事力量由美、英、荷、澳四国军队组成,作战区域包括缅甸、马来半岛、荷属东印度群岛和菲律宾的全部陆地和海域,任命韦维尔(Archibald Wavell)将军担任该战区最高司令官。中国战区由中国、越南和泰国境内的盟国军队组成,推选蒋介石担任战区最高统帅。12月31日,美国总统罗斯福致电蒋介石,请其出任中国战区盟军最高统帅,并派遣史迪威将军出任中国战区盟军参谋长。1942年1月2日,蒋介石复电罗斯福,同意就任中国战区盟军最高统帅,表示:"自当为诸联合国之共同利益而奋斗。"[①]中国战区的成立,使中国抗战与世界反法西斯战争密切关联,改变了中国孤立抗战的局面,增强了中国军民的抗战力量和信心。

缅甸是英国防守印度的屏障,而滇缅公路则是中国抗战的重要国际通道。1942年2月16日,仰光告急,英军被迫向中国求援。为确保滇缅公路的安全与畅通,支援被困的英军,中国决定派远征军入缅作战。中国远征军由卫立煌、杜聿明担任正、副司令,因卫立煌未能到任,故由罗卓英代理指挥。中国远征军由第5军、第6军和第66军组成,共10万官兵。2月27日,蒋介石下令第5、第6两军全面入缅,协同英军作战。第66军主力移驻云南保山附近,准备入缅作战。3月8日,英军弃守仰光,打乱了中国远征军原有的作战计划。3月10日,蒋介石命令中国战区参谋长史迪威赴缅指挥作战。

史迪威入缅后确定了以曼德勒以南的同古为作战重点,进而收复仰光的作战计划。3月8日,第5军第200师率先进驻缅甸重镇同古,接替英军

[①] 周美华编辑:《蒋中正总统档案:事略稿本》第48册,中国台北"国史馆"2011年版,第19—20页。

图11-4 1942年2月25日,约10万人组成的中国远征军开始进入缅甸,协同英、缅军对日作战,使日军遭受沉重打击。图为开赴缅甸作战的中国远征军

防务并掩护其撤退。师长戴安澜曾参加徐州会战、武汉会战和昆仑关大战,在抗战中屡立战功。20日,日军第15军第55师团向同古进攻,戴安澜指挥中国守军奋勇抵抗。25日,日军在飞机、炮兵和坦克的掩护下,从南、西、北三面围攻同古,第200师依托工事积极抵抗。28日,进攻受阻的日军施放毒气弹,给第200师官兵造成了较大伤亡。30日,鉴于日军增援部队第56师团即将抵达同古,而远征军增援部队新22师在同古西北遭遇日军阻击,杜聿明下令放弃同古。同古保卫战是远征军入缅作战规模最大、最为激烈的一场防御战。第200师官兵在同古英勇作战12天,击毙日军第143联队联队长横田大佐,重创日军第55师团,为中国军人在国际上赢得了声誉。

4月15日,英缅军第1师及装甲第7旅7000余官兵在仁安羌东北地区被日军第33师团两个联队包围,向中国远征军告急求援。17日,第66军新38师第113团奉命星夜驰援。次日,在英军坦克的掩护下,第113团团长刘放吾率部向日军两翼发起进攻。19日,师长孙立人亲临前线指挥,第113团以伤亡500余人的代价，击溃仁安羌日军，成功解救被日军包围的英缅军7000余人和被日军俘虏的英军、记者、美国传教士等500多人。仁安羌大捷是中国远征军入缅取得的第一次重大胜利，中国军队以少胜多，轰动英伦三岛。

然而，由于英军无心在缅作战，再加上中英军队之间缺少配合，远征军难以独力支撑，缅甸战局急剧恶化。4月28日，史迪威下令放弃曼德勒，全军撤退。次日，日军第56师团攻占缅北腊戍，随后又占领密支那，切断中国远征军撤退回国的通道。中国远征军兵分两路向印度和中国云南撤退。在撤退途中，远征军官兵历尽艰险，穿越野人山区，损失惨重。戴安澜师长在撤退途中遇袭重伤，不幸殉国。尽管中国远征军第一次入缅作战以失利告终，但远征军官兵浴血奋战，开辟了中国抗战的国际战场，在同古、仁安羌取得出色战绩，为中国军队赢得了盟国的尊重，为世界反法西斯战争作出了重要贡献。

二 中国战场的顽强抵抗

太平洋战争爆发后，日军在华作战目标是摧毁中国的抵抗力量，促使国民政府屈服或崩溃。为此，日军在正面战场先后发动了第三次长沙会战、浙赣战役、鄂西会战等战役，对抗日根据地继续大规模"扫荡"和"清乡"。面对日军的进攻，中国军队在正面战场顽强抵抗，取得了第三次长沙会战和鄂西会战的胜利。在敌后战场，华北抗日根据地和华中抗日根据地进行了反"扫荡"和反"清乡"斗争，粉碎了日军的"蚕食"和"治安强化运动"。

1941年12月，为策应日军第23军进攻香港岛，日本大本营决定，由阿南惟几率领第11军从武汉南下攻击湘北。12月24日，日军向第九战区长沙外围的新墙河防线正式发起进攻，第三次长沙会战爆发。28日，日军第3、第6、第40师团占领汨罗江南岸。29日，在完成牵制中国军队南下的作战任务后，阿南决定扩大战果，攻占长沙。第九战区司令长官薛岳在总结前两次长沙会战经验教训后，提出"天炉战法"。30日，薛岳下达了与敌决战的命令，以第10军固守长沙，其余各部从东、南、北三个方向，以长沙附近为目标，分进合击，聚歼日军。1942年1月4日，中国军队对长沙近郊的日军形成合围，开始反攻。在中国军队的反攻下，日军伤亡较大，加上弹药不足，被迫退回至新墙河北岸原阵地。在此次会战中，第九战区一雪前耻，击毙日军3.3万人，俘虏日军139人。[1]第三次长沙会战是在太平洋战争爆发后盟军节节失利的情况下取得的一场重大胜利，极大地鼓舞了盟国对日作战的士气，提高了中国在盟国中的声誉。

第三次长沙会战结束后不久，不甘失败的日军又发起了鄂西会战。1943年5月5日，为了打通宜昌以东长江航线，歼灭第六战区中国军队主力，占领洞庭湖区粮仓，日军第11军各部进攻安乡、公安、松滋等地。17日，第六战区司令长官陈诚从云南返回恩施指挥作战，并决定诱敌深入，在石牌要塞至渔洋关之间转守为攻。中国守军在空军的支援下挫败日军攻势，日军伤亡惨重。5月19日，第六战区收复了安乡、公安等地，双方恢复至战前态势。在此次会战中，中国空军和美国第14航空队取得了制空权，击落日机41架，破坏日军机场5处，极大地支援了第六战区的作战。鄂西会战的胜利，对振奋全国人心、提高士气、转变国际观感起了积极作用。伦敦路透社远东观察家评论称，这是"日军最近在华所遭受显著而可耻之失败"。[2]

在鄂西会战之前，日军还发动了浙赣战役，意在夺取当地机场，防止美军继续利用它们轰炸日本本土。1942年5月15日，日军第13军以5个师团、4个独立混成旅团的兵力沿浙赣铁路向西进犯衢州，浙赣会战爆发，衢州是浙赣铁路的要冲，也是中国东南地区最重要的空军基地。第三战区司令长官顾祝同在衢州附近与日军决战。28日，日军第15师团师团长酒井直次在兰溪被中国军队炸死。这是抗战以来中国军队首次击毙日军现任师团长。尽管日军在后续作战中摧毁了浙江空军基地，但在中国军队的顽强抵抗下，日军不得不撤回原阵地。至8月30日，除金华、兰溪外，第三战区

---

[1]《军令部编第三次长沙会战经过概要》（1942年6月），中国第二历史档案馆编《中华民国史档案资料汇编》第五辑第二编，军事（三），江苏古籍出版社1998年版，第544—547页。

[2] 陈诚：《陈诚回忆录——抗日战争》，东方出版社2009年版，第118页。

基本恢复战前态势。

在敌后战场，日军在华北继续推行"治安强化运动"，重点对抗日根据地开展军事、政治、经济、文化、思想等相结合的"总体战"，实行更加残酷的"扫荡"和"清乡"。在华北，日军制定了《治安肃正建设计划大纲》，对冀中地区、太行山北部地区进行扫荡。1942年5月1日，日军调集2万余人对冀中抗日根据地进行残酷的"五一大扫荡"。15日，日军3万余人对太行区、太岳区实行"夏季大扫荡"，企图消灭八路军总部和129师主力。7月开始，华北日军分别对晋绥、晋察冀、冀鲁豫、山东等抗日根据地进行了大规模的"扫荡"。1942年，日军出动千人以上"扫荡"77次，1万人以上的大"扫荡"15次，给抗日根据地军民造成了重大损失。5月25日，八路军副参谋长左权在指挥突围作战中壮烈牺牲。

为了粉碎日军对华北的"扫荡"，根据中共中央和中央军委的指示，中共中央北方局和八路军总部发挥党、政、军、民的整体力量，坚持"敌进我进"的指导方针，开展反"扫荡"斗争，打破日军的"蚕食"和"治安强化运动"。冀中八路军部分主力部队和地方游击队以连、排为单位，在民兵和广大人民群众的配合下，运用地道战、地雷战、麻雀战等多种方式，与日军进行斗争。在历时两个多月的反"扫荡"斗争中，冀中抗日军民共作战270余次，毙伤日伪军1.1万余人，粉碎了日军对冀中的"扫荡"。太行、太岳、冀南3个地区，从八路军中抽调精兵强将和地方干部、敌工干部、翻译人员组建了42支敌后武工队，按照"不大打，不硬打，积小胜为大胜，保存自己，消灭敌人"的原则，深入敌占区开展多种形式的对敌斗争，配合抗日根据地的反"扫荡"作战。

1943年，日军"扫荡"的重点是太行、北岳、山东等抗日根据地。八路军在反"扫荡"斗争中经受了锻炼，积累了丰富经验，从1943年开始，华北抗日根据地进入了恢复和发展的新阶段。5月至6月，八路军第129师粉碎了日伪军2万余人对太行根据地的"扫荡"，歼灭日伪军2500余人。9月至11月，晋察冀军区粉碎了日伪军4万余人对北岳根据地的"扫荡"，共歼敌9400人，攻占13座城镇，收复1000多个村庄。10月24日，八路军太岳军区在临汾东北韩略村全歼日军华北方面军组织的战地观战团,包括旅团长和联队长以下军官120人。1943年,八路军在华北对敌作战2.48万次,歼灭日伪军19.4万人,粉碎了日军对华北各抗日根据地的"扫荡",华北各抗日根据地得到恢复与壮大,为局部反攻创造了条件。[1]

日军在华北"扫荡"的同时,对华中抗日根据地也进行了残酷的"扫荡"和"清乡"。1943年,在中共中央华中局和新四军军部的领导下,新四军在苏中、苏南、苏北、淮海、淮北、浙东等根据地积极开展群众性的游击战,对敌作战4500余次,粉碎日伪军的"扫荡"和"清乡",歼灭日伪军3.6万人,新四军队伍不断壮大,为华中敌后抗日根据地转入攻势作战奠定了基础。

三　从缅北反攻到中国战场全面反攻

1943年,世界反法西斯战争由战略防御转入战略反攻,缅北亦不例外。第一次远征军入缅作战失利后,一部撤入印度,一部撤回云南。1942年8月,国民政府军事委员会将撤往印度的远征军改编为中国驻印军。1943年10月,中国驻印军主力在英美军一部的配合下,向缅北反攻。在美国空中力量的支援下,中国驻印军一鼓作气攻克于邦和孟关,日军第18师团伤亡惨重。为了尽快攻占孟拱和密支那,中国政府应盟军东南亚战区统帅部的请求,向缅北空运了2个师。1944年6月,中国驻印军攻占孟拱城,8月又攻克缅北重镇密支那。中国驻印军在密支那战役中歼灭日军2000余人,迫使日军指挥官水上源藏自杀。之后,中国驻印军奉令改编为2个军,即新编第一军和新编第六军,分别由孙立人、廖耀湘担任军长。

1944年10月,中国驻印军兵分两路向八莫进攻。八莫位于密支那以南,地处中缅边境要冲,是中印公路的必经之地。12月,中国驻印军顺利攻克八莫。1945年1月,驻印军又攻克南坎和芒友,与中国远征军在芒友胜利会师。之后,中国驻印军沿滇缅公路南下,先后攻克新维、腊戌等地。3月30

---

[1]《中国抗日战争史》编写组:《中国抗日战争史》,人民出版社2011年版,第433页。

日，中国驻印军与英军在乔梅会师，胜利完成缅北的反攻任务。

1943年2月，国民政府军事委员会决定重建中国远征军，任命陈诚为司令长官，后由卫立煌接任。中国远征军辖第11集团军和第20集团军，共计5个军，全部接受美械装备和训练。1944年5月，为了策应英军在印度的作战和中国驻印军反攻缅北，中国远征军应美国总统罗斯福之请，开始在滇西反攻。中国远征军的作战计划是强渡怒江，迅速攻占腾冲、龙陵、芒市等地，最终与中国驻印军会师缅北，打通中印公路。

在美军第14航空队的配合下，第20集团军各部渡过怒江，直逼腾冲。日军第56师团在滇西防守，反攻开始后日军又从第2师团、第49师团抽调一部增援。自7月2日至9月14日，第20集团军经过2个多月的苦战，攻克腾冲，击毙日军军官百余人，士兵6000余人。第11集团军渡江后，兵分两路向松山和龙陵进攻。在松山，日军凭借坚固工事和碉堡群死守。9月初，中国军队利用工兵作业在松山挖掘地道，用10吨炸药将松山顶峰炸毁，全歼松山守敌。11月3日，远征军攻占龙陵。至此，滇西日军已日暮途穷，而中国远征军与驻印军在战略上对日军形成了合击之势。1945年1月，中国远征军在攻克芒市、遮放和畹町后，与驻印军在芒友会师。中国军队在缅北、滇西的胜利反攻，打通了中国西南国际交通线，把日军赶出了中国西南大门，支援了国内的正面战场，也支援了盟军在印缅地区和太平洋地区的对日作战，为中国抗日战争和世界反法西斯战争的胜利作出了重要贡献。

中国军队在缅北和滇西反攻期间，日本大本营为了摧毁美军在华空军基地，打通大陆交通线，向日本中国派遣军下达了"一号作战"命令，令其向中国豫、湘、桂地区发动进攻。1944年4月，日军华北方面军向河南中部地区发起进攻，豫湘桂战役正式爆发。令人痛心的是，国民党军在豫湘桂战役大溃败，至1945年1月战役结束，国民党军队损失近60万人，丢失大小城市146座，损失空军基地7个，飞机场36个。[①]豫湘桂战役的惨败，很大程度上是国民党腐败、消极抗日导致的恶果，与世界反

---

① 《中国抗日战争史》编写组：《中国抗日战争史》，第585页。

法西斯战争其他战场的节节胜利形成了极大反差,对国民党的政治统治造成了极大的冲击。

趁日军发动"一号作战"之际,八路军、新四军在敌后战场主动向日伪军发起了局部反攻。八路军山东军区以歼灭大股伪军和拔除深入抗日根据地内日伪军据点为主要目标,消灭日伪军6万余人,收复县城9座,解放人口930万人,使鲁中、滨海两个根据地连为一体。八路军晋察冀军区拔除日伪军据点、碉堡1600多处,歼灭日伪军4.5万余人,解放人口758万人,扩大了根据地面积。晋冀鲁豫边区部队歼灭日伪军7.6万人,收复县城11座,解放人口500余万人。华中抗日根据地新四军各部消灭日伪军5万人,收复国土7400余平方千米,解放人口160万人。新四军第1师在粟裕的率领下开辟了苏浙皖边敌后新区,成立了苏浙军区。1945年,根据毛泽东"消灭敌伪,扩大解放区,缩小沦陷区"的指示,抗日根据地先后发动了春季攻势和夏季攻势,共歼灭日伪军16万余人,攻克和收复县城61座,扩大解放区24万余平方千米,解放人口1000万人。至1945年4月,中国共产党领导的人民军队发展到91万人,民兵达到220万人,为全面反攻奠定了基础。[1]

1945年,国民党军队在正面战场上开始转入反攻。豫湘桂战役结束前夕,国民政府成立了中国陆军总司令部,以何应钦为陆军总司令,负责西南各战区部队的指挥和整训,为反攻做准备。1945年4月,为了摧毁中国空军基地芷江机场,日军第20军向湘西发动进攻,湘西会战爆发。何应钦调集王耀武的第4方面军和汤恩伯的第3方面军在雪峰山地区进行阻击。5月9日,在中美空军的支援下,中国军队开始全线反击。至6月7日,日军退回原防,恢复战前态势。湘西会战是抗日战争正面战场的最后一次大规模会战,中国军队凭借优势兵力、武器装备和空中支援,毙伤日军2.5万余人,取得会战胜利。湘西会战后,日军在正面战场全面收缩防守,中国军队先后收复南宁、柳州和桂林等地。

---

[1]《毛泽东军事文集》第二卷,军事科学出版社、中央文献出版社1993年版,第796页。

8月9日，毛泽东发表《对日寇的最后一战》，号召："中国人民的一切抗日力量应举行全国规模的反攻……为夺取最后胜利而斗争。"[1]至此，中国战场进入全面反攻阶段。同期，八路军晋察冀军区攻占了张家口等城镇，解放了热河、察哈尔省全境，逼近北平、天津。晋绥军区攻占了归绥，逼近太原。晋冀鲁豫边区部队向开封、安阳等城市逼近，切断了同蒲、陇海、平汉等铁路线。山东军区向济南、青岛、徐州进攻，切断了津浦、胶济、陇海铁路交通线。10月，山东军区主力由罗荣桓率领向东北进军。新四军各部收复了苏、皖、浙地区的敌占乡村和县城。解放区的反攻作战，共歼灭日军1.3万余人，伪军38.5万余人，收复张家口等县以上城市250多座，加速了日军在华的投降和灭亡。经过十四年全民族抗战，中国共产党领导的人民军队发展到130余万人，民兵达260余万人，建立了陕甘宁、晋察冀、山东、浙东、琼崖等19块抗日根据地，共歼灭日伪军170余万人，收复国土100余万平方千米，解放人口约1亿人[2]，不仅为中国抗日战争和世界反法西斯战争的胜利作出了重大贡献，而且为新民主主义革命的胜利奠定了基础。

本章图片来源

图11-1　中国军事百科全书编委会编：《中国军事百科全书·军事历史Ⅰ》，军事科学出版社1997年版，第7页。

图11-2　中国军事百科全书委员会编：《中国军事百科全书·军事历史Ⅱ》，军事科学出版社1997年版，第1040页。

图11-3　中国军事百科全书委员会编：《中国军事百科全书·军事历史Ⅱ》，第878页。

图11-4　新华通讯社。

---

[1]《毛泽东选集》第三卷，第1119—1120页。
[2]《中国抗日战争史》编写组：《中国抗日战争史》，第630页。

第五编
正义战胜邪恶
——反法西斯同盟走向胜利

世界反法西斯战争是正义和邪恶、光明和黑暗、进步和反动的大决战，是反帝国主义、反殖民、反侵略的人民战争。战争期间，除了反法西斯盟国军队在正面战场激烈鏖战之外，世界各大洲爱好和平的人民都掀起了反法西斯抵抗运动和支援行动。中国是最早奋起反抗日本法西斯侵略的国家，在长达十四年艰苦卓绝的斗争中，积贫积弱的中国人民付出了巨大牺牲和惨重代价。中国共产党作为中国人民抗日战争的中流砥柱，为世界反法西斯战争作出了不可磨灭的贡献。随着战争的推进，反法西斯同盟不仅致力于赢得军事胜利，更着眼于战后世界和平与发展。从1943年起，莫斯科三国外长会议、德黑兰会议、开罗会议、雅尔塔会议和波茨坦会议等一系列重要会议的召开，对协调盟军在各个战场的作战行动、加速战争进程、彻底消灭德意日法西斯、构筑战后国际秩序奠定了重要基础。1945年，德国和日本无条件投降，世界反法西斯战争终于迎来了伟大胜利。战后审判与战争罪行的处置，不仅是对人类正义与良知的捍卫，更是人类文明对野蛮与暴政的最终胜利。

第十二章
世界各国人民的抵抗运动与相互支援

世界反法西斯战争，由反法西斯同盟的正面作战和各国人民的抵抗运动共同组成。两者同存互补、共撑互动，最终促成了反法西斯战争的全面胜利。自德意日法西斯上台后，对内实行独裁统治，对外发动侵略战争，抵抗运动就从涓涓细流逐渐汇聚成席卷亚欧大陆的磅礴洪流。与此同时，非洲、美洲及大洋洲的人民也对世界反法西斯战争提供了有力支援。中国人民以及世界各地的华侨华人，同样为战争的胜利作出了重要历史贡献。

第一节
亚洲人民的抵抗运动

亚洲是第二次世界大战的重要战场，是法西斯主义的肆虐之地。除作为东方主战场的中国外，亚洲其他国家和地区也在不同程度上直接或间接地卷入这场全球性冲突，并为世界反法西斯战争的胜利作出了突出贡献。

一 东北亚地区

朝鲜半岛人民的反法西斯斗争有着不同于亚洲其他国家和地区的历史特征。它是自1910年朝鲜半岛被吞并以来，朝鲜半岛人民反抗日本帝国主义、谋求朝鲜独立的进程中的一段不可或缺的历史，也是世界各国人民反法西斯事业的有机组成部分。

从被日本占领之日起，朝鲜人民的反抗就未停歇过。朝鲜人民的抗日复国运动主要在中国境内展开，在中国国民政府统治区、敌后抗日根据地和东北沦陷区，形成了三支朝鲜抗日力量。1919年的三一运动后，大韩民国临时政府在中国上海成立，朝鲜半岛有组织的抵抗和抗日复国运动逐渐发展。1931年九一八事变后，日本加大对朝鲜半岛的资源掠夺与剥削，并急剧扩大在朝鲜半岛的军事警察力量，还设立"朝鲜中央情报委员会"等，加强对朝鲜人民的法西斯统治。1932年4月25日，以金日成为首的朝鲜革命者组建了抗日游击队，并与中共领导的东北抗日联军并肩战斗，积极开展游击战争。朝鲜半岛的工人、农民也积极开展抗日斗争，以镰刀、棍棒为武器，袭击日本在朝鲜的警察署、县政府、乡公所，遭到日本殖民当局的残酷镇压。

太平洋战争爆发后，大韩民国临时政府追随美、英、中等国对日宣战，领导韩国光复军继续与中国军队一起抗击日本侵略，还派出人员赴印度与盟军共同对日作战。在战争结束前夕，该临时政府还与美国军方合作，并积极筹备组织地下军，准备配合盟军登陆朝鲜半岛。在敌后根据地战斗的朝鲜义勇军，在不同的地域参加对日作战。朝鲜半岛人民反抗殖民统治的斗争打击了日本帝国主义，为世界反法西斯战争取得最后胜利作出了贡献。

二　东南亚地区

1941年12月8日，日军在马来亚的哥打巴鲁发起了登陆战，标志着东南亚开始被卷入第二次世界大战。日本占领该地区后，进行疯狂的经济压榨和资源掠夺，实施高压统治，激起马来亚、菲律宾、荷属东印度（印尼）、缅甸、越南、泰国等地人民的强烈抵抗。

马来人积极参与这场保卫家园的抗日斗争。在战争早期的新加坡保卫战中，一支1400人的马来军团，连同第2皇家军团组成的马来步兵旅，同日军进行了生死血战，杀死敌军160余人。马来吡叻州（今霹雳州）的甘榜、督亚冷和西彭亨马鲁等地的人民，与马共合作建设根据地，积极抗战。

在被日军占领的东南亚地区中，菲律宾是抵抗运动开展最激烈的地区之一。游击战是菲律宾全岛进行抗日斗争的主要形式。1941年12月，日军

第十二章 世界各国人民的抵抗运动与相互支援

登陆吕宋岛后，菲律宾人立即实施游击战，其抵抗活动持续到1945年8月15日日本投降。菲律宾的游击队组织比较零散，有277个独立游击队，约26万人。共产党人塔鲁克（Luis Taruc）于1942年建立的人民抗日军"胡克"，是菲律宾最著名的抵抗组织。菲律宾共产党还组织了5万多名工人和农民，协助美国工兵部队。到1944年，胡克约有1.2万名活跃的武装游击队员，组成了76个中队，杀敌约2万人。[1] 1944年麦克阿瑟回到菲律宾后，大多数游击队主要为盟军部队提供情报，以配合即将到来的反攻。

马来亚华侨华人在抗日运动中始终站在第一线。1941年12月30日，华人领袖陈嘉庚成立星洲华侨抗敌动员总会，组织星华义勇军，万名华裔青年报名。义勇军在新山长堤、裕廊及武吉知马阻击日军。1942年1月5日，马六甲华人组织保卫团与民众武装部，随时准备协助英政府进行抗敌工作。1942年2月日本占领新加坡后，以华人为主体的马来亚共产党，组织抗日军开展游击战。抗日军陆续发展为8个独立部队，是当地最大、最活跃的抗日力量。在被日军占领的第一年，马来亚人民抗日军发动了大约20次进攻，杀死约600名日军官兵和通敌者。[2] 在日军占领时期，马来亚人民抗日军与敌人进行了约340场战斗，击毙、打伤日本士兵5500余人，约1100名抗日军战士牺牲。

日本对印尼的占领从1942年3月一直持续到1945年8月。面对日本侵略者的残暴统治，爪哇岛民众开展了一系列零散的抵抗行动。左派领袖阿米尔·沙利弗丁（Amir Sjarifuddin），借助沦陷前夕荷兰人给予的有限支持，建立了抗日组织，但后被日本间谍所渗透。在外岛农村地区，也发生了零星的抗日活动。1942年11月，亚齐地区的农民进行了短暂的反日起义。1944年末，西加里曼丹的达雅克人也进行了抵抗。1945年2月14日，爪哇岛勿里达市的"乡土防卫义勇军"组织抗日战斗，标志着印尼抵抗运动达到顶峰。

---

[1] Benedict J. Kerkvliet, *The Huk Rebellion: A Study of Peasant Revolt in the Philippines*, Berkeley, California: University of California Press, 1977, pp.93–104.

[2] 新马侨友会编：《马来亚人民抗日军》，香港见证出版公司1992年版，第40—43页。

印尼华侨华人积极投身抗日运动。1942年3月，日寇占领了印尼苏北首府棉兰。苏北华侨青年组织了"华侨抗敌协会"和"苏岛华侨抗日反法西斯同盟"。1943年初，这两个抗日组织联合起来建立了"苏岛反法西斯总同盟"，通过电台和报纸进行反法西斯宣传。1943年9月20日，日军在全苏岛实施大检举、大逮捕行动，印尼抗日组织遭到严重破坏，后转为地下活动。

1942年日军占领仰光后，建立军政府管理体制。1943年8月1日，日本与缅甸签署了《日缅同盟条约》和《日缅秘密军事协议》，继而控制了缅甸的财政、国防等大权。对此，缅甸有识之士决定组织抗日统一阵线。缅甸共产党呼吁各族人民起来抵抗。1944年初，人民革命党、缅甸国民军与共产党会谈，初步同意组成统一的反法西斯人民自由同盟。9月，昂山被选为反法西斯人民自由同盟最高领导人。该组织迅速行动起来，分发抗日宣传册，建立抵抗网络，准备武装起义。1945年3月27日，反法西斯人民自由同盟宣布起义，袭击日本在勃固、卑谬等地区的驻军，公开抵抗日军。

九一八事变后，缅甸华侨梁金山捐资，协助改修横跨怒江的惠通桥为西式钢索吊桥。在滇缅公路修建过程中，惠通桥被扩建为载重量达10吨的大桥，成为滇缅公路的主要交通枢纽。1942年，在敌军逼近时，中国军队炸毁惠通桥，阻断了日军西进步伐。太平洋战争爆发后，缅甸华侨积极采取行动保卫家园。1941年12月15日，缅甸华侨抗日志愿队成立。1942年1月，缅甸曼德勒负责抗日宣传的缅华战时工作队成立。华侨抗日志愿队在反间谍方面作出了积极贡献。中英联军退出缅甸后，志愿队坚持在敌军后方进行游击战争，后因后勤补给困难，又遭日军疯狂围攻，主要领导人相继牺牲，抗日活动陷入低潮。

1941年5月，在印度支那共产党中央第八次会议上，决定发展游击战争，并建立了越南独立同盟会（简称"越盟"）。考虑到实力悬殊，在斗争初期，越盟尽量避免与日军发生正面冲突。1945年3月，胡志明领导的印度支那共产党和越盟采取新的抗日策略，发起了大规模的游击运动。越南解放军迅速取得了一些伏击战的胜利。日军的运输线被割断，通往边界的南关公路也无法通行。日军从北泮、宣光、太原出发，进攻位于泸江和第三号公路之间的越盟根据地，发起钳形攻势。到5月中旬，日军攻势被越南解放军阻断。反对征粮、反对收税、反对毁稻苗种苎麻，也是这一时期越南抗日活动的重点。在战争后期，胡志明领导的抵抗活动受到盟军重视，美国尤其希望他们能在营救盟军飞行员方面发挥作用。1945年3月，美国开始援助胡志明的部队，为其提供通信设备、医疗用品和小型武器，向越盟派驻无线电操作员，以便向中国战区发送情报。

泰国的抵抗运动称为"自由泰运动"或"自由泰国运动"。社尼·巴莫（Seni Pramot）首先组织了自由泰运动。他在美国的帮助下，招募泰国学生，利用美国电台向泰国人民揭露日本法西斯的侵略罪行，号召人民起来抵抗。黄培谦（Puey Ungphakorn）等人在英国组织自由泰运动，得到流亡的泰国皇室成员协助，并获得英国承认。他们招募泰国青年进行情报训练，以便回国与地下组织建立联络与合作。在泰国国内，摄政王比里·帕侬荣（Pridi Phanomyong）秘密组织了自由泰运动，形成了巨大的地下抵抗运动网络。到二战结束前，登记在册的自由泰成员约5万人。自由泰运动与盟国配合，搜集日军情报，为盟军空袭日军、向游击队投送武器弹药和药品提供了帮助。在盟军的援助下，泰国游击队组织了5万多人，武装抵抗日本侵略。

太平洋战争爆发后，泰国华人社会积极成立各种形式的抗日组织。最具代表性的是泰国抗日义勇队，成员以华侨华人爱国革命者为主，包括泰国各族的革命者。到日本投降时，该组织共有队员650余人。泰国反日大同盟成立于1944年12月，是华人和泰国人民联合抗日的又一统一战线组织，由"真话报社""大众报社"等7个华泰抗日团体联合发起。该组织在扩大抗日宣传、团结抗日人士、发展抗日组织、募集抗日物资等方面发挥了重要作用。

三　南亚地区

第二次世界大战时期，印度处于英国殖民统治之下。英国对德意日法西斯宣战后，印度卷入其中，为反法西斯战争的最终胜利作出了贡献和牺牲。

1939年9月3日，印度总督林利思戈侯爵（Victor Hope, the 2nd Marquess of Linlithgow）单方面宣布印度参战。印度国民大会党（简称"国大党"）领导人要求以印度完全独立作为参战前提，但遭到英国殖民当局的拒绝。国大党领导人在10月集体辞职，以此抗议英国无视印度人民意愿的战争政策。

印度士兵为盟军的反法西斯事业作出了重要贡献。二战期间，英国殖民当局征募大量的印度人入伍。在1943年9月到1945年5月的意大利战役中，来自第4师、第8师和第10师的5万多名印度士兵参与其中，有6人获得维多利亚十字勋章。整个二战期间，印度军队伤亡近18万人。印度普通民众也为反法西斯事业作出了贡献。他们在盟国的商船队中为欧洲士兵运送物资，为英国本土和其他国家提供医疗服务。成立于1939年的印度慰劳基金，向盟军士兵和亚洲战俘提供了超过170万包食品，还准备了保暖衣物和其他物资。印度是盟军重要的战略基地。中印公路（又名"史迪威公路"）起点就在阿萨姆邦的雷多，国际社会大量援华抗日物资从此地集结，源源不断地运往中国昆明，为盟国中缅印战场提供了有力的后勤保障。

四 西亚地区

二战期间，西亚地区因其特殊的战略位置同时受到德意法西斯与英苏等国的争夺。虽然该地区国家大多受到英法殖民主义的压迫，但在面对法西斯国家的渗透与影响时，最终还是选择站在盟国一边，为世界反法西斯战争的胜利贡献力量。

二战全面爆发后，伊朗国王礼萨·汗一方面对英苏在伊朗的野心表示担忧；另一方面，虽然同德国有着更为密切的经济关系，但对希特勒的扩张政策也表示不满，因而宣布保持中立。英国与苏联要求伊朗遣散境内的德国顾问和专家，礼萨·汗以中立为理由予以拒绝。1942年1月29日，英国、苏联和伊朗签订同盟条约，建立合作关系。1942年3月到4月，伊朗先后与"维希法国"、日本断交，并于1943年9月9日正式对德宣战。在1943年11月28日至12月1日盟国召开德黑兰会议期间，苏、美、英还联合签署

第十二章 世界各国人民的抵抗运动与相互支援

了《关于伊朗的宣言》，三国同意在战时和战后向伊朗提供经济援助，维护伊朗的独立、主权和领土完整。1945年2月28日，伊朗对日本宣战。至此，伊朗完全站在了盟国的行列。在抗击德国法西斯的战争中，伊朗是物资运输和供应的战略基地。截至1944年9月，经伊朗运往苏联的武器、弹药、食品、原料和药品等共计有500万吨。

1939年9月1日德国闪击波兰后，土耳其采取武装中立政策。但面对不断变化的战争局势，土耳其也采取了积极的防御性外交政策，在1939年10月和1941年6月，分别与英、法、德签订了盟约和互不侵犯条约。在这种情势下，土耳其不断备战，但并未参战。1944年4月，土耳其停止将铬矿石运往德国，并于8月2日宣布与德国断绝外交关系和经济关系。1945年2月23日，土耳其对德国和日本宣战。

沙特阿拉伯在战争爆发之初也宣布中立，但其特殊的地理位置和丰富的石油资源，依然引起轴心国与盟国的权力竞逐。德国方面，希特勒承诺国王伊本·沙特，如果沙特加入轴心国阵营，德国将扶植他成为"阿拉伯之王"。考虑到与英美的经济关系，伊本·沙特对此予以拒绝，并选择与英美维持密切的联系。1945年2月14日，沙特与美国达成协议，美国支援沙特武器，沙特则承诺向轴心国宣战。1945年3月1日，沙特对德国宣战，也因此获得了联合国创始成员国的资格。

西亚国家也有反法西斯力量与团体。20世纪30年代中期，为了应对法西斯威胁，叙利亚和黎巴嫩出现反法西斯主义的联盟，主要由受马克思主义影响的知识分子组成。他们通过创办杂志，批判法西斯主义，呼吁各党派团结。1939年5月，他们组织召开反法西斯会议，呼吁建立一个反对纳粹主义的统一阵线。1941年7月，叙利亚和黎巴嫩共产党领导人哈利德·巴格达什（Khālid Bakdāsh）和拉菲克·里达（Rafīq Ridā）求助于法国将军卡特鲁，表达对盟军的支持，并宣布加入反法西斯斗争。

西亚地区是盟国重要的战略协调中心和物资补给中心。盟国在伊朗、伊拉克、沙特阿拉伯等国建立了中东补给中心的分部，这些分部对确保英美经由伊朗向苏联补给战略物资、保障盟国中东基地的稳定，以及助力北非战场取得胜利发挥了关键作用。

第二节
欧洲人民的抵抗运动

德意法西斯的扩张给欧洲人民造成了深重苦难，1939年9月欧洲战事爆发后，大部分欧洲国家和地区陷入法西斯的占领之下，欧洲各国人民也展开了勇毅决绝的抵抗运动。

一　中欧和东欧国家

1939年9月，纳粹德国迅即占领波兰，激起了波兰人民的强烈反抗。波兰成为欧洲第一个奋起反抗纳粹德国侵略的国家。

波兰人民的抵抗活动大致可分为三个阶段：1939年10月至1942年夏为地下斗争阶段，波兰人民主要采取怠工、破坏军事设施等相对隐蔽的抵抗方式。1942年秋至1944年夏为公开抵抗阶段，伴随着德国在波兰的罪行升级及二战形势的逆转，波兰人民的抵抗意愿越发强烈，斗争方式也从隐蔽转变为公开，包括组建人民近卫军、破坏德军交通线和通信网络、开展游击战等。1944年至1945年为反击和解放阶段，波军和苏军一同渡过布格河，解放了波兰全境。

不同于波兰，德国在捷克斯洛伐克采取了分而治之的占领策略。1939年3月，德国扶植成立了以捷克民族为主的波希米亚—摩拉维亚保护国和以斯洛伐克民族为主的"独立国"。纳粹德国对保护国的奴役和控制程度远大于"独立国"。

在抵抗过程中，捷克斯洛伐克出现两个领导核心——以爱德华·贝奈斯为首的捷克斯洛伐克流亡政府和转移到苏联的捷共中央。其间，捷克民族和斯洛伐克民族发起了方式多样、规模不同的抵抗活动，包括文化抵抗、武装抵抗、游行示威、罢工等。文化抵抗的主要目标是抵御德国的文化侵略，捍卫自身文化特色。刺杀希姆莱的"类人猿行动"、斯洛伐克民族大起义、布拉格起义等抵抗运动，是捷克民族和斯洛伐克民族抵抗法西斯的最强音。此外，他们还在工厂、街道、铁路等公共场所，以游行示威、怠工、罢工、藏匿粮食等方式冲击法西斯的统治基础。

1938年奥地利被德国吞并后，奥地利社会民主党、奥地利共产党及君主主义者都进行了不同程度的抵抗。总体来说，在1943年之前，奥地利的抵抗运动分散、孤立，各方抵抗力量付出了巨大牺牲，但收效甚微。1943年后，伴随着世界反法西斯战争局势的转折，奥地利各方抵抗力量逐渐走向联合。1944年，"奥地利全国临时委员会"正式成立。该委员会虽多次遭到破坏，但仍积极领导各地的游击战，给敌人造成一定程度的打击。随着后期盟军在东西两线的推进，为了更好地配合盟军的正面进攻，抵抗组织在维也纳和蒂罗尔州发动武装起义。1945年5月，奥地利全境获得解放。

苏德战争爆发后，匈牙利作为德国的仆从国参加了对苏作战。匈牙利既是轴心国成员，又是被占领国，具有双重身份。在这一特殊背景下，匈牙利的反法西斯抵抗运动艰难发展起来，但受到国内外势力联合阻挠。匈牙利共产党担负起领导全国人民抵抗法西斯的重任。匈牙利共产党通过建立科苏特电台、发行《自由人民报》、组织工人罢工游行、成立匈牙利民族独立战线等方式开展抵抗运动。此外，匈牙利共产党在裴多菲纪念碑前举行大型集会，号召建立独立、自由、民主的匈牙利，得到了由平民作家组成的"前进阵线"、由大学生组成的"自由活动阵线"等各界人士的响应。

二 西欧及北欧国家

法国是西欧抵抗运动发展最为活跃的国家，抵抗的火种同时在法国本土和海外燃起，抵抗宣传、情报工作、罢工怠工和武装斗争等反抗形式均取得一定成效。欧洲西线战事爆发后，法国迅速被纳粹德国击败，并于1940年6月22日被迫签署停战协议。法国败降之际，拒绝承认战败的戴高乐赴伦敦组织抵抗。6月18日晚，他通过广播向法国人发出抵抗的号召：

"法国抵抗的火焰绝不能熄灭，也绝不会熄灭。"戴高乐领导的"自由法国"是法国国外抵抗运动的主导力量。"自由法国"开展了广泛的情报工作，由安德烈·德瓦弗兰（André Dewavrin）领导的情报局在法国本土创建了一批情报小组。此外，"自由法国"创建了一支规模可观的军队，并积极参与盟军正面战场的斗争。"自由法国"的海军参加了盟军大西洋护航编队，空军飞行员参加了不列颠空战。1942年6月，在北非战场上，"自由法国"军队在比尔·哈基姆（Bir Hakeim）成功阻击隆美尔，为英军第8集团军撤退争取了宝贵的时间。

在法国本土，法国共产党、法国社会党和新兴的众多抵抗组织，是法国国内抵抗运动的领导力量。1941年5月15日，法国共产党号召建立"为法兰西独立斗争的国民阵线"，呼吁全体法国人团结起来反抗民族压迫。《人道报》（L'Humanité）是法国共产党进行抵抗宣传的主要阵地，也是被占领时期发行量最大的抵抗报刊之一。此外，法国共产党在各地组织游行示威和罢工行动。其中1943年10月的北方省和加莱海峡省矿工大罢工，是法国在被占领期间规模最大的罢工行动之一，约3.9万名工人参与其中，占当地劳动力总数的40%。[①]法国共产党还是武装抵抗斗争的急先锋，仅在苏德战争爆发后的3个月内，法共就制造了158次列车脱轨事件，并破坏了3座桥梁。在丹尼尔·梅耶的领导下，法国社会党以社会主义行动委员会的名义开展抵抗活动，并发行了《社会主义与自由》等抵抗报刊。

除以上两大抵抗政党之外，法国本土还涌现出众多抵抗组织。1941年年中，法国本土主要抵抗组织的版图已经基本确定：北部占领区存在"保卫法国""解放北方""抵抗者""解放者""平民与军人组织"五大抵抗组织；南部非占领区则存在"战斗""解放南方""自由射手"三大抵抗组织。法国南部的抵抗组织规模较大，结构较为完善，其斗争方式以抵抗宣传和人道主义救援等为主。相比之下，由于德国占领者的存在，北部占领区的抵抗组织规模较小，结构更为松散，斗争方式也更加激进。

---

① Lynne Taylor, *Between Resistance and Collaboration: Popular Protest in Northern France, 1940–45*, New York: St. Martin's Press, 2000, pp.82–83.

第十二章 世界各国人民的抵抗运动与相互支援

在上述抵抗力量的领导下，法国民众广泛参与了抵抗运动并最终凝聚在同一面旗帜之下。1943年5月27日，在戴高乐全权代表让·穆兰的推动下，法国国内抵抗运动的代表在巴黎成立全国抵抗委员会，宣布接受戴高乐的领导。6月初，在全国抵抗委员会的支持下，"自由法国"与法国北非当局合并为法兰西民族解放委员会，这标志着法国抵抗运动统一战线的建立。在这一过程中，戴高乐将法国国内抵抗运动的所有武装力量合并为"法国内地军"，并将其纳入盟军指挥体系。在盟军诺曼底登陆后，"法国内地军"有效阻滞了德军行动，在盟军后续推进过程中发挥了向导作用。

在低地三国荷兰、比利时和卢森堡，抵抗运动多以罢工罢课、发行抵抗报刊和秘密救援等非暴力方式为主。低地三国抵抗运动中，占据主体地位的是共产党领导下的左翼抵抗组织以及受到鼓舞的广大民众。

1941年2月，阿姆斯特丹工人在荷兰共产党的领导下进行了"二月罢工"，以抗议纳粹对犹太人群体的迫害。此外，抵抗报刊和地下文学作品同样层出不穷。在比利时，抵抗组织开辟了帮助盟军飞行员、情报人员和特工转移的逃生网络"彗星线"和"荷兰—巴黎线"等，同时积极配合盟军开展游击活动。1944年6月，比利时的抵抗组织协助盟军，在保护基础设施的前提下解放了安特卫普港，从而使盟军在西欧获得了又一个重要港口枢纽，有力推动了比利时乃至西欧全境的解放进程。

低地三国的流亡政府是另一股重要抵抗力量。流亡政府主要以广播宣传的方式来维护自身合法性、激发民众的抵抗意志，其中最为著名的便是荷兰流亡政府首脑——女王威廉明娜。比利时流亡政府通过英国广播公司等渠道，以母语向国内进行广播宣传，并通过比属刚果同英美进行贸易，为抵抗运动的发展筹集资金。

二战初期，挪威、瑞典和丹麦都试图严守中立、避免卷入战争，但最终只有瑞典保持了相对中立。1940年4月9日，随着纳粹德国入侵，挪威和丹麦人民进行了坚决的抵抗。挪威抵抗运动诞生之初，以佩戴标识物表达抵抗态度、发行抵抗报刊等非暴力形式为主。随着时间的推移，抵抗组织开始广泛进行武装斗争，例如破坏德军的军事设施和交通线，从而动摇了吉斯林政府的统治。此外，挪威抵抗组织成员还与英国人一起，破坏了挪威重水工厂，为阻止纳粹德国的核计划作出了突出贡献。

丹麦主要的抵抗团体有"公民游击队""霍尔格·丹斯克"等。1943年9月成立的丹麦自由委员会将各个抵抗组织凝聚在一起，提高了丹麦抵抗运动的效率，并进一步扩大了抵抗运动的社会基础。

三 巴尔干地区

巴尔干诸国的抵抗运动牵制和消灭了德军大量有生力量。意大利占领阿尔巴尼亚后，扶植了以大封建主谢夫切特·维尔拉齐（Shefqet Vërlaci）为首的傀儡政府。阿尔巴尼亚的抵抗始于部分不愿屈服的个人和小团体，他们通过罢工、抵制意大利国歌和破坏铬矿等形式与意大利法西斯抗争。

1941年11月，在南斯拉夫共产党的推动下，阿尔巴尼亚共产党登上历史舞台，他们号召人民拿起武器，同法西斯占领者进行斗争。1942年，阿共开始组建游击队。同年9月，阿共在地纳拉附近的佩扎村推动各方力量成立了民族解放运动。游击队的持续抵抗对意大利法西斯及其傀儡政权造成沉重打击。

1943年7月4日，阿尔巴尼亚最高民族解放会议在拉比诺特举行，会议决定将游击队改组为"人民解放军"，并成立总司令部。1944年5月，反法西斯民族解放代表大会在梅特市召开，选举产生了阿尔巴尼亚反法西斯民族解放会议，成立了反法西斯民族解放委员会。到1944年10月，阿尔巴尼亚人民解放军已经解放了全国四分之三的领土。同月，反法西斯民族解放委员会正式改名为阿尔巴尼亚民主政府。到1944年11月，外国占领军被彻底清除，阿尔巴尼亚全境解放。阿共在阿尔巴尼亚的抵抗运动中发挥了重要作用。

希腊抵抗运动被认为是纳粹占领下的欧洲最强大的抵抗运动之一。与阿尔巴尼亚一样，希腊人民的反法西斯斗争也始于意大利入侵。但与阿尔巴尼亚立刻被占领不同的是，希腊军民在1940—1941年多次击退意军，挫败了墨索里尼的占领企图。击退意军是希腊反法西斯抵抗运动的第一阶段。意大利

第十二章 世界各国人民的抵抗运动与相互支援

的失利促使德国干预希腊战事，1941年4月6日，德国出兵入侵南斯拉夫及希腊。1941年5月，希腊完全陷落，领土被德、意、保瓜分，希腊抵抗运动进入第二阶段，出现了群众起义、罢工、游行示威和武装袭击等多种斗争形式。在希腊政府流亡英国的情况下，希腊抵抗组织不断涌现。希腊共产党和其他左翼政党于1941年9月27日建立了民族解放阵线。这是希腊最重要的抵抗组织，也是唯一的全国性抵抗组织，其依托的武装力量是1942年2月组建的希腊人民解放军。此外，还存在希腊民族共和联盟、民族与社会解放组织、北部希腊捍卫者、克里特岛斗争最高委员会等几十个抵抗组织。到1944年秋，他们从德国侵略者手中解放了大部分希腊领土。

早在希腊沦陷之前，南斯拉夫军队已经于1941年4月17日向德军投降。南斯拉夫国王彼得二世及军政要员流亡英国。南斯拉夫国内出现了2支主要的抵抗运动武装：德拉扎·米哈伊洛维奇领导的南斯拉夫祖国军和铁托领导的南斯拉夫共产党游击队，但二者并未实现联合。

铁托领导的南共游击队是打击德国侵略者的中坚力量。1941年7月4日，南共中央委员会发表告人民书，号召南斯拉夫人民立即开展对占领军的武装斗争。铁托率领南共游击队进入塞尔维亚和黑山交界的山区开展游击战，并在塞尔维亚西部的乌日策建立人民解放委员会。1942年11月，南共成立了南斯拉夫反法西斯人民解放委员会。1943年9月之后，南斯拉夫各地陆续建立起各级委员会。在不断斗争的过程中，南共游击队日渐壮大，并在1942年12月更名为南斯拉夫人民解放军。1941—1945年，南共游击队和人民解放军抵挡住了轴心国集团的七次大规模进攻。

1939—1940年，保加利亚虽与德国的关系日益密切，但一直保持中立立场。1941年初，保加利亚出于对"国家统一"的幻想，在鲍里斯三世和首相菲洛夫的主导下，加入了《德意日三国同盟条约》，成为法西斯阵营的一员。

1941年6月，保加利亚共产党号召人民进行反抗。保加利亚工人党也成立了军事委员会，以便开展武装斗争。莫斯科战役后，为了牵制东线德军的行动，保共于1942年夏建立了祖国阵线，并于次年8月成立了祖国阵线全国委员会。在该机构的领导下，1943年保加利亚发生了1500多起武装破坏行动。

1944年，保加利亚再次改弦易辙加入反法西斯同盟。苏军展开全面反攻后，1944年8月30日，祖国阵线全国委员会发表《致保加利亚人民和军队宣言书》，号召成立祖国阵线政府。1944年9月8—9日，支持祖国阵线纲领的军队在索菲亚发动政变，建立了祖国阵线联合政府。从1944年9月至1945年5月，保加利亚支援反法西斯同盟部队作战，并为战争的胜利作出了贡献。

作为德国的仆从国，罗马尼亚当局积极配合德军对苏作战，但罗马尼亚人民组织了各种形式的抵抗运动。罗马尼亚人民的抵抗一直以罢工、破坏军工和运输、破坏德国无线电通信网络、烧毁军事仓库、拒服兵役以及袭击德国士兵等形式出现。1942年底至1943年，轴心国集团在东线和地中海前线的失败，引发了罗马尼亚人民的抗德浪潮。1943年秋，爱国反希特勒阵线成立。1944年4月，联合工人阵线成立。1944年5月，全国民主联盟成立。1944年6月，国家民主集团成立。这些组织共同组成了罗马尼亚全国反法西斯阵线。

随着盟军展开反攻，罗马尼亚反法西斯力量积极寻求摆脱安东内斯库的独裁统治和德国控制。1944年8月，苏军进驻罗马尼亚。8月23日，罗马尼亚爆发了全民族反法西斯武装起义并取得胜利，建立了民主联合政府。该起义为罗马尼亚向社会主义革命的转变开辟了道路。

四　苏联沦陷区

1941年6月22日，德国发起"巴巴罗萨"行动，通过"闪电战"迅速占领了苏联大片领土。值此国家生死存亡之际，苏联社会各阶层人民迅速响应号召，从中央到地方，掀起了一场波澜壮阔的全国性抵抗运动。

联共（布）通过制定战略方针、协调资源分配和动员各阶层人民，构建起覆盖全苏的抵抗网络。1941年6月29日，苏联人民委员会和联共（布）中央委员会发布了《关于动员一切力量和手段粉碎法西斯侵略者》的指令，号召全国党政机关迅速转入战时工作状态，集中资源和力量保障前线需求，

第十二章 世界各国人民的抵抗运动与相互支援

具体包括：撤离或销毁一切可能被敌人利用的物资，组织和支持游击队在敌占区开展破坏行动等。7月18日，联共（布）中央委员会颁布了《关于在德军后方组织斗争》的决议，明确要求：苏联各级党组织负责人必须亲自参与和领导这场斗争，在敌占区广泛开展游击运动，组建战斗部队和破坏小组；提前储备武器、弹药、资金等重要物资，并妥善藏匿，以供游击队使用；建立稳固的联络网络，为其配备无线电等必要设备，确保宣传工作的有效开展。这些重要文件为反法西斯抵抗运动提供了明确的战略指导和行动纲领。通过动员工农群众、知识分子和多民族力量，联共（布）成功凝聚了广泛的社会支持，推动了沦陷区各加盟共和国抵抗运动的发展。

白俄罗斯地处苏德战场的中心地带，是苏联沦陷区抵抗运动的前沿阵地。白俄罗斯最早的游击队规模较小，多由零散的红军军官、士兵组成。1942年秋，游击队的规模显著扩大。1942年9月9日，苏联国防委员会宣布成立白俄罗斯游击运动司令部，扩大游击队规模，完善游击队组织架构，实施游击战等。

白俄罗斯游击队破坏德军的铁路、桥梁等重要交通枢纽，刺杀德国高级官员以及与德国合作的地方官员等。白俄罗斯还建立了由共产党员和共青团员组成的地下组织网络。他们与游击队紧密配合，开展散发宣传材料、传递前线信息等各类活动。

在白俄罗斯游击队展开行动的同时，乌克兰游击队也在南部战线上展开行动。乌克兰游击队人员构成多样，包括散落的苏军、农民、技术工人和知识分子等。乌克兰游击队不仅在城市和乡镇开展伏击战，还积极破坏德军的交通线和工厂。此外，他们还破坏德军强制征发乌克兰劳工的企图。

在莫斯科方向，游击队是苏军莫斯科防线的"地下屏障"。然而，在物资匮乏、组织松散及经验不足等因素的影响下，早期的游击队较为零散，彼此之间缺乏协调。1942年5月，中央游击运动司令部的成立大幅提升了游击队的影响力。1943年，在该机构的统一指挥下，游击队的情报工作有力配合了苏军在正面战场的大规模军事行动。至1944年中期，游击队的情报网络甚至已铺展到德军中央集团军群后方。游击队还开展了广泛的宣传活动，利用报纸、传单等形式揭露纳粹暴行，宣传苏军的胜利成果，鼓舞沦陷区民众士气。

苏德战争爆发后，德军北方集团军群在波罗的海方向迅速推进，考纳斯、维尔纽斯等立陶宛主要城市相继沦陷；1941年7月1日，拉脱维亚首都里加陷落；7月5日，爱沙尼亚彻底沦陷。至此，波罗的海三国完全被德国占领，三国军民进行了形式多样的抵抗活动。

在立陶宛，一些尚未来得及撤走的部队化整为零，就地展开游击斗争。最初，立陶宛游击队的规模有限，且缺乏统一指挥。1942年11月26日，苏联国防委员会成立以安塔纳斯·斯涅奇库斯为领导的立陶宛游击运动总部，立陶宛游击队开始朝着联合统一行动的方向发展。1944年1月6日，为协调行动，立陶宛游击队分别成立北部及南部地区委员会。随着苏军在波罗的海方向展开反攻，立陶宛游击队积极配合苏军作战，为苏军侦察敌情、充当向导，破坏德军交通线，配合苏军解放城市等。据统计，在被占领期间，有92个游击支队，超过1万名游击战士在立陶宛地区活动。

在拉脱维亚北部，一些左派人士在拉脱维亚共产党和苏联红军的支持下建立了根据地，并持续进行武装抵抗，配合苏军解放拉脱维亚。此外，资产阶级知识分子和政治精英们组建了"拉脱维亚中央委员会"，试图借助英美等西方大国的力量恢复一个独立的拉脱维亚共和国。还有一批最初追随德国占领当局的民族主义者，在认清德国侵略者的罪恶面目后，转而通过宣传、武装反抗等方式反对占领当局的统治。

爱沙尼亚共产党及苏联军事部门领导的游击运动是爱沙尼亚抵抗运动的主力。最初，爱沙尼亚境内的游击队规模较小且各自为战。1942年12月3日，由尼古拉·卡罗塔姆领导的爱沙尼亚游击队运动总部成立，游击队就此扩大了活动范围。此外，爱沙尼亚资产阶级与知识分子领导的抵抗运动以非暴力手段谋求民族政治文化独立。1942年6月，尤里·乌洛茨组建资产阶级地下政府，力求在法理上保证爱沙尼亚作为独立国家的正统性。1944年1月，地下组织爱沙尼亚共和国全国委员会在塔林成立。除此之外，还有一些由独立力量领导的武装，诸如爱沙尼亚国民警卫队等，也深度参与了抵抗运动。

总体而言，苏联沦陷区的反法西斯抵抗运动参与阶层广泛、抵抗方式多样。苏联游击队在极其艰难的条件下顽强斗争，破坏德国对占领地区的统治，配合正面战场不断打击敌人，为彻底击溃法西斯势力、争取各地的自由与解放作出了突出贡献。

第三节
法西斯各国内部的抵抗运动

反法西斯抵抗运动不仅存在于被德意日法西斯占领和奴役的国家和地区，也存在于发动侵略战争的法西斯集团内部。它是轴心国集团内部一种特殊的战时反抗运动，在发展阶段、规模程度、斗争形式、内部结构、特点水平等方面存在差异，其社会根源、历史动力、反抗结局也各有不同。

一　德国

从纳粹上台到其最终灭亡，以德军1939年入侵波兰和1943年初折戟斯大林格勒为分界线，德国抵抗运动可大致分为三个阶段。

第一阶段始于纳粹上台，一直持续到1939年德国闪击波兰。希特勒上台后，迅速废除了魏玛民主制，建立起恐怖独裁统治。德国共产党领导了最坚决、最具组织规模的抵抗运动，也因此付出了最惨重的牺牲和代价。德国共产党人依托庞大的地下网络组织与共青团组织，通过发放传单、破坏机器和向苏联提供秘密情报等方式，揭露纳粹黑暗统治，破坏纳粹军备生产与军事企图。纳粹对德国共产党进行了残酷无情的打击，利用"国会纵火案"取缔了共产党，大肆逮捕、杀害共产党人。

同一时期，德国市民和军人的抵抗活动尚处萌芽阶段，尚未树立起彻底推翻纳粹政权的信念，对纳粹还抱有合作的幻想，其抵抗成员间的组织、联络方式涣散，缺乏广泛的群众基础，社会影响力有限。1938年夏，希特勒计划入侵捷克斯洛伐克，进而掀起全欧范围的战争，但当时德国并未做好充分准备。德国军人抵抗集团开始秘密行动,试图阻止战争的爆发。1938年,德国新任总参谋长哈尔德准备在希特勒下令发动侵略战争时将其逮捕,并判其犯有战争罪。他还打算让柏林卫戍区司令冯·维茨莱本占领柏林,以彻底推翻纳粹政权。然而,该计划因英法与纳粹签订《慕尼黑协定》而未能实现。

同市民和军人的抵抗活动一样,教会的抵抗也仅限于少数教士或个别基督教团体的零星反抗。无论是德国天主教会,还是新教教会,都对纳粹抱有合作的幻想。尽管如此,随着希特勒独裁统治的加强,特别是迫害犹太人等政策的出台,德国宗教界与纳粹政权的矛盾日益加深。1937年3月,罗马教皇庇护十一世发出了通谕《忧心如焚》,指责纳粹政府规避和破坏契约。在新教教会中,以马丁·尼默勒(Martin Niemöller)牧师为核心的"认信教会"与亲纳粹的"全国教会"进行对抗。数以百计的牧师遭逮捕,不少被捕牧师在集中营中仍坚持布道,宣传独立的、反纳粹主义的宗教信仰。

第二阶段从1939年德国入侵波兰开始,持续到1943年初纳粹在斯大林格勒战败。抵抗运动与纳粹政权进入相持阶段。

这一时期德国各地共产党人组成了众多的抵抗小组,坚持斗争。与此同时,远在莫斯科的德共中央委员会千方百计地与国内的抵抗小组取得联系。德共中央派遣有丰富斗争经验的党员干部在苏德边境伞降,然后辗转奔赴德国腹地,联络、领导当地的德共小组开展抵抗斗争。1941年9月10日,德共中央设立了德国人民广播电台。1941年初,德共机关报《红旗》在柏林恢复出版。德共恢复了柏林及鲁尔地区的党的统一领导体系,不仅召开地区性共产党抵抗小组会议,还积极联络外省的共产党人及其他党派的抵抗小组,共同开展反法西斯抵抗运动。

1939年9月纳粹入侵波兰后,为了阻止战争态势扩大,德国陆军司令部及其军事反间谍局的抵抗成员,与英国外交部秘密接触,提议谈判,但事泄未成。军事反间谍局的汉斯·奥斯特(Hans Oster)暗中联络荷兰驻柏林武官,告知纳粹即将入侵荷兰、挪威、丹麦等。1941年夏,纳粹入侵苏联

第十二章 世界各国人民的抵抗运动与相互支援

后,德军中的抵抗运动获得了新的动力和发展,但仍未摆脱小团体密谋的模式。纳粹的"闪电战"宣告破产后,开始有计划、有步骤地大规模屠杀欧洲犹太人,军中有良知的军官们终于认清了纳粹的邪恶本质,展开一定的抵抗活动,希冀推翻希特勒的统治。

除军人中有抵抗活动外,德国市民中也存在抵抗小组。在市民抵抗小组中,活跃着年轻学生的身影。其中以慕尼黑大学医学院学生汉斯·朔尔建立的"白玫瑰"小组最具代表性。自1942年夏始,汉斯·朔尔与其妹索菲·朔尔等人一道在南德地区和奥地利散发传单,号召德国人民团结起来推翻纳粹的黑暗统治,结束侵略战争,建设一个自由、法治、各民族通力合作的新欧洲。

第三阶段从德军在斯大林格勒战败一直到纳粹德国彻底灭亡。军队的抵抗运动空前活跃。斯大林格勒战役后,纳粹的战局每况愈下,德国军队在希特勒"不投降""不撤退"的命令下,每时每刻都遭受着重大伤亡。军中有识之士不再忍受希特勒的驱使,不再情愿充当炮灰,组织实施了针对希特勒本人的一系列暗杀行动,其中就包括震惊世界的七二〇事件。

1944年6月6日,西方同盟国在诺曼底登陆,开辟了欧洲第二战场。7月20日,希特勒在东普鲁士的大本营"狼穴"召开军事会议,讨论急转直下的战局。德国后备军参谋长冯·施陶芬贝格奉命参会,在会议室的长桌下安放了手提箱炸弹之后离开。中午12时40分炸弹爆炸,希特勒受了轻伤。施陶芬贝格回到柏林后,与路德维希·贝克将军、弗里德里希·奥尔布里希特将军等一起发动了政变。当卫戍部队得知希特勒侥幸逃脱后,随即掉转枪口,镇压了这次政变。贝克被迫自杀,施陶芬贝格、奥尔布里希特等四人于当晚被处决。隆美尔事先知情但并不同意此次密谋,也在希特勒的逼迫下服毒自尽。七二〇事件后,军人抵抗集团被纳粹各个击破,遭到血洗,市民和军人的抵抗运动遭受了沉重的打击。

在市民和军人的抵抗运动中,也有一部分人反对使用暴力暗杀的方式推翻纳粹政权,这就是"克莱骚集团"(Kreisauer Kreis)。1943年8月,"克莱骚集团"起草了《德国新秩序的基本原则》这一纲领性文件:在政体方面,主张实行西方议会民主制,认为政府应向议会负责;在经济方面,提出了国家调控、监管经济的国家社会主义思想；在外交政策方面，提出要彻底消灭滋生《凡尔赛条约》的土壤，在此基础上成立欧洲联邦。

这一时期德共的工作重点是统战和策反。1943年7月12—13日，在流亡苏联的德共中央委员会的倡导下，"自由德国全国委员会"在莫斯科近郊的克拉斯诺戈尔斯克成立。这是第一个由德共领导的、全德范围的反法西斯统一战线组织。委员会发布了《自由德国全国委员会告国防军和德国人民的宣言》，呼吁"反对希特勒的战争""立刻实现和平""建立一个强大的民主国家"；主办机关报《自由德国》，通过各种途径送达前线德军、德军战俘及德国和他国读者，报道反法西斯战争的胜利进程和国内外要闻等；还设立"自由德国"广播电台。在"自由德国全国委员会"的强大思想攻势下，许多德军高级军官和士兵反戈一击，加入反法西斯阵营。该组织不仅教育、策反苏联战场和战俘营内的德军官兵，还掀起"自由德国"抵抗运动，其影响波及欧洲邻国乃至拉美地区。德国共产党领导的统一战线有力地推动了反法西斯战争的胜利进程。

在纳粹败亡之际，德国共产党各级各地组织积极行动起来，全力迎接德国解放的曙光。1944年2月，在莫斯科的德共中央委员会政治局召开会议，讨论了加快反法西斯战争进程以及德国战后重建的重大政治、经济问题。1945年2月，又成立了以乌布利希为首的委员会，制定了反法西斯斗争及战后民主重建的各项方针。在苏联红军占领柏林之际，德共中央向柏林、德累斯顿、梅克伦堡等地派出工作组，开始着手恢复日常生活以及共产党组织和活动，重建政府机构等工作。德国各地的地下党组织也积极行动起来，劝降德军的守备部队，促成莱比锡等大城市的和平解放。集中营里的德国共产党人，联合苏联、西班牙等各国战俘和抵抗战士揭竿而起，制服看守，夺取武器，等待苏联红军及盟军的到来。他们的英勇行动粉碎了纳粹的屠杀阴谋，挽救了大量战俘和抵抗战士。

二　意大利

意大利抵抗运动包含反对德国入侵者、意大利社会共和国以及传统统

第十二章 世界各国人民的抵抗运动与相互支援

治阶层的政治、军事和文化斗争。欧洲多数国家的抵抗运动在本国遭到德国入侵后兴起，意大利的抵抗运动则是在本国法西斯政府遭受英美盟军的沉重打击、内部发生政变、建立新政府并签署停战协定后开始的。这场运动持续了20个月，起自1943年9月3日意大利巴多里奥政府与英美盟军签署《卡西比莱停战协定》，终于德军无条件投降。其间，意大利领土上的抵抗战士人数达到了35万人左右。

意大利抵抗运动涉及本土及其海外占领区域。意大利政府在1943年9月8日向全国公布《停战协定》后，德国政府立即单方面解除了意大利本土及其海外驻军80万人的武装。驻防阿尔巴尼亚、希腊、斯洛文尼亚、克罗地亚、黑山、法国的意军爆发了不同形式的抵抗斗争。此外，德国政府将65万意大利士兵运到德国、奥地利、东欧的战俘营，强迫他们从事各种体力劳动。战争结束时，4万—5万人死于战俘营。被拘禁的意大利士兵，也进行了各种形式的抵抗斗争。

意大利抵抗运动组织水平较高，建立了两个关键领导机构——"民族解放委员会"和"自由志愿军"。前者成立于1943年9月9日，是一个全国性抵抗运动领导机构。总部设在罗马，下设大区、省、市、区组织。当时，德国军队占领意大利大部分国土，意大利新政府逃往南方，军队全面瓦解，民政部门向敌人投降，意大利出现权力真空。各政党领导人将跨党派委员会转变为民族解放委员会。参加民族解放委员会的反法西斯政党包括意大利共产党、社会党、自由党、基督教民主党、行动党、工党。工党领导人博诺米（Ivanoe Bonomi）出任首任主席。

设在米兰的"意大利北方民族解放委员会"是民族解放委员会的下属机构，该机构在民族解放委员会中发挥核心作用，如领导北方地区抵抗运动，负责与英美盟军接触等。意大利北方是经济最发达地区，同时又是敌占区，因此，意大利北方民族解放委员会不仅要应对政治、军事、经济、外交事务，还要扮演秘密政府的角色。这个组织在1944年12月7日派代表与盟军地中海战区司令官威尔逊（Henry Wilson）签订《盟军地中海战区最高司令官与意大利北方民族解放委员会协议备忘录》，与政府总理博诺米签订《意大利政府与意大利北方民族解放委员会协议》，规定了该组织与盟军、意大利政府的关系，在协调抵抗组织、组织武装斗争、保护经济资源、组建战后政府等问题上展开合作。

自由志愿军成立于1944年6月10日，是一个军事领导机构。抵抗运动开始后，各地组织了游击队，但由于没有统一指挥机构而陷入各自为战的局面。意大利北方民族解放委员会首先意识到这个问题，早在1943年9月中旬就成立了军事委员会，协调北方地区的作战行动。位于罗马的民族解放委员会在1944年1月9日发布指令，要求建立统一司令部。6月10日，将米兰的军事委员会升级为"自由志愿军"。8月，民族解放委员会任命卡多尔纳（Raffaele Cadorna）为这支部队的总司令。有8支游击队参加了抵抗运动：马耶拉旅、加里波第旅、正义与自由旅、绿色火焰旅、马泰奥蒂旅、奥索坡旅、布鲁齐—马拉泰斯塔旅、自治游击队。"自由志愿军"是民族解放委员会领导的第一支拥有统一指挥机构的军队，也是所有游击队的最高指挥机构，并获得了意大利政府和英美盟军的承认。

两个机构建立后，意大利抵抗运动翻开了新的一页。意大利解放后，民族解放委员会召集了制宪会议。随着新国家制度的建立，该组织于1946年6月6日宣告解散。

意大利抵抗运动协助英美盟军驱逐了德国占领军，解放了意大利，建立了民主共和国。抵抗运动加强了意大利的社会凝聚力。共产主义者、行动党人、自由主义者、共和党人、无政府主义者、基督教民主党人、君主主义者等持有不同政治立场的人，都集合到抵抗侵略这一面旗帜下，推动抵抗运动取得胜利。

三 日本

九一八事变后，日本共产党成为日本国内首个站出来明确反对发动侵华战争的日本政治团体，他们散发传单，批判日本帝国主义的侵略政策。10月5日刊行的《赤旗》明确指出，事变的实质是日本帝国主义为了解决当前危机而进行的新一轮对外侵略。1932年，日本共产党发文反对日本帝国

第十二章 世界各国人民的抵抗运动与相互支援

主义扶持伪满政权的行径，呼吁民众反对日本对中国东北领土的掠夺。

部分日本左翼政党也在九一八事变后表明反战立场。例如，全国劳农大众党在事变后成立"反对对华出兵委员会"，发布《反对对华出兵斗争方针书》，尖锐批判日本帝国主义的侵略扩张政策。

在日本共产党等左翼组织的影响下，日本民众的反战意识逐渐增强。1932年，以海军士兵为对象的《高桅》和以陆军士兵为对象的《士兵之友》等杂志应运而生，在军队中传播反战思想。1933年，在关东劳动组合会议的提倡下，由多个左翼团体参与的"反纳粹、粉碎法西斯同盟"成立，并积极开展活动。

20世纪30年代中期，随着日本法西斯势力的兴起，当局加强了对反战力量的打压力度，日本反战活动陷入低潮。1935年7月共产国际第七次代表大会号召建立反法西斯统一战线，出席本次大会的日本代表野坂参三和山本悬藏也联名发出《致日本共产主义者的信》，号召日本无产阶级团结起来与军部法西斯斗争。然而，由于日本共产党遭受残酷镇压，已无力响应共产国际关于组织大规模反战活动的号召。此外，其他左翼政党受党员被捕、组织分裂等影响，战斗力减弱，也难以反对日本政府所推行的军国主义路线。但日本国内反战活动并未完全消失。日本进步知识分子发行《世界文化》《土曜日》等杂志，坚持宣传反法西斯、反战思想。1935年2月刊发的《世界文化》杂志详细介绍了世界反法西斯运动，力图抵制日本军国主义的文化封锁，实现在"世界文化之大道"上前进。这份杂志总共印发34期，因其遵循共产国际第七次代表大会的新方针，于1937年11月遭日本政府取缔。1936年7月创办的《土曜日》是半月刊，共印发33期，同样于1937年11月遭到取缔。相比于更具学术色彩的《世界文化》，《土曜日》的文章更贴近大众日常生活，通过平实通俗的语言揭露了法西斯主义给日本人民带来的苦难。

随着日本对外侵略战争的升级，在华日本进步人士和反法西斯战士成为一支新的反战力量。1939年11月，在八路军的帮助下，日军战俘在华北成立"日本士兵觉醒联盟"。该反战组织先后在晋冀鲁豫抗日根据地成立4

个支部，出版《觉醒》等刊物，积极进行反战宣传，旨在帮助日本民众从法西斯主义的欺骗和压迫中觉醒，最终打倒日本帝国主义。

日本反战组织在国民党统治区同样活跃。1939年12月，"在华日本人反战同盟"西南支部成立，以教育日军战俘为宗旨。1940年，日本进步人士在重庆成立"在华日本人反战同盟"总部，通过印发出版物等形式揭露日本帝国主义侵略本质。

1940年，日本共产党领导人野坂参三从莫斯科来到延安，组织领导中国抗日根据地日军战俘的反战活动。野坂参三领导成立了"在华日本人反战同盟"延安支部，成为整个中国共产党敌后战场日本人反战组织的核心。1942年，该组织与"日本士兵觉醒联盟"合并为"日本人反战同盟华北联合会"。他们通过散发传单、战地喊话、互通信件、赠送慰问品等形式，对日本士兵进行反法西斯宣传，对瓦解日军战斗力产生了一定的作用。

被列入中国抗日英烈名录的宫川英男，是日本在华反战斗士的代表。他于1941年被八路军俘虏，在八路军的感化以及日本在华反战人士的教育改造下，转变思想，自愿加入八路军，抵抗日本法西斯。1943年，他来到山东抗日根据地开展反战工作，编写各类宣传材料，瓦解侵华日军的战斗意志。1945年，宫川英男所在的抗日根据地村庄遭日军包围，他在日军搜捕中不幸牺牲，时年27岁。

二战后期，由于物资短缺、通货膨胀等因素，日本民众生活水平大幅下降，厌战和反战情绪蔓延。根据日本秘密警察组织"特高课"的记录，许多民众因发表反战言论而遭到调查和逮捕。在一些公共场所还出现批评、讽刺日本法西斯的反战涂鸦。1943年，东京葛饰区一处巴士站出现"战争是最大的社会罪恶"标语。1944年，神奈川县小田原站出现这样的标语："侵略主义的日本政治家啊，正义无论何时都会胜利，欺骗不能永远持续下去，日本将要灭亡，同胞来反抗吧。"据日本内务省的调查，自1944年4月以后，各地反战反军言论、匿名投书、张贴匿名传单等情况急剧增加，甚至出现"诅咒和怨恨天皇"的内容。虽然日本法西斯在战争期间实行高压政策，钳制言论、控制思想，但日本国内仍旧涌动着反战思潮的潜流，并对现代日本的和平反战活动产生深刻影响。

第四节
非洲、美洲、大洋洲人民的支援行动

世界反法西斯战争是一场人民战争，战争的胜利是全世界人民共同奋斗的结果，非洲、美洲和大洋洲人民同样作出了重要贡献。这些地区的战略地位十分突出，且拥有丰富的原材料储备和人力资源，充当了反法西斯同盟战略后方的角色。五大洲人民风雨同舟、生死与共，前线后方齐心协力抗击法西斯势力。

一 非洲

非洲是世界反法西斯战争的重要战场。非洲人民对盟军在北非战场打败德意法西斯作出了重要贡献。从1935年意大利全面入侵埃塞俄比亚到1943年法西斯军队被驱逐出非洲，非洲人民的英勇抗战，不仅挫败了意大利企图建立"新罗马帝国"的野心，而且有效牵制了德国法西斯军队，使非洲人民免遭法西斯奴役的厄运。战争中后期，非洲军队有力地配合了盟军在欧洲战场和亚洲战场的行动。

埃及是北非战场的交通枢纽，也是战时英国维持与其殖民地、自治领联系的重要渠道。埃及是盟国的一个战略协调中心。英国在开罗建立了中东司令部，来自英国及其自治领、殖民地的几十万部队齐聚开罗，然后奔赴各自的反法西斯战场。二战初期，中东及周边地区战役的所有军事指令都是从中东司令部发出的。此外，埃及还是盟国进行战略协调和战后安排的重要场所。

非洲是盟国重要的物资补给中心。为打击德国在中东地区的政治影响力、阻止德国在该地区的贸易，同时为解决战时东地中海的物资供应和运输混乱问题，1941年4月，英国分别在伦敦和开罗成立了"中东补给委员会"和"中东补给中心"。后者的任务是合理调配通往中东地区的船舶和货物，使之既能保证军用物资的供给，又不至于妨碍平民必需品的补给。该组织曾覆盖近500万平方英里、近1亿人口的地区。反法西斯盟国还在非洲建立了西非生产控制委员会、东非总督会议、西非总督会议等区域性供给机构，保障了盟国的物资供应。

二战期间，诸多非洲士兵被编入英法等反法西斯盟国军队，投入战事和后勤保障行动。仅有4200万人口的英属非洲殖民地贡献了约40万名士兵（包括南非国防部队招募的12.3万名非欧籍士兵）。[1]二战在欧洲全面爆发后，英属非洲殖民地、自治领武装力量迅速攀升至50万人。这些士兵绝大多数是作为非战斗人员征召来的，他们的主要工作是建造机场、港口、铁路和公路，以支持中东和北非战场。值得一提的是，英国第14集团军中的第81师和第82师为非洲师，他们跟随英国军队在缅甸战场与日本法西斯作战。除英国外，法国先后在法属西非招募士兵18万人，在北非的阿尔及利亚、突尼斯和摩洛哥招募约40万人，如果把从"维希法国"解放出来的8万非洲殖民军和法属赤道非洲的士兵计算在内，则有超过60万非洲人被编入法军。非洲士兵为反法西斯战争的胜利作出了巨大牺牲。据保守估计，二战期间法国在撒哈拉沙漠以南非洲招募的士兵超过20万人，其中约有12%的人战死疆场，人数多达2万—2.5万人。[2]

太平洋战争爆发后，英法失去了东南亚殖民地的资源供应。非洲矿产资源丰富，受战争直接影响较小，因而成为盟国补充矿产资源的重要地区。以英国为例，1941年黑色冶金业中69.2%的铁矿石、70.1%的锰矿石、64.3%的铬矿石来自非洲，1945年这些数据分别为63.8%、95.9%和94.0%。[3]

非洲是盟国战略物资橡胶的主要供应地。太平洋战争爆发后，原属英国的东南亚殖民地悉数被日本占领。东南亚原本是英国橡胶的主要来源地，因此英国失去了世界上90%的橡胶产量。英国政府敦促肯尼亚等殖民地国家

---

[1] David Killingray, *Fighting for Britain: African Soldiers in the Second World War*, Woodbridge, NY: James Currey, 2010, p.144.

[2] Myron Echenberg, "Morts Pour La Fracnce: The African Soldier in France During the Second World War", *Journal of African History,* Vol. 26, No.4, 1985, p.365.

[3] ［苏］亚·尤·施皮尔特：《第二次世界大战中的非洲：原料与人力资源》，何新译，世界知识出版社1960年版，第16—17页。

尝试恢复旧橡胶种植园。1943—1946年，英国供给部从北罗德西亚共收集价值4万英镑的橡胶。① 非洲也是棉花、剑麻等物资的重要供应地。

综上所述，非洲作为盟军的重要后勤基地和关键战役的发生地，为击败法西斯作出了重要贡献。但迄今为止，非洲人民的巨大贡献没有受到应有的重视。

二 美洲

尽管美洲大陆没有被战火波及，但该地区国家并未置身事外，而是紧密协作，积极配合盟军打击轴心国。

战争初期，美洲国家基本持中立态度，实行协同防御的政策。1938年第八届美洲国家会议确立了美拉战时合作的框架和一致行动的原则。英法对德宣战当天，美国总统罗斯福发表了"炉边谈话"，重申美国保持中立。1939年9月，第一次美洲国家外长协商会议重申了地区国家的中立地位，并就经济合作达成专门决议。1940年7月，第二次美洲国家外长协商会议就互助合作、共同防御及欧洲国家在美洲的殖民地问题达成一致，强调欧洲国家在美洲的殖民地应由美洲国家共管，不得移交他国。当年底，除阿根廷以外的所有拉美国家都与美国签署了防务协定。

珍珠港事件促使美洲国家放弃中立，投身世界反法西斯战争的正义事业。事件发生后1个月内，哥斯达黎加、洪都拉斯等9个拉美和加勒比国家对轴心国宣战。1942年1月1日，包括上述9国在内的26国签署《联合国家宣言》，世界反法西斯同盟正式建立。1942年1月，第三次美洲国家外长协商会议围绕与轴心国断交、应对内部颠覆活动、成立美洲国家防务委员会、生产和交换战略物资等问题形成了一系列决议，标志着美拉战时同盟的正式形成。

美洲国家在政治、经济、军事等领域广泛合作，为盟军的胜利提供了坚实的保障。

---

① Alfred Tembo, "Rubber Production in Northern Rhodesia during the Second World War, 1942–1946", *African Economic History*, Vol.41, 2013, pp.223–255.

其一，严格监管轴心国侨民，没收、冻结轴心国厂资，斩断法西斯在美洲的情报和资金链条。九一八事变后，一些日侨比较集中的拉美国家发起了排日运动，巴西和秘鲁分别于1934年和1936年出台了限制日本移民入境的政策。1939年9月，哥伦比亚政府收回了被纳粹德国控制的航线，翌年解雇了一批德国籍飞行员和技术人员，关闭了4所由德国人开办的学校。1941年，墨西哥政府宣布中断与德国的贸易关系，并关闭德国领事馆。1942年3月，巴西政府颁布《轴心国财产冻结法令》。翌年，又出台针对轴心国侨民的禁足令。1944年4月，墨西哥政府规定所有黄金的进出口都须置于墨西哥银行的监管下。墨西哥还冻结并拍卖轴心国拥有的咖啡和棉花种植园、纺织公司等资产，要求德侨和太平洋海岸的日侨撤离沿海和边境地区，关闭德语学校和社交俱乐部。墨西哥石油公司解雇了轴心国雇员，逮捕可疑的间谍。

其二，巴西和墨西哥直接参战，在二战中发挥了突出作用。1942年8月22日，巴西向德国和意大利宣战。1944年7月2日，巴西第一批远征军开赴欧洲战场，并于7月16日抵达意大利那不勒斯港。此后，又有四批分遣队到达，巴西共向欧洲战场派出了约2.5万人的兵力。他们被编入美国将军克拉克统率的第5集团军，参与攻打德军在意大利重兵布防的"哥特防线"的战斗，取得了城堡山战役的胜利，攻克了要地蒙特塞和敌人重重设防的卡西诺山。在8个月的战斗中，巴西远征军协同盟军共俘获了2万余名轴心国士兵，[1]突破了轴心国军队在亚平宁山区的最后防线，为盟军打开向意大利北部进军的大门立下了赫赫战功，在解放意大利的过程中发挥了关键作用。1942年5月22日，墨西哥向轴心国宣战。1945年1月，约300名墨西哥飞行员被编入美军，奔赴菲律宾与日本作战。此外，二战期间有25万旅居美国的墨西哥人加入美军，其中1.4万人赴前线作战，在解放菲律宾的战斗中作出了积极贡献。[2]

---

[1] Ruslan Budnik, "The Smoking Snakes: The Brazilian Expeditionary Force in WWⅡ", https://www.warhistoryonline.com/instant-articles/the-brazilian-expeditionary-force.html.

[2] R. A. Humphreys, *Latin America and the Second World War, Vol.2 1942–1945*, London: The Athlone Press, 1982, pp.54–56.

第十二章 世界各国人民的抵抗运动与相互支援

其三，提供军事基地，开放领空和港口，配合盟军军事行动。巴拿马向美国提供了134个地段用作军事基地。厄瓜多尔同意美国在加拉帕戈斯群岛建立空军基地，在萨利纳斯建立海军基地。古巴的圣胡利安空军基地成了美国空军的反潜战训练中心，美国三军分遣队可在古巴海岸驻扎。委内瑞拉向美国飞机开放领空和港口，美国向委内瑞拉提供大炮，为其培训士兵，以保卫委内瑞拉沿海的石油设施。哥伦比亚对美国军机开放领空，将普罗维登西亚岛交给美国作为燃料补给站，允许美国陆海军观察员进驻巴兰基亚、麦德林和库库塔等地，追逐敌舰的美国海军可以驶入哥伦比亚领海。秘鲁向美舰开放卡亚俄港，同意美国在塔拉拉建立空军基地。墨西哥准许美军在下加利福尼亚建设雷达站，并向美国军舰开放港口。1942年1月12日，美墨联合防务委员会成立，决定在特万特佩克地峡建立机场，以保障巴拿马运河的安全。巴西向美国军机开放领空，允许美国在纳塔尔、马塞约、福塔莱萨、贝伦、阿马帕等地建立军事基地。从太平洋战争爆发到二战结束，美国共在16个拉美国家建立海空军事基地90多个，配合其作战行动。按照租借法案，美国向拉美国家提供了4.75亿美元的援助。

美洲国家积极协助盟国中转战略物资和兵员。从巴西东北部到西非达喀尔的航线，是美洲到非洲距离最短的一条通道，成为美国同东半球之间空中运输的中继站，也是盟国可以实际利用的最便捷安全的"生命线"。为此，美国和巴西合作修建了当时世界上最大的纳塔尔空运基地，以及其他诸多海空基地。从1942年起，数以万计的美军，大批武器、弹药、粮食和其他作战物资经由这里转运至北非、欧洲、苏联、印度、中国乃至西南太平洋地区。仅在1944年下半年，经由纳塔尔和累西腓转运的重要战略物资就达1万吨。巴西的战略基地对于盟军挫败德军非洲军团，成功登陆西西里岛，特别是开辟欧洲第二战场具有举足轻重的作用。

巴西还为大西洋船队护航。由于美洲国家要输送大量石油、钢铁、铝土、棉花、糖和肉给盟国，从北美的纽芬兰到南美拉普拉塔河口的大西洋沿岸便成为世界上航运最繁忙的海域。然而，德国的潜艇偷袭威胁着这片海域的安全，截至1942年底共造成336艘商船和油轮沉没。为了对付德国潜艇的破坏活动，美国和巴西海军联合巡逻护航。从1944年10月起，巴西海军承担了整个南大西洋的巡逻任务，保护了3000多艘盟国的船舰，并击沉了十多艘轴心国潜艇。巴西在空运中转、保护大西洋航线畅通安全、加勒比海及南大西洋的反潜作战方面功不可没。

其四，保障战略物资供应，解决盟军后顾之忧。美国金属储备公司向墨西哥大量采购铜、锌、铅。美国收购海地全部棉花库存及此后生产的所有棉花，直至战争结束。美国还以提供信贷或直接资金援助等方式，促进拉美国家发展橡胶等战略原料的种植生产及战略资源的开采运输。美国进出口银行贷款1400万美元，协助巴西扩建位于米纳斯吉拉斯州的铁矿和铁路，巴西约定在3年内每年向美国冶金储备公司和英国供应75万吨铁矿石。美国同秘鲁约定，秘鲁负责建立亚马孙公司推动橡胶生产，美国则保证5年内购买秘鲁的绝大部分橡胶和全部剩余棉花。美国橡胶储备公司还同玻利维亚、委内瑞拉等国签订采购合同。二战期间，美国共斥资43.87亿美元从世界各地采购战略原料，其中100%的筏木、100%的木棉、100%的奎宁、100%的石英、83%的铜、82%的糖、78%的马尼拉麻、77%的钒、68%的亚麻、67%的水银、56%的锡、49%的钨、48%的云母、43%的生橡胶均来自拉美和加勒比国家。[1]

其五，填补战时美国工农业劳动力缺口。随着战争不断升级，大批美国农场工人要么参军，要么被征调到国防工业从事生产，劳动力供应出现了较大缺口。为了解决战时劳动力短缺的问题，1942年8月4日美国和墨西哥签订了《墨西哥农业劳工供应计划》（又称"布拉塞洛计划"）。协议生效后的五年间，共有约26万名墨西哥工人来到美国，他们主要在美国西南部各州从事农业劳作，也有投身军工和运输业的，对战时美国维持稳定的工农业生产水平发挥了积极作用。

总之，二战期间，美洲国家团结一致，积极应对法西斯势力的内部渗透和外部威胁，为世界反法西斯战争提供了巨大的人力和物力支撑。如果说美国是盟国的兵工厂，那么拉美和加勒比国家就是盟国的战略原料仓库，

---

[1] 徐世澄：《美国和拉丁美洲关系史》，社会科学文献出版社2007年版，第115页。

前线和后方协同配合,为二战的最终胜利作出了不可磨灭的贡献。

三　大洋洲

第二次世界大战期间,大洋洲基本被划归两个主要战区,澳大利亚、新几内亚以及所罗门群岛西部划归西南太平洋战区;新西兰、新喀里多尼亚、萨摩亚、斐济、所罗门群岛东部等地区划归南太平洋战区。另外,还有大洋洲北部的一小部分,比如马绍尔群岛等被划给了中太平洋战区。大洋洲地区可以分为北部的交战区和南部的反攻基地,反法西斯支援活动主要发生在反攻基地。由于中国自九一八事变起便遭受日本法西斯的侵略,因此,大洋洲地区华侨华人对反法西斯战争的支援活动普遍开展较早。

澳大利亚是西南太平洋战区的主要基地,战争初期的反法西斯支援活动主要是派遣军队,赴欧洲和新加坡等地为英国而战。1940年2月,派往海外的澳大利亚军队多达12万人,一度成为中东战场上盟军的主力之一。1942年2月,澳大利亚面临被直接入侵的风险,因此美国开始向澳大利亚及周边地区派驻大量军队。澳大利亚为25万美军提供了大量生活用品、建筑材料、通信设施和劳动力。有25万名女工在工厂工作,其中兵工厂的女性占比高达40%。到1944年7月,澳大利亚总计有4.4万人从事军用飞机的制造工作。盟军西南太平洋战区司令麦克阿瑟在其回忆录中称,西南太平洋战区不仅具有自给自足的能力,而且还向邻近的南太平洋战区提供补给。战争后期,澳大利亚军队承担了换防太平洋岛屿美军的重任,保障了美军"跳岛战术"的顺利实施,并俘虏了大量日军。另外,澳大利亚有约6000名原住民参军或为前线服务。

值得一提的是,由于中国处在抵抗日本法西斯的最前沿,澳大利亚在太平洋战争爆发后对中国开展了一系列反法西斯支援,如放宽了华人游客、学生及商人的入境限制等。1942年1月开始准许混血及有中国血统的妇女儿童以难民身份入境,后又放宽对中国商人从事贸易和聘用助理人员的限制。澳大利亚《悉尼先驱晨报》在重庆设立记者站,及时报道中国战况。在二战末期,澳大利亚还以救济方式向中国提供了粮食、糖类、奶类、肉类、药品和布匹等物资，总救济金额达到1200万英镑。在太平洋战争战略反攻阶段，盟军从新不列颠岛上的日军劳工营中解救出中国被俘军人和大批劳工，被救人员最终在1947年被国际红十字会顺利接回中国。战后，澳大利亚和新西兰政府都建立了战争纪念馆，记录包括中国劳工在内的受害者的遭遇。

  1939年9月3日，新西兰政府宣布加入反法西斯阵营。据统计，第二次世界大战期间新西兰有20.5万人服役，约为其总人口的八分之一，其中包括1万多名妇女。新西兰人不仅组织军队开赴欧洲前线，还组织远征军加入英国空军。新西兰起初与澳大利亚一样寄希望于英军提供本土保障，但1942年新加坡的陷落使新西兰被迫转向寻求美国保护。1942年6月，美军开始驻守新西兰。美国将新西兰纳入南太平洋战区，受罗伯特·李·戈姆利海军中将指挥。为协助美军把日本控制在大洋洲的"北部临近地区"，新西兰全国上下掀起了轰轰烈烈的反法西斯支援运动。毛利人不仅组织了第28营（毛利营）赴欧洲直接参战，而且在1942年组织了"毛利战备组织"，以

图12-1　1942—1943年远赴新几内亚作战的澳军

第十二章 世界各国人民的抵抗运动与相互支援

协调全国范围内征兵、食品生产和劳工事宜。妇女们积极从事各种支援活动，如制衣、务农、交通运输等工作。

大洋洲岛屿国家在第二次世界大战期间多数尚未独立。但遭受战争摧残的当地居民同样开展了一定程度的反法西斯支援活动。比如，1940年9月，法属新喀里多尼亚人民率先发动政变，支持戴高乐领导的"自由法国"运动。3500多名巴布亚新几内亚人加入太平洋岛屿团，2000余名斐济人参加了所罗门群岛战役，680名所罗门岛民加入了所罗门群岛国防军。[①]澳大利亚在巴布亚新几内亚招募了3.7万名劳工。在巴布亚新几内亚登陆战期间，澳大利亚和美国军队面临恶劣的热带作战环境，很多士兵感染疟疾等热带病。巴布亚人积极帮助盟军伤员。在帕劳，战争末期5000名当地居民与驻守日军展开粮食争夺战。到1943年8月，共有6371名斐济人加入军队和劳工队。

大洋洲地区的华侨华人也为世界反法西斯事业作出了重要贡献。他们组织建立爱国社团，捐款捐物。此外，澳大利亚华侨华人还认购国民政府发行的"节约建国储蓄券""航空救国券"。到1941年3月，澳大利亚华侨华人已经成立了十余个救国团体，如"华侨抗敌救国后援会""新南魏斯里中国妇女筹金救国协会"等。1944年，为响应宋庆龄女士的救国呼吁，悉尼华侨成立特别委员会，义演捐款购药。1937年9月，新西兰首届华侨救国代表大会在惠灵顿召开；1944年12月底，新西兰华侨联合总会在惠灵顿、奥克兰、达尼丁、基督城4市成立支会，另成立了22个分会，该总会成为新西兰华侨华人支援祖国抗战的领导和中坚力量。据新西兰华侨联合总会统计，在1937—1945年，4个支会和22个分会筹集抗战捐款总计近24.8万英镑。[②]

澳大利亚和新西兰均有不少华侨华人参军作战，如从事情报工作的黄如彩（Jack Wong Sue），参加空军的阮来（Roy Goon），服役于海军的刘国保（Dalton Gokbo Liu）等。大批华人海员和华工随军服役，为反法西斯战争的胜利贡献了自己的力量。从瑙鲁、新几内亚前线撤下来的3600多名华

[①] [澳]唐纳德·狄侬等主编：《剑桥太平洋岛民史》，张勇译，社会科学文献出版社2020年版，第351—359页。

[②] 杨汤城口述，丁身尊整理：《新西兰华侨史》，广东人民出版社2001年版，第57页。

工和海员组成了"华人劳工队"，在美军昆士兰基地从事船坞修理工作。澳大利亚还在克莱尔蒙特营地组建了"澳大利亚（华人）第7工作连西澳分队"。新西兰的华侨妇女也于1937年10月10日在惠灵顿成立中国妇女国难后援会，从事筹款、慰劳抗战将士、救济受难同胞等活动。另外，新西兰华侨华人还通过《中国大事周刊》和《屋仑侨声》等宣传抗日救国。1942年到1945年，新西兰成为美军的培训和补给中转站。新西兰政府在1942年7月实施了蔬菜供应计划，驻新西兰美军果蔬需求的70%以上由侨农供应。

第五节
中国对世界各国人民反法西斯运动的支援

作为世界反法西斯同盟的"四强"之一，中国除坚持抗战牵制大量日军主力，派远征军入缅作战，支持美军太平洋战场的战事外，还通过支援前线作战行动、提供人道主义救援和后勤保障、支持周边国家的民族独立运动等方式支援世界反法西斯战争。

一　前线支援

中国不仅英勇抗击日本侵略者，还与世界反法西斯力量紧密联合，积极支援各战场。

许多中国人关注并支持1936年爆发的西班牙内战，那是一场远在欧洲的反法西斯斗争。一批中国志愿者怀揣国际主义精神，投身国际纵队。这批中国志愿者来源广泛，又以多种身份活跃在国际纵队各旅。旅欧中共党员谢唯进（化名林济时）受党组织派遣，从瑞士南下加入国际纵队，担任第11旅反坦克部队政委。旅美华人张济与陈文饶加入著名的美国林肯旅，远渡大西洋赴西支援，分任运输员与步兵。旅欧的一战华工张瑞书与刘景田在西班牙内战中担任担架兵，因张瑞书的英勇表现，成为西班牙杂志《画报》(*Estampa*)的封面人物。从上海前往西班牙的中国志愿者陈阿根及其他旅欧华人，带着各自的信念和理想，奔赴远离故土的西班牙战场，为

第十二章 世界各国人民的抵抗运动与相互支援

国际纵队注入了来自中国的力量,为国际反法西斯阵营提供了重要的人力资源和精神支持。西班牙内战结束后,中国志愿者谢唯进、刘景田和张瑞书等人又回国支援抗战。

中国与西班牙战场情态之相似,促使中国国内掀起声援西班牙内战的热潮。随着战争新闻不断传回国内,中文歌曲《保卫马德里》高唱"保卫马德里!保卫全世界的和平",道出世界人民的心声。陶行知挥笔写下《敬赠西班牙之中国战士》:"东战场,西战场,原来是一体。哪怕他万里隔重洋,咱们所拼命的,同是反侵略的抵抗。"1938年,朱德、周恩来与彭德怀赠予国际纵队中国支队锦旗,题词:"中西人民联合起来!打倒人类公敌——法西斯蒂!"这些声援与支持不仅是对志愿者们英勇斗争的致敬,更彰显了中国人民与西班牙人民在反法西斯事业中的坚定团结,为全球反法西斯运动留下了深远的历史印记。

二战在欧洲全面爆发后,在东线,中国人民支持苏联卫国战争。1941年6月22日,德国入侵苏联,次日毛泽东即起草《关于反法西斯的国际统一战线》,呼吁"目前共产党人在全世界的任务是动员各国人民组织国际统一战线,为着反对法西斯而斗争,为着保卫苏联、保卫中国、保卫一切民族的自由和独立而斗争"[1]。

苏德战争爆发后,在苏联的中国人纷纷行动起来,加入苏联的卫国战争,为打败德国法西斯作出了宝贵贡献。当时滞留在苏联的中国人分为两部分:一部分是在苏联学习或养病的中共将领,包括刘亚楼、卢冬生、许光达、唐铎等。他们时刻关注着苏联卫国战争的形势,也为苏联的卫国战争出谋划策。生于1904年的湖南益阳人唐铎更是直接加入苏军,参与对德作战。1925年,广东革命政府选派唐铎等6名学员前往苏联,接受高级飞行训练。在加入莫斯科中国旅欧支部后,唐铎加入驻防斯摩棱斯克的白俄罗斯军区空军第6旅第18航空大队。1941年战争爆发后,他积极投身苏联卫国战争。1944年,他被任命为苏联空军集团军空中射击团

---

[1]《毛泽东选集》第三卷,第806页。

副团长,先后参加苏联、波兰以及德国境内的多场战役,在白俄罗斯战役和波罗的海沿岸战役中表现出色,并在1945年的东普鲁士战役决战阶段参与掩护地面部队任务。

另一部分是在苏联伊万诺沃国际儿童院的中共领导人和革命烈士的后代。尽管他们多数未达参军年龄,却不同程度参与了全民动员的莫斯科保卫战。这些少年或参与义务劳动,清理积雪、伐木收粮及制作弹药;或积极献血,支援前线;或投身后勤保障,缝制军服和帐篷;或直接参与修筑防御工事,接受后备军事训练。毛岸英在离开儿童院后前往军校学习,随后加入白俄罗斯第1方面军,随军进抵波兰和东普鲁士边境。

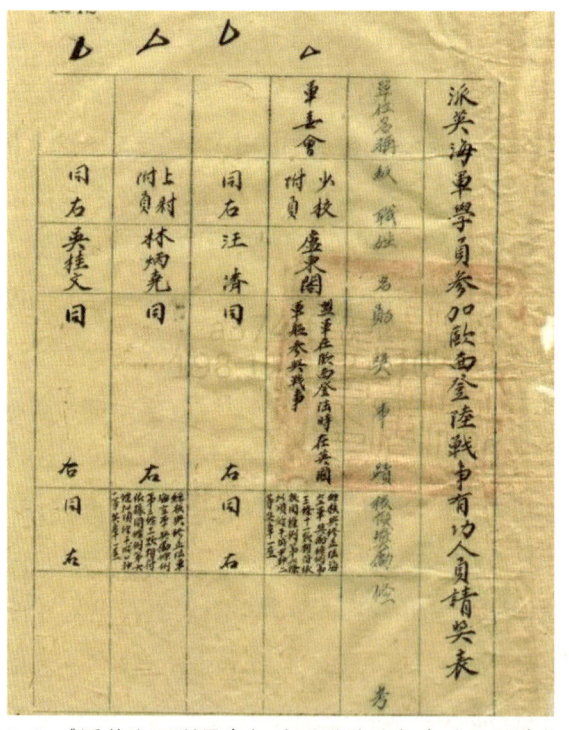

图12-2 《派英海军学员参加欧西登陆战争有功人员请奖表》
表彰参加诺曼底登陆的20位中国海军学员,《盟军抗战有功人员勋奖》(1945年9月7日)

在中国战场,1940年,日军在中国东北展开大规模"讨伐"和"扫荡"。中共东北抗日联军被迫战略转移,主力部队撤入苏联,并于1942年改编为苏联远东方面军独立第88步兵旅。1945年8月8日,苏联对日宣战,独立第88步兵旅参与协同作战,承担敌后侦察、破袭等任务。在苏联对日作战前夕,阎宝航及其情报小组向苏军提供了日本关东军的详细布防情报,支持苏军作战行动。

在诺曼底登陆中,也有一群中国人的身影。1942年,中国政府派遣周宪章带领黄廷鑫、郭成森等24名中国海军学员前往英国受训见习,其中4人专攻轮机技术,另20名学员进入查塔姆(Chatham)炮校接受系统训练。1944年,时逢欧洲战场海战频繁激烈,20名中国海军学员被分配至各航空母舰、巡洋舰等舰艇上,执行诺曼底登陆行动的海军主攻、反潜护航和防空警戒任务。

二 人道主义救援

在自身深陷抗日战争的艰难处境下,中国人民本着伟大的国际人道主义精神,不仅积极援助犹太人,还多次自发营救盟国士兵。

在欧洲排犹风潮愈演愈烈、各国移民政策日益收紧的背景下,大批犹太人因无法获得其他国家的签证而陷入绝境。中国驻奥地利维也纳总领事何凤山冒着风险向犹太人发放大量签证,帮助他们逃离纳粹占领区免遭迫害。与此同时,1937年淞沪会战后,上海在战火中成为国际难民的重要庇护所之一。从欧洲到上海的逃生路线主要包括经苏伊士运河的海上通道,以及经西伯利亚铁路的陆海联通路线。至1941年,上海累计接收约3万名犹太难民,与哈尔滨、天津、青岛等城市组成东亚最大的犹太人聚集网络。1943年,日本划定"无国籍难民限定居住区",将犹太难民集中于提篮桥一带,以便控制。当时年仅13岁的布卢门撒尔(Werner Blumenthal)亦居住于此。他于1939年随家人从德国逃亡上海,战后前往美国,1977年成为卡特政府财政部长。

1942年10月1日,一艘名为"里斯本丸"(Lisbon Maru)的日本运输船在从香港转移至日本的途中,于浙江舟山群岛附近海域被美军潜艇鱼雷击中。这艘船载有1800余名原本驻守香港的英军战俘。日军未作战俘运输标识,秘密以普通运输船转运。鱼雷命中后,日军迅速转移日籍船员与守卫,并弃船封舱以防战俘逃生。沉船过程中，大量战俘被困海中。舟山村民发现逃出船舱尝试上岸的英国士兵后，不顾个人安危，自发划船救援。在没有武装掩护的险境下，297名村民连续数日深入海域搜救英国士兵，动员舢板46艘，往返65次，最终成功营救384人。尽管日军巡逻较为频繁，村民们还是冒险将伤员藏匿在岛屿上的民居与山洞中，在物资匮乏的情况下为其提供食物、衣物与紧急治疗。

太平洋战争爆发后，杜立特率领的美军轰炸机群在完成空袭东京的任务后，大部分飞行员在中国东南沿海地带迫降或跳伞。衢州江山、丽水遂昌、宁波象山等地的中国平民迅速组织救援，营救了64名美军飞行员。部分飞行员在中国停留数周甚至数月，接受治疗和休养，恢复战力。事后，日军发动浙赣战役，破坏对日轰炸航程内的中国机场，拆除沿线铁轨，还杀害飞机航线途经村庄的村民。与此同时，美国"飞虎队"在中国西南地区，因气候恶劣、敌军防空严密，常因飞机损毁或燃料耗尽不得不在敌占区或山区迫降。飞行员执行任务时常携带一块印有"来华助战洋人（美国），军民一体救护"的白布。一旦发现并确认有落难的美军飞行员，中国游击队、地方民兵和村民会冒着风险全力救助，为他们提供食物、药品和临时庇护所，随后护送他们穿越敌占区返回安全地带。中国人民展现出极大的勇气与善意，为世界反法西斯事业作出了独特贡献。

三　后勤保障设施建设

在战时工业基础薄弱的条件下，中国仍通过修建陆上枢纽、建设空军基地、驰援海上运输、提供物资援助等方式，积极筑造世界反法西斯战争的战略后勤体系。

1942年日军攻占缅甸切断滇缅公路后，中国抗战陷入"外援断绝、内无补给"的困境。为重建陆上国际通道，中美盟军于1943年重启中印公路工程。这条公路以印度雷多为起点，穿越缅北野人山、胡康河谷，最终连接云南昆明，由中、美、印、缅等国17万军民耗时两年建成，其间克服了日军炮火侵扰、热带气候与疟疾疫情等不利因素。作为东方反法西斯同盟的实体纽带，中印公路至今仍是世界战争工程史上的战略奇迹。

1943年末，为配合盟军轰炸日本本土的"马特霍恩行动"（Operation Matterhorn），四川动员30余万民工，组织修建或扩建轰炸机、驱逐机及备用机场群，建成成都新津、邛崃、彭山和广汉四大轰炸机基地，以及成都凤凰山、温江（黄田坝）、德阳、华阳太平寺、双流彭镇5个驱逐机基地。其中，处于驼峰后勤补给航线和轰炸目标之间的成都新津机场，在5个月内扩建为二战期间亚洲最大的轰炸机机场。此外，中国还在昆明、柳州、桂林、衡阳、宝庆（邵阳）、芷江、老河口等地建设空军基地，使中国西南地区建成盟军在亚太最大的后勤基地群。

在海上战略物资补给线上，中国人民远赴重洋，加入盟军的海上物资运输。1940年后，为保障战时物资供给，英国从中国上海、香港，以及新加坡等地招募船员。多达2万名中国海员与英国海员并肩作战，穿越大西洋与英吉利海峡的炮火，为盟军输送军火和必需品。

此外，中国还以物资实际支援盟国的反法西斯事业。战时，苏联、美国等国为中国提供贷款和军事援助，中国也向苏联提供4.5亿美元的矿、农牧产品，向美国提供7.48亿美元的桐油和锡、钨等矿产品，向英国提供1.148亿英镑的农、矿产品。[①]

四　支持亚洲民族独立和解放运动

二战期间，亚洲地区的民族独立与中国抗战局势形成战略联动。受限于战争局势，中国以庇护流亡政府、有限军事合作、资助培训和道义声援等形式，支持亚洲民族独立和解放运动，为战后亚洲的民族解放奠定基础。

朝鲜人民在中国境内的抗日活动与中国乃至太平洋地区的抗战形势密切关联。中国不仅支持境内大韩民国流亡政府的各派系、促成临时政府整合，还与朝鲜抗日武装力量在中国东北地区共同作战、培训朝鲜军官。1937年，中国抗日战争全面爆发后，朝鲜独立运动得到中国政府和中国人

[①] 军事科学院军事历史研究部：《第二次世界大战史》第四卷，军事科学出版社2015年版，第674—675页。

民的公开支持。1940年，朝鲜独立运动的三大政党韩国国民党、韩国独立党和朝鲜革命党合并为新的"韩国独立党"后，中国政府资助并帮助其临时政府迁往重庆。太平洋战争爆发后，大韩民国临时政府正式对日宣战，中国政府随即拟定《对韩国在华革命力量扶助运用指导方案》，又进一步通过《扶助朝鲜复国运动指导方案》。

战时多个越南反法抗日革命团体同时在中国境内活动。20世纪20年代起，胡志明在广东创办越南青年革命同志会（即越南共产党前身），并开设"政治特别训练班"培训革命青年。中国政府默许越南民族独立运动在广西、云南等地设立秘密据点。1941年7月29日，日本与法国签订《日法共同防守法属印度支那议定书》，企图全面切断中国西南部的国际援华路线。中国政策逐步调整为半公开支持越南民族独立运动。太平洋战争爆发后，中国对越政策进一步调整，一度转为公开支持越南民族独立运动。1942年10月，在中国政府协调下，多个革命团体成立越南革命同盟会，成为抗战后期中越联合抗日的力量之一。

在国际舆论与道义声援上，中国多次公开支持亚洲各国的民族独立解放事业，坚持反法西斯运动与反殖民议程相结合。中国与印度在民族独立问题上始终相互支持。1939年，尼赫鲁访华考察中国抗战形势，为印度民族解放寻求经验。太平洋战争爆发后，中国政府力图调解英印关系。1942年，蒋介石访问印度期间与甘地、尼赫鲁数度接触，呼吁英国尽快给予印度政治实权。中国政府还积极推动国际社会支持朝鲜、越南、缅甸等亚洲国家独立，最终在《开罗宣言》中，朝鲜独立获得国际社会正式承诺。中国对亚洲民族独立和解放运动的支持，既是出于反法西斯同盟的道义责任，也源于自身遭受殖民侵略的历史同情与共鸣。

本章图片来源

图12-1 澳大利亚新南威尔士州立图书馆。

图12-2 中国台北"国史馆"藏，国民政府档案，001-035100-00103-009。

第十三章

反法西斯盟国的外交互动

1943年以后，反法西斯盟国根据战场局势的不断变化，召开了多次影响世界历史进程的会议，包括莫斯科三国外长会议、开罗会议、德黑兰会议、雅尔塔会议和波茨坦会议。这些会议对协调盟军的战略部署及规划战后世界秩序具有深远影响。特别是1943年10月莫斯科三国外长会议签署的《四国关于普遍安全的宣言》（简称《四强宣言》）、1943年11月下旬开罗会议达成的《开罗宣言》和1945年7—8月波茨坦会议发表的《中美英三国促令日本投降之波茨坦公告》（简称《波茨坦公告》），进一步肯定了中国"四强"之一的地位以及中国在反法西斯战争中的重大贡献，并从法理上宣布了中国对台湾及其附属诸岛（包括钓鱼岛列屿）、澎湖列岛拥有不可置疑的主权。

第一节
莫斯科三国外长会议与《四强宣言》

1943年是第二次世界大战战略形势发生根本转折的一年，盟军在各大战场展开反攻，反法西斯战争的胜利已成定局。为协调盟国之间的作战计划，早日打败德意法西斯，并商讨战后和平安排问题，8月19日，罗斯福和丘吉尔联名致电斯大林，建议举行三国首脑会晤。斯大林回电表示，可先举行外长会议，且会议应有为首脑会议"实际筹备的性质"。

经过近两个月的筹备，1943年10月19—30日，美国国务卿赫尔、英国外交大臣艾登和苏联外交人民委员莫洛托夫在莫斯科举行会议。三国外长就如何缩短战争时间、建立战后普遍安全制度、成立与战争有关的磋商机构等问题展开了广泛讨论。10月30日，中国驻苏大使傅秉常与美、英、苏三国外交部长共同签署并发表《四强宣言》。此外，大会还通过了会议公报以及《关于意大利的宣言》《关于奥地利的宣言》《关于德国暴行的宣言》。

图13-1　1943年10月30日，《四强宣言》签字现场
从左至右依次为中国驻苏大使傅秉常、美国国务卿赫尔、苏联外交人民委员莫洛托夫和英国外交大臣艾登

《四强宣言》是四项"宣言"中最重要的一项，其主要内容如下：一是四国继续采取军事行动，直至轴心国无条件投降；二是四国保证在受降和解除敌人武装问题上采取共同行动；三是四国同意在最短时间内根据一切爱好和平国家主权平等的原则，建立一个普遍性的国际组织，维持世界和平与安全；四是在普遍安全制度建立以前，四国将彼此磋商，代表国际社会采取共同行动；五是四国约定在战事终止后，除非为实现和平与安全的

目的，将不在其他国家领土内使用军事力量，并对军备管制达成实际可行的普遍协议等。《四强宣言》的发表标志着四大国就战后国际秩序的构建达成了重要共识，这一历史性文件为构建以联合国为核心的战后国际秩序奠定了坚实基础，是联合国成立进程中的关键里程碑。

另外三个"宣言"分别对解决和处理相关国家的问题规定了一些重要原则。具体来说，意大利必须根除法西斯及其一切邪恶影响，意大利人民应有机会建立基于民主原则的政府和其他机构，且享有最终选择自身政府形式的权利。关于奥地利，美、英、苏三国政府声明，1938年德国对奥地利的兼并无效，希望看到奥地利恢复自由和独立，但奥地利应为站在德国一方参战承担责任。德国应将犯下暴行的德国军人和希特勒党徒遣送到他们施暴的国家，按照该国的法律对这些人进行审判和惩处，德国必须归还其在1938年以后侵占的领土。

莫斯科三国外长会议通过的宣言明确了建立普遍安全制度和处置战败国所依据的若干原则，有利于国际社会从战争状态过渡到和平状态。《四强宣言》的发表，是继《联合国家宣言》发表后中国"四强"之一的地位再一次得到确认。

第二节
开罗会议与《开罗宣言》

莫斯科三国外长会议后不久，在斯大林的坚持下，苏、美、英三国首脑决定在1943年11月底召开德黑兰会议，商讨对德作战方针和第二战场的开辟问题。罗斯福本想邀请蒋介石与会，但斯大林表示反对，最终罗斯福决定在德黑兰会议之前，中、美、英三国首脑先在开罗会晤，即开罗会议。

1943年11月22—26日，开罗会议召开。会议首先讨论的是中、美、英联合对日作战问题。在23日的全体会议上，蒋介石认为，中国军队在缅北作战与英军在缅甸南部登陆的"海盗行动"（Operation Buccaneer）应同时进行。但丘吉尔反对，他不想把在地中海的登陆艇调到孟加拉湾作战，故只同意在印度洋部署一支舰队。按照罗斯福的参谋长威廉·李海（William Leahy）回忆，罗斯福总统曾答应中国，作为收复缅甸作战行动的一部分，盟军将对有战略意义的安达曼群岛进行一次两栖攻击，蒋介石是怀着他的盟友最终会信守诺言的心情离开开罗返回重庆的。①李海在这里所提到的保证，指罗斯福在24日私下向蒋介石保证，他将大力支持"海盗行动"，并答应向中国提供装备。但在26日举行的英美联合参谋长会议上，由于英国参谋长的反对，马歇尔只得同意将此事留给罗斯福和丘吉尔做决定，"海盗行动"由此成了一个悬而未决的问题。

战后如何处置日本是中、美、英讨论的另一重大问题。三国很快取得一致意见，并签订了会议在政治方面的最大成果——《开罗宣言》。宣言主要由罗斯福的私人顾问霍普金斯、中国国防最高委员会秘书长王宠惠、英国外交部常务次官贾德干（Alexander Cadogan）执笔，1943年11月26日定稿，后在德黑兰经斯大林同意后，于12月1日在重庆、华盛顿和伦敦同时发布。宣言内容如下：

> 罗斯福总统、蒋委员长、丘吉尔首相偕同各该国军事与外交顾问人员，在北非举行会议，业已完毕，兹发表概括之声明如下：
>
> 三国军事方面人员关于今后对日作战计划，已获得一致意见，我三大盟国决心以不松弛之压力从海陆空各方面加诸残暴之敌人，此项压力已经在增长之中。
>
> 我三大盟国此次进行战争之目的，在于制止及惩罚日本之侵略，三国决不为自己图利，亦无拓展领土之意思。
>
> 三国之宗旨，在剥夺日本自从一九一四年第一次世界大战开始后在太平洋上所夺得或占领之一切岛屿；在使日本所窃取于中国之领土，例如东北四省、台湾、澎湖群岛等，归还中华民国；其他日本以武力或贪欲所攫取之土地，亦务将日本驱逐出境；我三大盟国稔知朝鲜人

---

① [美] 威廉·李海：《我在现场》，马登阁等译，华夏出版社1988年版，第210—211页。

民所受之奴隶待遇，决定在相当时期，使朝鲜自由与独立。

根据以上所认定之各项目标，并与其他对日作战之联合国目标相一致，我三大盟国将坚忍进行其重大而长期之战争，以获得日本之无条件投降。

《开罗宣言》是世界反法西斯战争的重大成果，具有完备的国际法意义。宣言表明了反法西斯同盟国打败日本军国主义的决心，明确了武力掠夺他国领土的非法性和无效性，为二战后中国收复被日本军国主义掠夺和窃取的台湾及其附属诸岛（包括钓鱼岛列屿）、澎湖列岛等领土提供了重要的国际法依据。《开罗宣言》是举世公认的重要国际法文件，为国际社会确立战后国际秩序奠定了重要基础，具有深远的历史意义和重要的现实意义。1951年周恩来总理兼外交部长关于"旧金山对日和约"的声明、1972

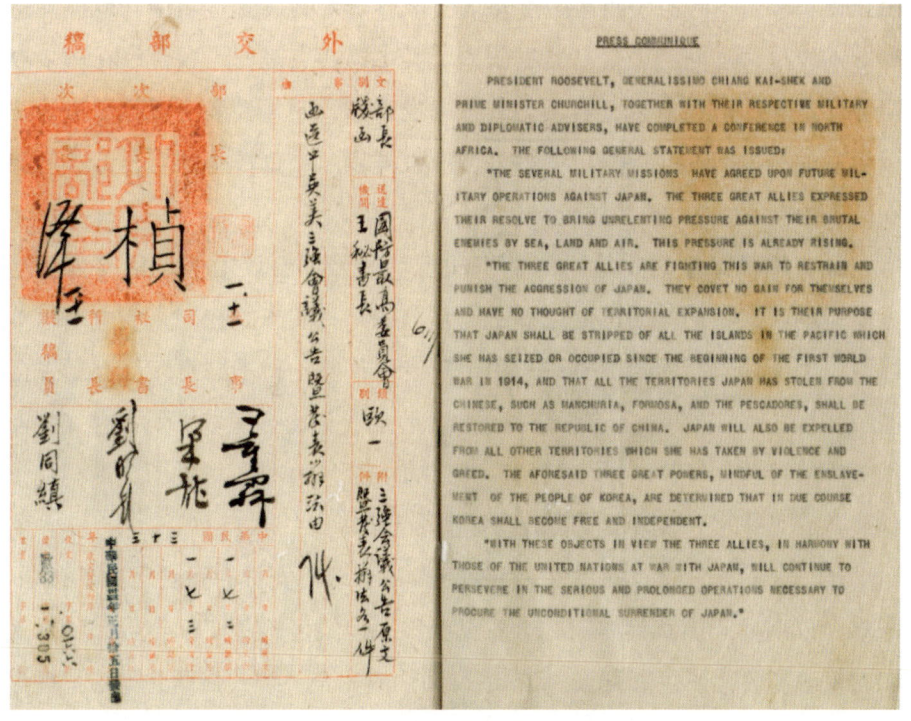

图13-2 《开罗宣言》原文

年中日实现邦交正常化的《联合声明》，均明确以《开罗宣言》为基础。事实上，除中国外，战后亚太地区其他国家与日本的领土界线和国家间关系，几乎都以《开罗宣言》为基础。即使美国炮制的片面的"旧金山对日和约"，其第二条关于日本领土的规定，也是以《开罗宣言》为基础的。

　　开罗会议结束后，罗斯福与丘吉尔率领各自军政代表团前往德黑兰，同斯大林及苏联军政官员于11月28日至12月1日举行会谈，实现了二战期间美、英、苏首脑的首次会晤。三国在军事战略方面达成的一致结论是：第一，应给予南斯拉夫游击队最大限度的物资和装备支持。第二，从军事角度看，土耳其在年底之前加入盟军阵营最为理想。第三，如果土耳其对德国作战，并且导致保加利亚对土耳其宣战或者对其发起进攻，那么苏联将立即与保加利亚作战。第四，如果美英在1944年5月发起"霸王行动"，继而实施"龙骑兵行动"（在法国南部登陆），苏军将同时发起一场攻势，阻止德军从东线向西线调动。第五，三国的军事参谋人员今后应在欧洲即将展开的作战行动问题上保持紧密联系。其中第四点是德黑兰会议在军事战略方面取得的最大成果，自苏德战争爆发以来，斯大林屡次呼吁在法国开辟第二战场的问题最终敲定。另外，斯大林表示，打败德国后，苏联可能在约6个月后参加对日作战。

　　丘吉尔最关心的是地中海的作战行动，开罗会议上他就反复强调这一点，但斯大林最关心的是"霸王行动"的早日实施。在二人就此争执不休时，罗斯福支持了斯大林的意见，丘吉尔最终不得不同意接受"霸王行动"。但他转而以集中登陆艇准备"霸王行动"为由，换取了斯大林支持取消"海盗行动"。从一定程度上讲，丘吉尔与斯大林是以牺牲中国的利益为代价达成交易的，大国强权政治色彩显露无遗。

　　美、英、苏三国首脑还就一系列涉及战后政治安排的问题交换了意见。虽然会议期间三国就具体问题有意见分歧，但经多轮磋商，会后三国首脑联合发表了《德黑兰宣言》，就军事行动达成完全一致，强调共同维护世界和平的责任，欢迎致力于消灭暴政与奴役、压迫与苦难的所有国家加入全世界民主国家的大家庭，重申了打败法西斯国家的决心。会议发表了《关于伊朗的宣言》，肯定伊朗在盟国援苏物资运输方面作出的贡献，强调继续向伊朗提供经济援助，维护伊朗的独立、主权和领土不受侵犯。

德黑兰会议讨论的议题及做出的决定，解决了美、英、苏之间一些长期存在的矛盾与分歧，增进了彼此间的了解与信任，对加快战争进程、彻底打败法西斯、促进战后合作、维护世界和平具有重要意义和深远影响。然而，德黑兰会议上大国强权政治的色彩越来越明显，一些国家的战后命运被三个大国所主宰，它们的主权利益受到了损害。

在这次会议期间，罗斯福与斯大林在多数军事、政治议题上的立场更加接近或是保持一致，丘吉尔则显得格格不入，近乎被孤立。例如，在"霸王行动"、战后殖民地安排、法国等问题上，当丘吉尔与斯大林出现争论时，罗斯福或是冷眼旁观，或是扮演仲裁人、和事佬的角色。这种看起来刻意与丘吉尔保持距离而同斯大林友好的做法，体现出罗斯福深层次的政治考量。鉴于国际联盟缺乏效力、资本主义世界经济大危机促发世界大战的教训，罗斯福构想的战后世界是以"四警察"强制维护和平，以"门户开放"原则化解国际经济贸易壁垒，从而消除世界战争的经济根源，这是其对战后安排设想的两大支柱。罗斯福希望能够与苏联保持长期合作，为此不惜在一些次要问题上对斯大林作出妥协，而丘吉尔则竭力维护英帝国及排他性的帝国特惠制。

苏联通过此次会议实现了预期目标。首先，美英接受战后苏波边界以有利于苏联的方式解决，实际承认了1939年苏军取得的波兰领土。其次，苏联对于不冻港的需求得到了美英的默许，至少罗斯福主动提出可以将大连作为自由港。另外，罗斯福与丘吉尔在会议期间表现出的意见分歧，多少缓解了斯大林对战后帝国主义国家形成反苏联合阵线的担忧。

德黑兰会议后，罗斯福和丘吉尔返回开罗，于12月3—7日继续就远东太平洋作战问题展开讨论。丘吉尔在12月4日的会议上提出，斯大林表示一旦打败德国，苏联就对日本作战，所以参谋人员有必要研究这一新情况对太平洋和东南亚作战行动的可能影响。他建议应视研究情况，在雨季后再决定"海盗行动"是否实施。丘吉尔强调，在同蒋介石的会谈中，他已表明不同意实施该行动,当前英美两国应全力确保"霸王行动"和"龙骑兵行动"的成功,最好能占领罗德岛,推动土耳其参战。

鉴于罗德岛行动无望,丘吉尔则以发动"霸王行动"和"龙骑兵行动"需要大量登陆艇为由,拒绝实施"海盗行动"。另外,12月4日的英美联合参谋长会议上,英方坚持将主要兵力集中在太平洋战场的战略原则,认为不宜向缅甸分兵过多。罗斯福在丘吉尔的强硬态度下,最终做出让步。12月5日晚,罗斯福召开参谋长联席会议,同意取消"海盗行动"。第二天,罗斯福和霍普金斯联名致电蒋介石告知这一变化。这样,罗斯福违背了先前对蒋介石的承诺。12月9日蒋介石致电罗斯福,表示愿意接受此建议,但提出美方应向中国提供10亿美元贷款,并增加飞机、武器等物资的援助力度。上述变化直接影响了缅甸的作战计划。没有缅甸南部的两栖作战行动,蒋介石亦无意从云南挺进缅甸,实际上暂时放弃了"安纳吉姆行动"。

总的来看,开罗会议和德黑兰会议进一步推动了反法西斯同盟主要大国之间的军事合作与战略协调,消弭了分歧,增进了互信。中国以大国身份参加开罗会议并参与战后安排的讨论,表明了国际社会肯定中国在反法西斯战争中的贡献,进一步确认了中国"四强"之一的地位,这预示着中国在战后国际事务中将发挥更大作用。这种地位的取得,是中国军民自九一八事变以来流血牺牲、持久抗战换来的。《开罗宣言》为中国收复失地提供了重要的法律依据。

第三节
雅尔塔会议与《雅尔塔协定》

随着1943年盟军在各个战场取得战略主动权并展开反攻,到1945年初,德日法西斯的覆亡已成定局。如何协调作战行动,彻底打败德日法西斯,规划战后秩序,维护世界和平,成为苏、美、英三大国亟须协商解决的问题。早在1944年7月19日,罗斯福就曾致函斯大林,希望再度召开美、苏、英首脑会议。斯大林以指挥红军作战无法分身为由,婉拒了罗斯福的建议。1944年下半年，三大国经过一系列外交协调，最终在年底同意举行首脑会议。1945年2月4—11日，斯大林、罗斯福和丘吉尔在各自的外交部长、参谋长和顾问的陪同下，在苏联克里米亚半岛的雅尔塔举行会议，史称"克里米亚会议"或"雅尔塔会议"。会议主要讨论了德国问题、波兰问题、苏联对日作战，以及联合国安理会表决程序、创始会员国资格等问题。

首先是德国问题。雅尔塔会议召开前夕，苏联红军已推进至奥德—尼斯河一线，距离柏林只有40英里。在西线，盟军粉碎希特勒的阿登反击战后，正准备强渡莱茵河，向德国腹地推进。此时，德国统治集团试图与美英单独媾和，以集中残余力量与苏联红军作战，苏联与美英的矛盾随之出现。如何协调对德最后一击，成为雅尔塔会议首要解决的问题。会议最后发表的公报指出，三国研究和确定了彻底击败共同敌人的军事计划，就陆军和空军从东西南北四个方向对德国心脏地区进行更有力打击的时间、规模和配合达成一致。

对战败后德国的处置，三国很快就彻底根除纳粹制度、防止德国军国主义复活达成共识，但在德国分区占领问题以及赔偿问题上分歧较大。经过讨论，三国原则上同意分区占领德国。具体来说，在德国投降后，三国各自占领德国一个区域，苏军占领东部，英军占领西北部，美军占领西南部，柏林由盟国军队分区共同占领。三国还同意成立一个中央管制委员会，负责协调管控事项，委员会由三国占领军的最高司令官组成，总部设在柏林。另外，会议还议定同意法国参与占领，但法占领区须从英美占领区中划出。

赔偿是个更难解决的问题。斯大林提议，德国应承担总额200亿美元的赔偿，按战时贡献和损失大小两个原则分配，苏联应得到总赔偿的一半；战争结束后两年，将拆迁德国的工厂、机床、铁路等国家财产；此外，在战后十年内，德国每年支付实物。丘吉尔建议在专家委员会研究出德国能负担的赔款之前，暂不确定具体数字，理由是不应重蹈一战后赔款问题的覆辙。但他真正担心的是，把过重的负担强加给德国会给革命提供土壤，亦希望在战后联合德国对抗苏联。罗斯福原则上支持斯大林的提议，但提出德国的实际承受能力应以德国人民不受饥饿为限度。会议最后商定，以苏联的建议为讨

图13-3　1945年2月4日，英国首相丘吉尔、美国总统罗斯福、苏联领导人斯大林（前排由左至右）出席"雅尔塔会议"

论基础，在莫斯科成立一个赔偿委员会，进一步研究这一问题。

其次是波兰问题。这是会上三国首脑争论时间最长、最激烈的问题，主要关乎波兰的疆界及其政府的组成。

波兰疆界问题是历史遗留问题。会议最后达成的关于波兰边界的协议是：波兰的东部边界以寇松线为基础，在若干区域向苏联境内偏移5—8千米。作为补偿，波兰可以在西方和北方获得大片德国领土。这些领土的范围将在适当时候征求新的波兰政府意见。至于波兰的西部边界，将留待和会决定。

关于波兰政府的组成是另一棘手的问题。当时存在着两个波兰政府，一个是受英美支持的波兰流亡政府，另一个是1944年7月成立的受苏联支持的、以波兰工人党为首的波兰民族解放委员会（1945年1月改称波兰临时政府）。由于苏军已把德军完全赶出波兰领土，临时政府实际上控制了整个国家事务，居于有利地位。经过激烈争论，最后达成协议：目前在波兰行使职权的临时政府应在更广泛的基础上进行改组，以容纳国内外的波兰领袖，这个新政府应被称为波兰全国统一临时政府；至于如何进行改组，委托三国相关人员在莫斯科与现临时政府成员及国内外波兰民主领袖进行会商。

最后是苏联参加对日作战问题。促使苏联参加对日作战是罗斯福出席雅尔塔会议的主要目的之一。早在德黑兰会议上，罗斯福和丘吉尔就曾希望苏联早日参加对日作战。1944年4—12月，日军在中国发动豫湘桂战役，重新占领了华南、华东诸多盟军机场，迫使美国不得不再次采取"跳岛战术"，以夺取一些便于轰炸日本的岛屿基地。但日本的抵抗依然给美国海军造成严重损失。此外，日军仍占领着中国和东南亚的大片领土，对太平洋上的美军侧翼构成威胁；日本仍控制中国东北地区，70万关东军尚未参战。美国为减少在太平洋战场的牺牲，希望苏联早日参加对日作战。

1944年12月14日，在罗斯福的指示下，美国驻苏大使哈里曼与斯大林就相关问题进行会谈。斯大林明确向哈里曼表明了苏联对日作战的条件、日期和承担的任务，双方基本达成一致。1945年2月10日，斯大林和罗斯福审议了哈里曼和莫洛托夫起草的协定草案。次日，经罗斯福和斯大林商定的文本送丘吉尔过目，丘吉尔迫于形势不得不签字。这份《苏美英三国关于日本的协定》即《雅尔塔协定》，由于当时未对外公布，亦称"雅尔塔密约"。苏联同意在欧洲战争结束后两三个月内参加对日作战，条件是维持外蒙古现状；归还俄国在日俄战争中丧失的权益，如库页岛南部及邻近岛屿、千岛群岛交与苏联；大连港国际化，苏联租用旅顺港，设立苏中合办公司经营中东铁路和南满铁路等。

除上述问题外，雅尔塔会议还讨论了联合国问题，主要是敦巴顿橡树园会议悬而未决的问题，即大国否决权使用范围和创始会员国资格问题。会议还就南斯拉夫、希腊、意大利等国问题进行了讨论，并通过了《被解放的欧洲宣言》。

雅尔塔会议上承德黑兰会议、下接波茨坦会议，标志着美、英、苏三国在军事和政治上的合作达到了一个新高度。这次会议对加速反法西斯战争的胜利起到了推动作用，符合各国人民要求持久和平的愿望，为联合国的最终建立奠定了基础。但雅尔塔会议具有明显的强权色彩，尤其是美苏以中国主权和领土做秘密交易，划分了在中国的势力范围，这是对浴血奋战十四年的中国人民利益的严重侵犯，违背了反法西斯同盟的根本宗旨。雅尔塔会议并未从根本上消弭美、英、苏三国的矛盾和裂痕，其所形成的以美苏两极对立为基本特征的雅尔塔体系，对战后国际关系产生了深远影响。

第四节
波茨坦会议与《波茨坦公告》

德国战败后，盟国已经在欧洲战场取得了胜利，同时在太平洋战场上攻下了硫磺岛和冲绳岛，并在亚洲大陆的各个战场上展开了反攻。然而，盟国之间的关系逐渐出现裂痕。罗斯福去世后，美苏关系出现了微妙的变化，雅尔塔会议达成的部分协议未能完全执行。具体而言，关于是否分割德国的问题，美苏需要进一步沟通；苏联在处理波兰问题时未与美国充分协调；此外，美国还减少了根据《租借法案》提供的援苏物资。与此同时，英美之间也存在分歧，丘吉尔希望三国首脑会议在英国大选之前召开，并与美国先行单独会谈，但杜鲁门拒绝了这一提议。丘吉尔还主张英美应保持一致并对苏联采取强硬立场，但美国不愿意引发新的矛盾。在对日作战方面，如何彻底击败日本、战后如何处置日本，以及战后世界格局的进一步安排等问题，都需要通过大国磋商来解决。

在上述背景下，苏、美、英于1945年7月17日至8月2日在波茨坦举行会议，又称波茨坦会议。波茨坦会议是一系列会议的总称，其中包括全体会议13次，其他类型的外长会议、高级军官会议以及委员会会议共计百余次。

波茨坦会议原定于7月16日召开，但由于斯大林的要求，推迟了一天。16日当天，先行到达的丘吉尔和杜鲁门首先进行了会面。当地时间下午1时

29分，美国成功试验了世界上第一颗原子弹。

17日中午，斯大林和莫洛托夫与杜鲁门进行了非正式会谈，双方简单讨论了罢免佛朗哥、处置意大利殖民地以及如何对日作战等问题。当日下午，史汀生向丘吉尔报告了原子弹试验成功的消息，随后丘吉尔与杜鲁门单独会晤。丘吉尔认为，原子弹的成功试验将大大减少盟军对日作战的代价，并可以削弱苏联在谈判中的地位。当天下午5时10分，第一次全体会议召开，在斯大林的建议下，三方确认杜鲁门为会议主席。在初步商议日程时，斯大林重点关注了德国商船队和海军的划分、战争赔偿及处置轴心国问题，丘吉尔则特别关注波兰问题。杜鲁门建议设立外长会议，由中、苏、美、英、法五国外交部长组成，负责起草相关条约。

波茨坦会议随后的主题围绕着第一次会议提出的问题展开，包括战后四国在德国占领区的基本原则及具体划分、起诉战犯、德国和意大利的赔偿问题、德国军舰的处置、波兰问题、对仆从国的政策以及对日行动问题等。外长会议主要负责起草对战败国的和约，并提出解决欧洲领土争端的方案。在德国问题上，会议最终确认，由苏、美、英、法四国共同占领德国，解除和限制其军事工业，取缔纳粹党，并进行战犯审判。在赔偿问题上，苏、美、英三国之间出现了较大分歧。斯大林提出德国应赔偿200亿美元，苏联获得其中一半，但在随后的讨论中，苏联的诉求未得到满足，这成为日后美苏对抗的一个重要因素。

在波兰西部边界问题上，英美坚持以奥得河和东尼斯河为界，苏波则坚持以西尼斯河为界。边界问题不仅涉及该区域的德意志人和波兰人，还影响着战后波兰的政治生态以及苏、美、英与波兰政府的关系。最终，在7月31日第11次全体会议上，各方决定将德国东部的波兰领土及部分东普鲁士和但泽地区划归波兰政府管辖，而柯尼斯堡地区则划归苏联。

关于欧洲其他战败国问题，苏联反对英美偏袒意大利，坚持对所有国家一视同仁。会议的结果是同意在与这些国家签订和约后，允许其加入联合国。然而，波茨坦会议并未完全解决这些问题。两个月后，苏、美、英、法、中五国外交部长根据波茨坦会议的内容在伦敦进行谈判，但仍未能达成一致意见。

  7月25日，因英国举行大选，丘吉尔回国，波茨坦会议的第一阶段结束。26日，三国首脑讨论并通过的《波茨坦公告》得以公开发表。该决议在征得中方同意后，由中、美、英三国共同签署，而苏联由于此时尚未对日宣战，故而暂时没有加入共同签署。公告主要内容有：盟国将对日本进行最后打击，直至日本停止抵抗；日本政府应立即宣布无条件投降；重申《开罗宣言》的条件必须实施，日本主权必将限于本州、北海道、九州、四国及由盟国决定的其可以领有的小岛之内；军队完全解除武装；将虐待俘虏者等战犯交付审判；日本政府必须尊重人权，保障宗教、言论和思想自由；不得保有可供重新武装作战的工业，但可保持其经济所需和能偿付货物赔款的工业，允许获得原料和资源，参加国际贸易；在上述目的达到及依据日本人民自由表示之意志成立一倾向和平及负责任之政府后，盟国占领军立即撤退。

  波茨坦会议是继德黑兰会议和雅尔塔会议之后，苏、美、英三国首脑召开时间最长的一次会议。它及时协调了主要盟国之间的关系，并作出了初步的战后安排，为彻底击败日本军国主义、赢得二战的最终胜利铺平了道路。《开罗宣言》和《波茨坦公告》明确了日本的侵略罪行和战后对日本的处理原则，包括领土问题、战犯问题、军事限制等。它们为战后国际秩序的建立提供了重要的法律基础，也为中国收回被日本侵占的领土提供了依据。

本章图片来源

  图13-1 https://hpcbristol.net/visual/fu-n645。
  图13-2 中国台北"国史馆"藏。
  图13-3 新华通讯社。

第十四章

世界反法西斯战争取得伟大胜利

自意大利法西斯投降之后,盟军在各大战线向前推进,轴心国集团则节节败退。在欧洲西线,盟军很快解放了法国,跨越德法边界,深入德国腹地;在欧洲东线,苏军势如破竹,不仅解放了苏联本土,还挥师攻入东欧地区,逼近柏林;在太平洋战场,美军实施跳岛战术,解放了菲律宾,直指日本本土;在中国战场,中国军民开始全面反攻。世界反法西斯战争胜利的曙光近在眼前。

第一节
德国无条件投降

1944年6月6日,盟军在诺曼底成功登陆,此后德军在西线屡战屡败。8月25日,盟军解放了巴黎,由戴高乐领导的法兰西共和国临时政府接管权力。在东线战场,苏联红军于6月22日发动"巴格拉季昂攻势",一路向西挺进,到8月底几乎解放了苏联全境,罗马尼亚投降,加入盟国。1944年秋冬,东西线的战争形势敲响了德国法西斯的丧钟。

一 德军阿登反击战的失败

1944年8月底,盟军从诺曼底登陆之后,迅速地推进到德国边境,到9月15日,已经占领比利时和卢森堡大部,而此时盟军内部弥漫着一种过于乐观的气氛,大家都认为战争已经胜利了。一向以谨慎著称的蒙哥马利竟然提出了一个大胆且复杂的作战计划,以大规模的空降兵奇袭,夺取荷兰境内主要河道上的一些桥梁,随后渡过莱茵河,深入阿纳姆地区,以达到绕过德军防线并攻占其V-2火箭发射基地的目的。这个计划得到了艾森豪威尔的同意,代号为"市场花园行动"(Operation Market Garden)。

"市场花园行动"是人类战争史上规模最大的一次空降部队作战。9月17日,行动正式发起,但从一开始就面临着许多不利情况。恶劣的天气条件延误了部分伞兵部队的到达,阻碍了空中增援和补给,地面部队无法与空降部队形成配合。并且,由于德军获取了盟军完整的作战计划,做了充分的防守准备,封锁盟军伞兵的降落区域,阻止了他们夺取莱茵河上的桥梁。9月26日,"市场花园行动"以失败告终。

在此之前,为了支援北线进攻,艾森豪威尔命令霍奇斯(Courtney Hodges)指挥的第1集团军向科隆方向进发,但部队在亚琛附近就遭遇了德军的阻击。因此,当蒙哥马利发动"市场花园行动"时,美军在其右翼无法提供任何支援。10月2—21日,美军同德军在亚琛进行了激烈的城市战,这是美军在战争中发动的最大的一场城市战役,最终美军获胜,亚琛成为盟军占领的第一座德国城市。但与此同时,德军依托齐格菲防线,在亚琛附近的许特根森林(Hürtgenwald)抵抗,让美军付出了惨重代价。盟军向德国本土的推进遭遇严重阻碍,艾森豪威尔在1944年圣诞节前结束战争的希望也随之破灭。

为了从盟军手中重新夺回战略主动权,希特勒早在1944年9月就开始考虑在西线进行反击,把反击地点选在阿登森林。其初步的作战计划是:使用2个装甲集团军担任反攻主力,其中迪特里希(Josef Dietrich)指挥的第6装甲集团军向西北推进,在列日与于伊之间渡过马斯河后向安特卫普挺进;冯·曼陀菲尔(Hasso von Manteuffel)指挥第5装甲集团军,在那慕尔与迪南之间渡过马斯河后向布鲁塞尔挺进。整个反攻的目的是切断英军与其基地之间的交通线,并迫使他们撤出欧洲大陆。

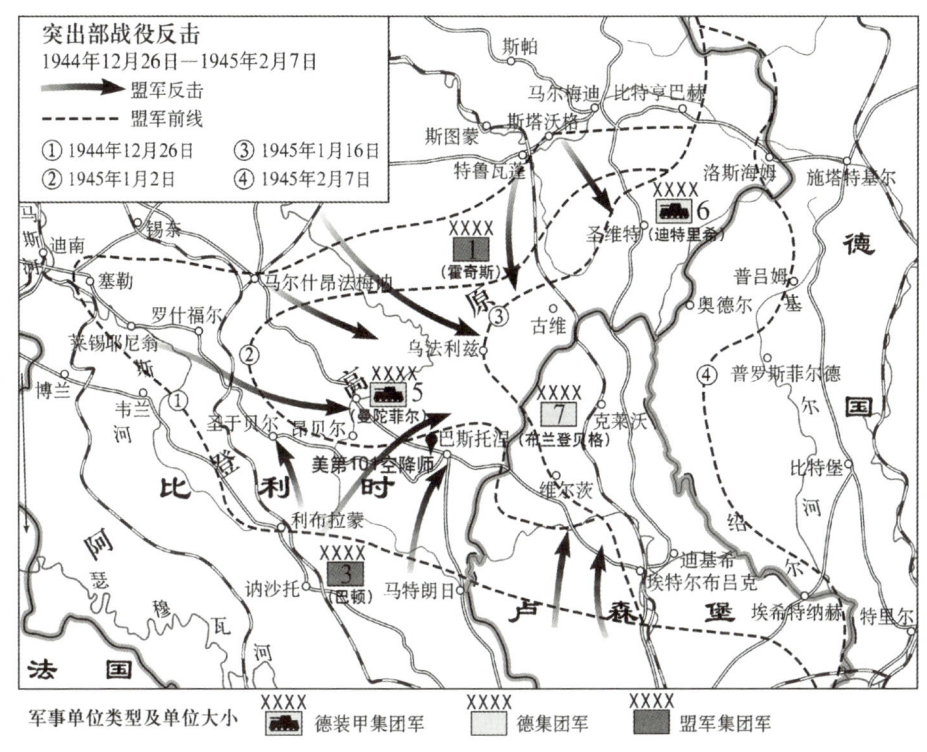

第十四章 世界反法西斯战争取得伟大胜利

图14-1 盟军在阿登地区的反击

1944年12月16日，德军借助迷雾天气正式发动进攻。第6装甲集团军的右翼部队很快就在蒙绍遭到美军的顽强抵抗，其左翼部队在绕过马尔梅迪之后不久也遭到美军的反击。被委以重任的第6装甲集团军的进攻就此中断。相比之下，曼陀菲尔的第5装甲集团军进展顺利，到12月18日已经逼近巴斯托涅，并于21日完成对美军的包围。由于美军第101空降师坚守此地，曼陀菲尔最终不得不决定绕过巴斯托涅，继续向马斯河挺进。根据既定计划，德军应该在发起进攻后第二天就攻占巴斯托涅，但实际的战争进程大大落后于德军预期，限制其前进的主要原因是道路泥泞和缺乏燃料。

天气条件从12月23日开始转好，盟国空军趁机对德军后方的补给点实施轰炸。与此同时，盟军调集更多的兵力堵住了自身防线的缺口，到12月24日，德军的攻势被阻挡在马斯河畔。并且，盟军从南北两个方向开始反击，南线的巴顿第3集团军于12月22日发动反击，26日就解除了德军对巴斯托涅的围困。在北线，蒙哥马利率部自1945年1月3日起反攻。几天后，希特勒下令撤军，德军阿登反击战于1月25日以失败告终。

阿登反击战是二战期间德军在西线最后一次重大攻势。此役失败后，德军绝大部分撤回国内，实施本土防御作战，而盟军则继续向莱茵河推进。

二 苏军在1945年初的攻势

1944年夏，苏联红军在结束"巴格拉季昂攻势"并抵达维斯瓦河之后停止向西推进。到1944年末，当德军在西线发动阿登反击战时，英美请求苏联在东线继续进攻，以减轻盟军在西线的压力。

12月下旬，乌克兰第2方面军与第3方面军向匈牙利首都布达佩斯发动进攻，希特勒直接下令把华沙北部的两个党卫队装甲师调往布达佩斯解围，进一步削弱了德国东部的防御力量。1945年1月，他又决定把第6装甲集团军从西线调往匈牙利作战。经过50天激烈的围城战，苏军于1945年2月13日攻克布达佩斯。

布达佩斯战役将希特勒的注意力牵制在南线而不是东线，如此一来，苏军便可以更加顺利地发动正面攻势。此次攻势的主要目标是通过发动南北两个大规模战役粉碎德军的防御。南面的维斯瓦河—奥得河战役由朱可夫指挥的白俄罗斯第1方面军与科涅夫指挥的乌克兰第1方面军负责。他们自维斯瓦河进攻居于波兰正面防御的德国A集团军群，并把战线推进至奥得河—尼斯河一线。北面的东普鲁士战役由罗科索夫斯基指挥的白俄罗斯第2方面军和切尔尼亚霍夫斯基指挥的白俄罗斯第3方面军负责。他们的目标是肃清在东普鲁士附近的德军中央集团军群，切断它与德国A集团军群的联系。

德军对于苏军1945年初的这次攻势并非毫无预料，陆军总参谋长古德里安向希特勒汇报了东线苏军正在进行大规模准备的情报。可是，希特勒认为东线德军情报部门在虚张声势，苏军根本没有打算发动进攻，一切只不过是一个巨大的骗局。德军最高统帅部作战部长阿尔弗雷德·约德尔甚至认为德军已经在西线赢得了主动权，应继续在西线发动攻势。这类罔顾事实的气氛弥漫在当时纳粹德国的最高领导层中。

为了响应西线盟军的请求，斯大林决定将原定进攻时间提前到1945年1月12日。这一变化导致苏军各方面军发动进攻的时间各不相同，但在客观上进一步迷惑了德军。另外，由于希特勒要求坚决守住每一寸土地，使得德军第二道防线距离前沿阵地只有几千米，完全暴露在苏军火炮的射程内。12日凌晨，科涅夫的乌克兰第1方面军就突破了德军第一道防线，并拔除了关键据点。1月19日，苏军攻克克拉科夫。

朱可夫指挥白俄罗斯第1方面军于1月14日发动进攻，随后迅速攻占了德军第一道防线。面对苏军的攻势，德军第9集团军无法组织有效防御。1月17日，朱可夫麾下第47集团军和波兰第1集团军解放了华沙。白俄罗斯第1方面军和乌克兰第1方面军在消灭了当面德军后，向奥得河方向推进。此时，他们遭遇了从东普鲁士赶来支援的"勃兰登堡"装甲掷弹兵师和"赫尔曼·戈林"空降装甲军。一番激战之后，苏军粉碎了德军的抵抗。1月19日，崔可夫指挥的第8近卫集团军解放了波兰工业城市罗兹，随后突入西里西亚，进入德国本土。1月27日，乌克兰第1方面军解放了奥斯维辛集中营，解救了7000多名被关押者，发现了大量受害者的遗物，包括83.7万件衣物、4.4万双鞋子和7.7吨头发等，从而向全世界揭露了纳粹实施种族灭绝的罪恶行径。①

1月13日，白俄罗斯第3方面军开始进攻柯尼斯堡方向的德国守军。1月18日，德军在北线的防御体系瓦解。到2月2日，德军北方集团军群（原中央集团军群）被围困在柯尼斯堡及其毗邻的桑兰半岛以及以海尔斯贝格尔三角区为支撑的防御阵地内。白俄罗斯第2方面军于1月14日从纳雷夫河突破德军防线，把德军赶至东普鲁士境内。1月20日，苏军经奥尔什丁向维斯瓦潟湖方向推进。1月26日，先头部队抵达埃尔宾。

截至1945年1月底，苏军在东线的攻势取得了巨大胜利，朱可夫与科涅夫的部队已经抵近奥得河，开始组织突击队在河对岸建立桥头堡。2月2

---

① "What a Soviet Soldier Saw When His Unit Liberated Auschwitz 70 Years Ago", *The Washington Post*, January 27, 2015.

日，维斯瓦河—奥得河攻势宣告结束。不过，此时苏联已经准备向柏林挺进。2月8日，白俄罗斯第1方面军和乌克兰第1方面军向西进攻，白俄罗斯第2方面军于2月10日部分加入，形成右翼。但斯大林决定暂缓向柏林进军，集中力量清除波美拉尼亚和西里西亚的德军。

苏联之所以推迟进攻柏林，除了兵力不足、补给线过长、右翼过分暴露等原因外，还有一点就是决定采取新的军事行动，旨在夺取奥地利，以及攻占捷克斯洛伐克的摩拉维亚—奥斯特拉发工业区。这个目标反映了苏联在欧洲战事末期军事战略的重大转变。在雅尔塔会议上，美、英、苏三国领导人明确表示，对德共同管制范围只适用于1938年吞并奥地利前的德国疆域。斯大林迅速调整作战计划，以建立并巩固苏联在中欧和东欧的影响。

三 德国内部秩序的崩溃

1945年1月30日是纳粹党"夺取政权"12周年纪念日。希特勒发表全国广播讲话，呼吁继续抵抗，直到取得最终胜利。希特勒的军事指挥也陷入癫狂，他甚至妄想德军能够自发抵挡苏军在东线的凶猛攻势。

希特勒还幻想在反法西斯同盟内部制造分裂。他告诉戈培尔，如果美英不想看到欧洲被布尔什维克化，那么它们将不得不寻求德国的帮助。德国如今要做的就是坚持下去，等待这一时刻的到来。希特勒同时又把古德里安提出尽快与英美进行停战谈判的建议视作叛国行为。现实情况是，德国战时经济和军工生产能力已经枯竭。德军可供调遣的兵力所剩无几，不得不在1945年3月把5万多名十六七岁的青少年送上战场。他们此前只接受过简单的军事训练，根本无法应对残酷的战争。这些状况让希特勒及其周围的人都意识到，德国无法再坚持了。

1945年之后，纳粹党的宣传试图让德国民众对苏联红军产生恐惧心理，以坚定他们继续抵抗的决心。可是这种带有恐吓性质的宣传并不十分有效。纳粹当局便采取了更加恐怖的威胁手段：任何试图逃避继续战斗职责的人，都将受到战地军事审判小组的审判；任何实施妨碍和破坏行为的士兵，都将被宪兵枪决。希姆莱更是对党卫队和警察部队官员下达指令，任何地方一旦举起白旗，就枪决这个地方的所有男性。纳粹政权在其苟延残喘的最后几个月里，完全是依靠恐怖和暴力手段统治着整个德国。

在战争的最后阶段，美英空军对德国进行了反复轰炸。1945年1月16日，马格德堡因轰炸引发大火，导致4000人死亡，城市的三分之一被夷为平地。2月13日，在猛烈的空袭下，德累斯顿陷入一片火海，造成3.5万人死亡。3月3日，柏林遭到战争期间规模最大、破坏力最强的一次空袭，超过10万人无家可归。[1] 连续不断的空袭使德国民众不再信任希特勒和纳粹党，开始大胆讨论起纳粹政权即将灭亡之类的话题。

战争还使德国社会陷入极度困窘的境地。从1945年初开始，燃气和电力供应被定期切断，官方的食物配给定额不断减少。每个成年人的面包月定额从1月的10.5千克削减到4月的3.6千克，肉月定额从1.9千克降至0.55千克。[2] 许多店铺在轰炸中被摧毁，很多外国劳工开始逃匿，食物供应变得越来越紧张，民众开始自发地用香烟交换面包和衣服，抢劫、偷窃、黑市交易随处可见。

随着苏军的一路推进，此前在德国东部领土及占领区生活的德国难民被迫西迁。据纳粹当局估计，1945年2月中旬，有超过800万人向西逃亡。西线情况同样如此，当地德国人在盟军部队抵达之前就大量逃走。战争最后几个月，整个德国社会陷入极端混乱的局面。

四　反法西斯战争在欧洲的胜利

阿登反击战的失败让德军无法在莱茵河沿岸建立起有效防御。1945年1月底，盟军重新抵近齐格菲防线，艾森豪威尔计划兵分三路发动新攻势，目标是占领莱茵河西岸。

在北路，蒙哥马利第21集团军群下属加拿大第1集团军与英国第2集团军于2月8日率先发动进攻。2月21日，部队抵达莱茵河畔。按既定计划，

---

[1]［英］理查德·J.埃文斯：《战时的第三帝国》，陈壮、赵丁译，九州出版社2020年版，第851—852页。

[2]［英］理查德·J.埃文斯：《战时的第三帝国》，陈壮、赵丁译，第856页。

由威廉·辛普森（William Simpson）指挥的美国第9集团军应在渡过鲁尔河（Rur）①后与蒙哥马利的部队会师。但德军炸毁水坝导致洪水泛滥，因而美军被耽误了2周时间，直到3月4日才抵达莱茵河畔。

在中路，霍奇斯指挥美国第1集团军于2月26日发动攻势。其左翼部队于3月5日占领科隆，其右翼部队的目标则是波恩和雷马根。3月7日，第9装甲师在雷马根突袭了鲁登道夫大桥。德军试图炸毁桥梁，未果。最终美军成功占领了大桥并建立桥头堡，顺利渡河。

在南路，巴顿的美国第3集团军并排部署在摩泽尔河—绍尔河一线。到2月底，部队已经突破齐格菲防线，并在3月2日攻占了特里尔。随后美军沿摩泽尔河北岸推进，于3月8日抵达科布伦茨附近莱茵河岸。巴顿没有按照德国人的预期向北增援雷马根的桥头堡，而是沿莱茵河向南朝曼海姆方向挺进，扫荡沿河西岸的德军，阻止其渡河后撤。

3月22日深夜，巴顿抢在蒙哥马利之前，沿科布伦茨到施派尔一线强渡莱茵河。此次渡河既隐蔽又高效，只遭到德军零星的抵抗。之后盟军相继渡河，到3月27日越过莱茵河，打开了通往德国心脏地带的大门。4月1日，英美联军南北两翼在利普施塔特会师，完成了对整个鲁尔地区的合围。4月14日，盟军成功分割鲁尔区德军，5天后超过30万名德国士兵投降，B集团军群司令莫德尔自杀身亡。

在东线，从3月16日起托尔布欣指挥乌克兰第3方面军向维也纳推进，4月15日便占领该城。朱可夫与科涅夫指挥上百万苏军于4月16日从奥得河—尼斯河一线发动柏林战役。4月19日，苏军成功突破德军防守柏林的最后一道防线，坦克部队抵达柏林城郊。4月23日，希特勒在元首地堡承认战败。4月30日，这个狂热的纳粹分子以自杀结束了其充满野心与罪恶的一生。5月2日晚，德军柏林卫戍部队停止抵抗，缴械投降。

在西线，盟军在突破莱茵河之后调整了进攻方向，没有把柏林作为直接进攻目标，而是让第12集团军群的先头部队向易北河方向推进，进攻萨

---

① 此鲁尔河（Rur）为马斯河的右支流，并非莱茵河的支流鲁尔河（Ruhr）。

第十四章 世界反法西斯战争取得伟大胜利

克森地区。占领莱比锡后，4月25日，美军在托尔高的易北河桥上与苏军实现历史性会师。美军第6集团军群向德国南部以及奥地利西部推进，从4月20日到30日，相继攻克纽伦堡、奥格斯堡、慕尼黑等德国重要城市，同时于4月22日越过多瑙河进入奥地利，于5月初抵达捷克斯洛伐克边境，与在意大利作战的美军会师。与此同时，蒙哥马利的第21集团军群主要进攻德国北部地区，于4月27日攻占不来梅，5月3日攻克了汉堡。

图14-2　1945年5月8日，德国正式签署无条件投降书，第二次世界大战欧洲战场战事宣告结束。这是苏军战士把红旗插上德国国会大厦的情景

希特勒死后，德国海军总司令邓尼茨成为国家总统。他上任后，在弗伦斯堡组织临时政府，试图与英美达成单方面停战，但遭到艾森豪威尔的拒绝。1945年5月7日，在邓尼茨的授权下，德军最高统帅部作战部长约德尔前往位于法国兰斯的盟军最高司令部，向美、苏、英、法四国代表投降。不过，在苏联的要求下，盟国经过协商，决定把这次投降作为正式投降仪式的

预演。5月8—9日凌晨，朱可夫在柏林主持了德国投降仪式，德军最高统帅部参谋长凯特尔代表德国政府在投降书上签了字。这标志着第二次世界大战欧洲战场的正式结束，也标志着反对德国法西斯战争的胜利。

第二节
日本无条件投降

与德国不同，早在1944年下半年，日本战争决策集团中的部分人即萌生停战求和意向，但蹉跎一年有余才做出决定。以天皇裕仁为首的日本高层以保留天皇制、回避战败国地位、自主处置军队为条件，幻想"体面"地结束战争。然而，这一幻想在反法西斯阵营的有力回击下逐渐破灭，日本最终不得不接受《波茨坦公告》，宣布无条件投降。以中国抗战为主体的东方主战场通过长期艰苦卓绝的战略相持，极大地消耗了日本军国主义的战争潜力，是迫使日本法西斯转向停战求和的主要原因。苏联出兵中国东北与美国对日本广岛、长崎投掷原子弹，加速了日本走向无条件投降的进程。

一　日本在战争中陷于绝境

1944年，日军遭受重大失败。在塞班岛之战中，日军2.38万人被歼灭。日军在10月的菲律宾战役中开始采用"神风特攻战术"，飞行员驾驶装满炸弹的飞机，向着美军航空母舰的飞行甲板俯冲撞击，以期用这种自杀式战术重创美军舰只。10—12月，在莱特湾海战中，日本海军大型舰船损失殆尽。

进入1945年，日本在亚洲战场和太平洋战场上败局已定。在中国战场上，中国共产党领导的八路军与新四军等抗日武装，积极开展局部反攻，迫使在华日军只能龟缩在城市及主要干道周围。在缅甸，英美军队与中国远征军协同发起反攻，在缅甸国民军和各地游击队的支持下，收复了缅甸广大国土。东南亚各国人民抗日运动此起彼伏，日本炮制的所谓"大东亚共荣圈"已处于崩溃边缘。

第十四章 世界反法西斯战争取得伟大胜利

日本在太平洋战场上困兽犹斗。在历时一个多月的硫磺岛战役中，美日双方在20余平方千米的小岛上殊死搏斗。自2月19日美军登陆硫磺岛至3月26日该岛被攻陷，守岛日军2.3万人，几乎全部被歼灭，美军也付出伤亡2.86万人的惨重代价。莱特湾海战后，日本的许多海上交通线被切断，从西南太平洋大肆抢掠的战争资源无法运回本土。

1945年4月1日，美军登陆冲绳，冲绳战役打响。至6月下旬战役结束，日本陆海军11万人被歼灭，"特攻队"飞机2300余架化为灰烬，当地居民死亡10万人以上，美军登陆部队伤亡3.09万人，海军伤亡9700余人。杜鲁门承认，在冲绳战役中美军损失极为惨重。美国陆军部预计，要到1946年秋才能迫使日本投降，美国为此将付出巨大代价。

盟军在攻占马里亚纳群岛之后，从该群岛起飞的美国战略轰炸机及舰载机开始轰炸日本本土沿海地区重要城市和战略目标。1945年1月20日，柯蒂斯·李梅被任命为第21轰炸机部队司令。他决定针对日军薄弱环节实施夜间轰炸，大面积投掷燃烧弹，破坏散布在居民区的军工小作坊，达到彻底瘫痪日本军事工业的目的。1945年2月下旬，美国军机加强了对日本本土的战略轰炸。3月9日夜，334架B-29远程轰炸机夜袭东京，轰炸持续近6小时，东京五分之一的区域化为焦土。此后，美军空袭日甚一日，很多与军工相关的城市遭到大规模轰炸。为了躲避轰炸，850多万人逃亡农村，日本战时生产进一步萎缩。被战争拖得精疲力竭的日本，国内兵员已严重不足，以至于60岁男子和40岁妇女也被编入所谓"国民义勇队"。由于武器弹药极度缺乏，许多人只能配备竹矛和木刀。

日本军政当局中的部分人深知大势已去，停战意愿逐渐增强。1945年2月14日，前首相近卫文麿上奏天皇裕仁，坦言日本失败是迟早的事，为避免国内发生革命和天皇制崩溃，必须立即下定决心停止战争。尽管局势岌岌可危，但日本军政当局仍于1945年初制订了本土决战计划。

战局的急剧恶化，使日本的主战派与主和派都对首相小矶国昭不满。4月5日，小矶内阁倒台。以内大臣木户幸一为代表的天皇重臣推举海军预备役大将铃木贯太郎为首相。木户向铃木透露，重组内阁是为了结束战争。对此，铃木心知肚明，称"应抓住媾和机会"。1945年4月7日铃木贯太郎上台后，一面叫嚣坚持战争到底，一面秘密展开求和活动。铃木内阁将求和的希望寄托在苏联调停上。但是，苏联已于4月5日宣布《苏日中立条约》失效，这是苏联公开转变对日态度的重要信号。然而，铃木内阁仍对苏联抱有幻想，试图争取苏联"善意中立"，甚而妄想苏联能够帮助日本与盟国斡旋。

1945年6月8日，木户幸一起草了《收拾时局对策试行方案》，认为至当年下半年，日本战争能力将完全枯竭。在美军空袭下，所有储存物资将消耗殆尽。粮食等物资的严重缺乏将引起人心极度不安，故须果断收拾残局。1944年末至1945年春夏，日本政府仅允许11—60岁的人每天配购大米330克，从事体力劳动的人每天也仅能得到390克的配给量。到1945年7月以后，每人每日供应定量仅有280克，其中尚有17.8%为杂谷、薯类等代食品。[①]国内经济危机的加剧，引起日本人民普遍的反战情绪。面对如此局面，在6月18日的最高战争指导会议上，日本政府决策层表示对"努力争取和平机会并无异议"，但对是否无条件投降犹豫不决。

二 日本政府的"和""战"之争

1945年7月26日，中、美、英三国发表《波茨坦公告》，敦促日本无条件投降。围绕如何对待公告的问题，日本决策层举棋不定。由于苏联没有名列《波茨坦公告》发起国，这让日本军政当局仍对苏联调和寄予希望，继续等待苏联对近卫文麿访苏的回应。为此，内阁决定对《波茨坦公告》采取缄默政策。

日本高层的拖延态度，使该国民众在战争末期继续蒙受着本可避免的惨重损失。美国政府预计登陆日本本土将会遭遇巨大抵抗。因此，对日使用原子弹以加速日本崩溃、减少美军伤亡，遂成为美国政府和军方的主流意见。美国对日本投掷原子弹的决策几乎与《波茨坦公告》的签署和发布同时进行。

[①] 军事科学院军事历史研究部：《第二次世界大战史》第四卷，第526—527页。

第十四章 世界反法西斯战争取得伟大胜利

8月6日，美国向广岛投掷了第一颗原子弹。广岛当天就死亡7万人，还有3万人在几周内死于火灾和核辐射，原子弹累计造成广岛54%的人口死亡。当天，华盛顿新闻媒体发布了投掷原子弹的新闻公告和杜鲁门总统的声明："假如日本仍不接受投降的话，还将向其他地方投掷。"美国广播之后，日本陆海军统帅部才从各地接到有关新型炸弹较为详细的报告。8月8日，外相东乡茂德向天皇上奏，应以原子弹爆炸为契机马上结束战争。当天下午，日本驻苏大使佐藤尚武终于得到苏联外交人民委员莫洛托夫的接见。然而，他等来的并非苏联同意斡旋的消息，而是苏联对日宣战的声明。8月9日凌晨，苏军出动170万兵力兵分三路发动强大攻势，盘踞在中国东北的日本关东军迅速土崩瓦解。

1945年8月9日，毛泽东发表《对日寇的最后一战》，号召"中国人民的一切抗日力量应举行全国规模的反攻，密切而有效力地配合苏联及其他同盟国作战"[①]。为歼灭继续顽抗的日军，朱德总司令向解放区所有武装部队连续发出7道命令，要求晋察冀、晋绥、山东军区及华北的朝鲜抗日武装，派兵向察哈尔、热河、辽宁、吉林等地进发，配合苏军作战；各解放区部队向本区一切敌占交通要道城镇展开进攻，迫使日伪军无条件投降。同日，美国向长崎投掷了第二颗原子弹。

即使陷入绝境，日本军政当局仍对和战问题争论不休。当第二颗原子弹投下时，日本最高战争指导会议在皇宫防空洞中举行，围绕以何种条件接受《波茨坦公告》，主战派与主和派发生了激烈争论。外相东乡茂德、海相米内光政、枢密院院长平沼骐一郎主张，在《波茨坦公告》内加入保全皇室这一条件即可予以接受，将保留"国体"视为接受公告的"唯一条件"。陆军参谋总长梅津美治郎、陆相阿南惟几自信"本土作战"尚有"胜算"，主张继续作战。

9日深夜，天皇裕仁主持御前会议，决定接受《波茨坦公告》。日本的态度已明确，投降的前提是"不改变天皇统治大权"。随后，日本军政当局迅

[①]《毛泽东选集》第三卷，第1119页。

速启动投降程序，东乡通过日本驻瑞士、瑞典公使将此决定转告中、美、英三国。为了不使日本人民窥知内情、动摇所谓"军心"，日本各大报刊登载了情报局总裁、国务相下村宏和陆相阿南惟几的训示，要求日本人民尽忠死守。然而在10日夜，日本政府已通过同盟通讯社和日本放送协会，秘密对国外广播将接受《波茨坦公告》的消息。数小时后，这一消息传播到全世界。

美国方面在获悉日本关于投降的态度后，立即令驻苏大使哈里曼会见莫洛托夫，就日本的有条件投降问题探求苏方态度。莫洛托夫认为，日本保留天皇制的条件违背无条件投降原则，苏联对此持怀疑态度。在苏联已经参战的情况下，美国希望尽快结束战争，以避免苏联打到日本本土并在战后出现美苏共同占领日本的局面。故而国务卿贝尔纳斯在未与盟国沟通的情况下，以中、美、英、苏名义草拟对日复文，其中明确写道："自投降之时刻起，日本天皇及日本政府统治国家之权力，即须听从盟国最高统帅之命令……按照《波茨坦公告》，日本政府之最后形式将依日本人民自由表示之意愿确定之。"①盟国内部对此复文有不同声音。如澳大利亚在致美英电文中表示："我们反对在日本试图给《波茨坦公告》附加条件的情况下接受投降……我们坚持认为，天皇作为国家首脑和武装部队最高统帅，应对日本的侵略行径和战争罪行负责，因此要求废黜他。"②最终，美国以敦促日本投降时机紧迫为由说服澳大利亚。经美国与各国的磋商，盟国内部最终对复文达成一致意见。

三 "八一五"的到来

8月14日，日本首相铃木贯太郎通过御前会议请天皇再做决断，考虑日本接受无条件投降。陆军参谋总长梅津美治郎、陆相阿南惟几、海军军令部长丰田副武仍主张就投降条件再向盟国交涉。然而，天皇裕仁明确否定了他们的主张，表示"理解对方持有相当善意"，还说他理解军队对"解除武装、

---

① 彭明主编：《中国现代史资料选辑》第五册，中国人民大学出版社1989年版，第624页。

② 汤重南主编：《日本帝国的兴亡》下，世界知识出版社1996年版，第1450页。

第十四章 世界反法西斯战争取得伟大胜利

保障占领等事"的屈辱心情，但"战争继续下去，最后将使我国化为一片焦土"，故愿意随时站在扩音器前，向国民发出呼吁。至此，日本高层才最后下定决心接受无条件投降。当晚11时，天皇裕仁签署诏书，完成投降的必要法律程序。随后，日本政府通过瑞士向中、美、英、苏发出通告，表示准备命令其所有军队停止战斗，交出武器，服从盟国最高司令官的命令。杜鲁门代表盟国向全世界宣称，日本政府完全接受《波茨坦公告》。

1945年8月15日早晨，中、美、英、苏四国政府按照磋商约定，发布了内容一致的公告，向全世界庄严宣告"日本政府已正式无条件投降"，这也标志着中国人民抗日战争取得胜利。当天中午，日本放送协会播放了天皇录音，但裕仁在诏书中没有提到"投降"与"战败"等词，只说采取非常措施"收拾时局"。问题还在于，诏书仅提到"向美英两国宣战"且"自交战以来已逾四载"，掩盖了日本自九一八事变以来对中国发动残酷侵略战争的事实。在淡化自身"加害者"形象的同时，诏书放大日本作为遭受原子弹轰炸的"受害者"形象，由此构成战后日本政府在历史认识问题上态度游移、右翼否认战败的认知基础。

8月19日，日军陆军参谋次长河边虎四郎、海军省副官横山一郎、外务省调查局局长冈崎胜男等人飞抵马尼拉，与麦克阿瑟的参谋长理查德·萨瑟兰举行受降洽谈。9月2日，盟军在停泊于东京湾的美国"密苏里"号战列舰上举行日本投降仪式。日本方面，由外相重光葵代表天皇及政府、参谋总长梅津美治郎代表大本营在投降书上签字；盟国方面，由盟军最高统帅麦克阿瑟、美国代表尼米兹、中国代表徐永昌、英国代表福莱塞、苏联代表杰列维亚科领衔签字，澳大利亚、加拿大、法国、荷兰、新西兰等5国代表随后签字。投降书在内容上明确"日本帝国大本营及在日本控制下驻扎各地的日本武装部队向盟国无条件投降"，"天皇与日本政府统治国家的权力，将服从盟国最高统帅，盟国最高统帅将采取他认为实行这些投降条款所需要的一切步骤"。[1]

---

[1]《反法西斯战争文献》，世界知识杂志社1955年版，第323—324页。

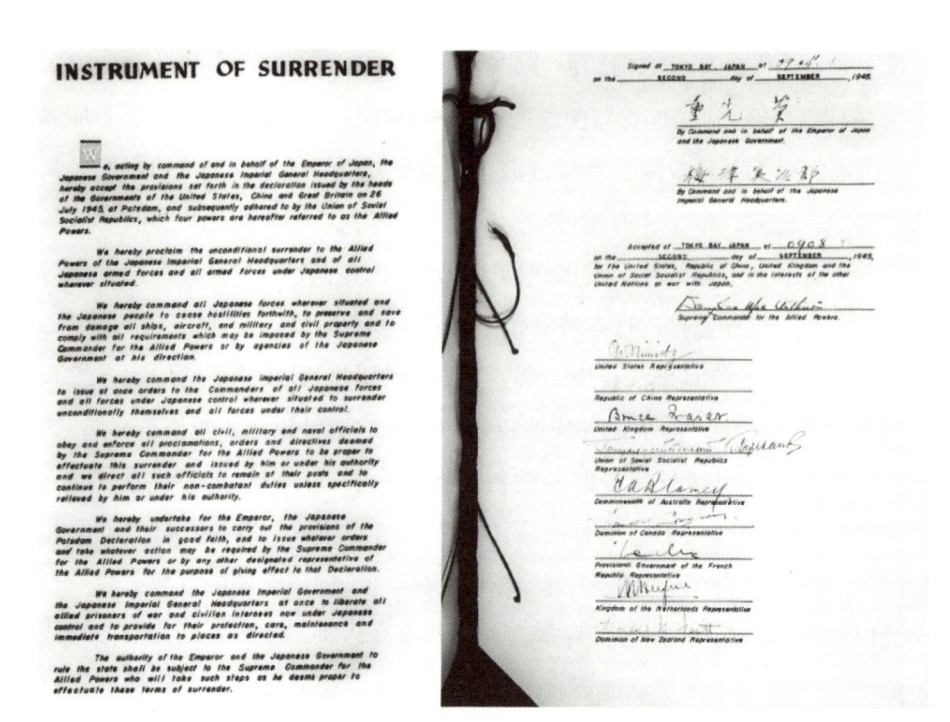

图14-3　日本无条件投降书

值得注意的是，日本战败前夕，军政当局酝酿销毁各类机密文书，意图湮没战争罪证，逃避战争责任。8月7日，日本外务省做出"烧毁记录文书"的决定，要求将"不要委诸第三者"的文书尽快全部烧毁，或埋藏于保存所当地。在8月14日日本接受《波茨坦公告》的同时，军政当局再次决定烧毁重要机密文书。在天皇决定投降后，参谋本部和陆军省马上向陆军全体部队下达了焚烧机密文件的通知，日本外务省、军部中的部分机密档案被焚毁。这种集中销毁机密档案的行为，在日本的占领区也同样发生，其设在海外的侵略机构中的大量档案也被以各种形式销毁。即便如此，尚未焚尽、保存下来的其他史料，以及被侵略地区民众的证言，依然能够证实日本在侵略战争中所犯下的累累罪行。

四　中国受降与历史遗留问题

1945年8月15日，蒋介石电令日本中国派遣军总司令官冈村宁次，要求中国战区所属日军应停止一切军事行动,并派代表到江西玉山接受中国陆军总司令何应钦的命令。

根据驻日盟军总司令部规定,中国战区受降范围为关内、法属印度支那北纬16度以北地区。何应钦代表中国战区最高统帅蒋介石接受日军投降,并确定了包括中国台湾地区在内的16个受降区主官,分别接受日军投降。按照盟国决定,东北奉天、吉林、黑龙江和热河四省,由苏军受降。洽降地点原为江西玉山,后因玉山机场雨后跑道损坏,临时改在湖南芷江进行。8月21日,侵华日军中国派遣军副总参谋长今井武夫一行飞抵芷江,接受有关日军投降准备事项的指示。9月9日,何应钦在南京主持中国战区日本投降签字仪式,侵华日军中国派遣军总司令官冈村宁次代表日军大本营在投降书上签字。10月25日,中国战区台湾省接受日军投降典礼在台北公会堂举行,日本第10方面军司令兼台湾总督安藤利吉在投降书上签字。台湾光复是抗战胜利的重要成果,是包括台湾同胞在内的全体中华儿女前赴后继、浴血奋战铸就的伟大胜利。

图14-4 1945年10月25日,侵华日军投降代表安藤利吉在仪式上将投降书呈送给中国战区台湾省受降主官陈仪将军(右)

日本投降后，中国未能顺势解决香港问题。日本宣布无条件投降的次日，中国外交部次长吴国桢即电告英国，就香港受降问题进行洽谈。香港当时属于日军华南派遣军第23集团军管辖，理应由中国接受日军在香港的投降并接收香港，蒋介石亦已指派张发奎为广州、海南、香港地区受降官。然而当日，杜鲁门电告英国，表示将安排英国接受日军在香港的投降仪式。由于国民党惧怕与英国冲突，为避免盟国产生"误解"，中国同意让英国海军少将夏悫（Cecil Harcourt）同时代表英国、中国接受日本在香港的投降。夏悫抵港后组成军人政府，从日本手中全面接收香港行政管理权。9月16日，香港总督府举行受降仪式，夏悫接受日本驻港陆军司令冈田梅吉和华南舰队指挥官藤田类太郎的签字投降。中国、美国和加拿大的军事代表出席了受降仪式。1946年5月1日，被日军囚禁的前港督杨慕琦返港重任总督，恢复了英国对香港的殖民统治。

日本骤然宣告无条件投降，朝鲜半岛形成南北分治局面。在1945年7月的波茨坦会议上，美、英、苏三国军事首脑曾同意，在苏联参加对日作战以后，应当在朝鲜半岛就美苏两国的空军和海军的作战范围划一条界线。然而，日本的突然溃败在朝鲜半岛造成权力真空。苏联出兵东北后，金日成随即命令战斗在中国东北和朝鲜的抗日武装转入全面反攻，配合苏军一举解放了朝鲜北部。为了不使苏联独占朝鲜半岛，美国于1945年9月8日在仁川登陆。经美苏两国的协议，美苏军队以"三八线"为界，分别接受日军投降。"三八线"的划定，造成战后南北朝鲜的分裂和对峙。

由于预见到日本法西斯即将败亡，1945年8月13日，印度支那共产党发布了总起义的命令，决定在盟军开进越南之前，从日本法西斯及其傀儡政府手中夺取政权。8月16日，越南民族委员会成立，胡志明被推举为主席。在八月起义的浪潮冲击下，傀儡政府倒台。9月2日，河内巴亭广场举行有50万人参加的群众大会，胡志明在会上宣告，越南民主共和国成立。当时，盟国达成协议，北纬16度以南的日军向英国投降；北纬16度以北的日军向中国投降。1945年9月28日，中国第1方面军司令官卢汉在河内的日本总督府接受日军投降，这是近代以来中国唯一一次在境外举行的受降仪式。然而同月，法国殖民者在英国支持下重返越南南部，为之后越南南北的分裂埋下了伏笔。

1945年初以来，尽管日本军政当局叫嚣"本土决战"，但这并不能挽救日本法西斯走向失败的命运。日本的无条件投降标志着中国抗战取得了最后的胜利，然而战争机器顿然停摆，也留下了诸多历史问题。

第三节
罪行审判与战后改造

二战结束后，盟国依据战时达成的战后处置文件，对战败国实施军事占领，进行战争罪行审判，清算德日法西斯的侵略罪责，彻底进行民主化改造，试图从政治、社会和经济层面根除德日法西斯的影响，确保两国战后走和平发展道路，为两国融入战后国际秩序创造条件。

一　盟国对战败国的军事占领

盟国战时便开始规划对德占领政策。1943年10月30日，美、英、苏三国外交部长在莫斯科会议上达成共识，决定成立欧洲咨询委员会，专门负责研究和制定欧洲敌国投降后的占领政策，并向三国政府提出政策建议。11月28日，在德黑兰会议中，美、英、苏三国首脑正式批准该委员会的设立，为占领德国工作规定了制度框架。随着战争的推进，盟国对占领德国的安排逐步明晰。欧洲咨询委员会决定，由美、英、苏三国军事指挥官组成盟国对德管制委员会，负责对德一般政策的制定与执行，而各占领区的具体事务则由各自的军事指挥官独立管理。1945年2月的《雅尔塔协定》将法国纳入占领国行列，并设立了法国占领区。法国遂成为盟国对德管制委员会的第四个成员国。1945年5月德国无条件投降后，盟国迅速接管德国，并正式确立对德军事占领的法律框架。6月5日，美、英、苏、法四国共同签署《柏林宣言》，各国总司令在各自占领区内，遵照本国政府训示行使最高权力。

1945年8月2日，美、英、苏在《波茨坦会议议定书》中再次确认以上占领原则。据此，盟国进一步明确了各自占领范围，确定了各占领区的具体行政机构及军事指挥体系。美国主要占领不来梅、符腾堡—巴登、巴伐利亚、黑森等地，由艾森豪威尔担任司令。英国主要占领汉堡、下萨克森、北莱茵—威斯特法伦、石勒苏益格—荷尔斯泰因等地，由蒙哥马利担任司令。法国主要占领符腾堡—霍亨索伦、莱茵兰—普法尔茨、南巴登、萨尔等地，由塔西尼担任司令。苏联主要占领东柏林、勃兰登堡、梅克伦堡、萨克森、图林根等地，由朱可夫担任司令。美、英、法、苏分区占领柏林。

　　然而，随着冷战的爆发，盟国对德管制委员会逐步丧失协调机能，无法对德国一般事务实行统一管理。美、英、苏、法在各自占领区采取了不同的政策，特别是美苏在德国占领区的举措大相径庭，导致双方矛盾日益激化，这直接影响了美国对日占领政策的制定与实施。

　　二战后期，盟国计划依循对德原则，由美、苏、英、中对日本本土实施分区占领。然而，日本投降前夕，美国改变了看法，逐步确定了单独占领日本的政策。1945年8月29日，美国国务院、陆军部、海军部三部协调委员会（以下简称"三部协调委员会"）起草了"关于日本投降后初期美国对日政策"，其中明确规定：应尽一切努力通过协商建立适当的咨询机构（即远东委员会），以制定令主要盟国满意的对日占领与管控政策，若盟国之间存在分歧，最终应以美国的政策为准。8月30日，太平洋战区盟军最高司令麦克阿瑟在东京被任命为驻日盟军总司令，组建驻日盟军司令部，主导日本占领事务。在驻日盟军的构成上，美军居于绝对主导地位，英联邦占领军仅作为辅助力量参与。尽管在1945年12月27日，以中、美、苏、英为首的盟国组建了远东委员会，职责为"制定日本履行投降条约的政策、原则和标准"，但同时又规定，美国政府应根据委员会的政策决定拟定指示，并通过美国政府机构下达至最高司令官。这表明，远东委员会仅在名义上是驻日盟军最高决策机构，实际占领决策权在麦克阿瑟手中。

图 14-5　盟国分区占领德国

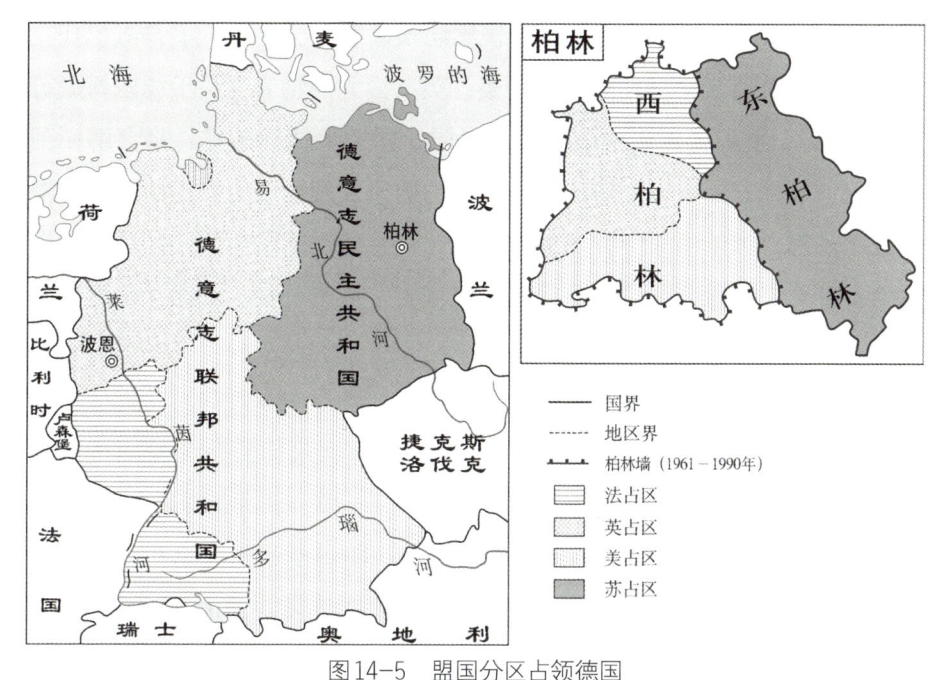

盟国对德日占领机制的确立，不仅为两国战后秩序的重建提供了制度保障，也为后续战争罪行的审判和民主化改造设定了前提条件。

二　纽伦堡审判与东京审判

二战激战正酣时，反法西斯国家就密切关注并谴责法西斯国家的战争罪行。1941年6月12日，英国与比利时、捷克斯洛伐克、卢森堡等国流亡政府共同发布《圣詹姆斯宫宣言》，宣告合作反抗德国和意大利的暴力统治，直至取得胜利。太平洋战争爆发后，1942年1月13日，英国同捷克斯洛伐克、波兰等国流亡政府以及中、美、苏三国代表签署《惩治德人暴行宣言》，将惩罚（战争犯罪）作为签字国的主要战争目标，战后通过有组织的司法渠道，对那些有罪责的人进行惩罚。

随着二战进入反攻阶段，盟国开始清算法西斯战争罪行。为搜集德国法西斯犯罪证据，1943年10月20日，美、英、中等国合作成立联合国家战争罪行委员会。为搜集日本法西斯犯罪证据，盟国还在重庆成立战争罪行委员会远东及太平洋分会，由中国国防最高委员会秘书长王宠惠担任主席。1943年莫斯科会议期间，苏、美、英三国共同签署《关于德国暴虐行为的宣言》，重申谴责法西斯暴行，对限于特别地域的战犯，将会解回到他们犯下罪行的国家，以便这些被解放的国家及其建立的自由政府对其进行法律审判；对于不限于特别地域的元凶，将依盟国政府的共同决定加以惩处。可见，盟国此时较《圣詹姆斯宫宣言》更进一步，阐述了组建审判法庭的构想。

德国无条件投降后，盟国为落实前述各项宣言中有关共同惩处法西斯元凶的规定，于1945年8月在伦敦召开会议，商议如何追究德国法西斯主要战犯的个人刑事责任。8月8日，苏、美、英、法正式发布《伦敦协定》，其附件《欧洲国际军事法庭宪章》共7章30条。该宪章对法庭的组织、管辖权、起诉、公正审判、法庭权力及审判规则、惩治和经费作了详细界定。其中第6条确定使用"反和平罪"对罪大恶极的祸首进行惩治；"反人类罪"和"战争罪"则用于惩治一般战犯。《欧洲国际军事法庭宪章》不仅进一步规定了"发动侵略战争为非法"的原则，同时还将"个人刑事责任原则"纳入追究发动侵略战争罪行的范畴，既加深了"发动侵略战争是非法"的法律意涵，也明确了具体实施惩治的法律依据。

据此，盟国迅速发起对纳粹德国主要战犯的起诉，分工完成"纽伦堡审判"起诉书的起草工作。其中，英国负责德国发动侵略战争的部分；美国负责调查纳粹组织的整体阴谋及其犯罪行为；法国和苏联负责调查纳粹的反人类罪和战争罪。8月29日，盟国代表团确定了被起诉的24人名单，其中希特勒的私人秘书马丁·鲍曼和"希特勒自由军团"领导人罗伯特·莱伊在审判前就已死亡；克虏伯重工的古斯塔夫·克虏伯因病重无法出庭受审，被免于起诉。最终有21名德国战犯被起诉。

1945年11月20日，欧洲国际军事法庭开庭，即纽伦堡审判。经过苏、美、英、法四国指控环节和被告律师辩护环节，审判在1946年10月1日结束。盟国最终判处纳粹德国二号人物戈林、外交部长里宾特洛甫、纳粹党卫军头目卡尔滕布伦纳等12人死刑，纳粹党副党首鲁道夫·赫斯、纳粹德国新闻及宣传部门负责人瓦尔特·冯克、纳粹德国海军总司令埃里希·雷德尔3人终身监禁；纳粹德国外交部长康斯坦丁·冯·诺伊拉特和纳粹海军潜艇舰队司令卡尔·邓尼茨等4人有期徒刑；并宣布将"纳粹党""盖世太保""党卫军"等判决为犯罪组织，清算了德国法西斯主要战犯的战争罪行。

纽伦堡审判结束后，盟国对德管制委员会于1945年12月20日颁布法令，其中第10条授权占领当局在其占领区内审判嫌疑战犯。根据以上条令，美国占领当局在主要战犯首轮审判结束后，在纽伦堡进行了医生审判（在战犯和集中营囚犯身上做实验的纳粹医生）、纳粹德国空军元帅艾尔哈德·米尔希审判、克虏伯集团审判、法本公司审判等12次要战犯审判。1949年4月，美国占领当局共受理3887起案件，审理489件案件，在涉及的1672名被告中，1416人被判有罪，近200人被处决，另有279名被告被判终身监禁。① 盟国通过纽伦堡审判，基本清算了德国法西斯的战争罪行，并给惩治日本法西斯的战争罪行提供了重要借鉴。

日本投降后，盟国合作惩治其战争罪行提上议事日程。然而，美国利用单独占领日本之便，主导了对日战争罪行的惩治工作，其主导部门是三部协调委员会。1945年9月14日，美国三部协调委员会发布《关于逮捕、审判和惩处日本战犯的决议》，又称三部协调委员会第57/3号文件。该文件遵循美国参谋长联席会议第1023/10号文件确定的原则，按照纽伦堡审判模式组织东京审判，且规定了盟军最高统帅的特别权力。1946年3月4日，美国在三部协调委员会第57/3号文件基础上向远东委员会提交了《战犯嫌疑人的鉴别、逮捕和审判指令》以及《远东战犯的逮捕和处罚政策》两份文件。1946年4月3日，两份文件合并为《远东委员会关于逮捕、审判和惩处战犯的决议》（又称远东委员会第007/3号文件），并获得通过。这一程序意在通过远东委员会将美国政策上升为各国公认的国际政策。但是，该文件免除将日本天皇作为战犯起诉，这完全反映了美国意志，体现了美国在东

---

① Anne Nelson, *Red Orchestra: The Story of the Berlin Underground and the Circle of Friends Who Resisted Hitler*, New York: Random House, 2009, pp.305–306.

图14-6 纽伦堡审判被告席

京审判中的主导地位。

1945年12月8日,麦克阿瑟宣布,在驻日盟军总司令部之下成立国际检察局(International Prosecution Section),任命约瑟夫·贝瑞·季南(Joseph Berry Keenan)为局长,负责东京审判的具体起诉工作。国际检察局另一项任务是在《欧洲国际军事法庭宪章》的基础上制定《远东国际军事法庭宪章》。国际检察局修改后的《远东国际军事法庭宪章》包括法庭机制、司法管辖权及一般规定、对被告的公正审判、法庭之权力及审讯运作、判决与刑罚5章,共17条。

1946年4月29日,国际检察局确定28人甲级战犯名单,并提交麦克阿瑟。5月3日,远东国际军事法庭在东京组建,审判正式开始。1948年11月4日,法庭宣判:东条英机、板垣征四郎、土肥原贤二、松井石根、广田弘毅、武藤章、木村兵太郎等7人绞刑;荒木贞夫、桥本欣五郎、畑俊六等16人终身监禁；重光葵和东乡茂德有期徒刑；另有2人在审判过程中死亡，1人因"精神错乱"免除被追诉。然而，东京审判存在一些局限，如没有起诉日本天皇及皇室成员，没有将反人类罪作为单独的起诉原因，没有追究日本开展细菌战及化学战的责任等，造成了较多的历史遗留问题。

图14-7　1946年5月3日，远东国际军事法庭开始对第二次世界大战中的日本首要战犯进行审判。图为血债累累的日本战犯被押上法庭受审

在反法西斯国家对日本甲级战犯惩治的同时，为了落实《开罗宣言》和《波茨坦公告》中有关惩治日本战争罪行的条款，中国、美国、英国、澳大利亚、荷兰、法国等国分别在本国组建军事法庭，对日本乙、丙级战犯进行惩治。比如，中国实施了对日本战犯的南京审判、徐州审判等；苏联在伯力对日本细菌战部队作了审判；美国在横滨、马尼拉、关岛等地建立了一系列法庭，审判日本战犯；英国在新加坡、仰光等地对日本战犯进行了审判。必须指出的是，1956年4月，中华人民共和国组建了最高人民法院特别军事法庭，6月至7月分别在沈阳和太原对45名日本战犯进行审判。

与此同时，中国最高人民检察院先后3次对在押的1017名罪行较轻、悔罪态度较好的日本战犯宣布宽大处理，不予起诉，立即释放回国。在沈阳、太原两法庭宣判之时，所有被审判的日本战犯当庭认罪，回国后还自发建立了"中国归还者联络会"，致力于反对侵略战争，倡导中日友好。

由此可见，在东京审判中，美国不仅主导制定了远东国际军事法庭条例，掌控了核心权力，还主导了对日本主要战犯的起诉、减刑、释放等工作。但随着美苏冷战的开启，美国转变了对日政策，导致了一系列历史遗留问题。

前事不忘，后事之师，忘记历史就意味着背叛，否认罪责就意味着重犯。纽伦堡国际军事法庭和远东国际军事法庭裁决认定，纳粹德国和日本军国主义分子犯下的战争罪行规模之大在战争史上前所未有，其残酷和恐怖程度难以想象。在二战期间针对平民的屠戮虐待残忍至极。基于大量证据，法庭认定，上述罪行是驱逐和杀害平民、对被占领地区实施殖民统治计划的一部分。这两场审判不仅是对战争受害者的慰藉，更是维护世界和平与国际正义的重要行动。国际社会借此向全世界宣告了正义必将战胜邪恶的坚定信念，确保对历史的记忆永不褪色，防止悲剧再次发生。

三　盟国对战败国的内部改造

从根除战争罪行根源着手，盟国在处置过程中不仅清算战争发动者与实施者的罪行，还注重对德日进行非军事化与民主化改造，力求彻底消除它们再次发动侵略战争所需的政治、经济、军事与社会因素。

美、英、苏三国在《波茨坦会议议定书》中规定，准备在民主基础上重建德国政治生活。盟国对德管制委员会成立后，对德国进行了民主化改造，具体表现为：去纳粹化、政治民主化、非军事化和非集中化。美、英、法、苏在各自占领区依照以上原则实施改造。

首先是去纳粹化。在美英占领区，去纳粹化的第一步是要求德国人填写一份详尽的问卷，以评估他们在纳粹统治时期的活动及成员身份。调查结果将受审者划分为重犯、罪犯、轻犯、追随者和免罪者五类。然而，这

第十四章 世界反法西斯战争取得伟大胜利

一审查机制效率低下，难以执行。1946年1月，英国率先将去纳粹化的权力移交至德国地方政府。同年3月，美国允许德国人自行推动去纳粹化进程。各占领区专门设立去纳粹化部长，并成立法庭审理前纳粹成员。到1947年初，盟军拘禁约9万名纳粹分子，另有190万人被禁止从事除体力劳动外的任何工作。然而，随着冷战的加剧，美国的战略重心转向对抗苏联，去纳粹化政策逐渐放松。苏联则视该政策为向社会主义转型的关键步骤，因此迅速实施去纳粹化。

其次是政治民主化。在美、英、法占领区，政治民主化改革主要体现在议会民主制度的建立。美、英、法在各自占领区逐步推进地区和州一级选举，奠定了联邦制基础。苏联占领区民主化进程遵循了不同的政治模式，苏占区逐步确立了以社会主义民主为特色的政治模式，并在1949年德意志民主共和国（民主德国）成立后形成人民民主制度。

再次是非军事化。四国对此并无太大差异，主要包括两个方面：一是全面解除德国剩余军队的武装；二是彻底摧毁德国防御工事及军火工业，以确保其不再构成军事威胁。

最后是非集中化。主要包括政治和经济权力两方面的内容。第一，将政治职责与权限下放到地方各级政府。美、英、法占领区以美国治理模式为蓝本，推动德国恢复联邦制，各州重新获得自治权，并通过州议会选举产生地方政府。而苏占区实行高度集中的行政管理模式。这一模式最终在1949年德意志民主共和国成立后正式确立，以确保国家对地方事务的统一管理。第二，针对德国经济权力过分集中的情况，在重工业、化学工业和金融领域实行非卡特尔化改造，消灭卡特尔、康采恩等垄断协定，分散德国的经济力量，瓦解德国发动战争的经济基础，并消除垄断对自由竞争和国际贸易的威胁。同时，通过拆解德国工厂设备等方式赔偿盟国在二战中的损失。

日本主要是在美国占领下实施民主化改造。1945年10月11日，驻日盟军司令部发布了"民主化五大改革指令"，内容包括：第一，宪法自由主义化以及妇女解放（赋予女性选举权）；第二，劳工运动自由化；第三，教育自由主义化；第四，撤销高压制度（废除秘密警察）；第五，经济民主化。为了实施这些改革，驻日盟军总司令部下设了参谋部及若干业务部门，负责对日本教育、经济、社会等实施民主化改造。11月1日，美国三部协调委员会颁布《日本投降后盟军最高司令官关于占领和控制的初步指令》文件规定："盟国占领日本的最终目标是最大限度地保证日本不会再次成为世界和平与安全的威胁……推动日本政府、经济和社会机构的民主化进程，鼓励和支持日本自由主义政治倾向。"[①] 日本民主化改造的重点是将天皇拉下神坛以及彻底改造日本宪法。1946年元旦，天皇裕仁发表《人间宣言》，宣告日本天皇是普通人，这在一定程度上为驻日盟军总司令部主导的民主化改造扫清了障碍。随后，驻日盟军总司令部主导了一系列改革举措：修改日本宪法，废除军国主义体制，解散日本陆军省、海军省、陆军参谋本部、海军军令部等一系列军事机构，采用自由民主的"象征天皇制"，规定主权在民、和平主义和尊重人权。此外，驻日盟军总司令部还相继实施了解散财阀、农地改革、教育改革等举措。

为了清除日本政府部门内的军国主义分子，1946年初，驻日盟军总司令部颁布《公职追放令》，严禁带有军国主义倾向的人在日本政府、企业等机构任职。在文化层面，1948年3月驻日盟军总司令部下属部门民间情报与教育局制定了《战争罪行宣传计划》，该计划规定，向日本民众阐明战败事实和日本的战争罪行，强调军国主义者应对日本民众遭受的苦难负责。同时，民间情报与教育局还需解释反法西斯国家占领日本的原因，宣传要将日本民众培养成为民主的中坚力量，让日本成为热爱和平、遵守秩序的国际大家庭成员。在思想层面，1948年6月驻日盟军总司令部命令日本参众两院废除充斥着军国主义思想精神的"军人敕谕"和"教育敕语"。驻日盟军总司令部对日本的民主化改造虽有一定的民主性质，但也存在战犯追究范围有限、财阀解散不彻底等局限性，为战后日本右翼的沉渣泛起留下了余地。

[①] 日本国立国会图书馆：Joint Chiefs of Staff, "Basic Initial Post-Surrender Directive to Supreme Commander for the Allied Powers for the Occupation and Control of Japan", November 1, 1945，https://www.ndl.go.jp/constitution/e/shiryo/01/036shoshi.html。

• 第十四章 世界反法西斯战争取得伟大胜利

　　反法西斯战争的胜利是人类历史上一次伟大的道义胜利。日本军国主义和纳粹德国的失败宣告了法西斯分子以反人类意识形态主宰世界的图谋破产，彻底粉碎了他们奴役各国人民并扼杀其民族文化、民族认同的企图。纽伦堡审判和东京审判为战犯追责提供了历史依据，其判决是当代国际法和国际秩序的基石，不可撼动也不容置疑。盟国对战败国的民主化改造，很大程度上保障了德日两国战后的良性发展。战后处置的意义不仅在于对罪行的追责，更在于警示未来，确保人类不再重蹈覆辙。反法西斯战争胜利的代价虽然高昂，但它为世界带来了对和平、自由和人权的全新认知，深化了国际合作的理念。弱肉强食不是人类共存之道，穷兵黩武不是人类和平之计。和平而不是战争，合作而不是对抗，才是人类社会进步的永恒主题。

本章图片来源

　　图14-1　[英]戴维·乔丹、安德鲁·威斯特：《地图上的第二次世界大战》（上），第189页。

　　图14-2　新华通讯社。

　　图14-3　美国国家档案馆。

　　图14-4　新华通讯社。

　　图14-5　吴友法、黄正柏、邓红英等：《德国通史　第6卷　重新崛起时代（1945—2010）》，江苏人民出版社2019年版，第559页。

　　图14-6　United States Holocaust Memorial Museum, Courtesy of National Archives and Records Administration, College Park。

　　图14-7　新华通讯社。

第六编

人类命运迎来转折
——第二次世界大战的结束及其影响

作为人类历史上规模最大、影响最深远的战争，第二次世界大战深刻改变了世界格局和人类历史进程。这场战争最终以世界反法西斯同盟的完全胜利告终。以四大国为首的反法西斯同盟在集中力量消灭轴心国集团的同时，逐步建立起一套旨在维护战后和平、促进人类发展、推动社会进步的国际体制，构筑了以联合国为核心的战后政治秩序及以布雷顿森林体系为代表的战后经济秩序。人类历史由此迎来新的篇章。

中国人民抗日战争的胜利，是近代以来中国抗击外敌入侵的第一次完全胜利，开辟了中华民族伟大复兴的光明前景。这一胜利，让中国一雪近代以来的百年耻辱，重新确立了中国在世界上的大国地位，赢得了在战后政治经济秩序建构上的话语权。中国始终高举反对帝国主义和殖民主义的大旗，为推动广大殖民地和半殖民地国家的独立、维护它们的主权和权益、彰显公平正义原则而积极鼓与呼，并尽己所能援助殖民地和半殖民地的民族解放运动。

雅尔塔体系深刻影响了战后国际关系发展。尽管该体系带有大国强权政治的烙印，但从世界范围内看，其维持战后世界和平的主要目标基本得以实现。随着冷战结束和世界多极格局的形成，和平发展成为时代主题，反对侵略战争、尊重国家主权和人权成为普遍共识。这凸显出，反法西斯战争对全人类的精神洗礼构成了战后世界进步的思想基石，为构建人类命运共同体打下基础。

第十五章

战后全球秩序的重塑

第二次世界大战彻底改变了世界政治经济格局。在战争的废墟上，人类开始重新思考和平与发展的命题，试图构建一个更加公正合理的国际秩序。1945年联合国的成立，标志着人类在集体安全机制建设上迈出了重要一步。这个以维护国际和平与安全为宗旨的国际组织，为各国提供了对话与合作的平台。以国际货币基金组织、国际复兴开发银行和关税与贸易总协定（关贸总协定）为核心的国际经济体系，为战后经济重建提供了保障，促进了国际贸易和投资的复苏，为世界经济注入了新的活力。亚非反殖民运动风起云涌，极大地改变了世界政治版图。社会主义阵营的形成，为世界和平增添了新的力量。雅尔塔体系奠定了战后世界秩序的基础，虽然带有大国博弈的色彩，但也在一定程度上维持了战后世界的相对稳定。

第一节
构筑世界政治秩序

第二次世界大战对国际格局的演变产生了深刻影响。反法西斯同盟赢得战争胜利的最重要因素在于有效融合并利用了所有反法西斯盟国的资源。其中，大国之间的密切合作是反法西斯同盟克敌制胜的关键。有鉴于此，通过建立新的国际组织，将盟国战时合作延续至战后，维护世界和平与安全，不仅是反法西斯同盟的共识，也是建立战后国际秩序的首要任务。

一 战后世界政治秩序的奠基

1941年8月发布的《大西洋宪章》，不只是英美两国的合作宣言，其关于民族自决、经济合作、普遍安全以及和平解决争端的内容，为战后国际秩序的重建奠定了基础。在1943年10月举行的莫斯科会议上，美国起草了《普遍安全宣言》文件，将其作为各大国开展战后合作的政治基础。中国同美、英、苏一起作为《四强宣言》发起国，公开向世界声明，四国将把战争进行到底，并在今后继续合作，建立一个普遍性的国际组织，以维持国际和平与安全。开罗会议进一步强化了《大西洋宪章》中关于战后国际秩序的理念，德黑兰会议则就建立战后维护和平的国际组织达成了一致意见。罗斯福和斯大林讨论战后国际机制时，主张建立一个保障战后持久和平、制止侵略的国际组织。德黑兰会议明确发出了美苏合作的声音，提出了盟国规划战后秩序应遵循的主要原则。随着英国的衰落，美苏主导战后世界已是势所必然。

1944年夏秋之际，盟国关于联合国构想的讨论进入实质阶段，四大国代表在美国首都华盛顿近郊敦巴顿橡树园召开筹备会议，通称敦巴顿橡树园会议。会议分为两个阶段：第一阶段从1944年8月21日至9月28日，由美、英、苏三国参加；第二阶段从1944年9月29日至10月7日，由美、英、中三国参加。在第一阶段，会议主要达成了四项原则协议：新的国际组织应该包括大会、安全理事会、秘书处、国际法院四个基本部分；安理会是战后维护世界和平与安全的主要机构，大国在安理会将享有永久的代表权；大会的重要决议必须获得三分之二以上会员国同意才能通过，其他决议应以简单多数来决定；成立一个专门负责经济和社会事务的经济及社会理事会。第一阶段会议决定将新建立的国际组织命名为联合国，提出了《关于建立普遍性的国际组织的建议案》，擘画了联合国的蓝图。在第二阶段，中国代表团提出了三点重要建议：第一，国际组织在和平解决争议时应考虑正义原则和国际法；第二，应促进国际法的编纂和发展；第三，经济及社会理事会的活动应扩大到教育和其他文化合作。这三点建议先后获得了美、英、苏的认可。

1945年2月，美、苏、英三国首脑召开雅尔塔会议，解决了敦巴顿橡树园会议悬而未决的关键问题，如安理会表决程序、创始会员国资格等。关于安理会表决程序，美国国务卿斯退丁纽斯提出一个妥协方案：（一）安理会所有理事国均享有一个投票权；（二）安理会关于程序事项的决议，应以七理事国的可决票通过；（三）安理会关于其他一切事项的决议，应以七理事国的可决票，包括全部常任理事国同意票通过。另外规定了大国不能使用否决权的系列情况。该方案不仅符合大国对维护和平负有重要责任的精神，同时使会员国有权阐释本国立场，符合各国对联合国的期望。安理会表决程序，即"雅尔塔公式"，最大限度地确保了大国在战后国际事务中的合作，也凸显了大国对维护世界和平与安全的重大责任。

在创始会员国资格方面，雅尔塔会议继续讨论敦巴顿橡树园会议上提出的"协同国家"问题和苏联"加盟共和国"问题。会议期间，苏联提出将乌克兰、白俄罗斯和立陶宛这三个加盟共和国列入创始会员国名单，美国希望给予包含六个拉美国家在内的"协同国家"创始会员国地位，英国提出加拿大、澳大利亚、新西兰、南非等英联邦自治领应成为联合国创始会员国。三国首脑决定将创始会员国资格问题交由外长会议讨论决定。最终，三国外长会议通过决议，建议联合国制宪会议于1945年4月25日在美国召开，届时美、英两国将支持乌克兰和白俄罗斯两个苏联加盟共和国获得联合国创始会员国资格。关于"协同国家"问题，丘吉尔提出的妥协方案最终被通过，决定凡是在1945年3月1日前对"共同敌人"宣战，并在该日期前签署《联合国家宣言》的国家，都应被邀请参加联合国制宪会议。在丘吉尔的争取下，罗斯福最终同意给予法国大国地位，法国参加对德占领和管制。至此，联合国安理会五大常任理事国最终确定。

1945年4月25日，联合国制宪会议在旧金山召开。中国共产党代表董必武作为中国代表团成员参加了会议。会议最终形成的《联合国宪章》规避了国际联盟在结构和机制方面的缺憾。会议对安理会的权力进行了界定：一方面，对安理会的权威作出了一定的限制，例如限制否决权、赋予区域性组织一定权力及尊重国家主权等。另一方面，安理会获得授权使用武力解决争端，处理军事危机的能力得到加强。安理会中只有五大常任理事国拥有否决权，从而增强了相关决议的机动性和灵活性。会议赋予联合国大会更为广泛的权力，包括对国际事务发表评论、讨论及提出建议等，使之

图15-1　1945年6月26日，中国代表团成员、中国共产党人董必武在《联合国宪章》上签字

成为真正的"世界公民大会";建立经济及社会理事会,作为联合国主要机构负责处理调查、咨询以及讨论全球问题;建立联合国托管制度,明确国际托管地的目标是实现"自治或独立"。由此,联合国实现了在国际联盟基础上的发展和完善。1945年6月26日,各国代表签署了《联合国宪章》。10月24日,《联合国宪章》正式生效,这一天后来被定为"联合国日"。

联合国的成立是人类历史发展的重要里程碑。相较于一战后的国际联盟,联合国在成员国的广泛性、安理会的权威性、决策程序的灵活性、托管制度的创设性、大国参与的积极性等方面取得突破和创新,对战后国际秩序的建立和维护发挥了重要作用。在维护战后世界和平与安全方面,联合国为实现其核心宗旨制定了严密而周详的规则,并在实践中不断补充和完善。在促进经济和社会发展方面,联合国系统推动人类社会的可持续发展,促进交流和创新。在推动民族独立方面,联合国成立托管理事会,有力地推动了民族解放运动的发展,促进了殖民体系的瓦解。在尊重人权方面,联合国首次将保障人权纳入国际组织的职能范围内。

二　世界和平力量的壮大

第二次世界大战从根本上动摇了殖民统治的基础,加速了殖民体系的瓦解。共产党、工人党和劳动党在二战期间的组织、宣传和引领作用,不仅为反法西斯战争的胜利作出了重要贡献,也为战后社会主义阵营的建立及世界和平与民主力量的成长奠定了坚实基础。这一历史进程深刻改变了世界格局,壮大了世界和平力量,推动了人类社会的进步与发展。

二战沉重打击了英国、法国、荷兰等老牌殖民大国,严重削弱了它们的实力。英国在战争中消耗了大量资源,负债累累,战后不得不依赖美国的援助来维持经济运转。法国在战争初期被德国占领,战后虽然恢复了主权,但其国际地位和经济实力已大不如前。荷兰在战争期间被德国占领,其东南亚殖民地也被日本占领。殖民国家在战争中的衰落直接削弱了它们对殖民地的控制能力。战争结束后,它们既缺乏足够的军事力量来镇压殖民地独立运动,也无法提供足够的经济资源来维持殖民统治。

殖民地的民族解放运动不仅是殖民地人民自身斗争的成果，也是二战所引发的全球变革的重要组成部分。《联合国宪章》中关于非自治领土托管的规定，在思想观念和法律上宣示了殖民制度的非法性和不合理性，为殖民地独立提供了道义支持。

二战推动了全球反殖民运动的高涨。殖民地人民有机会接触外部世界，增强了民族意识和独立愿望。许多殖民地精英在战争中接受了现代教育，了解了自由、平等和独立的思想。例如，印度国大党领袖尼赫鲁、越南独立运动领导人胡志明等都在战争期间积极推动民族独立运动。印度、东南亚、非洲等地的民族主义力量在战争期间迅速壮大。殖民地为宗主国提供了大量资源与人力。例如，印度为英国提供了200多万名士兵，非洲殖民地也为盟军提供了大量物资和劳动力。然而，殖民地人民在战争中的贡献并未换来宗主国的平等对待，这加深了他们对殖民统治的不满。殖民地人民意识到，他们有权决定自己的政治命运，而不是继续接受外来统治。

在抵抗法西斯侵略的斗争中，共产党、工人党和劳动党等左翼力量始终站在斗争的最前线。在欧洲，苏联共产党领导的苏联红军是抗击纳粹德国的主要力量。苏联不仅在斯大林格勒战役、库尔斯克战役等关键战役中扭转了二战局势，还通过大规模军事行动解放了东欧国家，为这些国家战后走上社会主义道路创造了条件。与此同时，欧洲各国的共产党也积极组织地下抵抗运动。法国共产党是该国抵抗运动的组织者与领导者，广泛组织义勇军和游击队；意大利共产党领导的游击队在北意大利开展了卓有成效的武装斗争；南斯拉夫共产党在铁托的领导下，通过人民解放战争成功驱逐了法西斯占领军，建立了社会主义政权。在亚洲，通过建立广泛的抗日民族统一战线，中国共产党成功动员了全国各阶层人民，开展了游击战、地道战等多种形式的斗争，有效消耗了日军的战斗力。在中国共产党的支持下，朝鲜和越南的共产党也在抗日斗争中发挥了重要作用，为战后两国的独立和社会主义政权的建立奠定了基础。

共产党、工人党和劳动党等左翼力量不仅通过武装斗争抵抗法西斯侵略，还通过广泛的宣传动员和社会改革赢得了民众的支持。在战争期间，这些政党深入基层，宣传反法西斯思想，揭露法西斯的残暴行径，激发了民众的爱国热情和斗争意志。同时，他们还通过土地改革、改善劳动条件、提高社会福利等措施，赢得了广大农民和工人的支持。中国共产党在抗日根据地实施的减租减息政策，极大地改善了农民的生活条件，巩固了抗日根据地；南斯拉夫共产党在解放区推行的土地改革，赢得了农民的支持，为游击战争提供了坚实的群众基础。

在战争后期和战后初期，共产党、工人党和劳动党等左翼力量在不少地区成功建立了人民民主政权。这些政权以社会主义为发展方向，通过土地改革、工业国有化、教育普及等措施，迅速恢复了国民经济，改善了人民生活。在东欧，苏联红军解放的国家相继建立了人民民主政权，并逐步走上了社会主义道路。在亚洲，在抗战胜利的基础上，中国共产党通过解放战争成立了中华人民共和国，朝鲜和越南也建立了社会主义国家政权。以苏联为首的社会主义国家形成了一个强大的社会主义阵营。这一阵营不仅改变了亚欧大陆的政治格局，也对世界历史产生了深远影响。社会主义国家的建立，打破了资本主义国家对世界事务的垄断，为发展中国家提供了新的发展模式。同时，社会主义阵营的壮大也推动了世界和平与民主力量的成长，大大加强了制约战争的力量。

在这一历史进程中，中国是战后世界和平的重要建设者和维护者。中华人民共和国成立后，中国坚持独立自主的和平外交政策，积极参与国际事务，推动世界和平与发展。中国提出的和平共处五项原则，成为国际关系的重要准则。中国通过支持殖民地半殖民地国家的民族解放运动，推动了世界反殖民化进程。改革开放以来，中国通过积极参与联合国维和行动、推动全球治理体系改革，为维护世界和平与稳定作出了重要贡献。

三 雅尔塔体系

1945年建立的雅尔塔体系本质上是大国合作的产物，集中体现了罗斯福关于大国主导战后世界格局、维护和平安全的构想。这一体系的核心是通过美、英、苏三大国的协调与合作，确保战后世界的稳定与和平。

雅尔塔体系为反法西斯盟国对德日等法西斯国家的处置提供了框架。在战后，盟国通过纽伦堡审判和东京审判，对法西斯战犯进行了严厉惩处，清算了一系列战争罪行。这些审判不仅是对法西斯暴行的正义清算，也为国际法的发展奠定了基础，确立了个人对战争罪行的责任原则。同时，盟国对德国和日本实施了民主化改造，包括政治体制的重建、经济的恢复以及社会文化的重塑。这些措施有效防止了法西斯势力的死灰复燃，为战后世界的和平与稳定提供了重要保障。

雅尔塔体系使苏联的国际地位空前提高。作为反法西斯战争的主要战胜国之一，苏联以大国身份参与了关于战后安排的一系列国际会议，包括雅尔塔会议、波茨坦会议等。苏联在东欧的影响力得到了国际社会的认可，这为战后大批社会主义国家的出现创造了重要条件。东欧国家在苏联的支持下，相继建立了人民民主政权，并逐步走上了社会主义道路。这一进程不仅改变了欧洲的政治格局，也推动了全球范围内社会主义运动的发展。

雅尔塔体系的一大贡献是建立了以联合国为核心的国际政治秩序。联合国作为战后最重要的国际组织，旨在维护世界和平与安全，促进国际合作与发展。雅尔塔会议上，美、英、苏三国就联合国的成立达成了共识，并为其奠定了基本框架。联合国第一次把不同社会制度国家之间的和平共处原则正式纳入了国际关系体系，从而避免了冷战时期美苏两个超级大国之间的正面冲突，在整体上维持了世界的和平状态。联合国把维护和平与解决经济社会发展问题紧密联系在一起，建立了推动全球经济和社会发展的各种机制。雅尔塔体系和布雷顿森林体系共同促进了全球经济的复苏与发展。长期以来，联合国等国际机构做了大量工作，为维护世界总体和平、持续发展的态势作出了有目共睹的贡献。

不可否认的是，雅尔塔体系仍带有浓厚的大国强权政治色彩，尤其是严重侵犯了中国主权和利益。美、英、苏达成的《雅尔塔协定》，就是美英以牺牲中国的主权和领土为代价，换取苏联同意参加对日本作战，是对反法西斯同盟根本宗旨和国际关系基本准则的严重背离。

雅尔塔体系虽然以大国合作为主基调，但并未消弭美、英、苏之间的矛盾，尤其是美英基于不同的意识形态和社会制度仍然对苏联保持警惕和深层的敌意。尽管在二战期间，美、英、苏三国为了共同对抗法西斯势力而结成同盟，但随着战争的结束，这种脆弱的合作关系迅速瓦解。美国和英国作为资本主义阵营的代表，对苏联的社会主义制度及其在战后东欧的影响力深感不安，而苏联则对西方国家的"包围"和"遏制"政策心存戒备。这种意识形态和社会制度的根本对立，使得双方在战后世界秩序的安排上难以达成真正的共识。

雅尔塔会议上，虽然三国就联合国的成立、德国的处置，以及东欧国家的政治安排等问题达成了表面上的协议，但这些协议并未真正解决彼此之间的深层次矛盾。例如，在波兰问题上，苏联坚持在其周边建立"友好政府"，而美英则试图在东欧推行由其主导的选举，双方的分歧逐渐公开化。此外，美国在战后推行的"马歇尔计划"旨在通过经济援助重建欧洲，但其背后也隐含着遏制苏联扩张的战略意图。苏联则通过成立"共产党和工人党情报局"以及经济互助委员会来加强社会主义阵营的团结，以对抗西方的经济和政治压力。随着矛盾的不断升级，美苏逐渐跌入对抗的深渊，冷战的序幕就此拉开。冷战的爆发不仅导致了战后世界的分裂，还使人类和平事业面临重重威胁和挑战。核武器的出现和军备竞赛的升级，使得全球处于前所未有的危险之中。雅尔塔体系的遗产和冷战的教训，至今仍影响着当代国际关系格局，提醒人们警惕意识形态对立和大国竞争可能带来的严重后果。

20世纪中叶的世界格局经历了翻天覆地的变化，这些变革为人类社会的和平发展奠定了重要基础。联合国的创立为维护世界和平、促进国际合作提供了制度保障。这一多边主义机制的确立，不仅体现了各国人民对和平的渴望，更为解决国际争端、协调全球事务提供了重要平台。殖民主义体系的瓦解则是人类文明进步的重要标志，亚非国家的独立浪潮不仅改变了世界政治版图，更推动了国际关系民主化进程。社会主义阵营的壮大则为世界提供了新的发展模式选择，促进了国际力量对比的平衡，他们共同壮大了世界和平力量。雅尔塔体系的建立虽然带有大国政治的烙印，但其确立的国际秩序框架在一定程度上维持了战后数十年的相对和平。这些历史性变革相互交织、相互影响，共同构成了战后国际秩序的基础。

第二节
构筑世界经济秩序

第二次世界大战深刻改变了世界经济秩序。各国意识到，一个健康有序的世界经济秩序是避免战争重演、促进持久和平的关键。基于本国利益和国际合作的精神，英国、美国和中国等国先后提出不同的方案，最终在协商与妥协中融合，形成了以国际货币基金组织、国际复兴开发银行和关税与贸易总协定为支柱的战后经济秩序。这些机构共同构成了战后经济运行的基石，为世界经济的有序发展提供了保障，至今仍在深刻影响着世界经济的运行。

一　战后经济秩序方案

1929—1933年资本主义世界经济大危机沉重打击了旧有国际经济秩序，以美国为代表的主要资本主义国家广泛实施高关税，大打贸易战。1931年日本发动九一八事变，第二次世界大战爆发。3天后，英国放弃金本位制度，引发众多国家的追随，标志着旧国际经济秩序的崩溃。1933年6月，有60多个国家参加的世界经济会议以失败告终。这些教训迫使各国思考如何建立一个新的世界经济秩序，以制止战争，维护和平，并实现经济繁荣。

1940年7月下旬，在击败法国后，德国迫不及待地提出建立欧洲"新秩序"，整合德国和欧洲经济，加强德国在世界贸易中的地位。其本质是通过行政手段控制贸易和货币，试图让德国成为世界经济秩序的主导者。这种思路引起了英美等国的高度警惕，它们对此提出强烈批评。

为了反击德国关于"新秩序"的虚假宣传，英国财政部顾问、著名经济学家凯恩斯提出"国际清算同盟计划"，通称凯恩斯计划，希望保留英国在全球经济体系中的主导地位。经济学家詹姆斯·米德（James Meade）提出

"国际贸易同盟计划",旨在重建多边贸易并废除贸易壁垒,同时保留英帝国特惠制。显然,这是为维护英国战后贸易利益量身打造的方案。

太平洋战争爆发后,美国马上启动战后世界经济秩序的规划工作。1941年12月14日,美国财政部长小亨利·摩根索指示其助理哈里·怀特(Harry White)着手这项工作。怀特起草了名为"盟国货币与银行建议草案"的备忘录,提出建立以美国为核心的国际货币基金组织和国际复兴开发银行的早期构想。在准备筹划战后世界经济秩序的同时,美国总统罗斯福决定先行召集国际粮食会议,目的在于与盟国共同探讨军事胜利后各国面临的经济问题。1943年5月,盟国国际粮食问题会议在美国弗吉尼亚州召开,讨论战后世界的多边自由贸易体系问题。由于美国掌握了全球大部分黄金和外汇,美元的强势地位使其成为战后国际货币体系的基石。可以说,美国在设计战后经济秩序时,从一开始便着眼于建立霸权地位。

必须指出的是,中国也提出了构筑世界经济秩序方案。《联合国家宣言》发布后,中国财政部就提出关于战后国际经济合作的构想。在获悉美国怀特计划后,中国政府官员及经济学家展开密集研讨,提出对策,先后四易其稿,在1943年6月初提出正式方案,并提交美、英、苏等国。中国方案在谋求本国大国地位的同时,强调弱小国家的发展利益,注重引入外国资本,要求以美英为代表的发达国家支持弱国的经济重建与发展,是战时盟国所提唯一代表不发达国家利益的方案,符合多数国家的利益。它构成了中国参与国际经济谈判、构建战后世界经济秩序的基础。

四大国之中,只有苏联没有提出方案。虽然如此,苏联仍全程参与了布雷顿森林谈判,强调苏联在战后世界经济秩序中的大国地位与经济重建利益,得到美国等国的尊重与认可。

二 世界经济秩序的内容

二战爆发后,英国的经济实力被大幅削弱。为了彻底取代英国,夺取世界经济霸权,美国总统罗斯福避开了英国的要求,致力于在联合国家框架内达成协议,意在利用盟国打压并孤立英国。其他盟国利用这一契机,在构建世界经济秩序的过程中发挥了重要作用。经过激烈的讨论和博弈，盟国最终建立了国际货币基金组织、国际复兴开发银行和关税与贸易总协定等国际经济组织，它们共同构成了布雷顿森林体系的支柱。

盟国对于战后世界经济秩序的构筑主要围绕四个核心问题展开。这些问题不仅决定了战后经济秩序的基本框架，也深刻影响了全球经济的未来走向。

战后国际货币秩序的本位货币是多边谈判的核心议题。英国凯恩斯计划主张以国际货币为基础，建立一个超主权的国际清算同盟，以避免单一国家货币主导全球经济。然而，美国怀特计划最初虽然支持国际货币，但后来改为以美元为基础。由于美国拥有全球大部分黄金储备，美元成为国际货币体系的核心。通过设定1盎司黄金等于35美元的固定价格，并让其他国家货币与美元挂钩，形成了以美元为中心的布雷顿森林体系。

在汇率制度的选择上，经过激烈博弈，盟国最终接受了美国的固定汇率方案，但美国也做出妥协，允许各国在国际收支严重失衡时小幅调整汇率，大幅调整则需得到国际货币基金组织的同意。这一折中方案在一定程度上平衡了汇率稳定与各国经济自主权之间的矛盾。

在战后经济重建与汇率稳定的优先性问题上，为缓解盟国的经济困难，怀特最终设计了国际复兴开发银行，为战后经济复兴与发展提供资金支持。这一安排在一定程度上平衡了汇率稳定与经济重建的需求。

在贸易政策上，美国推动不歧视原则的普遍实施，要求废除以英帝国特惠制为代表的贸易集团，以促进全球自由贸易。这遭到英国的强烈抵制。以中国为代表的国家认为，盟国的经济发展将为扩展世界贸易作出贡献，弱国的经济发展权应得到保障。最终，在冷战爆发的背景下，美国允许盟国实施一定的关税保护政策，不再要求英国彻底废除帝国特惠制。这一妥协反映了战后国际经济秩序构建中的复杂博弈。

在美英经济霸权转换的背景下，许多国家积极参与国际经济谈判，在一些保护性举措上与美英等国据理力争，抵制它们的不合理要求。如美英等国方案莫不以稳定汇率、实现充分就业、扩展国际贸易为目的，符合已有成熟工业基础国家的利益，不利于弱国的经济重建与发展。根据中国等国的要求，国际经济组织设立过渡时期，为期3—5年，经济弱国可借此实施一定程度的金融管制与贸易保护措施，以推动本国经济重建与发展。这改变了美国在战争结束后立即实施自由贸易的设想，为遭受战争破坏的国家和地区恢复经济提供了重要保障。相对于美国的最初计划，战后世界经济秩序明显更为重视经济落后国家的发展。

中国在国际经济谈判中扮演了重要角色。除美英等国以外，参与国际经济谈判的国家大多是经济落后国家，强调弱国的发展利益。尽管他们在不同场合向美国发出过类似的呼吁，但发言权微弱。拥有四强之一身份的中国站在中小国家一边，大大加强了它们的力量，极大地缓解了弱国在战后初期的发展压力。中国等国对发展权利的争取，使布雷顿森林体系更具弹性，这种弹性设计避免了国际体系在建立初期便走向分裂，为战后全球经济的稳定与发展奠定了基础。

三 世界经济秩序的面貌

布雷顿森林体系是二战后全球经济秩序的核心框架，其支柱机构包括国际货币基金组织、国际复兴开发银行以及关税与贸易总协定。简而言之，国际货币基金组织的主要职责是提供短期资金支持，以帮助成员国应对国际收支失衡，维持汇率制度；国际复兴开发银行则专注于提供长期贷款，支持战后重建和经济发展；关贸总协定则专注于多边减税，废除贸易壁垒。这三大机构成为布雷顿森林体系的重要支柱，为战后初期世界秩序的稳定发展奠定了重要基础。

国际货币基金组织的主要作用是在国际货币事务中增进国际合作，建立多边支付体系，确保各国货币汇率保持稳定，利用基金组织的资源在收支平衡方面帮助成员国，便利国际贸易的扩展。1946年5月初，国际货币基金组织12名执行董事就任并召开首次会议，比利时人卡米尔·格特（Camille Gutt）当选国际货币基金组织首任总裁兼执行董事会主席，前美国财政部长弗雷德里克·文森（Frederick Vinson）当选为理事会主席。中国财政部次长顾翊群任中国驻国际货币基金组织首任执行董事。国际货币基金组织成立后，立即着手确定各国汇率，美元与黄金直接挂钩的地位在实践中得到确认，1盎司黄金兑换35美元成为国际通行规则。布雷顿森林会议就经济合作达成共识，是一个巨大进步。1947年3月1日，国际货币基金组织正式营业，总部设于美国首都华盛顿。国际货币基金组织多边汇兑功能开始发挥作用。从货币开放兑换起的18个月内，基金组织共向11个国家出售美元、英镑和比利时法郎等合计6亿余美元，以帮助成员国维持收支平衡。[1]客观而言，稳定的货币汇兑体系有利于世界贸易的恢复与发展。

国际复兴开发银行为遭受战火破坏以及经济欠发达国家和地区获取资金提供了稳定的投资来源。它不仅向有需求的会员国提供直接贷款，还为国际商业贷款提供担保，有效克服了过去此类贷款的弊端，在促进落后国家经济发展的同时，也有效维持了汇率稳定局面。1946年6月25日，国际复兴开发银行正式运营，通称世界银行，总部设于美国首都华盛顿，美国人尤金·迈尔（Eugene Meyer）就任首任行长。银行原始资本额为120亿美元，截至当年8月31日，银行的总资产为3.85亿美元，其中黄金价值为1407万美元，占总资产的3.65%。[2]

世界银行主要功能是协助成员国重建与发展，便利生产性投资；促进私人资本的流动，促进国际贸易的长期平稳增长和国际收支平衡；以及引导国际投资。战后初期，世界银行协助成员国重建经济，加速由战时过渡到战后和平年代。在实践中，法国所申请的重建借款成为世界银行受理的第一笔贷款。法国获得2.5亿美元贷款，促进经济发展的效果显著。1946年底，法国经济已恢复到1938年水平的90%，出口也恢复到了75%。8月7日，世界银行发出了第二笔贷款，这次是面向荷兰，金额为1.95亿美元，主要用于荷兰本土生产性设施的重建。1949年以后，世界银行更多地将贷款转向发展方面，积极支持欠发达国家的生产性投资。到1949年底，共向

---

[1] United Nations, *Yearbook of the United Nations, 1948–1949*, pp.1057–1058.
[2] IBRD Executive Directors, *First Annual Report of IBRD*, Washington, 1946, p.13.

13个国家发放各类贷款24笔，合计7.44亿美元。[①]

关税与国际贸易密切相关。在战时谈判中，美国格外强调，要避免世界经济大危机时期的关税大战、区域贸易分割、歧视性贸易等阻碍自由贸易的行为，得到了各国的普遍赞同。战后初期，美国在设计国际贸易组织宪章时，在其附件中提出多边减税协定设想，由参与国与主要贸易伙伴实施双边谈判，议定减税额度，形成减税表。1947年4月23日，关贸总协定首轮关税减让谈判在瑞士日内瓦启动，23国集于一堂，先后成立双边减税谈判小组107个。关贸总协定于1948年1月1日正式生效，总部设于瑞士日内瓦。中国于当年4月21日签字，成为该机构的创始会员国。1947年日内瓦减税谈判效果显著，减税商品达4.5万项，减税幅度达到54%，无论减税项目还是减税幅度都达到相当高的程度。此后，减税程度虽然趋于平缓，但参与国家越来越多，至1950年，已经增加到38个国家。

在战后世界经济秩序权力结构中，美国、英国、苏联和中国的大国地位都得到了保障，四国得到了国际货币基金组织与世界银行最多的份额。显然，这是基于四国在反法西斯战争中的贡献而确定的。然而，虽然苏联参加了布雷顿森林谈判，但没有加入国际货币基金组织和世界银行，从而缺席了布雷顿森林体系的工作。作为大国之一的中国积极支持弱国的经济发展，为世界经济秩序注入新生力量。战后初期，国际货币基金组织投票权总数为9.9万票，中国为5750票，占总票数的5.8%，中国在世界银行中的投票权总数为6250票，均仅次于美国和英国，有指派执行董事的资格。因为中国的参与，战后国际经济组织没有沦为完全由西方主导的机构。在布雷顿森林体系内，中国向世界展现出一个积极的大国形象，得到世界普遍认可。布雷顿森林会议美国代表、芝加哥第一国民银行行长爱德华·布朗（Edward Brown）多次声称，从战后影响力的角度看，中国的份额当然应该比印度或法国多。

战后经济秩序的核心在于通过多边机制协调各国经济政策，避免重蹈20

---

① United Nations, *Yearbook of the United Nations, 1950*, p.946.

世纪30年代资本主义世界经济大危机的覆辙。无论是布雷顿森林会议所达成的汇率稳定协定，还是国际贸易组织宪章或关贸总协定所确定的减税、削减贸易壁垒等举措，都是在国际层面达成的。尤其是前者，在战时还得到了苏联的认可，具有普遍意义。布雷顿森林协定实现了多边支付和稳定汇率。关贸总协定的实施改变了战前混乱的经济发展模式，通过多头双边谈判的形式在实质上实现了多边减税，促进了各国经济的快速发展。然而，这一秩序并非完美无缺。布雷顿森林体系以美元为中心的设计，虽然为全球经济提供了稳定的货币关系，但也使美国在国际金融体系中占据了主导地位，导致全球经济治理的权力分配失衡。同时，由于国际货币基金组织和世界银行实行加权投票制度，按照资金的配额多少来决定各国投票权的大小，因此两个机构实际上为经济实力最强、占有股份最多的美国所操纵。此外，尽管以中国为代表的经济弱国争取到部分发展利益，但经济弱国在这一秩序中的话语权仍然有限，其利益诉求未能得到充分体现，这为后来的南北矛盾和国际经济体系改革埋下了伏笔。

伟大的反法西斯战争的胜利开启了人类历史和平、互助和繁荣的新篇章。基于对战争教训的反思和对战后持久和平的期待，世界反法西斯同盟重塑了全球政治与经济秩序，最大限度地消除了战争隐患，促进了追求和平力量的兴起。今天，战后世界秩序的精神——通过多边合作实现持久和平与繁荣——依然具有重要的现实意义。在全球经济不确定性增加的今天，重温这段历史，不仅有助于我们理解当前国际经济体系形成的根源，也为构建更加公正合理的全球政治经济新秩序提供了宝贵启示。毫无疑问，偏见和歧视、仇恨和战争，只会带来灾难和痛苦。相互尊重、平等相处、和平发展、共同繁荣，才是人间正道。

本章图片来源

图15-1　https://media.un.org/photo/en/asset/oun7/oun7742641。

第十六章

中华民族迎来伟大复兴的历史转折点

抗日战争和世界反法西斯战争的伟大胜利，使中华民族迎来伟大复兴的历史转折点。它不仅让中国摆脱了近代以来落后挨打的命运，基本废除了不平等条约体系，显著增强了中国人民的自信心和民族自豪感，更是极大地提高了中国的国际地位。作为战时四大国之一，中国获得了联合国安理会常任理事国席位，并在联合国其他专门机构中享有大国地位，肩负起构筑和维护战后世界政治经济秩序的责任。这场光辉的胜利开创了中国历史发展的新阶段，成为中华民族迈向伟大复兴道路上的里程碑。

第一节
抗战胜利洗刷近代以来中华民族的耻辱

中国战场是二战的东方主战场，中国人民率先举起抗击日本法西斯的大旗。中国不仅是战胜日本法西斯的主力，也是积极抗击德意法西斯的重要力量，为世界反法西斯战争的最终胜利作出了巨大贡献。抗日战争的伟大胜利改变了近代以来中国任人宰割的屡弱形象，为中华民族的复兴奠定了坚实基础。

一 反侵略战争取得完全胜利

1840年鸦片战争后，中国饱受列强踩躏，一步步沦为半殖民地半封建社会。面对外来侵略，尽管中国人民奋起反抗，但是历次反侵略战争均以失败告终。直至抗日战争取得胜利，近代以来中国蒙受的巨大耻辱才得以洗雪。1931年，日本帝国主义挑起了九一八事变，占领东三省。中国人民抗日战争随即开始，全国上下发起了声势浩大的抗日救亡运动。日本占领中国东北后，又将侵略魔爪伸向上海等地。1932年，日本在上海制造一·二八事变。上海驻军第十九路军等进行了顽强抵抗，沉重打击了日本侵略者。日本还在华北地区发动了进攻，中国军队进行了英勇的长城抗战。

1937年7月7日，七七事变爆发，全民族抗战打响。中国军队组织了淞沪会战、太原会战、徐州会战、武汉会战等大规模会战，让日本侵略者叫嚣"3个月灭亡中国"的妄想化为泡影。敌后战场的开辟，使中国抗战形成了敌后和正面两个战场相互配合、夹击敌人的战略格局，使日本陷入"持久战"泥潭。在抗战相持阶段，日军在长沙会战等战役中遭到重挫。经过多年的相持，敌我力量逐渐发生变化，战场形势开始逆转。1943年秋至1944年，中国各战场先后进入反攻阶段。1945年初，世界反法西斯战争取得最终胜利已是大势所趋。1945年8月9日，毛泽东发表《对日寇的最后一战》的声明。8月15日，日本宣布无条件投降。1945年10月25日，日本第10方面军司令兼台湾总督安藤利吉在投降书上签字，被日本侵占半个世纪的宝岛回到了祖国怀抱。1946年，中国政府派高级军政官员赴西沙群岛和南沙群岛，重立主权碑，派兵驻守。

经过十四年抗战，中国人民打败了不可一世的日本侵略者，迫使日本帝国主义宣布无条件投降。中国不仅收回了九一八事变以后被日本占领的所有领土，而且收回了甲午战争时期被日本割走的台湾及其附属诸岛（包括钓鱼岛列屿）、澎湖列岛，谱写了中国人民反侵略斗争胜利的光辉篇章。

二　基本废除不平等条约体系

近代以来，废除不平等条约是中国人民的夙愿。作为二战的东方主战场，中国战场的胜利成为中国人民废除不平等条约的重大推动力。1937年全民族抗战爆发后，中国人民的英勇斗争赢得了全世界的尊重，也让

第十六章　中华民族迎来伟大复兴的历史转折点

同中国签订不平等条约最多的英美看到了中国人民不畏强权、斗争到底的决心。

1941年12月7日，太平洋战争爆发，世界反法西斯战争迎来重大转机。中国随即向日本、德国、意大利等国宣战，并宣布废止中日、中德、中意之间的一切条约、协定与合同。1942年元旦，中国与英、美、苏一道领衔签字，与其他盟国共同签署了《联合国家宣言》，标志着世界反法西斯统一战线的形成。中国的国际地位空前提升，其在世界反法西斯战争中的重要作用得到广泛肯定。1942年2月7日，美国总统罗斯福致电蒋介石："中国军队对贵国遭受野蛮侵略所进行的英勇抵抗已经赢得美国和一切热爱自由民族的最高赞誉。中国人民，武装起来的和没有武装的都一样，在十分不利的情况下，对于在装备上占极大优势的敌人进行坚决抗击所表现出的顽强，乃是对其他联合国家军队和全体人民的鼓舞。"①

在面对共同敌人的情况下，美英继续维持对华不平等条约体系已站不住脚。1942年3月，中国社会掀起了要求立即废除不平等条约的热潮。外交部长宋子文向美国政府提出，中国政府希望立即废除旧约，签订新约。当月，中国外交部拟定了《关于取消领事裁判权之原则》，决定"一切不平等条款，战后应无条件取消。故届时与有关各国接洽领事裁判权之废止，不再根据以往交涉，而应完全以平等互惠为原则，缔结新约"。7月，外交部又拟定了《租界租借地及其他特殊区域之收回办法》和《取消其他特权和特种制度办法》。10月4日，蒋介石向访华的美国共和党领袖威尔基当面提出废除不平等条约问题，得到了威尔基的积极回应。英国驻华大使薛穆（Horace Seymour）也认识到，废除不平等条约是中国社会各界的共同诉求，英国应予以积极响应。这一主张在英国外交系统中得到不少支持。

---

① "President Roosevelt to Generalissimo Chiang Kai-shek", February 6, 1942, *FRUS, Diplomatic Papers, 1942, China*, Washington D. C.: U.S. Government Printing Office, 1956, pp.457–458.

图16-1 《联合国家宣言》
1942年1月1日，美国总统罗斯福、英国首相丘吉尔、苏联驻美大使李维诺夫、中国外交部长宋子文领衔签字

经过反复磋商，美英就立即废约达成共识。10月9日，美英通知中方，准备立即就废约问题举行谈判，并于次日公布了这一决定。1943年1月11日，《关于取消美国在华治外法权及处理有关问题之条约》和《关于取消英国在华治外法权及处理有关问题之条约》分别在华盛顿和重庆签字。中美、中英新约取消了美英在华特权，使中国获得了平等地位。这是中国人民废约斗争和英勇抗战的伟大胜利。1月12日，中国政府就签订新约一事发表《告全国军民书》，宣告："我们中华民族……乃使不平等条约百周年的沉痛历史，改变为不平等条约撤废的光荣记录。……是我们中华民族在历史上为起死回生最重要的一页。"中国共产党对不平等条约的废除予以充分肯定，并指出是"抗战的发动、民族统一战线的形成、国共合作的坚持、全国军民的卓绝奋斗、国际反法西斯战线的形成、英美苏……对中国抗战的同情与援助，使中国的国际地位提高了，使中美英间不平等条约得到废除"。

中美、中英新约签订后，中国又陆续与比利时、挪威、加拿大等国订立新约，废止其享有的各种特权。法国、瑞士、丹麦、葡萄牙宣布废除旧约。至此，中国基本实现了废除不平等条约的目标，恢复了曾经丧失的大部分国家主权，在法理上获得了平等地位。

三 重塑英勇光荣的民族形象

1840年鸦片战争后，面对外来侵略，英雄的中国人民始终没有屈服，在救亡图存的道路上一次次抗争、一次次求索，展现了不畏强暴、自强不息的顽强意志。抗日战争充分体现了中华民族的坚韧不屈。例如，淞沪会战时"八百壮士死守四行仓库"的悲壮之举震撼了世界。英国伦敦《泰晤士报》10月28日社论指出："中外人士认为不能支持一周的阵地，而他们竟防守至十周之久，这将对中国各地产生极大的精神影响。"[①]

太平洋战争爆发后，中国战场在消灭日军有生力量、支援其他战场方面的贡献引起世界瞩目。在抗日战争中，中国人民视死如归、宁死不屈，不畏强暴，英勇抵抗，坚持血战到底，为中华民族赢得了崇高的声誉，赢得了世界爱好和平人民的尊重。美国总统罗斯福认为，中国应成为战后维持世界和平的重要力量。

中国政府也在积极思考战后和平问题。1942年7月7日，中国政府在《国际集团会公约草案》中指出："中、英、美、苏为反侵略之主要国家，既因共同奋斗而再造和平，对于战后执行和约，保障和平，非但理所当然，抑且责无旁贷。"在敦巴顿橡树园会议上，中国提出的"处理国际争议应注重正义与国际公法原则""国际公法之发展与修改，应由大会提倡研究并建议"和"经济社会委员会应促进教育及其他文化合作事业"等建议被采纳，集中体现了中国对战后国际组织活动原则的思想贡献。

中国积极同美、英、苏合作构筑战后国际政治与经济秩序，反对一切形式的帝国主义和殖民主义，为弱小民族和国家发声。中国作为殖民主义

[①] "A Gallant Resistance", *Times*, 28 October, 1937.

的受害者，坚决反对殖民统治，支持民族独立。在1943年的开罗会议和1945年的旧金山会议上，中国积极为广大殖民地国家争取战后独立和在联合国的话语权。这些做法让中国在国际社会赢得了尊重。

四 重新确立中国的大国地位

在第二次世界大战中，中国在重重困难中坚持抗击日本侵略，积极配合反法西斯盟国"先欧后亚"大战略，粉碎了日本称霸亚洲的图谋。中国为世界反法西斯战争作出的巨大贡献为其赢得了重要的国际地位。

1943年5月，中国以大国身份参加国际会议，由郭秉文等10人组成的代表团参加了在美国弗吉尼亚州召开的国际粮食会议。10月30日，中国与美、苏、英共同签署《四强宣言》。中国积极参加布雷顿森林谈判。在中国代表的坚持下，1944年7月通过的《布雷顿森林协定》彻底排除了英国的异议、法国和印度的挑战，明文规定中国份额位居第四，这一地位得到与会44国的赞同。在苏联拒绝加入布雷顿森林体系之后，中国的地位上升到第三。与战前的国际地位相比，可谓天壤之别。

与此同时，筹建联合国也提上议事日程。在开罗会议上，中国除收回领土权力之外，就东亚民族解放运动提出了自己的主张。在敦巴顿橡树园会议上，中国提出建立强有力的国际组织的构想。相较于美、英、苏的方案，中国希望赋予联合国军事制裁的权力、强调联合国大会的地位、尊重国际法原则和关注经济与社会事务等，这些提议体现了中国对中小国家利益的高度重视。在旧金山会议上，中国作为安理会常任理事国的身份得到正式确认。中国还在会议上提出多项建议案。以托管制度为例，中国坚持将独立作为被托管领土的最终目标。中国在会议上的收获，对维护本国利益、重构国际秩序及推动民族解放运动等均具有重要价值。

抗日战争的胜利让中国成为世界"四强"之一，屹立于东方。在反法西斯战争即将胜利之际，中国作为四大国之一参与构建战后秩序的讨论，共同制定《联合国宪章》，成为联合国创始会员国和安理会常任理事国，在国际经济组织中亦确立了大国身份。这些都是中国人民十四年英勇抗战结出的硕果。世界反法西斯战争为中国提高国际地位创造了历史机遇，为中国在战后国际政治经济秩序中发挥更大作用确立了根基。

第二节
抗战胜利开辟中华民族伟大复兴的光明前景

中国人民抗日战争不仅捍卫了中国国家主权和领土完整，更为中华民族伟大复兴开辟了光明前景。中国共产党作为抗日战争的中流砥柱，在血与火的考验中成长为引领中华民族伟大复兴的坚强领导核心，铸就了伟大的抗战精神，成为实现中华民族伟大复兴的强大精神动力，为新中国的诞生和民族复兴奠定了坚实基础。

一　中国共产党成长为引领中华民族伟大复兴的坚强领导核心

中国共产党自成立之日起就把实现中华民族伟大复兴作为自己的历史使命，在中华民族生死存亡的关键时刻，中国共产党发挥了中流砥柱的作用，不仅支撑起中华民族救亡图存的希望，而且锻炼了自身，使中国共产党成长为引领中华民族伟大复兴的坚强领导核心。1945年，毛泽东在中共七大报告中指出："抗日战争的经验，给了我们和中国人民这样一种信心：没有中国共产党的努力，没有中国共产党人做中国人民的中流砥柱，中国的独立和解放是不可能的。"[1] 在民族危亡的历史关头，中国共产党以卓越的政治领导力和正确的战略决策，指引了中国抗战的前进方向。

中国共产党站在中国人民抗日战争的最前列，是中国人民反抗日本侵略的最早宣传者、动员者、抗击者。中国共产党积极倡导、建立、维护了抗日民族统一战线，凝聚了中华民族的抗日力量。中国共产党制定实施了全面抗战路线、持久战战略总方针、游击战争的战略战术，中国共产党领导的抗日军民在敌后战场与日本侵略者浴血奋战，为抗战胜利作出了巨大贡献。

---

[1]《毛泽东选集》第三卷，第1097—1098页。

1939年10月，毛泽东在《〈共产党人〉发刊词》中首次提出把党的建设作为一项伟大工程。经过中国抗日战争的考验，中国共产党不仅领导中国人民战胜日本帝国主义，而且锻炼了党组织本身，使其成长为政治上、思想上、组织上走向成熟的马克思主义政党。在政治上，党通过延安整风，使全党团结在毛泽东的旗帜下，实现了党的空前统一和团结。在思想上，党确立了毛泽东思想在全党的指导地位，把毛泽东思想写入了党章。在组织上，党形成了一支高举毛泽东旗帜的久经考验的政治家集团。

中国共产党政治上走向成熟。在全民族抗日战争的推动下，中国共产党迅速发展与壮大，截至1938年底，共产党党员人数从全民族抗战爆发时的4万多人增加到50多万人。由于敌人异常强大，革命环境异常残酷，加强党的建设迫在眉睫。1941年5月，毛泽东同志在延安高级干部会议上作《改造我们的学习》的报告，拉开了延安和各抗日根据地整风的序幕。1942年2月，毛泽东先后作了《整顿党的作风》和《反对党八股》的报告，全面阐明了整风任务是反对主观主义以整顿学风、反对宗派主义以整顿党风、反对党八股以整顿文风；整风方针是"惩前毖后、治病救人"，既要弄清思想，又要团结同志。1945年4月，中共六届七中全会通过了《关于若干历史问题的决议》，对党内若干历史问题，特别是对王明"左"倾教条主义错误给出了正式结论。延安整风运动使全党确立了一条实事求是的辩证唯物主义的思想路线，打破了把马克思主义教条化的思想禁锢，克服了宗派主义，使全党达到了空前的团结统一。

中国共产党思想上走向成熟。中国抗日战争时期是中国共产党组织大发展的时期，是马克思主义中国化的重要时期，也是毛泽东思想走向成熟，成为党的指导思想的重要时期。抗战爆发后，以毛泽东同志为主要代表的中国共产党人，在深刻总结历史经验的基础上，及时汲取抗日战争的新经验，明确提出了新民主主义理论及科学的思想体系，成为毛泽东思想成熟的主要标志。同时，围绕这一科学理论展开了多方面的论述和理论创造，毛泽东哲学思想、军事思想、统一战线思想、党的建设思想等方面也都逐渐形成体系，提出了比较完整的新民主主义理论、持久战理论，丰富了统一战线理论和游

第十六章 中华民族迎来伟大复兴的历史转折点

击战理论，并对如何在经济文化落后的东方大国进行新民主主义革命，以及如何向社会主义过渡等问题进行了艰辛探索。毛泽东思想在许多领域以独创性的理论丰富和发展了马克思主义，在马克思主义发展史上具有重要的历史地位。1945年初，世界反法西斯战争行将结束，中国人民抗日战争也处在胜利前夜，中国共产党召开了具有里程碑意义的第七次全国代表大会，确立了以毛泽东思想为党的指导思想，标志着中国共产党思想上走向成熟。正是在毛泽东思想的指引下，中国抗日战争取得了最终胜利，中国人民在民族解放道路上迈出了关键一步。

中国共产党组织上走向成熟。中国抗日战争的胜利与中国共产党制定与执行正确的政治路线是分不开的。中共七大将这一路线概括为"放手发动群众，壮大人民力量，在我党的领导下，打败日本侵略者，解放全国人民，建立一个新民主主义的中国"[①]。抗战时期，中国共产党积极倡导、建立、维护了抗日民族统一战线，凝聚了中华民族的抗日力量。中国共产党为和平解决西安事变做了大量卓有成效的工作，积极促成了第二次国共合作。进入战略相持阶段后，面对国民党的妥协动摇，中国共产党鲜明提出了进行"有理、有利、有节"的斗争，巩固和发展统一战线。中国共产党主张开放民主，改善民生，广泛发动群众，武装群众，实行全面抗战路线。中国共产党组织成熟还表现在干部队伍建设和基层党组织的发展。在干部队伍建设方面，毛泽东在中共六届六中全会上指出，共产党的干部政策，应是以能否坚决地执行党的路线，服从党的纪律，和群众有密切的联系，有独立的工作能力，积极肯干，不谋私利为标准，这就是任人唯贤的干部路线。在任人唯贤的干部路线指引下，中央军委、总政治部以及八路军、新四军相继制定并颁发了指示、训令、规定、决定等一系列干部政策方面的文件，极大地增强了干部队伍的吸引力和凝聚力，干部数量迅速增长。中国共产党领导敌后抗日根据地党的基层组织建设，有力地推动了党的基层组织建设事业的发展，巩固了游击战的坚强阵地，对于全国抗战的胜利具有重要意义。

---

① 《毛泽东选集》第三卷，第1101页。

中国抗日战争的胜利，为中华民族伟大复兴锻造了坚强的领导力量，充分证明了中国共产党是国家和民族兴旺发达的根本所在，是全国各族人民幸福安康的根本所在。实现中华民族伟大复兴的中国梦，必须始终坚持党的全面领导。

二 抗战胜利为中华民族伟大复兴奠定了基础

1938年，毛泽东在《论持久战》中指出："革命战争是一种抗毒素，它不但将排除敌人的毒焰，也将清洗自己的污浊。凡属正义的革命的战争，其力量是很大的，它能改造很多事物，或为改造事物开辟道路。中日战争将改造中日两国；只要中国坚持抗战和坚持统一战线，就一定能……把旧中国化为新中国。"[①]中国抗日战争是中华民族近代以来反抗外来侵略第一次取得完全胜利的战争。它沉重打击了日本帝国主义，削弱了国内外反动力量，为中国革命的胜利、为新中国的诞生开辟了道路。

抗日战争时期，中国共产党把建立抗日民族统一战线与实现人民民主统一起来。根据党中央和毛泽东对抗战形势的科学判断，中国共产党提出抗日战争必然是依靠广大人民群众的持久战、游击战，因此要积极开展抗日根据地的建设。中国共产党通过减租减息和大生产运动的经济措施、"三三制"原则和精兵简政的政治措施、密切党群关系的"整风运动"，把抗日民主根据地打造成政治民主、民族团结、经济发展、政府清廉的社会。这与国民党统治区的政治专制、官僚腐败局面形成鲜明对比。中国共产党在抗日民主根据地的建设实践，展现了组建民主政权的政治追求和让劳苦大众实现真正当家做主的使命任务，获得了广大群众和各民主党派、无党派爱国人士的拥护和支持，使争取新民主主义前途的主张更深入人心。经过抗日战争，根据地人民武装锻炼成一支战斗力很强的人民军队。中国共产党领导的根据地建设，为新中国政权的建立和巩固提供了宝贵的实践经验。

中国人民抗日战争的胜利，是中国共产党发挥中流砥柱作用的伟大胜

[①]《毛泽东选集》第二卷，第457页。

利，也是海内外一切爱国力量发扬抗战精神的胜利。在中国抗日战争波澜壮阔的进程中，中华儿女团结在抗日民族统一战线的旗帜下，迸发出像火山一样的爱国热情，汇聚起气势磅礴的力量。以爱国主义为核心的民族精神在抗日战火硝烟中淬炼升华，形成了伟大的抗战精神。中国人民向世界展示了天下兴亡、匹夫有责的爱国情怀，视死如归、宁死不屈的民族气节，不畏强暴、血战到底的英雄气概，百折不挠、坚韧不拔的必胜信念。伟大的抗战精神，是中国人民弥足珍贵的精神财富，永远是激励中国人民克服一切艰难险阻、为实现中华民族伟大复兴而奋斗的强大精神动力。

作为第二次世界大战东方主战场，中国抗日战争是中华民族历史上一次艰苦卓绝的伟大斗争，是中华民族伟大复兴进程中的枢纽。中国在这场反侵略战争中最终取得了完全胜利，不仅洗刷了百年国耻，基本废除了不平等条约，重塑了民族与国家形象，还重新确立了中国的大国地位。1945年，中国成为联合国安理会常任理事国之一，标志着中国在国际舞台上的地位得到正式承认。中国共产党在抗战中锤炼了坚强的意志与卓越的组织能力，成功凝聚起广大人民的力量，抗战精神成为中国人民取之不尽的宝贵财富。中国人民抗日战争，为周边国家开展抗日斗争提供了宝贵经验和有力支持，彰显了中国的大国担当。这段历史奠定了新中国诞生与发展的根基，为中国的崛起、繁荣与复兴提供了源源不断的动力。抗战的胜利不仅改变了中国的历史命运，也塑造了中华民族新的精神风貌，激励着后人不断追求国家的强盛与民族的振兴。

本章图片来源

图16-1　https://www.un.org/sites/un2.un.org/files/2019/12/declaration-by-united-nations.jpg。

大事记

1919年

1月15日 德国柏林工人起义被镇压，德国共产党领袖罗莎·卢森堡与卡尔·李卜克内西遇害

1月18日 巴黎和会开幕

3月23日 "战斗的意大利法西斯"组织成立

4月28日 巴黎和会通过《国际联盟盟约》

6月28日 协约国与德国在法国凡尔赛宫签订《协约和参战各国对德和约》（即《凡尔赛条约》）

9月10日 协约国与奥地利共和国签订《圣日耳曼条约》，正式确认奥匈帝国解体

11月27日 协约国与保加利亚王国签订《纳伊条约》，限制保加利亚军备发展

1920年

1月10日 《国际联盟盟约》《凡尔赛条约》生效，国际联盟正式成立

6月4日 协约国与匈牙利王国签订《特里亚农条约》，重申对奥地利条约的主要条款

8月10日 协约国与土耳其苏丹政府签订《色佛尔条约》，1923年7月24日又与凯末尔政府签订《洛桑条约》

1921年

10月27—28日　永田铁山、小畑敏四郎、冈村宁次、东条英机在德国南部莱茵河畔小镇巴登巴登结成"巴登巴登密约",成为日本军部法西斯运动的起点

11月7日　"战斗的意大利法西斯"在罗马召开第三次全国代表大会,墨索里尼将其改名为"国家法西斯党"

11月12日—1922年2月6日　美、英、日、中、法、意、比、荷、葡九国召开华盛顿会议,讨论限制海军军备问题和远东及太平洋问题

12月13日　华盛顿会议上,美、英、日、法签订《关于太平洋区域岛屿属地和领地的条约》(即《四国条约》)

1922年

2月6日　美、英、法、意、日签订《五国关于限制海军军备条约》(即《五国海军条约》),美、英、日、中、法、意、比、荷、葡签订《九国关于中国事件应适用各原则及政策之条约》(即《九国公约》)

10月27日　墨索里尼命令意大利法西斯党徒进军罗马,准备夺取全国政权

10月30日　墨索里尼被任命为意大利总理

1923年

1月11日　法国和比利时以德国未履行《凡尔赛条约》规定的战争赔款义务为由,出兵占领德国鲁尔区

9月1日　日本发生关东大地震

11月8日　希特勒在慕尼黑发动啤酒馆暴动

1925年

10月16日　英、法、德、意、比利时、波兰和捷克斯洛伐克等国通过《洛迦诺公约》,明确德国与法国和比利时边界保持现状的义务,并由英国

和意大利担保公约有效

1928年

8月27日　德、美、法、英、意等十五国在巴黎签订《非战公约》，即《关于废弃战争作为国家政策工具的一般条约》

12月29日　张学良宣布"东北易帜"，服从中央政府，南京政府名义上统一全国

1929年

10月24日　美国股市开始暴跌，成为资本主义世界经济大危机的导火索

1930年

11月14日　日本首相滨口雄幸遭到右翼激进分子枪击，后因伤重不治身亡

1931年

9月18日　日本发动九一八事变，中国人民奋起反抗。九一八事变标志着中国人民抗日战争的起点，揭开了世界反法西斯战争的序幕

9月20日　中共中央发表《中国共产党为日本帝国主义强暴占领东三省事件宣言》，提出"反对日本帝国主义强占东三省"的口号，指出其有意"实行第二次世界大战特别是太平洋帝国主义战争"

9月21日　受资本主义世界经济大危机影响，英国放弃金本位制度，引发众多国家追随，这标志着旧国际经济秩序陷入崩溃

9月22日　中共中央发表《关于日本帝国主义强占满洲事变的决议》，明确指出党的中心任务是"加紧组织领导发展群众的反帝国主义运动"

11月4日　中国军队在齐齐哈尔阻击日军，江桥抗战开始

12月10日　国际联盟决定组建九一八事变调查团

1932年

1月7日 美国国务卿史汀生发表"不承认主义"声明,宣称不承认使用战争手段在中国造成的任何情势、条约或协定,以维护美国在华"门户开放"原则

1月14日 国际联盟正式组建中国九一八事变调查团,又称"李顿调查团"

1月28日 日军在上海制造一·二八事变

1月30日 中共满洲省委发表了《告士兵书》,号召广大军民"反对日本帝国主义进攻哈尔滨","工农民众一致联合起来,打倒日本帝国主义"

2月5日 日本攻占哈尔滨,中国东北全部沦陷

3月1日 日本在中国东北策划成立伪满洲国

3月14日 国际联盟调查团抵达中国

4月15日 中华苏维埃共和国临时中央政府对日宣战,提出"领导全中国工农红军和广大被压迫民众,以民族革命战争驱逐日本帝国主义出中国"

5月15日 日本陆海军中部分青年军官与民间法西斯团体相互勾结,发动军事政变,首相犬养毅被杀,即五一五事件

7月21日—8月20日 英国与各自治领和印度在加拿大渥太华召开帝国共同体经济会议,通过《渥太华协议》,建立帝国特惠制,形成排他性贸易集团

11月29日 为打破外交孤立并预防德国未来可能的军事威胁,苏联与法国签订《苏法互不侵犯条约》

12月12日 中苏在日内瓦互换照会,恢复两国外交关系

1933年

1月17日 中华苏维埃共和国临时中央政府和中国工农红军革命军事委员会发表关于愿在三个条件下和全国任何武装部队订立共同对日作战协定的宣言

1月26日 中共中央发出《中共中央给满洲各级党部及全体党员的信》

（即"一·二六指示信"），首次提出在东北建立反日民族统一战线的主张

1月30日　德国总统兴登堡任命希特勒为总理

2月24日　国际联盟通过"李顿调查团"报告书，就日本发动九一八事变以来的中日问题形成大会决议

2月27日　希特勒制造"国会纵火案"，下令镇压德国共产党

3月4日　日军侵占中国热河省省会承德，中国军队开始长城抗战

3月23日　德国国会通过了《授权法》，赋予希特勒政府可不经国会与总统同意直接颁布法律的权力，从法律上确立了法西斯独裁统治

3月27日　日本宣布退出国际联盟

5月31日　中日签订《塘沽协定》

10月14日　德国宣布退出国际裁军会议

10月19日　德国宣布退出国际联盟

11月16日　苏联与美国建立正式外交关系

11月28日　共产国际执行委员会第十三次全会提出：德国的法西斯政府是欧洲主要的战争贩子

12月3日　第七届美洲国家会议召开，为形成囊括拉丁美洲国家的"美元集团"奠定基础

1934年

4月17日　日本发表所谓"天羽声明"，宣称要"维持东亚的和平和秩序"，反对中国援引他国排斥日本，反对他国给予中国财政或技术上的援助

6月14日　希特勒在威尼斯与墨索里尼会晤

8月2日　德国总统兴登堡病故，希特勒兼任德国总统，成为国家元首

9月18日　苏联加入国际联盟并担任行政院常任理事国

11月7日　中国东北人民革命军第1军正式成立，由杨靖宇任军长兼政治委员

12月5日　意大利军队向驻扎在瓦尔—瓦尔的埃塞俄比亚军队发动突然袭击，并占领该地，即"瓦尔—瓦尔事件"

1935年

3月16日　德国颁布《国防法》，恢复普遍义务兵役制，开始突破《凡尔赛条约》的限制

4月11日　法、英、意在意大利斯特莱沙举行会议，于4月14日达成了协议，重申《洛迦诺公约》的条款、维护奥地利独立以及抵制任何可能违反《凡尔赛条约》的行为，成立"斯特莱沙阵线"

5月2日　苏联同法国签订互助条约

5月16日　苏联同捷克斯洛伐克签订互助条约

7月25日—8月20日　共产国际第七次代表大会在莫斯科召开，会上季米特洛夫发表题为《法西斯的进攻与共产国际为工人阶级反法西斯团结而斗争的任务》的报告，号召建立广泛的反法西斯统一战线

8月1日　中共驻共产国际代表团草拟《中国苏维埃政府、中国共产党中央为抗日救国告全体同胞书》（即《八一宣言》），并于10月1日在法国巴黎出版的《救国报》上发表

8月31日　美国国会通过《中立法》，禁止向任何交战国出售武器、弹药或战争工具

10月3日　意大利入侵埃塞俄比亚

11月13日　中共中央发布了《为日本帝国主义并吞华北及蒋介石出卖华北出卖中国宣言》

12月17—25日　中共中央召开瓦窑堡会议，决定建立抗日民族统一战线

12月27日　毛泽东作《论反对日本帝国主义的策略》的报告，系统阐明关于建立抗日民族统一战线的理论和政策

1936年

1月28日　中国东北民众反日联合会军政扩大会议召开，决定筹备建立东北抗日联军总司令部

2月26日　日本发生法西斯军事政变，即二二六事件

3月7日　德国撕毁《凡尔赛条约》和《洛迦诺公约》，派兵进入莱茵兰

非军事区

4月25日　中共中央发布《为创立全国各党各派的抗日人民阵线宣言》，呼吁为反对日本帝国主义实行外交公开，"联合世界上以平等待我的民族与国家"

5月5日　毛泽东、朱德发表《停战议和一致抗日》通电，由反蒋抗日转变为逼蒋抗日

5月9日　意大利正式吞并埃塞俄比亚

7月18日　西班牙内战爆发

8月11日　日本陆海军通过"国策基准"，初步达成"南北并进"的总体战略

9月1日　中共中央向党内发出《关于逼蒋抗日问题的指示》

9月3—5日　世界和平大会在布鲁塞尔召开

9月9日　英法等欧洲27国代表在伦敦成立"不干涉西班牙事务委员会"

9月20日　全欧华侨抗日救国联合会在巴黎成立

10月　苏联开始向西班牙共和国提供军事援助

10月　德意在柏林达成一项秘密协议，"柏林—罗马"轴心形成

11月18日　希特勒正式承认西班牙佛朗哥政权

11月25日　德日在柏林签订《反共产国际协定》

12月12日　张学良与杨虎城发动西安事变，后在周恩来等斡旋下，西安事变得以和平解决

1937年

1月3日　中共中央发布《关于统一战线区域内党的工作的基本原则草案》

2月10日　中共中央致电国民党五届三中全会，提出停止内战、一致对外等五项要求、四项保证

2月15日　中国国民党五届三中全会在南京召开

4月26日　德国轰炸西班牙巴斯克地区的格尔尼卡镇，制造格尔尼卡

惨案

  6月24日　德国制定对捷克斯洛伐克发动突然进攻的"绿色方案"

  7月7日　七七事变爆发，这成为中国全民族抗战的开端

  7月17日　蒋介石在庐山发表应战谈话

  7月28日　中国北平沦陷

  8月11日　中国南口战役正式开始

  8月13日—11月12日　中日淞沪会战

  8月14日　中国政府发表《自卫抗战声明书》

  8月21日　《中苏互不侵犯条约》在南京签订

  8月22日　国民政府将陕北红军主力改编为国民革命军第八路军

  8月22—25日　中共召开洛川会议，通过了《抗日救国十大纲领》

  9月13日—11月8日　中日太原会战

  9月22日　国民党中央通讯社发表《中共中央为公布国共合作宣言》，第二天蒋介石发表《对中国共产党宣言的谈话》，事实上承认中国共产党的合法地位。《中共中央为公布国共合作宣言》和蒋介石谈话的发表，标志着以国共两党合作为基础的抗日民族统一战线形成

  9月25日　中国八路军第115师取得平型关大捷

  10月5日　美国总统罗斯福发表"隔离演说"

  10月12日　南方8省红军和游击队被改编为国民革命军陆军新编第四军

  11月5日　希特勒与德军事将领举行霍斯巴赫会议，确定凭借武力向东方扩张以换取德意志人"生存空间"的具体侵略方案，即《霍斯巴赫备忘录》

  11月9日　中国太原沦陷

  12月4日　中国南京保卫战打响

  12月13日　日军开始南京大屠杀

1938年

  1月　新四军军部迁往南昌

1—5月 中日徐州会战

2月9日 中国八路军展开交通破袭战，配合正面战场作战

3月1日 苏联政府向中国政府提供5000万美元贷款

3月12日 德国入侵奥地利

3月16日—4月15日 中日台儿庄战役爆发，中国取得台儿庄大捷

3月27日 "中华全国文艺界抗敌协会"在武汉成立

4月 中国八路军开创冀中抗日根据地

4月24日 苏台德德意志人党领导人亨莱因向捷克斯洛伐克政府提出"卡尔斯巴德纲领"，要求建立德意志自治区

5月 毛泽东发表《抗日游击战争的战略问题》和《论持久战》

6月11日—10月27日 中日武汉会战

7月29日 日苏爆发张鼓峰事件

9月29—30日 英、法、德、意召开慕尼黑会议，炮制《慕尼黑协定》

11月3日 日本发表"东亚新秩序声明"，即第二次近卫声明

11月9日 德国爆发袭击犹太人并抢劫其财产的"碎玻璃之夜"事件

1939年

2月10日 日军在中国海南岛登陆

3月15日 德国吞并捷克斯洛伐克

3月23日 德国占领立陶宛的默麦尔

3月28日 西班牙佛朗哥叛军占领首都马德里，西班牙第二共和国宣告灭亡

4月7日 意大利入侵阿尔巴尼亚

4月28日 德国宣布废止《德波互不侵犯条约》和《英德海军协定》

5月11日 日苏爆发诺门坎事件

5月22日 德国与意大利在柏林缔结"钢铁盟约"

8月23日 苏联和德国在莫斯科签订《苏德互不侵犯条约》

9月1日 德国入侵波兰，标志着第二次世界大战在欧洲的全面爆发

9月3日　英法对德宣战

罗斯福发表"炉边谈话"，宣布美国将保持中立

新西兰宣布加入反法西斯阵营

10月6日　波兰战役结束

11月4日　美国修改《中立法》，解除武器禁运，实行"现购自运"原则

11月30日　苏芬战争爆发

1940年

1月9日　毛泽东发表《新民主主义论》

2月　中共中央、中央军委发出关于开展大生产运动的指示

3月12日　苏联与芬兰结束苏芬战争，两国签订和约

4月9日　德军发动"威悉河演习"入侵丹麦和挪威

5月1日—6月18日　中日枣宜会战

5月10日　德军发动西线攻势，入侵荷兰、比利时、卢森堡和法国

英国首相张伯伦辞职，丘吉尔任首相

5月15日　荷兰对德投降

英国轰炸德国鲁尔区，是第二次世界大战中盟军第一次对德国实施"战略轰炸"

5月26日—6月4日　英法部队执行"发电机行动"，在敦刻尔克实施撤退计划

6月4日　丘吉尔发表演讲，誓言"绝不投降"

6月10日　意大利向英法宣战

加拿大向意大利宣战

挪威宣布投降

6月11日　澳大利亚、新西兰和南非向意大利宣战

6月14日　德军攻陷巴黎

6月16日　法国组建新内阁，贝当出任总理，寻求与德国停战

6月15—21日　苏军占领立陶宛、爱沙尼亚和拉脱维亚，三国随后成立

苏维埃政权，8月加入苏联

6月22日 法国投降，德法在贡比涅森林签署停战协定

6月25日 以戴高乐为首的法兰西民族委员会在伦敦成立

7月10日 贝当在自由区的维希宣布成立"法兰西国"，即"维希法国"

8月1日 日本外相松冈洋右正式提出"大东亚共荣圈"，旨在为日本在亚洲的侵略行为提供意识形态支持

8月13日 德国空军大规模空袭英国的开端，不列颠空战持续数月

8月20日 中国八路军发动百团大战，打击日军交通线和后方据点

9月 美国对日本实施废钢铁禁运

9月2日 美英签订驱逐舰换基地协议，美国向英国提供50艘驱逐舰换取英国在西半球的军事基地使用权

9月6日 中国国民政府正式宣布重庆为陪都

9月27日 德、意、日三国在柏林签署同盟条约，法西斯政治军事同盟正式建立

9月30日 中国政府就《德意日三国同盟条约》发表声明，决不承认所谓"东亚新秩序"

10月28日 意大利入侵希腊，巴尔干局势激化

11月20—24日 匈牙利、罗马尼亚与斯洛伐克相继加入《德意日三国同盟条约》

12月9日 英军在北非发起"指南针行动"，进行反攻

12月18日 希特勒批准对苏作战的"巴巴罗萨计划"

12月29日 罗斯福总统发表要使美国成为"民主国家的伟大兵工厂"的"炉边谈话"

1941年

1月4日 国民党军队在皖南伏击新四军，制造"皖南事变"，掀起第二次反共高潮

1月20日 中共中央军委发布重建新四军军部的命令

大事记

3月至1942年12月 华北日伪军连续实施了5次"治安强化运动",镇压抗日力量

3月1日 保加利亚加入《德意日三国同盟条约》

3月11日 美国总统罗斯福签署《租借法案》,标志着美国在经济上对法西斯国家的"宣战"

3月27日 美英通过《ABC—1协定》,确定美国参战后"先欧后亚"或"大西洋第一"的基本战略原则

3月27—29日 意英进行马塔潘角海战,英国重创意大利舰队

4月6日 德国入侵南斯拉夫和希腊

4月13日 苏日签订《苏日中立条约》,承诺在对方与其他国家发生冲突时保持中立

4月23日 希腊军队对德投降

5月6日 罗斯福宣布《租借法案》适用于中国,美国开始向中国提供军事和经济援助

5月15日 法国共产党号召建立"为法兰西独立斗争的国民阵线",呼吁全体法国人团结起来反抗民族压迫

5月20日—6月2日 德军实施克里特岛空降战役,占领该岛但损失惨重

5月27日 德国战列舰"俾斯麦"号被英军击沉,改变了大西洋海战局面

6月5日 日军轰炸重庆,造成"重庆大隧道惨案"

6月22日 德军实施"巴巴罗萨计划",突袭苏联,苏德战争爆发

6月23日 中共中央作出《关于反法西斯的国际统一战线的决定》,支持苏联抗击德国

美国发表声明支持苏联对德作战

6月26日 芬兰对苏宣战

6月27日 南斯拉夫成立人民解放游击队总司令部

6月29日 联共(布)中央首次将抗击德军入侵的战争称为"卫国战争"

7月2日 中国宣布同德、意、罗、保、匈五国断绝外交关系

7月3日 斯大林呼吁苏联全体军民抗击德国法西斯的侵略,并将这一斗

争宣布为"伟大的卫国战争"

7月初至9月底 苏德基辅会战

7月10日 苏德开始斯摩棱斯克会战，至9月10日结束

苏德开始列宁格勒会战，至1944年1月27日结束

7月26日 美、英宣布冻结日本资产

8月1日 美国宣布对日本实行石油禁运

8月5日 苏联与罗马尼亚进行敖德萨战役，至10月16日结束

8月9日 美、英首脑在"威尔士亲王"号战列舰上举行大西洋会议，商讨战时合作与战后秩序

8月14日 美英公布《大西洋宪章》，阐述战后秩序基本原则

8月19日 中共中央发表声明，支持《大西洋宪章》

9月24日 苏联发表声明，同意《大西洋宪章》原则

9月27日 希腊建立民族解放阵线，成为希腊抵抗运动的核心力量

9月29日 苏、英、美三国在莫斯科举行物资供应会议，10月1日签订了关于美英以武器和物资供应苏联的《对俄国供应第一号议定书》

9月30日 德国实施"台风行动"，苏德开始莫斯科会战，至1942年4月20日结束

10月18日 日本东条英机组阁，将建设"大东亚共荣圈"定为基本国策

10月26—31日 东方各民族反法西斯代表大会在延安召开，大会决定成立东方各民族反法西斯同盟，总部设在延安

10月30日 美国宣布向苏联提供10亿美元的无息贷款

11月13日 美国修改《中立法》，决定武装美国商船，允许其进入作战海域

12月7日 日军偷袭珍珠港，太平洋战争爆发

12月8日 日军进攻中国香港、菲律宾、马来亚

日本与英国和美国相互宣战

12月9日 中国国民政府对日、德、意宣战

12月11日 德意对美国宣战

12月15日 缅甸华侨抗日志愿队成立

12月22日 英美举行第一次华盛顿会议（代号"阿卡迪亚"），讨论战时合作和战略规划

12月24日 中日第三次长沙会战开始

1942年

1月1日 中、美、英、苏等26国在华盛顿签署《联合国家宣言》，世界反法西斯同盟正式建立，标志着国际反法西斯统一战线正式形成

1月12日 美墨联合防务委员会成立，决定在特万特佩克地峡建立机场，以保障巴拿马运河的安全

1月13日 英国同捷克斯洛伐克、波兰等国流亡政府以及中、美、苏三大国代表签署《惩治德人暴行宣言》，将惩罚战争犯罪作为签字国的主要战争目标

1月15—28日 第三次美洲国家外长协商会议在里约热内卢召开，协调有关保卫西半球以防止侵略的措施，美拉战时同盟正式形成

1月18日 德、意、日三国在柏林签订军事协定，划定各自作战范围和任务

1月20日 德国官员在柏林郊区的万湖召开会议，制订系统性灭绝欧洲犹太人的计划（即"最终解决方案"）

1月29日 英、苏和伊在德黑兰签订同盟条约

4月19日 中国远征军新编第38师第113团取得仁安羌大捷，这是中国远征军入缅取得的第一次重大胜利

4月18日 美军首次空袭日本东京、名古屋等地，尔后部分飞行员迫降在中国浙赣地区机场，此次空袭史称"杜立特空袭"

5月1日 日军开始对冀中抗日根据地进行残酷的"五一大扫荡"

5—7月 冀中抗日军民展开反"扫荡"作战，作战270余次，毙伤日伪军1.1万余人，粉碎了日军对冀中的"扫荡"

5月4—8日 美日进行珊瑚海海战

5月15日—8月末　浙赣会战，中国军队在浙赣铁路沿线抗击日本侵略

5月22日　墨西哥向轴心国宣战

5月26日　苏联和英国签订了有效期20年的《苏英同盟合作互助条约》

6月4日　美日开始中途岛海战，美军获胜并开始掌握太平洋战场的主动权

6月11日　苏联和美国在华盛顿签署《关于在反侵略战争中相互援助所适用原则的协定》

7月17日　苏德开始斯大林格勒战役，至1943年2月2日结束，苏军获得胜利，此次战役是第二次世界大战东线战场的转折点

7—10月　日军先后对晋绥、晋察冀、冀鲁豫、山东等抗日根据地进行了大规模的"扫荡"

8月　国民政府军事委员会成立"中国驻印军总指挥部"

8月4日　美国和墨西哥签订《墨西哥农业劳工供应计划》（"布拉塞洛计划"），对战时美国维持稳定的工农业生产水平发挥了积极作用

8月7日　美日开始瓜达尔卡纳尔岛争夺战，至1943年2月7日结束，美军获胜，加速日军太平洋防御崩溃

8月22日　巴西对德意宣战

10月1日　载有1800余名英军战俘的"里斯本丸"运输船在转移至日本的途中，被美军鱼雷击中，中国渔民冒死营救数百名英军战俘

10月19日　日军在湖南岳阳洪山、昆山等村庄制造"洪山惨案"

10月23日　英军对德意军队发动阿拉曼战役，至1943年1月23日结束，德意非洲军团丧失了北非战场的主动权，非洲战场实现战略转折

11月1日　日本成立专门负责大东亚地区政务的机构"大东亚省"，按照"分而治之"与"等级化"的理念来制定并实施对中国、东南亚占领区的政策

11月8日　英美盟军实施"火炬行动"，登陆北非并从东西两面夹击德意军队

11—12月　中国华中抗日根据地展开冬季反"扫荡"作战

1943年

1月11日 中美、中英分别在华盛顿和重庆签订《关于取消美国在华治外法权及处理有关问题之条约》和《关于取消英国在华治外法权及处理有关问题之条约》，取消了美英在华条约特权

1月14—24日 美英首脑在摩洛哥港口城市卡萨布兰卡会晤，集中商讨北非、地中海和太平洋等地的战争局势以及下一步的作战问题

2月 国民政府军事委员会决定重建中国远征军

3月17日—5月13日 盟军取得突尼斯战役胜利，德意联军被全部赶出北非，标志北非战场完全由盟军控制

5月5日 日军发动鄂西会战，至6月以中国的胜利告终，日军沿长江上游进攻的计划失败

5—6月 日军对太行根据地进行"扫荡"，八路军粉碎了日伪军的"扫荡"计划

5月12—25日 美英两国首脑举行第三次华盛顿会议，决定了登陆西西里岛的"哈斯基"计划，讨论了开辟第二战场、空袭德国、缅甸战役以及中国战场等问题

5月27日 在戴高乐全权代表让·穆兰的推动下，法国国内抵抗运动的代表在巴黎成立全国抵抗委员会

7月5日—8月23日 苏军与德军展开库尔斯克战役，苏军赢得胜利并在东线战场发起反攻

7月9日—8月17日 英美盟军展开西西里岛登陆战役

7月25日 意大利发生政变，墨索里尼下台并被逮捕

8月1日 日本与缅甸签署了《日缅同盟条约》和《日缅秘密军事协议》，缅甸形式上"独立"，实则被日本控制了财政、国防等大权

9—11月 晋察冀军区粉碎了日伪军4万余人对北岳根据地的"扫荡"

9月8日 意大利政府向全国公布《停战协定》，宣布投降

9月9日 伊朗对德宣战

10月20日 中、美、英等国合作成立联合国家战争罪行委员会，并在重

庆成立战争罪行委员会远东及太平洋分会，由中国国防最高委员会秘书长王宠惠担任主席

10月30日 中、美、英、苏在莫斯科签署《四国关于普遍安全的宣言》

10月 中国驻印军主力在英美军一部的配合下开始缅北反攻作战

11月22—26日 中、美、英三国首脑，协调亚洲和欧洲战场的作战行动，商讨对日作战及战后如何处置日本等问题

11月28日—12月1日 苏、美、英三国首脑，会议发表《德黑兰宣言》以及《关于伊朗的宣言》

12月1日 中、美、英三国正式发表《开罗宣言》，要求日本无条件投降并归还包括东北三省、中国台湾及其附属诸岛（包括钓鱼岛列屿）、澎湖列岛等一切侵占的土地，宣布朝鲜独立

12月2日 中共领导的中国广东人民东江抗日游击队改编为中国广东人民抗日游击队东江纵队

1944年

1月 日军在印度发动英帕尔战役，试图切断盟军补给线，至6月日军惨败，盟军取得了缅甸战场主动权

1月27日 列宁格勒战役结束

3月26日 苏军发起敖德萨战役，至4月14日解放敖德萨

4月17日 中日在河南、湖南、广西进行豫湘桂战役，战事持续至年底，日军重新占领了华南、华东诸多盟军机场

5月 中国远征军发起滇西反攻战役，至1945年1月结束，收复滇西，与中国驻印军会师缅北，打通中印公路

5月27日—8月8日 中国军队与日军在湖南展开长衡会战，至8月8日长沙、衡阳失守

6月4日 美军攻入意大利首都罗马

6月6日 英美军队在法国发动诺曼底登陆战役（"霸王行动"），欧洲第二战场开辟

6月19—20日　美国在菲律宾对日发动马里亚纳群岛海战，夺取了日本海军在西太平洋的制海权

6月22日　苏军在白俄罗斯发起"巴格拉季昂攻势"，对德军展开大规模反攻

7月1—22日　美国在布雷顿森林召开会议，44国签署《布雷顿森林协定》，奠定了战后国际货币体系基础

7月2日　巴西第一批远征军开赴欧洲战场，支援盟军作战

7月20日　德国军官在东普鲁士策划七二〇事件，试图暗杀希特勒但失败

7月21日—8月10日　美国军队在关岛发起登陆战役并占领关岛

8月1日　由波兰流亡政府领导的"家乡军"发动"华沙起义"，遭德军镇压失败。其间德国对波兰发动了"沃拉大屠杀"

8月15日—9月3日　盟军在法国南部发动代号"龙骑兵"的登陆战役，在戛纳至土伦港一带登陆

8月21日—10月7日　中、美、英、苏在美国首都华盛顿近郊召开敦巴顿橡树园会议，讨论联合国建立问题

8月23日　罗马尼亚爆发全民族的反法西斯武装起义并取得胜利，建立民主联合政府

8月25日　盟军在巴黎人民起义的配合下解放巴黎，戴高乐领导的法兰西共和国临时政府接管了权力

8月30日　保加利亚祖国阵线全国委员会发表《致保加利亚人民和军队宣言书》，号召成立祖国阵线政府

9月11—16日　英美在加拿大魁北克市召开第二次魁北克会议，就英国参加太平洋战场的对日作战问题达成一致

9月14日　中国远征军在云南腾冲攻克日军据点，收复腾冲

9月15日　林伯渠在国民参政会代表中国共产党正式提出建立民主联合政府的主张

9月17—26日　盟军实施阿纳姆战役（代号"市场花园行动"），至26日

未能突破德军防线，行动失败

10月20—26日　美国海军与日本海军在菲律宾莱特湾进行决战，日本联合舰队被基本消灭

10月25日　罗马尼亚在盟军支持下完全解放，摆脱轴心国控制

10月29日　苏联发动布达佩斯攻势，解放匈牙利大部，包围布达佩斯

11月17日　罗斯福第四次当选美国总统

11月23日　盟军占领德法边境城市斯特拉斯堡，法国本土全部解放

11月29日　阿尔巴尼亚全境解放

12月7日　意大利北方民族解放委员会与盟军签署协议，在组织武装斗争、组建战后政府等问题上同盟军展开合作

12月16日—1945年1月25日　德军实施阿登反攻战役，后被盟军击退

12月27日　中国新四军第1师主力渡长江南下，开辟苏浙皖边抗日根据地

1945年

1月12日　苏军在波兰发起维斯瓦河—奥得河战役，将战线推至柏林以东的奥得河沿岸

1月13日　苏军实施东普鲁士战役，肃清了东普鲁士附近的德军集团

1月16日　盟军对德国马格德堡等城市发动大规模空袭，造成重大人员伤亡

1月27日　中国远征军在攻克芒市、遮放和畹町后，与驻印军在芒友会师，重新打通了中印公路

苏联红军在波兰解放奥斯维辛集中营

2月4—11日　苏、美、英举行雅尔塔会议，共同发表了《雅尔塔协定》，商讨战后欧洲格局及对日作战计划

2月13日　苏军攻克布达佩斯，纳粹德国在欧洲最后一个盟友匈牙利脱离轴心国

2月14日　印度尼西亚爪哇岛勿里达市的"乡土防卫义勇军"发动抗日

起义

2月19日—3月26日 美军实施硫磺岛登陆战役

2月23日 土耳其对德国和日本宣战

2月28日 伊朗对日本宣战

3月1日 沙特对德国宣战

3月3日 美军取得马尼拉战役胜利

3月9日 日本在法属印度支那发动"三九政变",扶持安南傀儡皇帝保大,宣布安南脱离法国"独立"

3月9日—5月25日 美军对日本东京等城市展开大规模轰炸,进一步破坏了日本战时生产

3月27日 昂山领导的缅甸反法西斯人民自由同盟宣布起义,公开抵抗日军

3月30日 中国远征军在缅甸攻克乔梅,与英军胜利会师

4月1日 美日冲绳战役打响

英美联军在德国利普施塔特会师,完成对鲁尔地区的合围

4月5日 苏联宣布废除《苏日中立条约》,为对日作战做准备

4月9日—6月7日 中日湘西会战,以中国的胜利告终,这也是正面战场的最后一次会战

4月9日 盟军发动意大利北部战役,向米兰、都灵以及南斯拉夫边境推进

4月12日 美国总统罗斯福逝世,副总统杜鲁门继任

4月16日 朱可夫与科涅夫指挥苏军在奥得河—尼斯河一线发动柏林战役

4月23日—6月11日 中国共产党在延安召开第七次全国代表大会,确立了抗战胜利后的方针

4月25日 英美盟军与苏军在德国托尔高的易北河桥会师,即"易北河会师"

4月25日—6月26日 50个国家的代表团在美国旧金山召开联合国制宪会议(旧金山会议),通过《联合国宪章》

4月30日　希特勒自杀身亡

5月2日　苏军攻克柏林

5月8日　纳粹德国无条件投降，第二次世界大战欧洲战事结束

6月5日　美、英、苏、法四国在柏林共同签署《柏林宣言》，确定战后对德分区占领政策

7月17日—8月2日　美国、英国、苏联在德国波茨坦召开会议，即波茨坦会议

7月26日　中、美、英发表《波茨坦公告》，声明三国在战胜纳粹德国后一起致力于战胜日本，以及履行《开罗宣言》等对战后日本的处理方式的决定

8月6日　美国向日本广岛投掷原子弹

8月8日　苏军对日宣战，8月9日进入中国东北与日军作战

苏、美、英、法正式发布《伦敦协定》，规定惩处战争罪犯、组成国际军事法庭等

8月9日　毛泽东发表《对日寇的最后一战》的声明

美国向日本长崎投掷原子弹

8月12日　中国新四军在华东、华中对日军展开大反攻

8月13日　印度支那共产党发布从日本法西斯及其傀儡政府手中夺取政权的总起义命令

8月14日　中苏签订《中苏友好同盟条约》

8月15日　中、美、英、苏四国发布公告，宣布日本无条件投降

8月16日　越南民族委员会成立，胡志明被推举为主席

8月30日　麦克阿瑟在东京就任驻日盟军总司令

9月2日　日本代表在东京湾美国军舰"密苏里"号签署投降书，第二次世界大战正式结束

胡志明在河内宣布越南民主共和国成立

9月3日　中国人民抗日战争暨世界反法西斯战争取得伟大胜利，后被定为中国人民抗日战争胜利纪念日，也是世界反法西斯战争胜利纪念日

9月8日 美军在仁川登陆，苏美军队以"三八线"为界，分别接受日军投降，造成战后南北朝鲜的分裂和对峙

9月9日 日军中国派遣军总司令官冈村宁次在南京向中国战区总司令何应钦签署对华投降书，标志着中国战场对日作战正式结束

9月16日 英国海军将领夏悫代表中国政府在香港接受日本驻港军队投降

9月28日 中国第1方面军司令官卢汉在越南河内接受日军投降

10月11日 驻日盟军总司令部发布了"民主化五大改革指令"，开始在日本开展民主化改革

10月24日 《联合国宪章》生效

10月25日 中国政府在台湾省台北公会堂接受日军投降，正式宣告台湾光复

11月20日 由美、苏、英、法四国主导的国际军事法庭在德国纽伦堡审判纳粹德国主要战犯，即纽伦堡审判

12月27日 中、美、苏、英等盟国组建远东委员会，负责制定日本占领和管理政策

1946年

5月3日 远东国际军事法庭在东京组建并开始审判日本甲级战犯，即东京审判

6月25日 国际复兴开发银行在华盛顿正式运营，通称"世界银行"

10月1日 纽伦堡审判宣判结束，纳粹德国二号人物戈林、纳粹外交部长里宾特洛甫、纳粹党卫军头目恩斯特·卡尔滕布伦纳等12人被判死刑

11—12月 中国政府派官员收复西沙群岛和南沙群岛，恢复对两群岛的主权管辖

1947年

3月1日 国际货币基金组织在美国首都华盛顿正式营业

1948年

1月1日　关税与贸易总协定在日内瓦正式生效

11月12日　东京审判结束，远东国际军事法庭宣判东条英机、板垣征四郎、土肥原贤二、松井石根、广田弘毅、武藤章、木村兵太郎7人死刑，荒木贞夫、桥本欣五郎、畑俊六等16人终身监禁

1949年

10月1日　中华人民共和国成立

10月7日　德意志民主共和国（民主德国）成立

12月25—30日　苏联军事法庭正式审判制造和使用细菌武器的日本战犯，即伯力审判

1956年

4月25日　中国全国人大常委会决定成立最高人民法院特别军事法庭，对关押在抚顺、太原的日本战犯进行审判

6月9—19日　中国特别军事法庭审判铃木启久等8名日本战犯，即沈阳审判

6月10—20日　中国特别军事法庭审判9名日本战犯和间谍特务，即太原审判

后　记

值中国人民抗日战争暨世界反法西斯战争胜利 80 周年之际，编写一部能够系统反映国内外学界最新研究成果的第二次世界大战史，凸显中国在世界反法西斯战争中的地位和作用，展现中国共产党作为全民族抗战的中流砥柱的光辉形象，旗帜鲜明地反对历史虚无主义，发出历史正声，是弘扬伟大抗战精神、赓续历史文脉的时代需要，是贯彻落实习近平新时代中国特色社会主义思想的必然要求。中国社会科学院党组以"国之大者"的胸怀扛起历史责任，适时启动本书编写工作，并将其列为院重大交办项目，给予全方位的支持和保障，为项目开展和本书编写打下了坚实基础。高翔院长高度重视本书的编写工作，强调要将其作为重大理论任务和学术使命来完成，在多个重要时间节点给予指示，提出了一系列富有战略性和前瞻性的判断，并针对书稿的政治站位、学术规范、可读性等作出了诸多具体指示，为本书顺利编写完成指明了方向。在院重大交办项目工作机制下，科研局、国际合作局等相关单位以高度的责任心和使命感，对本书编写工作给予了悉心指导和全力帮助。中国历史研究院是本项目的主要支持单位，对项目的具体实施给予了指导。李国强副院长参加了本项目的启动部署会和书稿编纂修改会，并提出了切实可行的指导意见。

本书能够编写完成，还要仰赖全国世界史学界尤其是中国第二次世界大战史研究会的大力支持。项目顾问武寅研究员、胡德坤教授、徐蓝教授、于沛研究员、汪朝光研究员、林利民教授、梁占军教授对本书给予了悉心指导。金海研究员为本书编写倾注了心血。姚百慧教授提供了积极的学术支持和后勤保障。高国荣研究员、李树泉研究员、刘仓研究员、罗敏教授、潘敬国研究员、王建朗研究员、王泰教授、王旭东研究员、吴敏超研究员、夏春涛研究员、肖石忠研究员、徐志民研究员、张建华教授、张顺洪研究员、赵剑英研究员提出的宝贵意见使本书得以不断修改和完善。

在本书编写过程中，来自国内十余家研究机构和高校的数十位学者各尽其责，充分体现出跨机构、跨学科、跨专业"协同作战"的特点，是有组织科研的一次生动实践。本书共分为六编，具体分工如下：

绪论和后记由刘作奎主持编写，主要成员包括梁展、金海、王超华、张炜。

第一编由朱大伟主持编写，主要成员包括杜清华、刘潇湘、宋海群、赵耀虹、周培佩。

第二编由耿志主持编写，主要成员包括范继敏、李维、卢晓娜、马力、孙文沛、信美利、叶铭、张逦。

第三编由孟钟捷主持编写，主要成员包括葛君、王萌、徐之凯、徐传博。

第四编由侯中军主持编写，主要成员包括耿志、潘建华、齐小林、时伟通、徐传博、赵正超。

第五编由胡舶主持编写，主要成员包括曹占伟、崔德龙、杜娟、耿志、胡杰、李维、李建军、马力、彭梅、时伟通、宋海群、王泽方、隗敏、武垚、肖如平、徐仕佳、张雄、赵昌、朱大伟。

第六编由张士伟主持编写，主要成员包括曹占伟、杜清华、葛君、刘利民、刘晓莉、宋立彬、王萌、赵耀虹、朱大伟。

本书的编写完成离不开世界历史研究所一代代学人在二战史研究领域的深厚积累。它既是我们学习老一辈学人创新精神和家国情怀的成果，也是对他们筚路蓝缕、献身学术的致敬之作。世界历史研究所党委全力保障本书编写工作，党委书记孙建廷，纪委书记、副所长叶聪岚积极为本书编写工作创造条件。为完成本书，世界历史研究所专门设置了重大项目协调小组。小组主协调员王超华以高度负责的态度做了大量工作。小组成员梁展、杜娟、范继敏、隗敏在提纲打磨、书稿撰写和统校过程中作出了积极

后　记

贡献。杜娟、范继敏、冯理达、侯艾君、金海、罗宇维、时伟通、王慧芝、隗敏、信美利、邢颖、徐仕佳、杨光、姚惠娜、张艳茹、张炜、赵可馨分别承担了撰稿、统稿、审校、英文版译校等任务。世界历史研究所各研究室主任或负责人，毕健康、邓超、孙泓、王晓菊、王宏波、王文仙、徐再荣、张瑾、张文涛、张跃斌，除审阅提纲之外，还对本书初稿提出了宝贵修改意见。希望通过编写本书，可以提升全所上下尤其是青年人的学术报国意识，把优良作风和学术传统传承下去。

中国社会科学出版社社长季为民及其团队为本书顺利付梓以及英文版的面世和推介做了大量工作，在此一并致谢。

中国社会科学院世界历史研究所所长、研究员　刘作奎
2025年7月